철학자들의 하나님과 계시종교

- 삼위일체론의 철학적 이해 -

철학자들의 하나님과 계시종교
– 삼위일체론의 철학적 이해 –

초판인쇄 2021 2월 14일 / 초판 발행 2021년 2월 26일/ 저자 오희천 / 펴낸이 임용호 / 펴낸 곳 도서출판 종문화사 / 편집디자인 디자인오감 / 인쇄 천일문화사 / 제본 영글문화사 / 출판 등록 1994년 4월 1일 제22-392 / 주소 서울 은평구 연서로 34길 2 3층 / 전화 02)735-6891, 팩스 02)735-6892 / E-mail jongmhs@hanmail.net / 값 25,000원 / ⓒ2021, Jong Mun- hwasa printed in Korea / ISBN 978-11-87141-68-7 93160

*: 저자의 주임

철학자들의 하나님과 계시종교

- 삼위일체론의 철학적 이해 -

오 희 천

종문화사

저자 서문

돌이켜보면 이 책은 40여 년 전 신학교 3학년 때 국문학 강의시간에 칸트의 철학을 접하고 「성육신교리의 인식론적 이해」라는 제목으로 썼던 작은 글이 40여 년간 숙성된 결과물입니다. 지금까지 나의 모든 생각의 틀은 운명처럼 그때 결정되었던 같습니다. 다양한 철학이론들을 사유하면서도 내 사유의 중심에는 언제나 기독교 교리의 핵심인 삼위일체 사상이 자리하고 있었나 봅니다.

뒤돌아보면 모든 것이 하나님의 은혜였습니다. 모든 것에 감사할 일입니다. 돌이켜보면 하나님이 언제나 동행한 삶이었습니다. 단지 그것을 당시에는 알지 못했을 뿐입니다. 에녹은 자신이 하나님과 동행하고 있다는 사실을 의식하고 있었기에 하나님과 동행한 사람으로 기록되었을 것입니다. 그래서 그는 죽지 않고 하나님에 의해 들림을 받았습니다. 우리가 들림을 받지 못하는 이유는 죽는 순간까지도 하나님이 동행함을 알지 못하기 때문일 것입니다.

돌이켜보면 모든 것이 하나님의 은혜이며 감사할 일입니다. 그러니까 먼 훗날 돌이켜 볼 일이 아닙니다. 지금 돌이켜 봐야 하겠습니다. 지금 돌이켜 보면 은혜를 느끼고 감사하겠습니다. 지금은 내가 모든 것을 결정합니다. 그렇지만 돌이켜 보면 하나님이 결정하셨습니다. 지금은 운명이 아닙니다. 그렇지만 돌이켜 보면 운명입니다.

돌이켜 보면 범사에 감사할 일입니다. 다른 사람들에게 베풀어준 덕보다는 받은 덕이 턱없이 큽니다. 우리는 모두 저마다 덕을 가지고 서로 덕을 보면서 살아갑니다. 범사에 감사하라는 예수님의 말씀은 단지 독단적 가르침이 아니라 존재의 본질을 통찰한 존재론적 명령입니다. 부족한 저를 낳아주시고 길러 주셨을 뿐 아니라 자식의 길을 지정하여 강제할 필요가 없었던 부모님의 은혜가 큽니다. 유년시절의 아름다운 추억을 회상할 수 있게 해준 고향산천에 감사합니다. 어려서부터 신학교를 졸업할 때까지 여러모로 도움을 주고 추억을 가지게 해준 일가 형님 오광은 목사님에게 감사합니다. 중학교를 졸업하고 농사

일을 돕던 저에게 신학을 공부하도록 조언하고 이끌어주신 고 조종관 목사님에게 감사드립니다. 신학교 시절부터 저와 저의 가정을 위해 기도해 주시고 배려해 주신 강근환 총장님께 감사드립니다. 재직기간 동안 마음 써주신 유석성 총장님께 감사드립니다. 항상 잊지 않고 기도해 주신 백승대 목사님께 감사드립니다. 신촌포럼 위원장, 강일구 총장님께 감사드립니다. 항상 긍정적으로 격려해 주신 고 정진경 목사님께 감사드립니다. 유학시절 늘 저의 가족을 위해 따뜻한 마음을 베풀어 준 친구들, 대구의 윤영철 목사님과 광주의 권재봉 목사님 그리고 장충단의 박순영 목사님에게 감사드립니다. 신촌성결교회 이정익 원로목사님과 당회장, 박노훈 목사님의 배려에 감사드립니다. 신학교 시절부터의 친구이자 프랑크푸르트에서 성공적으로 목회하고 있는 후배 이찬규 목사님에게도 감사합니다.

부족한 사위를 위해 노심초사하시면서 밤낮없이 기도해 주시고 저를 믿어주신 장모님, 지금은 고인이 되신 하명수 권사님께 감사드립니다. 저의 가족을 위해 지금까지 기도해 주시고 많은 도움을 주신 김경례 권사님께도 감사드립니다. 무엇보다도 제가 유학생활 하는 동안 그 긴 세월을 한결같은 믿음으로 말없이 내조하면서 두 딸을 음악인으로 잘 키워준 아내 현영옥에게 감사합니다. 저를 누구보다 자랑스럽게 생각하며 건강하게 잘 성장한 사랑하는 두 딸 누리와 내리에게 이제야 지면을 빌어 감사의 말을 전합니다. 든든한 두 사위 복계수 군과 송영걸 군에게도 고마운 마음을 가집니다.

학교에서 내 강의를 들어준 학생들과 이 책을 읽어줄 독자들에게 감사합니다. 그들이 없었다면 이 책은 나올 수 없을 것이고 무의미하기도 할 것이기 때문입니다. 끝으로 이 책의 출판을 맡아 수고하신 종문화사 대표 임용호 박사님에게 감사드립니다.

2021년 2월 서울신학대학교에서

CONTENTS

저자 서문

삼위일체론의 철학적 이해

발표한 논문들

삼위일체론의 철학적 이해

1. 들어가는 말: 하나님의 삼위일체성

　신학의 가장 핵심적인 주제는 삼위일체 하나님의 자기계시와 그 계시에 대한 해석일 것이다. 삼위일체란 일체(一體), 즉 '하나의 실체'가 '세 가지 모습으로 나타남'(三位)이다.[01] 하나의 동일 실체인 하나님이 세 가지 모습(person)으로 나타나 역할을 분담한다고 할 수 있겠다. 하나의 실체는 변하지 않는 동일성(體)과 작용(用)의 두 요소를 가진다. 하나님의 실체(體)는 절대적 초월자이다. 그러나 그는 단순히 초월적 실체일 뿐 아니라 살아서 활동하신다. 이렇게 활동하시는 하나님은 로고스(말씀)로서 하나님의 창조에 함께 한 하나님의 창조적 지성의 작용(用)이다.[02] 창세기에서 "우리"(창 1:26)는 하나

01　이때 '삼위'(三位)는 '위치, 나타남'(位)에 강조점이 있고, 영어의 'person'은 나타난 양태(모습)와 역할에 강조점이 있다 할 수 있겠다.

02　하나님에 의해 창조된 만물이 그의 고유한 속성과 그 속성에 따라 고유한 짓(작용)을 하는 것은 하나님의 "영원하신 능력과 신성이 그가 만드신 만물에 분명히 보여 알려져 있기"(롬 1:20) 때문이다. 인간의 창조적 활동은 하나님의 근원적 지성(로고스)에서 파생된 지성(로고스)의 작용이다. 물론 인간의 창조적 활동은 무로부터의 창조가 아니라 파생적 창조, 즉 이미 존재하는 것들을 가공하는 창조이다.

님과 그의 로고스(말씀)[03]를 가리킨다. 창조에 함께 한 하나님의 로고스는 우주적 '로고스'로서 "독생하신 하나님"(μονογενὴς θεός, 요 1:18)이다. 이 우주적 로고스는 만물에 내재한다. 만물은 그를 통해 창조되었기 때문이다. "독생자"(μονογενὴς υἱος, 요 3:16)는 사람의 모습으로 세상에 오신 로고스이다. 우주적 로고스와 성육신한 로고스는 동일한 실체이신 하나님의 지성이다.[04]

하나님은 우주적 로고스를 통해 세상과 인간을 창조하시고 특히 인간에게는 그의 형상인 로고스를 부여하심으로써 서로 관계를 맺으셨다. 그런데 하나님과 인간의 이런 관계에서 우리가 주목해야 할 점이 있다. 이런 관계는 서로 침투하지 않고 하나의 점에서 서로 공감하는 관계이어야 했다는 점이다. 따라서 이런 관계에서는 서로 지켜야 할 격이 있었다. 그런데 인간은 하나님처럼 되고자 하는 욕심으로 인해 하나님과의 약속을 파괴하고 선악을 알게 하는 나무의 열매를 먹음으로써 하나님의 영역을 침투하게 되었고, 결과적으로 하나님과의 관계가 깨어지게 되었다. 이로 인해 하나님과 인간의 고유한 존재는 손상되어 비존재의 위협에 직면하게 된다. 인간이 선과 악을 알게 됨으로써 존재의 영역에 악, 즉 비존재가 침투하여 실재성이 결핍되는 결과가 초래되었다. 인간이 서로의 영역을 침투하여 서로 투쟁하고 생명을 위협하는 것은 이런 결과 때문이라 할 수 있을 것이다. 하나님은 이런 위협을 극복할 수 있었지만 인간은 스스로 이런 위협을 극복할 수 없었다. 비존재의 위협을 극복하고 새로운 존재가 된 하나님은 인간이 비존재의 위

---

03 이 로고스(말씀)는 요한복음 1장 1절에서 하나님과 함께 한 태초의 그 말씀이다.

04 우주적 로고스와 인격적 로고스에 관해서는 참조, Paul Tillich, *Biblical Religion and the Search for Ultimate Reality*, University of Chicago Press, 1955, *p.75*.

협에 굴복하는 것을 방치하지 않고 직접 사람의 모습으로 나타나 그를 영접하는 자는 새로운 존재가 될 수 있도록 하셨다. 독생하신 하나님이 사람이 되어 독생자로 오신 것이다. 그렇게 오신 하나님은 세 가지 모습을 가진다. 중요한 것은 그렇게 오신 독생자를 영접하여 새로운 존재가 되는 것이다. 그리고 영접하기 위해서는 그렇게 오신 독생자를 성령의 도움으로 하나님의 계시로서 이해하는 것이 중요하다. 따라서 삼위일체의 핵심은 하나님의 계시와 그 계시의 해석을 통해 하나님을 알고 새로운 존재가 되는 것이다.

하나의 실체이신 하나님이 인간에게는 아버지와 아들, 성령의 세 가지 모습(三位)으로 나타나셨다. 아버지로 나타나신 하나님은 인간을 "이처럼 사랑하사" 독생자를 주신 자애로운 아버지이며, 아들의 모습으로 나타나신 하나님은 "독생자"(μονογενὴς υἱος, 요 3:16)이며, 성령은 깨달음을 도와주는 영이다.

절대적 초월자인 하나님이 아버지와 아들과 성령의 모습으로 나타나셨다. 아버지이신 하나님이 그의 아들을 통해 그의 창조와 구원의 계획을 계시하시고, 계시하실 뿐만 아니라 성령을 통해 그 계시를 깨우쳐 주기도 하신다. 그런데 여기서 주의해야 할 것은 하나님 자신이 삼위의 속성을 가진다고 생각해서는 안 된다는 점이다. 성부 하나님이 성자로 자신을 계시하시고 성령에서 비로소 그의 실체가 완성되었다고 생각해서는 안 된다. 하나님은 처음부터 완전한 존재자이다. 단지 그가 인간과의 관계에서 자신을 세 가지 모습으로 나타내셨을 뿐이다. 우리는 하나님 자체의 속성에 관해서는 알 수 없다. 우리는 단지 하나님이 세 가지 양태로 인간과 관계하신다는 사실을 알 수 있을 뿐이다.

하나님의 이런 삼위일체성은 요한복음, 특히 요한복음 1장에 잘 나타난다. "태초에 말씀(로고스)이 계시니라. 이 말씀이 하나님과 함께 계셨으니 이 말씀은 곧 하나님이시니라."(요 1:1) 여기서 태초의 로고스는 초월자이신 하나님의 창조적 지성의 작용(用)이다. "말씀이 육신이 되어 우리 가운데 거하시매 우리가 그의 영광을 보니 아버지의 독생자의 영광이요 은혜와 진리가 충만하더라."(1:14) "본래 하나님을 본 사람이 없으되 아버지 품속에 있는 독생하신 하나님(μονογενὴς θεός)이 나타내셨느니라."(18절) 여기서 독생자는 '스스로 태어난 아들', 즉 아들의 모습으로 나타나신 하나님이다. 그리고 이렇게 하나님이 '세 가지 모습(위격)으로 나타나심'(三位)은 하나님이 자신을 드러내시는 계시를 전제한다. 그런데 계시는 예수님 자신이 말씀하셨듯이 암호의 형태로 주어진다. "예수께서 이 모든 것을 무리에게 비유로 말씀하시고 비유가 아니면 아무것도 말씀하시지 아니하셨으니, 이는 선지자를 통하여 말씀하신 바 '내가 입을 열어 비유로 말하고 창세부터 감추인 것들을 드러내리라' 함을 이루려 함이라."(마 13:34-35) 따라서 중요한 것은 그렇게 비유를 통해 주어진 계시를 해석하는 일이다. 계시에 대한 해석에 있어서 중요한 것은 우선 비유를 비유로 생각하여 거리를 취하는 해석학적 방법론이다. 그러나 해석에서 결정적으로 중요한 것은 이해할 수 있도록 도우시는 성령의 역할이다. 본질을 직관할 수 있도록 돕는 성령의 깨우침이다. 성령은 비유에 담긴 진리를 볼 수 있도록 돕는 "진리의 영"(요 14:17)이기 때문이다. "보혜사 곧 아버지께서 내 이름으로 보내실 성령 그가 너희에게 모든 것을 가르치고 내가 너희에게 말한 모든 것을 생각나게 하리라."(요 14:26)

2. 철학적 신 존재증명의 한계와 계시종교

지금까지 하나님의 삼위일체성에 관해 살펴보았다. 삼위일체의 핵심은 절대적 초월자이신 하나님의 자기계시와 성령을 통한 깨우침이라 할 수 있겠다. "삼위일체의 뿌리는 계시에 있다."(KD I/1, 328) 그리고 계시는 계시이기 때문에 해석을 요구한다. 이제 '계시와 해석'으로 집약되는 삼위일체를 철학적 관점에서 해명해 보자. 이를 위해 먼저 우주론적 논증에 기초한 고대 철학자들의 형이상학적 우주관을 살펴보고, 그런 형이상학에 기초한 신 존재증명의 한계와 계시의 필연성에 관해 살펴보자.

2.1. 고대 자연철학자들의 형이상학적 우주관

아리스토텔레스와 칸트가 지적했듯이 존재의 근원, 즉 "존재자로서의 존재자"(ὄν ᾗ ὄν)를 탐구하는 형이상학은 유한한 인간 이성의 피할 수 없는 운명이다. [05] 고대 철학자들에게 이런 물음은 만물의 근원을 탐구하는 존재론으로서 '일반형이상학'이었으며, 근대의 합리론 철학자들에게는 근원적 존재자인 하나님의 존재를 증명하는 '특수형이상학'이었다. 그리고 근대의 특수형이상학의 방법론은 고대철학의 우주론적 논증에 기초한 것이라 할 수 있을 것이다. 따라서 신 존재증명의 문제점을 지적하기 위해서는 고대철학을 개괄

---

05 "늘 추구되어져 왔던 것, 그리고 지금도 우리가 추구하고 있는 것, 그리고 언제나 추구되어질 것, 그리고 결코 해결될 수 없는 문제로 남게 될 것, 그것은 바로 '존재자는 존재자로서 무엇인가?'라는 물음이다. 그리고 이 물음은 다시 '우시아(οὐσία)는 무엇인가?'라는 물음이다." (Met. 1028b 2-4) "순수이성 자신의 피할 수 없는 과제는 신, 자유 그리고 영혼불멸이다. 그리고 그 과제의 해결에 궁극적인 관심을 가지는 학문을 우리는 형이상학이라 부른다."(B 7)

적으로 살펴보는 것이 중요할 것이다.

존재하는 것(있는 것)이 없는 것에서 시작되었을 것이라고 생각하는 것은 논리적 사고구조를 가지는 인간 이성의 당연한 추론이다. 존재하는 모든 것은 형태가 있는 것이고, 생성과 소멸의 과정에 있다는 사실로부터 그 최초의 상태는 형태가 없고 운동하지 않는 어떤 것이었을 것이라고 추론하는 것은 당연하다. 이렇게 형태가 없고 운동하지 않는 것에 대해 철학자들은 '없는 것'(無)이라고 생각했으며, '현묘하여 측량할 길이 없는 것'(玄)이라고 생각했다. 철학자들은 이렇게 '현묘한 무'에 대해 다양한 개념들을 사용했다. 탈레스는 "물"이라고 했으며, 아낙시만드로스는 "무규정자"(ἄπειρον)라 했고, 아낙시메네스는 "공기"라 했다. 물론 이들이 말하는 물이나 공기는 상징적인 개념이었을 것이다. 그것은 물질이 되기 이전의 규정되지 않은 어떤 기운(氣)이었을 것이다. 노자는 이런 무를 "도"(道)라 했으며, 열자(列子)는 "태역"(太易), 즉 아직 현실화되기 이전의 '근원적 변화운동'(Urwandlung)이라 했다.

아낙시만드로스에 의하면 무규정자가 더움과 차가움의 원리에 따라 나누어짐으로써 만물이 형성되었다. 엠페도클레스는 물, 불, 공기, 흙의 네 원소들이 사랑과 미움의 원리에 따라 뭉치고 흩어짐에 의해 만물이 생성되고 소멸된다고 주장했다. 그들의 이런 생각은 현대 물리학의 대칭붕괴 이론에 상응한다 할 수 있겠다.

피타고라스는 무규정자로부터 '어떻게' 만물이 생성되었는가에 주목했다. 어떻게 만물이 하나도 같은 것이 없이 다르게 생성되었을까? 피타고라스는 만물이 다양한 이유는 무규정자가 서로 다른 '비율'(로고스; λόγος)에 따라 규정되었기 때문이라고 주장함으로써 아낙시만드로스의 이론을 보충했다. 만물이 조화를 이루고 있

는 것은 무규정자가 적절한 수적인 비율, 즉 황금비율에 따라 규정
되었기 때문이다. "하늘의 건물은 조화와 수이다." "지혜자들은 하
늘과 땅, 신들과 인간들은 공동체를 형성하고 우정과 질서, 정의를
공유한다고 가르친다. 따라서 그들은 이 모든 것을 코스모스라고
부른다."[06]

헤라클레이토스는 "불"과 "로고스"란 개념을 통해 만물의 생성
과 소멸을 설명한다. 그의 이런 생각은 다음과 같은 단편에 잘 나
타난다.

> "이 세상은 어떤 신이나 어떤 인간에 의해 창조된 것이 아
> 니다. 이 세상은 비율(λόγος)에 따라 불타오르고 비율에 따라
> 꺼지는 영원히 살아있는 불이었으며 불일 것이다."(단편 30)

위의 주장에서 우리는 중요한 두 개념을 발견한다. "비율", 즉
"로고스"라는 개념과 "불"이라는 개념이 그것이다. "로고스"는 만
물이 그에 따라 생성되고 소멸되는 원리(理; 결)이다. 이 원리는 만
물에 공통되는 '이법'(理法)이기 때문에 만물은 이 법을 따르며, 인간
도 이 법을 따라야 한다.[07]

한편 "불"은 만물의 토대가 되는 근원적인 어떤 것을 상징적으
로 표현하는 개념이다. 그렇다면 헤라클레이토스가 "불"을 통해 상
징하는 것은 무엇인가? 그것은 그의 또 다른 단편들에서 추론해

---

06 만물이 적절한 수적인 비율(로고스)에 따라 규정되었기 때문에 조화를 이루고 있다는 피타고라스
의 사상에 관해서는 참조, 박종현, 『희랍사상의 이해』(1982), 53~55쪽; W. K. C. Guthrie, *A History of
Greek Philosophy, Vol. I*, Cambridge 1977, 222~224쪽.

07 법(法)과 결(理)은 같은 의미라 할 수 있을 것이다. 法은 '물(水)이 흘러감(去)', 즉 물의 '결'(理)을 가리
킨다고 볼 수 있기 때문이다.

볼 수 있을 것이다.

> "싸움이 공통되는 것이며, 다툼은 정당하고 모든 것들은 다
> 툼과 필연성에 따라 생기는 것임을 알아야 한다."(단편 80)

> "다툼은 모든 존재의 공통적 근거이지만, 동시에 정당한 보
> 상(화해)이기도 하다."(단편 80)

여기서 우리는 앞의 인용구에서 "불"로 상징된 것이 "싸움"임을 추론할 수 있다. 그리고 "싸움"은 대립적인 것들 사이에서 일어나는 견인력(牽引力; Anziehungskraft)과 반발력(半撥力; Repulsionskraft)의 상호작용이다. 그런데 이런 견인과 반발의 상호작용은 극단적으로 치우치지 않고 서로에게 보상을 제공한다. 이렇게 견인과 반발이 서로에게 보상을 제공함으로써 조화가 이루어진다. 그리고 이런 조화는 견인과 반발이 '적절한 비율'(로고스)에 따라 상호작용하기 때문에 가능하다. 하나의 사물이 완전히 소멸되지 않는 것은 견인력과 반발력이 적절한 비율에 따라 조화를 이루기 때문이다. 만물의 생성과 소멸이 지속되는 것도 이들 두 힘이 적절한 비율에 따라 작용하기 때문이다. 다시 말해 다툼이 존재의 공통적 근거이면서 동시에 정당한 보상인 것은 그 다툼, 즉 견인력과 반발력이 '적절한 비율'(로고스)에 따라 일어나기 때문이다. 만물이 조화롭게 질서를 유지하면서 존재할 수 있는 것은 모순되는 두 요소가 적절한 비율에 따라 유지되기 때문이다. 중요한 것은 모순되는 두 요소들의 어느 한쪽이 일방적으로 승리하지 않고 적절한 비율에 따라 긴장관계를 유지한다는 것이다. 인간관계도 마찬가지일 것이다. 아

리스토텔레스에 의하면 덕의 본질은 중용(μέσοτες; mesotes)인데, 이때 중용이란 바로 '적절한 비율'을 의미한다. 헤라클레이토스에 의하면 싸움과 다툼, 즉 대립되는 것들 사이의 견인력과 척력(斥力; 반발력)은 세계 질서의 원동력이며, 조화와 균형의 원천이다. 낮과 밤은 대립되는 것이지만, 그 둘이 합해져 하루가 된다. 오르는 길과 내리는 길은 다른 길이 아니고 하나의 길이다. 로고스는 현상의 존재자 내에서 일어나는 '존재사건'인데, 이 존재사건은 만물의 생성 소멸의 원리로서 싸움, 즉 자기모순 운동(부정의 부정) 이외의 다른 것이 아니다. 존재사건으로서의 로고스는 존재자 내에서 일어나는 '자기모순 운동'인데, 헤라클레이토스는 이 원리를 빛과 어두움의 대립을 통해 상징적으로 표현한다. 그에게 있어서 만물의 아버지, 즉 아르케는 로고스이며, 로고스는 존재자 내에서 적절한 비율로 작용하는 견인과 반발 사이의 부정의 부정 운동이다. 헤겔은 이런 운동을 변증법이라 한다. 로고스는 이렇게 만물들이 생성되고 소멸되는 변증법의 원리이다.

위의 인용문에서 알 수 있듯이 헤라클레이토스에 의하면 만물은 가장 순수한 형태의 질료적 요소인 불이 로고스에 따라 불타오르고 꺼짐으로써 생성되고 소멸된다. 이때 불은 로고스의 질료적 측면이고, 로고스는 불의 작용적 측면이라고 보아야 할 것이다. 물론 여기서 불은 위에서 보았듯이 상징적 의미로 이해되어야 한다. 불은 "싸움", 즉 모순되는 두 요소들의 긴장관계이다. 동양사상의 관점에서 보면 로고스는 불이 작용하는 '결'(理)이며, 불은 '기'(氣)와 같다고 할 수 있을 것이다. 이때 理와 氣는 서로 다른 것이 아니라 동일 실체의 두 측면이라고 보아야 할 것이다. 氣는 싸움이며, 理는 로고스이다. 음(陰)과 양(陽)의 두 기가 오행(五行)의 이치(理)에 따라 상호작용함으로써 만물이 생성 소멸한다. 물론 이때 '이'(理)와 '기'(氣)는 서로 떠날 수 없으나, 서로 섞이지도 않는다.(理氣不相離 理氣不相雜)

파르메니데스는 만물의 근원에 대해 존재, 즉 '참으로 존재하는 것'(ὄντως ὄν)이란 개념을 사용했으며, 현존하는 사물들에 대해서는 비존재(μὴ ὄν)란 개념을 사용했다. 비존재는 감각적 경험의 영역에 속한다. 존재, 즉 참으로 존재하는 것에는 사유를 통해서만 도달할 수 있다. 파르메니데스의 이런 견해는 그의 교훈시 「자연에 관하여」에 잘 나타난다. 그 시의 전반부는 어느 시인이 수레를 타고 태양계를 넘어 밤과 낮의 경계 저편에서 정의의 여신 디케(δίκη)에 의해 진리를 탐구하는 두 종류의 길, 즉 '사유의 길'과 '감각적 경험의 길'에 관해 교훈을 받는 내용이다.

'사유의 길'은 '존재자가 있으며 그것은 무일 수 없다'고 가르친다. 다시 말하면 '참으로 존재하는 것'(ὄντως ὄν)에 대해서는 그것이 존재하면서 동시에 존재하지 않을 수 있다고 말할 수 없다는 것이다. 언제 어디서나 변하지 않고 영원히 존재하는 이런 존재자는 오직 사유를 통해서만 인식될 수 있다. 그 존재자는 생성되고 소멸되지 않는다. 그 존재자는 하나의 전체이기 때문이다. 참으로 존재하는 존재자는 모든 존재자들이 생성되고 소멸됨에도 불구하고 언제나 존재한다. " … 존재자가 있다. 왜냐하면 그것은 존재이고 무가 아니기 때문이다."(Parmenides, 단편 B6) 파르메니데스가 존재라고 할 때 그 존재는 영원히 변치 않는 '참으로 존재하는 것'이다. 현상 세계의 다양한 것들은 참으로 존재하는 것이 아니다. 따라서 그것들은 '비존재'(μὴ ὄν; 非存在)이다.[08] 존재하는 것은 변하지 않으며, 변하는 것들은 참으로 존재하는 것이 아니기 때문이다. 우리의 현상세계가 비존재라면 현상세계에 관한 우리의 지식은 참된 인식이 아니라 가상이다. 현상계는 '참으로 그렇게 존재하는 것'이 아니라 존재하는 것처럼 보일 뿐이다.

한편 '감각적 경험의 길'은 기만에 이르게 하는 길로 존재자는 존재하면서 동시에 존재하지 않을 수 있다고 가르친다. 파르메니데스의 다음 명제에는 이런 길이 어떤 것인지 단적으로 잘 나타난다. "존재자가 없으며 그것이 없다는 것은 당연하다." 여신은 파르메니데스에게 무지한 사람들이 걷는 이런 길을 조심하라고 경고한다. 그의 이런 경고는 그들의 이성은 제 기능을 발휘하지 못하고 존재와 무를 동일시한다는 것이다. 파르메니데스가 말하는 이런 기만의 길은 아마도 모든 존재자는 끊임없이 운동한다고 주장하는 헤라클레이토스를 염두에 둔 것이 아닌가 생각된다. 헤라클레이토스에 의하면 우리가 일상적으로 경험하는 현상세계에서는 하나의 사물이 지금 여기에 있으면 지금 저기에는 없다. 그 존재자는 있으면서 동시에 없는 것이다. 파르메니데스와 헤라클레이토스의 이런 차이는 논의의 출발점이 다르기 때문이다. 즉, 헤라클레이토스는 사유의 길이 아닌 감각의 길에서 존재자를 바라보기 때문이다. 여기서 우리는 파르메니데스와 헤라클레이토스가 동일하게 '존재자'란 개념을 사용하지만 그 내용은 전혀 다름을 주목해야 한다. 헤라클레이토스는 파르메니데스가 말하는 '존재자'를 인정하지 않는다.

---

[08] 여기서 '비존재'(非存在)란 '절대 무'를 의미하는 개념이 아니라 '참으로 존재하는 것이 아닌(非) 방식으로 존재하는 것'이란 의미이다. 그것은 생성되고 소멸되는 현상계의 모든 존재자들을 가리킨다.

그에게 있어서 존재자는 파르메니데스의 '비존재'를 의미한다.

탐구의 두 길:
1. 사유의 길 → 진리 = 존재자(없을 수 없는 존재자)
2. 감각적 경험의 길 → 비진리(기만) = 존재자(없을 수 있는 존재자)

「자연에 관하여」의 후반부에 보면 다양하게 변하는 모든 개별적 존재자들은 존재자체의 현상이라는 내용이 전개된다. 파르메니데스에게 있어서 보편적 진리로서 참으로 존재하는 만물의 근원(아르케)은 '존재' 또는 '존재자'이며, 생성되고 소멸되는 개별적인 존재자들은 존재하기는 하지만 참으로 존재하는 존재자와 같은 방식으로 존재하지 않기 때문에 '비존재'(μὴ ὄν)이다.

존재와 비존재 사이의 구분은 파르메니데스의 시 후반부에서도 여전히 유효하지만 상당히 완화된 모습으로 나타난다. 생성되고 소멸되는 세계, 즉 비존재는 '절대 무'(οὐκ ὄν)가 아니라 '존재의 현상'(비존재)이라는 것이다. 비록 그 현상에서 존재가 명백하게 드러나지는 않지만 암시적으로 드러난다. 파르메니데스가 그의 시 후반부에서 의도하는 것은 '이름 지음'(규정됨)을 통해 만물이 형성되었음을 밝히는 것이다. '이름 지음'을 통해 존재가 개별적인 존재자들로 구체화되었다는 것이다. 이때 '이름 지음'은 '규정됨'과 같은 의미로 이해되어야 한다. 파르메니데스에 의하면 세계가 현재와 같은 모습으로 있는 것은 빛과 어두움에 따라 규정되는 구별과 질서의 결과이다. 여기서 빛은 존재를 상징하며 어두움은 무를 상징한다. 따라서 빛과 어두움에 따른 '이름 지음'이란 존재와 무 사이의 모순 작용에 의해 규정됨을 의미한다. 여기서 우리는 존재를 이중적인 의미로 이해해야 할 것이다. 불변적이고 운동하지 않으며 만물의 존재론적 근원인 영원한 존재자체는 무규정자로서 자신 속에 '존재'와 '무'라는 모순적인 두 요소를 가진다. 즉, 아르케로서 존재자체는 그 최초 상태에서 아직 전혀 규정되지 않았기 때문에 무이다. 그러나 이 무는 존재자체의 '존재(방식)'이다. 따라서 존재자체는 '존재'와 '무'의 방식으로 존재한다. 이 두 요소의 모순작용에 의해 만물이 생성되었다. 존재와 무의 모순작용은 사물들의 존재를 방해하는 것이 아니라 생성의 세계를 고유한 방식으로 존재하게 한다. 그 모순작용은 이름 지음을 통해 세계를 창조하는 힘이다.

참으로 존재하는 것이 '이름 지음'을 통해 비존재가 되었다는 파르메니데스의 견해는 노자에게서도 발견된다. 노자의『도덕경』제1장에 보면 다음과 같은 구절이 있다. "無名 天地之始 有名 萬物之母."(무명이 천지의 시작이며 유명은 만물의 근원이다) 이 구절에서 '無名'은 만물이 형성되기 이전의 무규정적인 상태를 말하며, '有名'은 무규정자가 '이름 지어짐'을 통해 규정됨을 의미한다고 볼 수 있겠다. 노자의 이런 사상은 무규정자가 더움과 차가움의 원리에 따라 나누어졌다는 아낙시만드로스의 생각과 같은 것이다.

데모크리토스는 '텅 빈 공간'과 '영원한 운동'이란 개념을 사용하여 만물의 생성과 소멸을 설명한다. 그에 의하면 시원을 알 수 없는 영원 전부터 '텅 빈 공간'(무규정자)에 원자들이 운동하고 있는데, 존재하는 모든 것은 바로 이 원자들로부터 형성되었다. 따라서 우리의 감각적 지각에서 볼 때는 존재자들이 드러난 형태와 색깔 등에 있어서는 서로 다르지만 '본질에 있어서는'(φύσει: 자연에 따르면) 모두 동일하다. 따라서 데모크리토스에 의하면 현상세계의 자연은 "텅 빈 공간에서 떠다니는 원자들"에 불과하다. 신이 자연을 다스리는 것도 아니고, 합목적성이나 유의미성이 있는 것도 아니며, 어떤 우연도 없다. 오직 모든 것은 '양자'(量子, quantum)의 합법칙성에 근거하여 저절로 일어난다.

2.2. 플라톤과 아리스토텔레스의 형이상학

자연철학자들의 형이상학은 플라톤과 아리스토텔레스에게서 보다 세련된 방식으로 제시된다. 플라톤은 기본적으로 우주(코스모스)가 아름답다는 전제에서 출발한다. 우주가 아름다운 이유는 만물이 조화로운 균형을 유지하기 때문이며, 이런 조화는 궁극적으로 우주가 선(좋음)을 원리(아르케)로 하여 조성되었기 때문이다.

플라톤은 피타고라스가 발견한 5개의 정다면체들이 엠페도클레스가 근원적 원소로 제시한 불, 물, 공기, 흙보다 더 근원적이라고 보았다. 만물의 근원이 되는 원소들은 물질이 아니라 단순한 '형상'이라는 것이다. 그는 피타고라스의 이론을 통해 엠페도클레스의 이론을 보완했다. 플라톤에 의하면 만물의 창조자(조성자)인 데미우르고스는 그가 본 정다면체들을 본으로 하여 카오스 상태의 근원 물질을 정돈했다. 이 다면체들은 데미우르고스에 의해 '보여진 것들'이기 때문에 '이데아들'이다.[09] "그런데 무엇을 '만드는 이'(Demiurgos)가 '언제나 같은 상태로 있는 것'을 바라보며, 이걸 본(paradeigma)으로 삼고서 … 완성되어야만 모든 것이 필연적으로 아름다운 것으로 됩니다."(*Tim*. 28a) "이 우주(κόσμος)가 과연 아름답고 우주를

---

09 '이데아'(ἰδέα)는 어원적으로 볼 때 'ὁράω'(호라오: 내가 보다)의 부정사인 'ἰδεῖν'(이데인: to see)에서 유래했다.

만든 이가 또한 훌륭하다면, 그가 '영원한 것'(τὸ ἀΐδιον)을 바라보고서 그랬을 것이라는 건 분명합니다."(29a) 여기서 데미우르고스가 "바라본 것"(εἶδος), 즉 데미우르고스에게 '보여진 것'(ἰδέα)은 두 종류의 '요소삼각형들'(στοιχεῖα, 원리들)과 이 삼각형들로 구성된 정다면체들이다. 두 종류의 요소삼각형들은 세 변의 길이가 1: 2:√5인 부등변직각삼각형과 세 변의 길이가 1: 1: √2인 등변직각삼각형이며, 정다면체들은 정4면체, 정6면체, 정8면체 그리고 정20면체이다. 이런 다면체들을 본으로 하여 최초로 조성된 입자들이 바로 플라톤의 기본입자들(이데아들)로서 엠페도클레스의 4원소들에 해당된다. 이 원소들은 카오스 상태의 근원물질이 순수한 형식들(다면체들)과 결합된 결과이다. 불은 정4면체의 입자이고, 흙은 정6면체의 입자이며, 공기는 정8면체의 입자 그리고 물은 정20면체의 입자이다. 이때 불, 공기, 물의 요소삼각형은 부등변직각삼각형이며, 흙의 요소삼각형은 등변직각삼각형이다. 따라서 세 종류의 입체들은 요소삼각형으로 분해되어 다른 입체로 바뀔 수 있다. 예를 들어 물(20면체)이 불에 의해 쪼개지면 두 개의 공기 입자(8+8면체)와 하나의 불의 입자(4면체)가 발생한다.(56d) 그러나 흙은 다른 입체들로 바뀌었다가도 결국은 다시 흙의 입체로 돌아간다. 다른 입체들과 요소삼각형이 다르기 때문이다.(참조, *Tim*. 55b; 56d) 플라톤은 4원소들이 물질로 형성되기 이전에는 삼각형과 다면체들의 흔적을 지니고 있었을 뿐이라고 말하는데,[10] 이 흔적들이 바로 데미우르고스가 바

---

10 "그러니까 이전에는 이것들 모두가 비례(λόγος)도 없고, 척도(μέτρον)도 없는 상태로(ἄλογος καὶ ἄμετρος) 있었습니다. 그러나 우주가 질서를 갖게 되도록 하는 일이 착수되었을 때, 불, 물, 공기, 흙이 처음에는 이것들 자체의 어떤 흔적들을 갖고 있었으나 ⋯ 이런 성질의 것들을 신이 최초로 도형(εἶδος)들과 수(ἀριθμός)들로써 형태를 만들어 내기 시작했습니다."(*Tim*. 53b)

라본 이데아들이다. 플라톤은 4원소들과 삼각형과 다면체들의 이런 관계에 관해 말한다. "그러니까 첫째로 불, 흙, 물, 공기가 물체들($\sigma\acute{\omega}\mu\alpha\tau\alpha$)이라는 것은 아마도 모두에게 분명할 것입니다. 그러나 모든 물체의 형태는 깊이도 갖고 있습니다. 이 깊이를 면의 성질을 갖는 것이 둘러싸고 있다는 것은 전적으로 필연적입니다. 그러나 직선 형태의 평면은 삼각형들로 구성되었습니다. 그리고 모든 삼각형들은 두 가지 삼각형에서 비롯되는데, 그 각각은 직각 하나와 나머지를 예각으로 갖고 있습니다."(53c-d) 여기서 두 종류의 삼각형은 이등변직각삼각형과 부등변직각삼각형이다. 플라톤은 요소삼각형들보다 더 근원적인 시초들이 있음을 암시하지만 구체적으로 설명하지는 않는다.(53d)

요소삼각형들보다 더 근원적인 것을 우주론적 관점에서 설명한다면 다음과 같다. 삼각형들이 형성되기 이전에는 대칭이 있었을 것이며, 대칭이 형성되기 이전에는 하나였을 것이다. 그런데 하나는 대칭되는 것이 없으면 하나일 수 없다. 왜냐하면 하나는 하나이기 때문이다. 따라서 하나는 이미 대칭을 포함한다. 결국 하나에서 대칭이 형성되었으며, 대칭의 상호작용과정에서 붕괴됨으로써 삼각형이 형성되었다. 그리고 삼각형들의 상호작용을 통해 입체가 형성되었다. 피타고라스는 이런 입체들을 발견했다.

플라톤은 파르메니데스의 '참으로 존재하는 것'을 "영원하고 변하지 않는 존재자"($\tau\grave{o}$ $\check{o}\nu$ $\acute{\alpha}\epsilon\acute{\iota}$), "영원히 동일한 존재자"($\acute{\alpha}\epsilon\grave{\iota}$ $\kappa\alpha\tau\grave{\alpha}$ $\tau\alpha\grave{\upsilon}$ $\tau\grave{\alpha}$ $\check{o}\nu$)라고 생각했다.[11] (『티마이오스』 27 d-28a) 그런 존재자는 감각적

---

11 파르메니데스나 아낙시만드로스가 '참으로 존재하는 것'을 무규정자 전체라고 생각했다면, 플라톤은 무규정자를 구성하고 있는 4 종류의 기본입자들(이데아들)이 참으로 존재하는 것이라고 보았다. 아낙시만드로스와 파르메니데스는 전체를 강조했고, 플라톤은 전체를 구성하고 있는 부분들을 강조했다.

사물이 아닌 '이데아'이다. 한 존재자의 본질로서 이데아는 "순수한 존재자"(εἰλικρινὴς ὄν)이다.(『국가론』 478 e) 감각적 사물들은 다양한 원소들의 결합체로서 끊임없이 변하는데 반해, 이데아들은 불변성과 자기동일성의 특징을 가진다.(『파이드로스』 78 c-d) 그리고 이데아들은 다른 것들과 섞이지 않은 순수한 본질이기 때문에 '완전한 존재자'(παντελῶς ὄν)이며, 단순히 불가해한 것이나 가상적인 것과 달리 '완전히 인식할 수 있는 것'(παντελῶς γινοστόν)이다.(『국가론』 477 a) 플라톤의 이데아들은 원자론자들의 '원자'와 라이프니츠의 '모나드'와 양자역학에서 양자장을 구성하고 있는 17개의 기본입자들처럼 자기 독립적인 존재방식을 가지면서 현상의 모든 존재자들을 존재하게 하는 '존재자의 존재'라 할 수 있겠다.[12]

아리스토텔레스에 의하면 개체는 잠재적 상태의 질료가 형상과 결합된 현실태이다. 잠재적 상태의 질료는 자연철학자들이 주장하는 카오스 상태의 무규정적인 근원물질이다. 여기서 주목해야 할 것은 질료와 형상이 전혀 다른 요소라고 생각해서는 안 된다는 점이다. 질료가 현실화되면서 한 개체의 본질형상(εἶδος)이 형성되고, 이 본질형상이 다시 구체적 형태(μορφή)를 가지는 개체로 나타난다는 점이다. 이렇게 본질형상이 구체화된 개체가 제1현실태로서의 "엔텔레케이아"(ἐντελέχεια)이다.[13] '엔텔레케이아'는 자체 내에 목

---

12 플라톤의 『티마이오스』에 의하면 데미우르고스는 삼각형과 정다면체를 본으로 하여 세계를 창조했다. 하이젠베르크는 플라톤이 말하는 삼각형과 정다면체가 바로 세계를 구성하는 기본입자들이라고 생각한다. 물론 이 다면체들은 이미 데미우르고스에 의해 질료와 결합된 다면체들이다. 참조, W. Heisenberg, 『부분과 전체』(구승회 역), 380~391쪽.

13 '엔텔레케이아'(ἐντελέχεια)는 ἐν(~안에) + ἑαυτῷ(자기 자신) + τέλος(목적) + ἔχειν(가지다)의 합성어로 '자기 안에 목적을 가지는 어떤 것'이란 뜻이다. 이 개념은 아리스토텔레스가 그의 책 『형이상학』 XI 8에서 사용한 것으로 질료에서 스스로 실현하는 형상, 특히 유기체에 내재하여 그 유기체를 잠재적인

적을 가지고 그 목적에 이르기 위해 작용하지만(wirken; ἔργον) 아직 완전한 목적에 이르지는 못한 상태이다. 이런 엔텔레케이아가 혼의 '에르곤'(ἔργον)에 의해 비로소 완전한 현실태인 '에네르게이아'(ἐνέργεια; Wirklichkeit)가 된다.

여기서 잠시 질료와 형상의 관계를 보다 구체적으로 살펴볼 필요가 있겠다. 잠재적 상태의 질료가 현실화되어 '엔텔레케이아'가 됨으로써 하나의 개체를 바로 그 개체이게 하는 개체 고유의 '아레테'(ἀρετή)가 형성된다. 이 '아레테'가 바로 제1현실태인 개체의 본질 형상(εἶδος)이면서 목적인(causa finalis)이면서 작용인(causa eficiens)이다. 이것은 마치 하나의 단체가 결성되고 난 후에 그 단체의 정체성을 규정하는 형식적 제도가 마련되는 것과 마찬가지일 것이다. 아리스토텔레스의 견해에 관한 이런 해석은 기(氣)가 먼저 있고 이 기가 작용하면서 리(理)가 형성되었다는 장재의 기철학과 관점이 같다 할 수 있는데, 이것은 형상이 먼저 있고 이 형상에 따라 질료가 구체화되었다는 플라톤의 이론과 대립된다. 플라톤의 이론은 리(理)가 먼저 있고 리(理)에 따라 기(氣)가 작용한다는 이정(정이, 정이천 형제)의 리철학과 같다.

여기서 잠시 플라톤과 아리스토텔레스의 차이에 관해 잠시 생각해 보자. 무엇보다 중요한 것은 아리스토텔레스의 형상(에이도스)과 플라톤의 '이데아'는 같은 것이 아니라는 점에 주목해야 한다. 아리스토텔레스의 '에이도스'(본 것)와 플라톤의 '이데아'(보여진 것)는 모두 현재완료형(에이도스)과 수동태(이데아)라는 차이에도 불구하고

상태에서 현실태가 되게 하는 힘이다. 프랑스의 철학자 베르그송(Henri Bergson; 1859~1941)은 『창조적 진화』에서 이런 힘을 "엘랑 비탈"(élan vital: 생명의 약동)이라 했다. 그에 의하면 모든 생명체는 창조적으로 진화하는데 이런 진화는 생명체 내에 약동하는 힘, 즉 "엘랑 비탈"에 의해 가능하다고 한다.

의미는 동일하지만 지칭하는 대상은 다르다. 아리스토텔레스의 '에이도스'는 개체의 본질형상(아레테)으로서 플라톤의 '이데아'와 달리 개체가 형성되기 이전에는 존재하지 않는다. '에이도스'는 질료가 현실태로 되면서 형성된 개체의 '아레테'(개체다움)인데 반해, 플라톤의 '이데아'는 질료를 구성하는 정다면체들로 현대 물리학의 '기본입자들'과 같은 것이라 할 수 있다. 아리스토텔레스의 질료는 플라톤이 다면체들로 표현한 4종류의 입자들(물, 불 공기, 흙)로 이루어진 근원물질이다. 그렇다면 플라톤과 아리스토텔레스의 차이는 옳고 그름의 차이가 아니라 관점의 차이라 할 수 있겠다. 플라톤은 개체가 형성되기 이전의 상태에 초점을 맞추었고, 아리스토텔레스는 개체에 초점을 맞추었을 뿐이다. 인과율에 관한 요나스의 주장은 질료와 형상의 관계에 관한 아리스토텔레스의 견해와 괘를 같이 한다.

> "빅뱅과 함께 형성된 근원물질은 아직 무질서한 혼돈 상태에 있었는데, 이런 혼돈에서 언제나 (또는 아주 오랫동안) 동일한 태도를 취함으로써 자기의 정체성을 유지하는 안정적이고 비교적 지속적인 개체들이 탄생되었을 것이다. 그리고 그들이 취하는 동일한 태도들이 규칙으로 정착되어 인과율이 형성되었을 것이다. 처음에는 그 규칙을 따르지 않는 개체들도 많이 있었을 것이다. 그러나 그런 개체들은 곧 사라지고 일정한 규칙을 따르는 개체들만 남게 되었을 것이다. 여기서 이 질서(인과율)를 따르는 것이 정체성을 유지하는데 더 효과적이라는 '적자생존의 법칙'이 형성되었다. 만물의 지배적인 원리인 인과율은 바로 이런 적자생존 법칙의 하나라 볼 수 있을 것

이다. 이것은 마치 하나의 단체가 형성된 후 그 단체의 정체성을 결정하는 규범들이 형성되고 그런 규범에 동의하지 않는 사람은 탈퇴하는 것과 마찬가지일 것이다. 그러나 이렇게 형성된 인과율이 우주의 지배적 원리로서 '우주적 이성'이라 할 수 있기는 하지만 절대적 원리라고 볼 수는 없다. 인과율에 따르지 않는 개체들이 충분히 많아져 충분한 '무질서'가 형성되면 다른 원리가 새로이 탄생될 수도 있을 것이기 때문이다."[14]

아리스토텔레스의 형이상학은 열자(列子; BC 4세기)가 『天瑞編』(천서편)에서 제시하는 우주기원에 관한 이론과 비교하면 보다 이해하기 쉬울 것이다. 이 책에서 열자는 말한다. "옛날 성인은 음양의 원리로 천지를 다스렸다. 형체가 있는 것들은 무형의 도에서 생겨났는데, 그러면 이 천지는 어디서 생겨난 것일까? "그러므로 태역(太易)이 있고, 태초(太初)가 있고, 태시(太始)가 있고, 태소(太素)가 있다." 태역은 아직 기의 움직임이 나타나지 않은 상태이며, 태초는 기가 나타나기 시작한 상태이며, 태시란 형상이 드러나기 시작한 상태를 말한다. 태소는 질적 변화가 나타나기 시작한 상태를 말한다. 태소는 기운과 형상과 성질이 갖추어져 있으면서도 서로 분리되지 않고 떠날 수 없으니 이를 혼륜(渾淪; 혼돈상태)이라 한다. 이것은 만물이 서로 혼합되어 서로 떠날 수 없음을 말하는 것이다. 이 혼돈은 보려 해도 보이지 않고, 들으려 해도 들리지 않으며, 잡으려 해도 잡히지 않으므로 이를 역(易)이라 말하는 것이다. 易에는

---

14 '우주진화론'에 관해서는 참조, Hans Jonas, *Materie, Geist und Schöpfung*, Suhrkampf 1988, 13~16쪽.

본래 형체와 한계가 없다. 易이 변화하여 하나의 기운이 되고, 이 것(一位)이 변화하여 7(7位)이 되고, 이는 다시 9수의 변화까지 전개된다. 9까지 전개된 것은 궁극에 이른 것이어서 곧 다시 변하여 1이 된다. 1은 형체와 변화의 시작이다. 맑고 가벼운 것은 올라가 하늘이 되고, 탁하고 무거운 것은 내려와 땅이 되며, 충화(沖和)의 기운은 사람이 된 것이다. 그러므로 하늘과 땅은 정기(精氣)를 품고 있고, 만물은 변화하고 생성하고 있는 것이다."(列子, 『天瑞編』)

2.3. 물리학의 우주론

자연철학자들은 만물이 형성되기 이전의 근원적 무, 즉 무규정 자를 물, 불, 공기 등의 다양한 개념으로 표현했다. 그리고 원자론 자들은 이 무가 더 이상 분할될 수 없는 소립자들로 구성되어 있다고 보았다. 엠페도클레스는 이 소립자들이 물, 불, 공기, 흙의 요소들이라 했다. 스피노자에게 있어서 유일한 실체는 자기원인(causa sui)으로서의 '능산적 자연'(Deus sive substantia)이다. 라이프니츠에게 있어서 실체는 모나드이다. 모나드는 더 이상 분할할 수 없는 원자와 같은 것이지만 물질은 아니다. 개개의 모나드들은 고유한 독립적 실체들로서 창문이 없어 다른 모나드들을 침투할 수 없기 때문에 서로 조화를 이룰 수 있다. 무수히 많은 모나드들이 결합되어 물체를 형성한다. 우주는 모나드들이 신의 예정조화에 의해 결합되었기 때문에 아름답다. 그리고 이런 실체로서 모나드들의 가장 본질적 속성은 힘이다. "작용이 모나드들의 본질적 특성이다."

자연철학자들과 원자론자들이 말하는 근원적 무로서의 존재는 기(氣)와 같은 것이다. 양자론은 이 기를 양자장 또는 역장(力場)이라 한다. 이에 관해 보다 자세히 살펴보자.

근원적 장(場)으로서의 존재공간은 단순한 진공이 아니라 힘이 작용하는 역장, 보다 정확하게 말하면 힘과 방향이 함께 작용하는 벡터공간(힐베르트공간)이다. 그렇다면 이 공간에서는 어떤 일이 일어나며, 그 공간은 어떻게 구성되어 있는가?

현대물리학은 플랑크의 플랑크상수($\hbar$), 즉 양자의 발견과 함께 전기를 맞는다. 질량을 지닌 물체는 언제나 에너지, 즉 힘으로 전환될 수 있는데, 질량으로 전환되기 이전의 상태는 입자 형태의 에너지 장이었다는 것이다. 플랑크는 이 에너지 입자를 양자(quantum)라 불렀다.

고전물리학은 입자와 그 입자의 이동을 매개하는 에테르를 전제한다. 그러나 에테르는 마이컬슨과 몰리의 실험(Michelson-Morley experiment)에 의해 존재하지 않음이 밝혀지면서, 전자기파와 같은 입자의 이동을 설명하기 위해 파동설이 제기되었다. 전자기파는 입자가 아니라 파동이라는 것이다. 그러나 아인슈타인에 의해 태양의 빛은 광양자로 구성되어 있음이 밝혀졌다. 에테르가 존재하지 않는다면 입자인 전자기파가 전달되기 위해서는 그 입자가 동시에 파동일 경우에만 가능하다. 입자성과 파동성을 동시에 가진 입자가 플랑크상수($\hbar$)에 해당하는 양자이다. 기본입자는 스스로 힘을 유발하고, 이 힘에 의해 영향을 받을 뿐만 아니라 동시에 기본입자 스스로 일정한 힘의 장으로 재현된다. 입자와 파동이라는 양자론의 이원론 역시 동일한 실체가 물질이면서 동시에 힘으로 나타나는 것과 동일하다.(구승회 145)

플랑크에 의하면 물체로부터 방출되거나 흡수되는 복사파들은 연속적인 에너지 흐름이 아니라 불연속적인 어떤 최소량의 단위로

방출되거나 흡수된다. 플랑크는 '플랑크상수'를 작용양자(quantum of action)라 불렀다. 오늘날 물리량(에너지)의 최소단위를 '양자'라고 부르는 것은 여기서 유래한다.[15] 전자기파 사이의 에너지 흐름은 에너지 양자들의 덩어리에 의해 이루어진다. 양자들은 대칭운동을 하는데, 이 대칭운동은 비대칭적으로 일어나기 때문에 양자들은 서로 연결되어 장을 이룰 수 있으며, 이 장을 파동장이라 한다. 그리고 이런 운동이 일어나는 공간이 힐베르트공간이며, 이런 운동에 의해 힐베르트공간이 열린다.

하이젠베르크는 양자를 '에너지' 또는 '보편물질'(universale Materie) 이라 부르는데, 바로 이 보편물질이 빛으로 전이되고 이 빛으로부터 물질이 형성된다고 본다.[16] 물질이 되기 이전의 이 보편물질은 다양한 형상만 가지고 있다.[17] 하이젠베르크는 이런 사태를 아리스토텔레스의 형이상학과 관련하여 설명한다. 그는 아리스토텔레스의 '질료'를 보편물질 또는 에너지와 동일시하는데, 이 보편물질이 형상을 통해 물질적 현실태로 나타난 것이 기본입자라는 것이다.(구승회 145) 보편물질이 대칭운동과 비태칭운동을 하는 장이 힐베르트공간이다. 힘들이 작용하는 역장을 현대물리학의 '표준모

---

15 엄청난 운동에너지를 갖는 두 입자를 충돌시켰을 때 입자들은 많은 상이한 파편들로 나누어진다. 그런데 이 파편들은 기본입자보다 더 작은 어떤 것이 아니라 그 자체가 다시 하나의 기본입자이다. 새로 생성된 입자가 본래의 입자보다 더 작은 입자도 아니고 가벼운 입자도 아니다. 참조, W. 하이젠베르크, 『물리학과 철학』(구승회 역), 60쪽; W. Heisenberg, *Schritte über Grenze,* München 1984, *S.* 34.

16 참조, W. 하이젠베르크, 『물리학과 철학』(구승회 역), 144쪽. 그러나 하이젠베르크에 의하면 물질로 전이되기 이전의 "보편물질"은 일상적인 의미의 물질이 아니라 단순한 형식이다.

17 "물질의 가장 작은 단위들은 실제로는 일상적인 의미에서의 물리학적 대상들이 아니다. 그것들은 형식, 구조 또는 플라톤의 개념에 따르면 이데아들이다. 이 단위들은 오직 수학의 언어를 통해서만 분명하게 설명될 수 있다." (Die kleinsten Einheiten der Materie sind tatsächlich nicht physicalische Objekte im gewöhnlichen Sinne des Wortes; sie sind Formen, Strukturen oder, im Sinne Platos, Ideen, über die man unzweideutig nur in der Sprache der Mathematik reden kann.); W. Heisenberg, *Physik und Philosophie,* Stuttgart 2011, 38.

형'과 관련하여 설명해 보자. 현대물리학의 근간이 되는 '표준모형'에 따르면 137억 년 전에 대폭발(빅뱅)과 함께 여러 입자들이 생겨났다. 이 입자들은 물질을 더 이상 쪼갤 수 없을 때까지 쪼개도 남는 12종의 기본입자들(쿼크 6개·렙톤 6개)[18]과 이들 사이에서 힘을 전달하며 상호작용을 담당하는 4종의 매개입자들[19] 그리고 힉스입자(Higgs boson)로 총 17종의 작은 입자들(소립자들)이다.[20] 이들 소립자 중에서 힉스입자는 이 16종의 입자들 각각에 질량과 성질을 부여하는 역할을 한다. 광자가 전자기장을 형성하는 입자이듯이 힉스입자들은 '힉스장'을 형성한다. 힉스장은 우주 공간 어디에나 존재한다고 볼 수 있다. 이 장은 현대물리학에서 부정되었던 에테르와 같다고 할 수도 있겠다. 그리고 기본입자들이 힉스장을 지나가면서 얼마나 힉스장과 상호작용을 많이 하는가에 따라 입자의 질량이 결정된다. 상호작용이 강할수록 질량이 무거워진다.

기본입자들은 페르미온 입자들과 보존입자들로 이루어져 있는데, 그중 페르미온 입자들이 보존 입자들과 상호작용함으로써 장이 형성된다. 보존은 광자, 글루온(gluon), W입자와 Z입자의 4종류인데, 광자에 의해 전자기장이 형성되고, 글루온에 의해 강력장이 형성되고, W입자와 Z입자에 의해 약력장이 형성된다. 이밖에도 중력자에 의해 형성된 중력장과 힉스장이 있다. 이들 5개의 장들이 바로 역장을 이룬다. 이때 페르미온들 사이에는 견인력(牽引力; attraction)과 척력(斥力; repulsion)이 작용하는데, 입자들 사이의 이런 힘

---

18 이 입자들은 페르미온(fermion)이란 입자인데, 스핀이 1/2인 입자로 동시에 같은 곳에 존재할 수 없다.
19 이 입자들을 보존(boson)이라 하는데, 스핀값이 정수이며 동시에 여러 입자가 겹칠 수 있다.
20 이 17개의 기본입자들이 바로 양자이다.

(에너지)들의 상호작용이 곧 존재사건이며, 이런 존재사건에 의해 열려진 역장이 바로 존재의 장이라 할 수 있다.

2.4. 실체존재론과 화이트헤드의 '현실적 실재들'(actual entities)의 장(場)

화이트헤드에 의하면 '현실적 실재들'은 사물을 구성하는 궁극적 실재들이다. 그것들은 파르메니데스의 '존재(자)', 즉 '참으로 존재하는 것'(ὄντως ὄν)이며, 아리스토텔레스의 '실체'(οὐσία), 즉 '존재자로서의 존재자'(ὄν ἡ ὄν)이다.[21] 현실적 실재들은 일정한 형태로 고정된 구체적 사물이 아니라 물리학에서 말하는 운동량과 같은 성격(vector character)을 지니는 존재론적 힘들이다. "현실적 실재들"(actual entities) 또는 "현실적 사건들"(actual occasions)은 세계의 근원이 되는 궁극적 질료들이다. "현실적 실재들 너머에 더 현실적인 어떤 것은 없다."[22](PR 17) 궁극적 실재들인 이 "현실적 실재들"은 서로 유기적으로 연결되어 '존재의 바다'라 할 수 있는 하나의 장을 이룬다. 현실적 실재들이 유기적 장을 이룰 수 있는 것은 그것들이 내적으로는 결정되어 있지만 외적으로는 자유이기 때문에 가능하다. 라이프니츠의 '창문 없는 모나드들'이 서로 침투하지 않고 조화를 이루는 것과 마찬가지이다.

그렇다면 무수히 다원적인 '현실적 실재들'에서 어떻게 합리적

21　현실적 실재들의 이런 형이상학적 본질에 관해서는 참조, Ivor Leclerc, 『화이트헤드 형이상학 이해의 길잡이』(안형관, 이태호 역), 이문출판사 2003, 38–60쪽.

22　A. N. Whitehead, *Process and Reality*, p. 17. 화이트헤드의 "현실적 실재들"은 물질적 사물들이 아니라 사물들로 생성되기 이전의 사건들이다.

질서를 지닌 우주가 형성되었는가? 이를 설명하기 위해 화이트헤드가 도입한 개념이 '영원한 대상들'(eternal objects)이다. 영원한 대상들은 플라톤의 이데아들과 같은 것이다.(PR 46) 이 영원한 대상들이 이미 주어져 있는 무한한 '현실적 실재들'의 바다에 진입해 들어감으로써 현실적 실재들이 구체적으로 규정되어, 잠재적 가능성으로서만 실재하는 영원한 대상들이 현실적으로 실현된다. 무한한 질료로서의 '현실적 실재들'이 '영원한 대상들'과 융합함으로써 비로소 구체적 사물로서 존재하게 된다.[23]

지금까지의 논의를 종합해 보면 철학자들이 추론을 통해 도달할 수 있는 지점은 만물이 형태화되어 규정되기 이전의 카오스이다. 따라서 철학자들의 신 개념은 무규정적인 카오스를 최초로 성립하게 한 '제1원인자' 또는 '자기원인자'(causa sui)이다. 그러나 이 신은 사실적 술어로 설명될 수 있는 존재자가 아니라 단지 현실 존재자들의 근원으로서 요청되는 '알지 못하는 신'이다. 그런 신은 '삼위일체'라는 사실적 술어로 설명될 수 있도록 자신을 계시한 기독교의 하나님과는 다르다. 그런 신은 만물의 창조자가 아니며, 인간을 구원할 수도 없다. 오직 사람이 되신 하나님만이 사람을 구원할 수 있다. 그런 하나님만이 인간에게 구원의 길을 제시해 줄 수 있고, 그렇기 때문에 인간은 그 길을 따라 걸을 수 있다.

2.5. 철학적 신 존재증명의 한계

---

23 이것은 존재자가 '형상'(εἶδος)과 '질료'(ὕλη)로 구성되어 있다는 아리스토텔레스의 주장과도 일치한다.

기독교가 그리스 철학을 접하면서 신학의 개념들을 철학적으로 변증하려는 시도가 계속되었다. 요한복음의 저자는 하나님과 함께 천지창조에 참여했던 태초의 '로고스'에 관해 언급했는데, 이 로고스는 그리스 철학에서 헤라클레이토스와 스토아철학이 만물의 근원이 되는 원리로서 제시한 개념이다. 헤라클레이토스에 의하면 로고스는 만물의 근원이 되는 질료인 불의 기운이 작용하는 원리로서 우주적 이성이다. 헬레니즘 시대의 스토아 철학은 헤라클레이토스의 로고스가 생명의 근원이라고 생각하여 '로고스 스페르마티코스'(λόγος σπερματιχός, 씨앗으로 작용하는 로고스)란 개념을 사용했다. 씨앗에는 생명이 내재한다. 로고스에는 생명이 내재한다. "그 안에 생명이 있었나니"라는 요한복음의 표현에서 우리는 스토아 철학과의 연관성을 발견할 수 있다. 이런 연관성은 요한복음 12장 20-22절에서 유추해 볼 수 있다. 유월절에 많은 디아스포라들이 예루살렘에 왔는데, 그중에는 몇 명의 헬라인들도 있었다. 그들은 예수를 보고자 하여 빌립과 안드레를 통해 예수를 만났다. 아마도 그들은 스토아 철학을 알고 있던 유대인들이었을 것이다. 그들과의 만남이 있은 직후 예수는 "인자가 영광을 얻을 때가 왔도다"라고 말하면서 씨앗에 관한 비유를 설명한다. '씨 뿌리는 자의 비유'에서 예수가 "씨는 하나님의 말씀(로고스)이요"(눅 8:11; 참조, 마 13:18-24; 막 4:14)라고 설명하는데, 여기서도 스토아 철학과의 연관성을 볼 수 있다.

요한보다 이전에 이미 알렉산드리아의 유대인 철학자 필론(Philon, BC 15? ~ AD 45?)은 로고스가 하나님의 독생자로서 초월자이신 창조자 하나님과 이 세상을 매개한다고 주장했다. 필론은 성서의 계시를 그리스 철학의 관점에서 해석했다. 이런 해석에서 그가 사용한 방법론은 '유비적 방법론'[24]이었다. 이런 유비적 해석에 근거하여 그는 모세오경을 최고의 철학이라고 주장했다. 그에 의하면 모세오경의 목적은 단지 족장들의 활동을 진부하게 설명하는데 있지 않고, 그들을 그리스 철학에서 중요한 주제였던 사람다움의 덕을 갖춘 모범적인 인물들로 제시하기 위한 것이었다. 아담은 이성(νοῦς; nus)을 상징하며, 이브는 감성(αἴσθησις; aisthesis)을 상징한다. 에덴동산은 풍요를 상징하며, 뱀은 욕망을 상징한다. 가인은 자기 사랑을 상징하며, 아벨은 경건함을 상징한다. 야곱은 실천적 인물이며, 에서는 어리석음의 대표적 인물이다. 아브라함은 배움의 자세를 상징한다. "구약성서를 설명할 때 필론의 목표는 성서의 '개별적 사건들'에 계시되어 있는 '보편적인 것'을 발견하는 것이었다."[25]

필론의 철학에서 중심적인 두 개념은 '하나님'과 '로고스'이다. 하나님은 세계의 창조자이며, 생명의 근원인 절대적인 초월자이다. 그 하나님의 이름은 '여호와'로 세계를 초월해 있지만 동시에 이 세계의 근원이기도 하다. 그렇다면 이 초월적인 하나님이 어떻게 만물의 근원이 될 수 있는가?

필론에 의하면 '정신세계'(κόσμος νοήτος)와 '감각세계'(κόσμος αἰσθητος)는 전적으로 다른 차원에 속한다. 따라서 그는 구약성서에서처럼 하나님이 족장들에게 직접 나타나는 사건은 불가능하다고 생각했다. 같은 것은 오직 같은 것을 통해서만 인식될 수 있기 때문에 인간이 하나님을 인식하는 것은 불가능하다. 그렇다면 하나님

---

24 '유비'(喩比; ἀλληγορία; allegory; Allegorie)는 ἄλλος(알로스: 다르게)와 ἀγορεύω(아고류오: 드러내 보여주다, 말하다)의 합성어인 ἀλληγορέω(알레고레오: 다르게 말하다)에서 유래한 개념으로 '다르게 말함'을 의미한다.

25 I. Christiansen, *Die Technik der allegorischen Auslegungswissenschaft bei Philon von Alexandrien*, 1969, 42, 44.

과 세계 사이에는 매개 가능성이 전혀 없는가? 하나님과 세계는 전적으로 다른 차원에 속하지만 제3의 존재자를 통해 만남이 가능하다. 인간은 존재의 근원인 하나님을 직접적으로 알 수는 없다. 그러나 하나님은 세상을 창조할 때 그의 이데아들을 매개로 세상을 창조했기 때문에, 인간은 그 '이데아들' 또는 힘들을 알 수 있으며, 이 힘들을 통해 하나님을 유비적으로 알 수 있다는 것이다. 하나님과 세계를 매개해 주는 제3의 존재자는 바로 신적인 힘들 또는 이데아들을 모두 자기 안에 통일시키는 '로고스'이다. 그는 모든 다른 이데아들을 포괄하는 이데아이며, 모든 다른 힘들을 자기 안에 통합하고 있는 힘이다. 로고스는 영적인 하나님과 물질적인 세계를 매개시키는 영적이면서 동시에 물질적인 존재자이다. 로고스는 이데아들 중의 이데아이며, 힘들 중의 힘이며, 하나님의 대리자이며, 하나님의 독생자(獨生子; υἱός μονογενής)이며, 제2의 하나님이다. 로고스는 하나님의 지혜와 이성이다. 하나님은 이런 로고스를 매개로 해서 세계를 창조했다.

초대교회 이후 교부시대와 중세철학을 거치면서 신학자들은 하나님의 존재를 철학적 방법론에 기초하여 증명하고자 했다. 그 중에서 대표적인 논증은 우주론적 증명과 존재론적 증명이었다. 우주론적 증명은 모든 존재자들은 원인을 가지며 궁극적으로 제1원인자에게까지 근원이 소급된다는 아리스토텔레스의 주장에 근거한다. 우주론적 증명은 바로 이 제1원인자가 하나님이라는 주장이다. 존재론적 증명은 우리에게 하나님의 존재에 관한 관념이 있는데, 하나님은 완전한 존재자이며 따라서 이런 관념은 완전한 존

재자인 하나님만이 줄 수 있다는 주장이다.[26]

그러나 이런 논증들은 논리적 모순을 내포한다. 우주론적 논증은 인과율이 지배하는 차원에서만 유효하다. 그런데 인과율이 만물의 근본적인 존재원리로서 정착된 것은 우주가 형성된 이후 비교적 최근의 일이다. 그 이전에 우주는 카오스 상태였다. 철학자들은 이런 카오스 상태를 무(규정자)라 했다. 철학은 만물이 규정되어 드러나기 이전의 이런 무규정자를 논리적으로 추론할 수 있을 뿐이다. 신에 관해 언급될 수 있다면, 신은 단지 "알지 못하는 신"(행 17장)으로서 전제될 수 있을 뿐이다. 틸리히는 우주론적 논증의 부당함을 다음과 같이 지적한다.

"하나님의 존재를 증명하기 위한 우주론적 방법들은 주로 두 가지 방향에서 이루어졌다. 존재자의 유한성으로부터 무한한 존재자를 추론하는 방법(좁은 의미의 우주론적 증명)과 의미의 유한성으로부터 무한한 의미의 근원을 추론하는 방법(전통적인 목적론적 증명)이 그것이다. 두 경우에 모두 우주론적 물음은 존재의 의미를 무화시키는 비존재의 위협으로부터 발생한다. … 첫 번째 형태의 우주론적 논증은 유한성의 결정적 구조를 통해 하나님의 존재를 증명하고자 한다. 이 논증은 원인과 결과의 무한한 고리로부터 하나의 원인이 있다고 추론하며, 모든 실체들의 우연성으로부터 필연적 실체가 있다고 추론한다. 그러나 원인과 실체는 유한성의 범주들이다. '제1원

---

26 우주론적 증명과 존재론적 증명에 관해서는 참조, W. 판넨베르크, 『신학과 철학 II』(오희천 역), 종문화사 2019, 39-41쪽.

인'은 인과체계에 기초한 물음이며, 따라서 인과체계의 근원이 되는 어떤 존재자를 지칭하는 사실적 술어가 아니다. 그런 존재자 자체도 인과체계의 한 부분일 것이며, 따라서 원인에 대한 물음이 필연적으로 다시 요구될 것이다. 마찬가지로 '필연적 실체'에 대한 물음도 실체관계에 기초한 물음이며, 따라서 모든 실체들에 실체성을 부여한 어떤 존재자에 대한 사실적 술어가 아니다. 그런 존재자도 우연적 요소들을 가지는 실체일 것이며, 따라서 다시 실체성 자체에 대한 물음이 제기될 것이다. 원인과 실체의 범주들이 하나님에게 적용될 때는 그들의 범주적 성격을 상실한다. '제1원인'과 '필연적 실체'는 유한성과 함께 제기된 물음, 즉 유한성과 범주들을 초월하는 존재자에 대한 물음, 비존재를 포괄하여 정복한 존재자체에 대한 물음, 하나님에 대한 물음을 표현하는 상징적 개념들이다."[27]

존재론적 논증의 모순은 "(* 하나님의) 존재는 사실적 술어가 아니다"(KrV A 598; B 626)는 칸트의 주장에 의해 논박된다. 여기서 '사실적'(real)이란 '시간과 공간을 통해 지각할 수 있는 현상적 존재자와 관련된'이란 뜻이다. 다시 말해 모든 존재는 사실적으로 존재하는 존재자의 속성(존재자성)에 대한 사실적 서술과 위치(있음)로서 우리에 의해 부가된 개념이다. 그러나 하나님의 존재는 사실적 술어가 아니다. 왜냐하면 하나님은 현실의 존재자들과 같은 방식으로,

---

27 Paul Tillich, *Systematische Theologie I, Walter de Gruyter,* Berlin ; New York 1987, S. 243-244. 이후로는 본문 가운데서 ST I/II로 표기함.

즉 사실적으로 존재하는 존재자가 아니기 때문이다. 인간은 하나님의 존재와 같은 완전한 존재에 관한 개념을 산출할 능력이 없고, 단지 현실의 시간적 존재자들과 대비되는 영원한 존재를 추론할 수 있을 뿐이다. 그리고 그렇게 추론된 신은 사실적인 존재자일 수 없다.

여기서 우리는 존재와 술어의 관계에 관해 살펴보자. 술어는 존재자가 이미 있는 상태에서 그 존재자의 고유한 존재방식을 카테고리에 따라 규정하는 존재자의 속성이다. 그리고 이렇게 규정되는 속성은 유(類)와 종(種)에 따라 정의된다. 하나의 존재자는 개체로서의 고유한 속성(형상, 무늬)을 가지는데, 이런 속성은 다른 존재자들과의 종적 차이와 최근류를 통해 다른 존재자들과 다른 존재자로서 규정된다. 물론 사실적 술어로서의 존재는 존재자 자체가 가지는 사실적 속성이 아니라 사유하는 인간에 의해 부가된 개념이다. 예를 들어 '사람은 생각하는 동물이다'라는 명제에서 '생각하는'은 사람을 사람이게 하는 고유한 속성(무늬)으로서 같은 유에 속하는 다른 종들과의 관계에서 사람이 가지는 고유한 종적 차이이며, '동물'은 사람이란 종의 '가장 가까운 유개념'(최근류)이다. '생각하는'은 동물에 속하는 다른 종들과 달리 사람만의 고유한 존재방식이다. 그밖에도 사람의 고유한 존재방식을 지시하는 많은 술어들이 있다. 이 모든 술어들은 사람을 사람이게 하는 사람의 고유한 존재를 표현하는 개념들이다. 그리고 '이다'는 사람과 동물의 관계를 지시하는 계사로서 모든 존재자들이 서로 관계를 맺고 '있음'을 가리키는 존재자일반의 존재이다.

존재는 언제나 '존재자의 존재'이다. '존재자의 존재'는 주격적 소유격으로서 'S는 P이다'라는 명제로 표현될 수 있는데, 이때 S는 존재자이며 'P'는 내용으로서의 존재(사실적 술어)이고, '이다'는 형식으로서의 존재(position, 위치, 있음)이다. 우리는 여기서 존재자를 다시 개별적 존재자와 존재자일반으로 구분할 필요가 있다. 개별적 존재자의 존재는 'P이다'이며, 존재자일반의 존재는 단순히 '이다'이다. 그런데 존재자일반의 존재인 '이다'는 계사(coupla)로서 단순히 '있음'(머물음)이 아니라 '연결하고 있음'이다. 따라서 존재자의 '존재'는 주격적 소유격으로서 '존재자가 넘어가면서(시간성) 있다(공간성)', '흘러가고 있다', 소멸하는 과정에 있다'이다. 존재는 이렇게 존재자가 넘어가면서 있음, 즉 존재자의 시공간성이다. 우리는 존재를 시공간성이라 이른다. 시공간성은 존재의 이름(Vorname)이다.

존재자가 어떤 존재자인가에 따라, 즉 시공간에 존재하는 현실적 존재자이냐 아니면 시공간을 초월하는 신적인 존재자이냐에 따라 존재는 달라진다. 현실적 존재자도 개별적 존재자이냐 아니면 존재자일반이냐에 따라 존재의 내용과 형식을 달라진다. 개별적 존재자의 존재내용은 그 존재자의 사실적 술어(존재자성)이며, 형식은 단순히 그 존재자의 사실적 위치(position)이다. 예를 들어 인간이란 존재자의 존재내용은 다른 존재자들과 달리 인간만이 가지는 고유한 무늬(속성: 생각하는 존재자, 종교적인 존재자 등)이며, 존재형식은 '위치'(있음, ~ 이다)이다. 그리고 존재자일반의 존재는 내용이 없으며, 형식은 '위치'(있음, ~ 이다)이다. 즉, 존재자일반의 존재는 내용과 형식이 동일하다. 존재자일반의 존재는 단지 '~ 이다'이다. 한편 시간과 공간을 초월하는 신적 존재자의 존재는 내용과 형식이 모두 사실적 '있음'을 가리키는 개념이 아니다. 그런 존재자의 존재는 개념(사실적 술어)이 아니라 이념(전제된 개념)이다.

하나님의 존재는 시공간적이지 않다. 존재라는 개념은 이미 사실적으로 존재하는 존재자를 전제한다. 존재는 이미 존재하는 존재자의 속성을 규정하는 사실적 내용(술어)과 형식이다. 그리고 모든 존재자는 시공간적으로 존재한다. 여기서 주목해야 할 것은 존재자로부터 그의 존재를 규정할 수는 있지만, 존재로부터 존재자를 추론할 수는 없다는 것이다. 그러므로 존재의 유비(analogia entis), 즉 시간적으로 존재하는 존재자를 규정하는 '존재'라는 개념으로부터 무시간적인 영원한 존재자인 하나님의 존재를 추론하는 방식으로 하나님의 존재를 증명할 수는 없다. 모든 존재자들의 존재는 이미 존재하는 존재자들에 대한 사실적 술어이지만, 하나님의 존재는 시간적으로 규정할 수 있는 사실적인 술어가 아니기 때문이다.

요약하면 하나님의 존재를 현실적 존재자들과 관련하여 유비적으로 추론하는 것은 불가능하다. 따라서 K. 바르트가 주장하듯이 하나님의 존재는 존재의 유비(analogia entis)를 통해서는 입증될 수 없다. 하나님의 존재는 단지 '신앙의 유비'(analogia fidei)를 통한 신앙고백의 대상이다.

3. 칸트의 신 개념: 건전한 개념을 위한 이념으로서의 신

칸트는 전통적인 존재론적 신 존재증명의 모순을 지적하면서 신의 존재를 이성의 한계 내에서 비판적으로 해명하고자 했다. 이제 칸트가 『순수이성비판』에서 제시한 신 개념에 관해 살펴보자. 영국 경험론, 특히 흄에 의해 독단의 잠에서 깨어난 칸트는 인간의 건전한 인식능력을 비판적으로 검토한 후 거기로부터 형이상학(특수형이상학)을 학적으로 해명하고자 했다. 당시의 형이상학은 존재자일반의 근원을 해명하는 일반형이상학이 아니라 신, 세계 그리고 영혼의 문제를 다루는 특수형이상학이었다. 이렇게 형이상학을 학적으로 해명함으로써 칸트는 신의 존재는 증명할 수 있는 것이 아니라 건전한 학적 인식의 가능근거로서 전제되어야 하는 "이념"이라고 주장했다. 칸트가 지적하듯이 철학자의 하나님은 인간이 알 수는 없지만 전제되어야 하는 "알지 못하는 신"이다. 이제 특수형이상학에 관한 칸트의 해명을 살펴보자.

3.1. 칸트 철학의 과제

칸트에 의하면 "형이상학적 탐구의 고유한 목표는 신, 자유 그리고 영혼불멸이라는 세 이념들이다."(B 395) "순수이성 자신의 피할 수 없는 과제들은 신, 자유 그리고 영혼불멸이다. 그리고 그 과제의 해결에 궁극적인 관심을 가지는 학문을 우리는 형이상학이라 부른다."(B 7) 따라서 칸트의 근본적인 철학적 물음은 "어떻게 형이상학이 학으로서 가능한가?"(B 41)이다. 이 물음에서 우리는 칸트 철학의 과제와 방법론이 무엇인지 알 수 있다. 위의 물음에서 '형이상학'의 학적 해명은 철학의 과제이며, '학으로서'는 방법론을 가리킨다. 다시 말해 그의 궁극적 목표는 '형이상학'을 '학적 방법론'에 근거하여 '재정립'하는 것이었다. 재정립한다는 것은 기존의 형이상학이 잘못 정립되어 있다는 의미이다.

칸트 당시 독일의 철학은 그 내용에 있어서 라이프니츠-볼프의 합리론이었다. 합리론이란 '나의 이성이 세계에 관해 말하는 것이 진리'라는 관점에 입각한 철학이다. 이성에는 선천적으로 갖추어져 있는 관념들(본유관념들)이 있기 때문에 이 관념들로부터 신, 세계 그리고 영혼에 관한 문제를 올바르게 해명할 수 있다는 것이다. 합리론에 의하면 경험이 인식의 기초가 아니고 한계도 아니기 때문에 형이상학, 즉 모든 경험을 초월하는 초감각적인 것에 관한 학문의 가능성에 관해 의심할 아무런 이유도 없다. 칸트도 1760년까지는 합리론자인 그의 스승 크눗첸의 영향으로 라이프니츠-볼프 철학의 전통에 서 있었다. 그런데 칸트는 형이상학의 가능성에 대해 회의적이었던 로크와 흄의 반론에 의해 '독단의 선잠'에서 깨어나게 되었다. 로크에 의하면 인간의 의식에는 감각을 통해 주어진 것 이외에는 아무것도 없다. 경험, 즉 감각을 통한 외적 경험과 자기 반성적인 의식을 통한 내적 경험이 인식의 원천이자 한계라는 것이다. 따라서 모든 인식(경험)은 감각적 경험과 함께 시작된다. 이렇게 철저히 경험론적인 입장에서 볼 때 신, 영혼, 영혼불멸, 자유, 도덕적 가치 등 초감각적인 세계를 해명하고자 하는 기존의 형이상학은 불가능하다. 그러나 칸트는 이런 형이상학적 주제들을 단순히 폐기하지 않고 경험론의 주장대로 학적인 방법론을 통해 해명하고자 했다.

형이상학의 주제들을 학적인 방법론에 근거하여 근원적으로 해명하기 위해 칸트는 도대체 인간의 이성이 그런 주제들을 인식할 수 있는 능력이 있는지 먼저 비판적으로 검토해야 한다고 생각했다. 그렇게 검토해 본 후에야 비로소 형이상학이 가능한지, 그리고 우리에 의해 파악된 것이 확실한지 결정할 수 있다는 것이다. 형이상학이 학으로서 가능한지 밝히기 위해서는 먼저 학적 인식의 조건이 무엇인지 살펴보자.

어떤 인식이 학적 가치를 가지려면 그 인식은 ① 새로운 정보를 제공해 주어야 하며, ② 그렇게 제공된 정보는 보편적이고 필연적

이어야 한다. ①의 조건은 경험에 의해서만 충족될 수 있다. 새로운 정보는 대상의 고유한 속성으로 경험을 통해 획득된다. 그런데 문제는 이렇게 경험을 통해 입수된 대상의 속성은 경험의 한도 내에서만 타당성을 가지는 상대적 보편성을 가질 뿐이기 때문에 엄밀한 보편성과 필연성이 보장되지 않는다. 그렇다면 ②의 조건은 어떻게 충족될 수 있는가? 인식 주체가 동일한 대상을 볼 때 필연적으로 언제나 동일한 대상으로 인식할 수 있는 것은 그 주체가 대상과 관계할 때 언제 어디서나 동일하게 적용되는 형식들이 인식주체에 선험적으로 갖추어져 있기 때문이다. "엄밀한 보편성이 하나의 판단에 본질적으로 속하는 곳에서 보면 이런 보편성의 원인이 특수한 인식원천, 즉 선험적 인식능력에 있음을 알 수 있다."(KrV B 4) 마치 미리 설치되어 있는 수도관을 통해 가정으로 들어오는 물은 언제나 동일한 형태로 들어오는 것과 같은 이치이다. 이때 수도관을 통해 들어오는 물은 경험적 내용과 같으며, 미리 갖추어져 있는 수도관은 인식주체에 선험적으로 갖추어져 있는 형식들(시간과 공간, 그리고 순수오성개념들)과 같다. 결국 ②의 조건은 인식주체에 선험적으로 갖추어져 있는 형식들에 의해 충족된다. 따라서 '학적 인식'이란 한편에서는 새로운 정보를 제공해 주는 '종합판단'이어야 하며, 다른 한편에서는 보편성과 필연성이 보장되는 '선험적 판단'이어야 한다. 칸트는 이런 학적 인식을 "선험적 종합판단"(Synthetische Urteile a priori)이라 부른다. 형이상학의 학적 가능성에 관한 물음은 결국 형이상학이 '선험적 종합판단'에 기초하여 가능하냐 하는 물음이다. 그렇다면 이제 중요한 것은 어떻게 선험적 종합판단이 가능한지, 즉 선험적 종합판단의 한계가 어디인지 분석하는 작업이 필요하다.

3.2. 방법론: 『순수이성비판』

이상에서 보았듯이 칸트는 형이상학을 학적인 방법론에 의해 해명하고자 했다. 그리고 이를 위해 칸트는 먼저 학적 인식의 가능성 또는 그 한계를 명확히 밝히고자 한다. 칸트는 『순수이성비판』에서 순수이성을 분석하여 학적 조건을 충족하는 인식이 어떤 인식인지 밝히고, 그 다음에 이런 분석에 근거하여 형이상학의 대상들인 신, 세계 그리고 영혼의 문제를 학문적으로 설명할 수 있는지 밝히고자 한다. 칸트는 이 책에서 단지 새로운 인식론을 제시하는데 그치지 않고 형이상학을 새로 정립하기 위한 방법론적 기초를 마련하고자 한다. 『순수이성비판』이 칸트의 철학에서 차지하는 위치는 바로 여기에 있다. 그 책의 이러한 위치를 보다 분명히 하기 위해 이 책의 제목에 주목할 필요가 있다.

먼저 '순수이성'이란 무엇인가? 이성이란 인간의 총체적인 인식능력을 가리키며, 그리고 이런 인식능력은 감성, 오성 그리고 좁은 의미의 이성으로 이루어져 있다. 감성은 감각적 직관능력이며, 오성은 판단하는 능력이며, 이성은 추리하는 능력이다. 그리고 '순수'란 '경험대상과 관계하기 이전', 즉 '모든 경험에 앞서는, 선험적인'이란 의미이다. 칸트는 경험에서 유래한 것을 표현할 때 '아포스테리오리'(a posteriori)란 개념을 사용하고, 경험의 근거가 되거나 경험가능성의 조건으로서 경험에 앞서는 것을 표현할 때 '아프리오리'(a priori)란 개념을 사용하는데, '순수'란 바로 이 '아프리오리'와 동일한 의미이다. 따라서 '순수이성'이란 선험적인, 즉 모든 경험적 대상과 관계하기 이전의 인간의 이성능력을 말한다. 물론 이런 순수의식은 전적으로 논리적인 개념으로 실제로는 불가능하다.

다음에 주목할 것은 '비판'이란 개념이다. 비판을 가리키는 독일어 'Kritik'이나 영어의 'critique'이란 단어가 그리스어 '크리네인'(κριν εῖν: 한계를 정하다)에서 유래했다는 사실에서 알 수 있듯이, 칸트에게 있어서 '비판'은 이성의 가능성과 한계를 확인하는 작업이다. 그러므로 『순수이성비판』은 "책이나 시스템을 비판하는 것이 아니라 이성이 경험에 의존하지 않고 추구하는 모든 인식에 관하여 이성능력 일반을 비판하는 것이며, 그와 함께 형이상학 일반의 가능성 또는 불가능성을 결정하는 것이다."(A XII) 여기서 "이성이 경험에 의존하지 않고 추구하는 모든 인식"은 전통적인 신 존재증명은 물론 형이상학에 관한 합리론의 독단적인 주장을 의미한다.

『순수이성비판』은 형이상학의 학적 가능성을 해명하기 위한 방법론이다. 이런 목적을 위해 칸트는 이 책에서 학적 인식이 어떻게 이루어지는지 분석한다. 물론 이런 분석은 사실적인 분석이 아니라 전적으로 논리적인 분석이다. 그리고 칸트의 이런 논리적 분석은 형식논리가 아니라 형식논리의 선험적 근거를 제시하는 선험논리라 할 수 있다. 이런 논리적 분석에서 칸트는 학적 인식의 가능성과 관련하여 다음의 물음을 제기하고 그에 대한 답을 시도한다. "어떻게 선험적 종합판단이 가능한가?"(Wie sind synthetische Urteile apriori möglich?) 또는 "어떻게 종합판단이 선험적으로 가능한가?" 이제 이 물음에서 출발하여 순수이성에 대한 칸트의 분석을 살펴보자.

a. 선험적 감성론

학적 인식, 즉 선험적 종합판단이 가능하기 위한 첫째 조건은 무엇인가? 인식이 이루어지기 위해서는 대상을 인식하는 주체와 대상의 만남이 있어야 한다. 이 만남을 경험이라 하자. 그리고 그렇게 경험에 주어지는 대상을 '경험대상'이라 한다. 대상과의 만남, 즉 경험을 위해서는 먼저 대상이 주어져야 한다. 그런데 이때 대상과 인식주체의 만남을 통해 이루어지는 인식은 대상을 만들어 내는 능력이 아니라 주어져 있는 대상을 받아들이는 능력이다.[28] 그럼 대상은 우리에게 어떻게 주어지는가? 그리고 그렇게 주어지는 대상은 어떤 종류의 대상인가? 먼저 대상에 관한 칸트의 구분에 주목해 보자. 칸트는 대상의 종류를 '물자체'(Ding an sich: Noumenon)와 '현상'(Phaenomenon)으로 구분한다. 우리에게 주어지는 대상은 물자체가 아니라 현상이다. 따라서 칸트에 의하면 우리가 인식할 수 있는 것은 물자체가 아니라 단지 현상뿐이다. 물자체는 인식할 수 없다. 물자체가 감각기관을 촉발할 때 – 자극하여 깨울 때 – 다양한 감각적 인상들(감각적 느낌들)이 형성된다.[29] 인식은 이런 인상들과 함께 시작된다. 대상이 우리에게 감각적 인상으로서 주어지는데, 이런 감각적 인상이 감각적 경험이다. 그러므로 인식은 시간적으로 볼 때 감각적 경험과 함께 시작된다. 이런 점에서 그는 철저하게 경험론의 입장에 서있다.

대상은 우리가 감각적으로 지각할 수 있는 방식으로 주어져 있는데, 이렇게 주어져 있는 대상을 받아들이는 감각능력을 '감성'

---

28 인간의 지성은 대상을 창조할 수 있는 '근원적 지성'(intellectus originarius)이 아니라 단지 주어진 대상을 수용하는 '파생적 지성'(intellectus derivativus)이다. 파생적 지성은 이미 주어진 대상에 대해 인식한 것을 사실적 술어로 표현한다. 이미 주어진 존재자의 속성을 '존재'라는 개념을 통해 설명한다. 따라서 '존재'는 인간의 지성의 산물이다. 그러므로 신의 존재에 대해서도 데카르트처럼 우리의 지성에 있는 '무한실체'라는 개념을 통해 신의 사실적 존재를 추론할 수 없다.

29 물론 여기서 "물자체"도 사실적으로 경험된 것이 아니라 이념으로서 전제된 것이다.

(Sinnlichkeit; sense ability)이라 부른다. 그리고 감성이 대상을 받아들이는 방식을 감성적 직관이라 한다. 감성적 직관을 통해 대상의 자료들(data)이 수집된다. 그런데 여기서 중요한 것은 감성에 의해 대상의 자료들이 수집되기 위해서는 감성과 대상이 그 구조에 있어서 같아야 한다는 것이다. 비율에 있어서 같은 것이라야 같은 것과 통할 수 있기 때문이다. 사람들도 끼리끼리 만나듯이 말이다. 그러나 여기서 같다는 것은 그 내용의 동일성이 아니라 '구조의 동일성', 즉 '아날로기아'(analogia)를 말한다.[30] 그렇다면 이 동일한 구조는 구체적으로 무엇인가? 감성에는 선험적으로 갖추어져 있는 형식들이 있으니 시간과 공간이 그것이다.[31] 바로 이 시간과 공간이 감성과 대상을 연결하는 동일한 구조이다.

모든 자료들은 시간과 공간이라는 형식(틀)을 통해서만 인식주체에 주어질 수 있다. 인식은 주관과 대상의 만남에 있으며, 이 만남은 시간과 공간이라는 감성의 선험적 형식들을 통해 대상의 자료들이 수집됨으로써 이루어진다. 예를 들어 여기 하나의 장미꽃이 있다고 하자. 물론 이 꽃은 아직 '장미꽃'으로 인식되기 이전의 막연한 대상이다. 이 막연한 대상은 바로 '지금 여기 있는 이것'이다. 이 막연한 대상은 '지금'이라는 조건과 '여기'라는 조건에 의해 감성적 직관에 주어진다. 대상은 시간과 공간이란 감성의 형식을 통해 다양한 자료들로서 수집된 현상이다. 여기서 잠시 시간과 공간

---

30 '아날로기아'라는 헬라어는 원래 '같은 비율'을 의미한다. 같기는 같은데 그 양적인 내용이 아니라 비율에 있어서 같다는 것이다. 예를 들면, '1:2'와 '2:4'는 그 비율에 있어서 같기 때문에 아날로기의 관계에 있다고 할 수 있다. 감성과 대상도 그 내용에 있어서는 전혀 다르지만 시간과 공간이란 형식을 토대로 한다는 점에서는 동일하다. 그 둘이 만날 수 있는 것은 바로 이런 기본적인 틀에 의해 가능하다.

31 시간과 공간이란 감성의 형식은 기본적으로 인간의 의식이 과거를 보존하고 미래를 예측하면서 현재화하는 '시간의식'(Zeitbewußtsein)이란 사실에 기초한다. 하이데거가 인간의 존재는 '마음 씀'(염려, Sorge)에 있다고 하면서, '마음 씀'의 근거로 제시하는 '시간성'(Zeitlichkeit)은 이런 시간의식과 다르지 않다.

에 관한 칸트의 견해를 살펴보자. 칸트는 1769년에『공간적 차이의 첫 번째 근거에 관하여』(*Von dem ersten Grund des Unterschieds der Gegenden im Raume*)라는 논문을 썼는데, 이 논문에서 그는 공간이 절대적 실체를 가지느냐 아니면 단순히 사물들 사이의 관계들을 설명하기 위한 총괄개념이냐 하는 물음에 관한 뉴턴과 라이프니츠 사이의 논쟁에 뛰어들었다. 칸트에 의하면 공간과 시간은 단순히 관계성을 가리키는 개념들이 아니고, 물자체의 가능성의 절대적 조건들도 아니며, 인간이 사물을 직관하는 의식의 주관적 형식들이다. 시간과 공간은 사물들의 위치와 운동을 설명하기 위해 고안된 개념들이다. 존재라는 개념이 존재자의 '있음'을 설명하는 사실적 술어이듯이 말이다. 사실적으로 있는 것은 '있는 것'뿐이다. 시간과 공간 그리고 존재는 사실적인 존재자가 아니다. 그것들은 '있는 것'(존재자)과 존재론적으로 다르다.(존재론적 차이)

b. 선험적 분석론

인식이 성립되기 위해서는 감각적 자료들이 주어져야 한다. 그러나 감성에 의해 자료들이 수집되는 것만으로는 아직 인식이 이루어지지 않는다. 그 자료들은 아직 정돈되지 않은 잡다한 자료들이다. 중요한 것은 그 자료들을 정돈하는 것이다. 인식은 자료정리의 결과이다. 그런데 어떤 자료들을 정리할 때는 원칙이 있다. 정리한다는 것은 구분하는 것이며, 구분하기 위해서는 같은 것은 같은 것끼리, 다른 것은 다른 것끼리 분류하는 것이 중요하다. 논리학에서는 이런 원칙들을 '동일률'과 '모순율'과 '배중률'이라 한다. 그런데 이때 중요한 것은 분류될 것들이 서로 섞이지 않는 것이며, 그러기 위해서는 미리 준비된 그릇이 있어야 한다. 우리가 집안을 정리할 때 옷은 옷장에 넣고 신발은 신발장에 넣고 책은 책장에 넣는 것과 마찬가지이다.

　인간의 인식능력 중에서 수집된 자료들을 정리하는 작업을 하는 능력이 있다. 그 능력은 동일률과 모순율과 배중률에 의존해 어떤 것을 '다른 것과 다른 것'으로 분류하는 능력, 즉 판단력이다. 우리는 그런 능력을 가진 기능을 '오성'(悟性; Verstand; understand)이라 부른다. 그리고 오성은 감성에 의해 수집된 자료들을 정리하기 이전에 이미 선험적으로 그의 고유한 개념들을 가지고 있다. 그 개념들은 경험적 요소를 전혀 가지고 있지 않기 때문에 순수하다. 우리는 그 개념들을 '순수오성개념' 또는 '범주'(카테고리)라 한다. 범주는 경험적 내용이 전혀 없는 순수한 형식이다. 인식은 감성에 의해 수집된 자료들이 오성에 선험적으로 갖추어져 있는 이 형식들에 따라 분류됨으로써 성립한다. 감각 자료들을 순수오성개념에 따라 이렇게 정돈하는 것이 판단인데,[32] 이 판단에서 모든 내용들을 배제하면 순수한 판단의 형식들이 남는다. 칸트는 이 판단 형식들로부터 12개의 순수오성개념들을 도출한다.

　인식이란 감성과 오성의 종합작용에 의해 형성된 개념(槪念)이다. 감성에 의해 대상의 자료들이 직관되어 수집되고, 오성에 의해 그 자료들의 보편적 특성들이 파악된다. 'Concept'는 이렇게 '파악된 것'에 강조점이 있고, '槪念'은 그렇게 '생각된(念) 보편적 특성(槪)'에 강조점이 있다.

32　오성의 이런 판단은 감성의 자료들을 이미 갖추어져 있는 순수오성개념 아래 정렬하는 것이기 때문에 "규정하는 판단력"(regulative Urteilskraft)이다. 한편 『판단력비판』에서 쾌와 불쾌를 느끼는 미적 판단은 "반성하는 판단력"(reflektierende Urteilskraft)에 속한다.

c. 선험적 도식론

오성에 미리 갖추어져 있는 형식들(순수오성개념들)이 감각자료들에 적용됨으로써 인식(개념)이 성립한다. 그런데 여기서 문제가 발생한다. 어떻게 경험에서 유래하지 않은 순수오성개념들이 경험적 내용들과 결합될 수 있느냐 하는 점이다. 순수오성개념들이 경험적 내용들과 결합되어 종합되기 위해서는 먼저 그 개념들이 감성의 자료들과 동질적이 되어야 한다. 오성의 개념들이 감성의 자료들과 동질적이 된다는 것은 그 개념들이 감성화되는 것이다. 감성화된 후에야 비로소 그 개념들이 감각자료들에 적용될 수 있다. 그러므로 '감성화된 개념'이 중요하다. 감성화된다는 것은 무엇을 의미하는가? 감성의 순수한 형식은 시간이다. 따라서 감성화된다는 것은 시간적으로 규정된다는 것이다. 순수오성개념들이 감성화된다는 것은 그 개념들의 '시간화'(Verzeitlichung)를 의미한다. 칸트는 이렇게 순수오성개념이 시간적으로 규정된 것을 순수오성개념의 '시간규정'(Zeitbestimmung) 또는 '도식'(Schema)이라 한다. 순수오성개념들이 감각 자료들에 적용(결합)되어 인식이 성립하기 위해서는 순수오성개념들이 도식화되어야 한다. 이것은 어떤 개념을 설명할 때 도표를 그려 보이는 것과 같다 할 수 있다. 그리고 이런 도식화는 시간의식인 '선험적 구상력(상상력)'(transzendentale Einbildungskraft)의 작용이다.[33] 구상력이란 상(像)이 없이도 그 상을 형성할 수 있는 능력으

---

[33] 칸트는 구상력(상상력)을 "생산적 구상력"(produktive Einbildungskraft)과 "선험적 구상력"(transzendentale Einbildungskraft)의 두 종류로 나눈다. 생산적 구상력이란 대상이 없어도 그 대상을 표상할 수 있는 능력이며, 선험적 구상력은 생산적 구상력의 기초가 되는 순수한 시간의식이다.

로 오성의 한 기능이다. 다시 말해 오성은 구상력을 통해 순수오성 개념들을 도식화한 후 그 도식을 통해 감성의 자료들을 판단하여 개념을 형성한다. 이것은 도표를 그려가면서 어떤 내용을 설명하는 것과 마찬가지이다. 이때 내용을 설명하는 사람과 도표를 그리는 사람이 동일한 사람이듯이 구상력도 오성의 한 기능이라고 보아야 한다.

칸트는 '범주표'에 따라 그에 상응하는 도식들을 제시한다. "크기(양)의 순수 도식은 수이다."(B 182) "실체의 도식은 시간 속에 실제로 있는 것의 지속성이다."(B 183). "원인의 도식은 임의의 어떤 것이 전제될 때는 언제나 어떤 다른 것이 수반되는 그런 실제적인 사물이다."(B 183) "상호작용의 도식은 하나의 보편적인 규칙에 따라 어떤 하나의 규정이 다른 것의 규정과 동시에 있음이다."(B 183f.) "실제성의 도식은 어떤 특정한 시간에 거기 있음이다. 필연성의 도식은 어떤 대상이 모든 시간에 거기 있음이다."(B 184) 순수오성개념이 도식화되어 감성의 자료들에 적용될 때 경험적 종합으로서의 '선험적 종합판단', 즉 학적 인식이 이루어진다.

지금까지의 논의를 정리하면 다음과 같다.

1) 모든 인식은 사유와 직관의 종합(Synthesis)이다. 우리는 순수오성개념들 내에서 사유한다. 우리의 직관은 시간이란 형식 아래 있는 감성이다.

2) 순수오성개념들은 감각적 직관의 내용에만 관계할 수 있다. 그 개념들은 초월적인 대상들에는 적용될 수 없다. 인식은 철저히 경험의 영역에 한정된다.

3) 선험적 종합판단, 즉 사유와 직관의 종합(Synthesis)은 선험적 도식론을 매개로 하여 가능하다. 그리고 종합은 - 그것이 경험적 종합이든 순수종합이든 - 통일성의 원리를 전제한다. 그러므로 이제 종합을 주도적으로 가능하게 하는 최고의 통일성에 대한 물음이 제기된다. 칸트는 이런 최고의 통일성 능력을 "선험적(초월론적) 통각"(Transzendentale Apperzeption)이라 부른다. 선험적 통각이란 무엇인가?

모든 인식(종합)을 보편적이고 필연적으로 가능하게 하는 최후의 원리는 무엇인가? 내가 어떤 대상을 인식할 때 그 인식의 일관성을 보증해 주는 것은 무엇인가? 동일한 대상이 어제는 책상으로 인식되었다가 오늘은 의자로 인식된다면 그 인식은 통일성이 결여된 것이다. 모든 종합이 일관적일 수 있는 것은 그것이 '내가 생각한다'는 통일적인 자기의식에 의해 주도되기 때문이다. 칸트는 이런 자기의식을 "선험적(초월론적) 통각"이라 부른다. 칸트의 이 개념은 원래 라이프니츠가 처음 사용한 것으로 '지각'(대상의식)과 구별되는 '자기의식'(Selbstbewusstsein)을 의미한다.[34]

칸트에 의하면 모든 인식에 통일성을 부여하는 최후의 근거인 자기의식, 즉 '자아'는 세 종류로 구분될 수 있다. ① 경험적 자아,

---

34 '통각'(統覺)을 의미하는 독일어 'Apperzeption'과 영어의 'apperception'은 라틴어 'apperceptio'에서 유래한 개념이다. 그리고 라틴어 'apperceptio'의 동사형인 'appercipere'는 'ad'(~에 더하여, 향하여, 가까이로)와 'percipere'(지각하다)의 합성어로 원래 '~에 더하여 지각하다'는 뜻을 가진다. 따라서 통각은 어원적으로 볼 때 ①'새로운 경험이 과거의 경험에 동화되어 새로운 전체가 형성되는 심리적 과정'과 ②'마음이 자신의 내적 상태를 반성적으로 지각함'을 의미한다고 볼 수 있다. 칸트의 관점에서 보면 ①의 의미에서의 통각은 경험적 자아의 활동에 해당된다고 볼 수 있으며, 자기의식으로서의 선험적 통각은 ②의 정의에 해당된다고 볼 수 있을 것이다. 그리고 이런 자기의식은 자신의 인지과정을 인지하는 능력인 '메타인지'(metacognition)라 볼 수 있겠다.

또는 "경험적 통각"(B 132)은 경험적 종합으로서 모든 인식을 형성하는 통일적 주체이다. 다시 말하면 그것은 외적 감각을 통해 수집된 다양한 감각적 자료들을 종합하여 분명한 표상(개념)을 형성하는 오성의 인식능력이다. 그리고 이런 경험적 종합을 가능하게 하는 ② 선험적 자아는 '나는 내가 생각한다는 사실을 생각한다'는 순수한 자기의식이다. 이것은 "자기의식의 선험적 통일성"(B 132)으로서 모든 경험의 조건이다. 그것은 오성과 이성을 포함한 의식일반의 능력으로, 오성에 의한 개념과 이성의 추리에 보편적이고 필연적인 통일성을 부여하는 근원이다. 선험적 자아를 통해서 나는 모든 인식내용들을 자아의 통일성과 관련시킬 수 있으며, 그것들을 "나의 표상들"로 경험할 수 있으며, "다양한 표상들을 하나의 의식에서 결합할 수 있다."(B 133) 구체적으로 말하면, 인식에 통일성을 부여하는 원리들은 감각적 직관에서는 시간과 공간이며, 오성의 사유에서는 최후의 통일성을 부여해 주는 선험적 통각이다. 직관과 사유의 종합하는 기능들은 바로 이 선험적 통각에 근거한다. 그러나 선험적 통각은 순수한 논리적 개념이다. 칸트는 이 논리적 개념과 구별하여 ③ '형이상학적인 자아'라는 또 다른 통일성의 원리를 주장한다. 순수한 논리적 개념으로서의 선험적 통각과는 달리 이 형이상학적 자아는 영적 또는 정신적 실체이다. 그러나 이 정신적 실체는 오성에 의해 인식될 수는 없고 단지 건전한 인식을 위해 '순수 이성의 이념'으로서 전제될 뿐이다.

d. 선험적 변증론 – 형이상학의 가능성에 관하여

칸트의 목표는 어떻게 형이상학이 학으로서 가능한지 해명하는 것이다. 그리고 이때 칸트의 주된 관심사는 존재일반을 다루는 '일반형이상학'(metaphysica generalis)이 아니라 신, 세계 그리고 영혼의 문제를 다루는 '특수형이상학'(metaphysica specialis)이다.[35] 앞에서 우리는 경험적 대상에 대한 학적 인식이 어떻게 이루어지는지 살펴보았다. 그렇다면 신, 세계 그리고 영혼은 이런 학적 인식과 관련하여 어떻게 해명될 수 있는가? 이런 형이상학적 주제들은 오성에 의한 학적 인식과 이성의 추리를 토대로 해명되어야 한다. 그렇지 않으면 형이상학은 독단론이 될 수밖에 없다.

앞에서 설명된 인식론은 궁극적으로 형이상학의 해명을 위한 방법론적 준비단계이다. 앞에서 우리는 오성에 의한 개념형성에 관해 살펴보았다. 그런데 인간의 경험은 하나의 개념형성에만 국한되지 않는다. 인간의 인식능력에는 여러 개념들을 종합하여 직접 경험하지 않은 하나의 새로운 개념을 추리하는 능력이 있다. 개념화 능력이 오성이라면 이렇게 추리하는 능력은 이성(이론이성)의 능력에 속한다. 칸트는 이성의 추리하는 능력에 근거하여 특수형이상학의 주제들을 해명한다.

오성에 의해 개별적 대상이 하나의 개념으로서 인식되며, 이성의 추리에 의해 오성의 건전한 인식을 가능케 하는 최후의 통일성이 '이념'으로서 확보될 수 있다. 오성은 대상이 주어질 때에 그 대상을 인식하는 능력인데, 이성은 주어진 것을 토대로 하여 결론을 추론하는 능력이다. 이성의 이런 추리능력에 의해 형이상학(특수형

---

35 형이상학을 '일반형이상학'과 '특수형이상학'으로 구분한 사람은 크리스티안 볼프이다. 일반형이상학은 존재자로서의 존재자를 대상으로 하는 존재론에 해당되며, 특수형이상학은 철학을 신, 자연, 인간이란 특수한 형이상학적 실체들을 탐구의 대상으로 한다. 그리고 특수형이상학의 대상을 이렇게 셋으로 구분한 것은 철학의 대상을 신, 자연, 인간으로 구분한 프란시스 베이컨과 실체를 무한실체(신)와 유한실체로 구분하고 유한실체를 다시 물체와 사유하는 실체로 구분한 데카르트의 구분에 기초한다.

이상학)의 대상들은 독단적이지 않고 합리적으로 해명될 수 있다. 오성이 순수오성개념들을 적용하는 능력이라면, 이성은 오성에 의한 인식이 통일적으로 이루어질 수 있게 해주는 형이상학적 실체들을 추리할 수 있는 능력이다. "이성의 고유한 원칙은 (논리적 추론을 통해) 오성의 유한한 인식에 절대적인 것을 발견하여 그 인식의 통일성이 확보되도록 하는 것이다."(KrV B 364) 그리고 이런 절대적인 것은 오성에 의해 형성된 개념(Begriff)과 달리 이성의 '이념'(Idee)이다. "우리가 순수오성개념들을 카테고리라고 부르듯이, 순수이성의 개념들에 새로운 이름을 붙여 선험적 이념들이라고 부른다."(B 368) 이성에 의해 이렇게 통찰된 형이상학적 대상들은 오성에 의해 형성된 대상의 개념과 달리 '순수이성의 이념들'이다. 그 이념들은 학문적 판단을 통해 형성된 개념들이 아니라 그 개념들의 통일성을 보장하기 위한 전제로서 요청되는 이념들이다.

이제 이성의 추리에 근거하여 형이상학의 가능성에 관해 살펴보자. 칸트에 의하면 형이상학의 대상들을 학적으로 인식하는 것은 불가능하다. 형이상학의 대상들은 감각적 경험을 통해 자료로서 주어지지 않기 때문이다. 그러나 칸트는 형이상학의 가능성 자체를 부정하지는 않는다. 단지 형이상학의 대상들은 오성에 의한 개념화의 방식으로는 파악될 수 없다는 것이다. 오성은 대상의 개념화에 머물지만 이성은 더 나아가 그 개념화 작용의 절대적 조건들을 찾아내고자 하는 본성을 가진다. 칸트는 순수이성의 이런 본성을 "인간 이성의 자연본성"(B 22)이라 부른다. 개념은 통일성을 가져야 하는데, 그 통일성을 위한 최후의 절대적인 조건들은 무엇인가? 이와 관련하여 칸트는 말한다.

"우리의 표상들이 가질 수 있는 모든 관계는 일반적으로 1) 주체와의 관계, 2) 대상들과의 관계이다. 이때 대상들은 현상들로서의 대상이거나 아니면 사유일반의 대상들이다. 우리가 이런 세부적 구분을 상위의 구분과 결합하면 개념이나 이념을 만들 수 있는 표상들의 모든 관계는 다음의 세 가지이다. 1) 사유주체와의 관계, 2) 현상의 다양한 대상들과의 관계, 3) 모든 사물들 일반과의 관계. 모든 순수한 개념들(* 순수 오성개념들)은 표상들의 종합적 통일에 관계하지만, 순수이성의 개념들(선험적 이념들)은 모든 조건들 일반의 절대적인 종합적 통일에 관계한다. 따라서 모든 선험적 이념들은 세 부류로 구분된다. 첫 번째 이념은 사유하는 주체의 절대적 통일성이고, 두 번째 이념은 현상조건들의 통일성이며, 세 번째 이념은 모든 사유 대상들 일반의 조건의 절대적 통일성이다."(B 334)

이 인용문에서 칸트는 오성의 모든 인식이 건전할 수 있도록 규제하는 세 가지 원리들을 제시하고 있다. 먼저 생각하는 주체가 '통일적인 주체'이어야 한다. 그 주체가 영적인 분열 상태에 있다면 통일적인 인식이 불가능할 것이다. 칸트에 따르면 주체의 통일성을 보장해 주는 이런 실체는 '영혼'이다. 다음에는 대상이 인과율에 따라 통일적이어야 한다. 만일 대상이 지금은 책상이었다고 조금 후에는 의자가 된다면 통일적인 인식은 불가능할 것이다. 칸트에 의하면 대상의 통일성을 보증해 주는 실체는 '세계'이다. 마지막으로 주체와 대상, 즉 모든 존재자들의 통일성을 보증해 주는 실체가 있어야 하는데, 그 실체가 바로 '신'이다. 요약하면 신, 세계 그리고 영혼은 인식의 통일성을 보증해주는 최후의 절대적인 조건들이다. 그러나 형이상학적인 이 실체들은 개념들이 아니라 이성에 의해 추론된 '순수이성의 이념들'이다. 그리고 이 이념들은 순수오성개념들처럼 대상을 구성하는(konstitutiv) 기능을 하는 것이 아니라 대상에 대한 인식이 통일적이 되도록 조정하는 규제적(regulativ) 기능을 가진다. 순수오성개념들이 '사실규정'인데 반해, 순수이성의 이념들은 '당위성 규정'이다. 이 이념들은 인식의 조건들일 뿐 아니라 행위의 조건들이기도 하며 따라서 존재의 조건들이기도 하다. 형이상학은 학적으로는 불가능하지만, 학적 인식의 토대로서는 가능해야 한다.

4. 독일관념론과 계시의 문제

독일관념론은 형이상학의 학적 가능성에 관해 칸트가 제기한 물음을 완성하고자 했다. 칸트가 그의 철학적 과제와 관련하여 제기한 물음은 "어떻게 형이상학이 학으로서 가능한가?"였다. 당시 형이상학은 모든 유한한 존재자들의 무제약적 근거들, 즉 유한한 인식주체의 무제약적 근거로서의 영혼, 모든 존재자들의 삶의 무제약적 근거인 세계 그리고 모든 존재자들의 인식과 행위와 존재의 무제약적 근거로서의 신에 관한 물음을 합리적으로 해명하고자 했다. 위에서 언급되었듯이 칸트는 물자체로서의 이런 무제약자들에 대한 학적 인식은 불가능하지만 건전한 인식과 실천과 존재의 통일성을 보장하는 근거로서 전제되어야 한다고 생각했다. 형이상학의 대상들은 개념으로서 파악할 수는 없지만 이념으로서 전제되어야 한다는 것이다. 독일관념론은 칸트가 인식할 수 없다고 생각한 무제약적 절대자의 인식가능성을 밝힘으로써 형이상학을 완성하고자 했다. 독일관념론의 이런 목표는 헤겔의 언급에 잘 표현되어 있다. "따라서 논리학은 순수한 이성의 체계, 즉 순수한 사유의 왕국이라 할 수 있다. 이 왕국은 조금도 왜곡되지 않은 순수한 진리의 왕국이다. 따라서 논리학의 내용은 하나님을 자연과 유한한 정신의 창조 이전 그의 영원한 본질에서 드러내는 것이라 할 수 있다."[36] 이와 함께 존재신론으로서의 전통적인 형이상학은 독일관념론에서, 특히 하이데거가 주장하듯이 헤겔에게서 완성되었다 할 수 있다.

여기서 주목해야 할 점은 독일관념론 철학자들이 절대자를 인식할 수 있다고 생각한 것은 그들이 학적 인식능력을 '추론적 이성'(διάνοια)에 국한시킨 칸트와 달리 '지성적 직관'(νοῦς)도 학적 인식능력에 포함시켰기 때문이다. 학적 인식능력에 관한 칸트와의 차이를 이해하기 위해 인식능력에 관한 플라톤의 견해를 참고하는 것이 좋겠다. 플라톤은 인간의 인식능력을 가장 낮은 단계로부터 추측(πίστις), 감성(αἴσθεσις), 추론적 이성(dδιάνοια) 그리고 직관적 이성(νοῦς)으로 구분하였다. 여기서 중요한 것은 '추론적 이성'과 '직관적 이성'의 차이이다. 추론적 이성은 미리 주어진 자료들을 종합하여 사물의 본질을 파악하는 능력인데 반해, 직관적 이성은 물자체(noumenon)를 직관하는 능력이다.[37] 칸트는 학적 인식능력을 추론적 이성에 국한시킴으로써 물자체인 무제약자를 파악할 수 없

---

36 G. W. F. Hegel, *Wissenschaft der Logik I, GW 5*, Frankfurt a.M. 1990, S. 44.

37 헬라어에서 'noumenon'과 'nous'는 어원적으로 동일하다.

었다. 칸트와 달리 독일 관념론자들은 현상세계(Phänomen)에 계시된 절대자를 '지성적 직관'(intellektuelle Anschauung, 피히테, 셸링) 또는 '초월론적 직관'(transzendentale Anschauung, 헤겔)을 통해 파악할 수 있다고 주장했다.[38] 물론 지성적 직관에 의해 절대자를 파악하기 위해서는 절대자의 계시가 선행되어야 한다. 독일관념론 철학자들이 계시에 근거한 절대자 인식을 주장할 수 있었던 것은 그들이 모두 철학자가 되기 이전에 예나대학에서 신학을 공부했기 때문이었다. 그들은 계시 개념을 도입함으로써 칸트에 의해 제기되었던 형이상학의 과제를 완성하고자 했을 것이다. 그들은 자연과 인간의 의식에 자신을 계시한 하나님을 지성적 직관 또는 초월론적 직관을 통해 파악하는 것이 중요하다고 생각했다. 그들의 이런 생각은 하나님이 자신의 형상에 따라 인간을 창조했다는 창세기의 기록과 관련성이 있을 수도 있다. 이런 추측은 "하나님(정신, 절대자)을 (* 그의 계시에 근거하여) 자연과 유한한 정신의 창조 이전 그의 영원한 본질"에서 파악하고자 한 헤겔의 견해에서 어느 정도 정당성이 확인될 수 있을 것이다. 하나님에 의해 창조된 자연과 유한한 정신(인간의 의식)에는 하나님의 영원한 본성이 계시되어 있다고 볼 수 있기 때문이다. 우리는 이런 사실을 바울의 주장에서도 확인할 수 있다. "창세로부터 그의 보이지 아니하는 것들 곧 그의 영원하신 능력과 신성이 그 만드신 만물에 분명히 보여 알게 되나니 그러므로 저희가 핑계치 못할지니라."(롬 1:20) 이제 자연과 인간의 유한한 정신(의식)에 계시

---

38 '지성적 직관' 또는 '초월론적 직관' 개념은 스피노자에게까지 소급되며, 더 멀리는 플라톤의 '직관적 이성'(voῦς)에까지 소급된다. 스피노자에 의하면 인간은 무한한 인과체계에 내재하는 존재론적 의미를 '영원의 관점에서'(sub specie aeternitatis)파악할 수 있는 정신의 존재, 즉 지성(intellectus)을 가진다. 이것은 인간의 지성이 절대자의 근원적 지성에서 파생된 지성이기 때문에 가능하다는 것이다. 참조, 이근세, 「야코비의 사유구조와 스피노자의 영향」,(『철학연구』 127집), 116-118쪽.

된 절대자의 인식에 관해 독일관념론 철학자들의 견해들을 살펴보자.[39]

4.1. 피히테와 계시의 문제

피히테는 자아의 절대적인 자발적 행위가 모든 학문과 실천의 절대적 근거라고 생각한다. 칸트에 의하면 모든 학적 인식은 '선험적(초월론적) 통각'이라는 선험적(초월론적) 자아가 물자체에 의해 촉발됨으로써 시작된다.[40] 피히테의 철학은 칸트의 이런 주장에 대한 비판에서 시작한다. 그는 물자체에 의해 촉발됨으로써 비로소 활동하는 주체가 아니라 절대적으로 자발적인 주체가 모든 학문과 실천의 근거가 되어야 한다고 생각했다. 그에 의하면 이런 주체는 '사실행위'(Tathandlung)이어야 한다. 주체는 우선 '사실'(Tat)이다. "자아는 단적으로 자아인 무엇이다."[41](Ich bin schlechthin, was ich bin) 그러

---

39 독일관념론의 신 개념에 관해 보다 자세히 알기 위해서는 참조, 빌헬름 바이셰델, 『철학자들의 신』(최상욱 옮김), 동문선 2003, 330~534쪽.

40 칸트에 의하면 모든 인식에 통일성을 부여하는 최후의 근거인 자기의식, 즉 '자아'는 세 종류로 구분될 수 있다. ①경험적 자아 또는 "경험적 통각"(KrV B 132)은 경험적 종합으로서 모든 인식을 형성하는 통일적 주체이다. 다시 말하면, 그것은 외적 감각을 통해 수집된 다양한 감각적 자료들을 종합하여 분명한 표상(개념)을 형성하는 오성의 인식능력이다. 그리고 이런 경험적 종합을 가능하게 하는 ②선험적 자아는 '내가 생각한다는 사실을 생각하는'(cogito cogitare me) 자기의식이다. 이것은 "자기의식의 선험적 통일성"(KrV B 132)으로서 모든 경험의 조건이다. 그것은 오성과 이성을 포함한 의식일반의 능력으로, 오성에 의한 개념과 이성의 추리에 보편적이고 필연적인 통일성을 부여하는 근원이다. 선험적 자아를 통해서 나는 모든 인식내용들을 자아의 통일성과 관련시킬 수 있으며, 그것들을 "나의 표상들"로 경험할 수 있으니, "다양한 표상들을 하나의 의식에서 결합할 수 있다."(KrV B 133) 보다 구체적으로 말하면, 인식에 통일성을 부여하는 원리들은 감각적 직관에서는 시간과 공간이며, 오성의 사유에서는 최후의 통일성을 부여해 주는 선험적 통각이다. 직관과 사유의 종합하는 기능들은 바로 이 선험적 통각에 근거한다. 그러나 선험적 통각은 순전히 논리적인 개념이다. 칸트는 이런 논리적 개념과 구별하여 ③'형이상학적 자아'라는 또 다른 통일성의 원리를 주장한다. 순수한 논리적 개념으로서의 선험적 통각과는 달리 형이상학적 자아는 영적 또는 정신적 실체이다. 그러나 이 정신적 실체는 오성에 의해 인식될 수는 없고 단지 건전한 인식을 위해 '순수이성의 이념'으로서 전제될 뿐이다.

41 J. G. Fichte, *Grundlage der gesamten Wissenschftslehre*(1794), Sämtliche Werke I, 98)

나 이 사실은 단순한 사실(Faktum)이 아니라 이미 행위(Handlung)의 결과로 산출된 사실(Tat)이다. 주체는 행위이면서 동시에 그 행위의 결과이기도 하다. "자아는 행위의 주체이면서 동시에 그 행위의 산물이다. 자아는 행위이면서 그 행위를 통해 생산되는 것이다."(SW I, 96) 그러므로 자아는 절대적으로 자발적인 행위(Handlung)로서 행위사실(Tat)을 생산하고, 이렇게 산출된 행위사실이 자기 자신 이외의 다른 것이 아님을 "지성적 직관"(intellektuelle Anschauung)을 통해 직관한다. 결과적으로 모든 학문론의 출발점인 '사실행위'는 자아의 이런 지성적 직관 이외의 다른 것이 아니다.[42] 그런데 피히테의 '사실행위'란 개념은 그보다 앞서 이미 괴테에게서도 발견된다. 괴테는 『파우스트』에서 요한복음 1장 1절을 다음과 같이 패러디하였다. "태초에 행위가 있었다."(Im Anfang war Tat) 여기서 태초의 '행위'는 피히테의 '사실행위'와 동일한 개념이라 할 수 있을 것이다.

예나 시기의 전기 피히테는 행위와 그 결과, 즉 자아와 비아의 대립으로부터 규정된 사실행위가 절대적 통일성이라고 생각했다. 그러나 이제 후기 피히테는 사실행위보다 더 근원적인 통일성이 있어야 한다고 생각했다. 피히테는 사유와 존재를 실마리로 하여 이런 통일성을 설명한다. 우리가 어떤 대상을 사유할 때 사유하는 주체의 사실행위가 절대자일 수 없으며, 사유되는 대상의 존재도 절대적일 수 없다. 절대자는 사유와 존재보다 더 근원적인 통일성인데, 피히테는 이런 통일성에 대해 "존재"란 개념을 사용했다. 피히테는 이런 근원적 통일성으로서의 '존재'를 '빛'과 동일시하는데, 존

---

42 "Es ist die des Ich, als intellektuelle Anschuung, von welchem die Wissenschaftslehre ausgeht." (Sämtliche Werke I, 515)

재와 빛의 관계에 관해 그는 1804년의 『지식론』에서 말한다. "존재는 절대적으로 완전한 생명력 있는 통일성이다. 존재와 빛은 동일하다. 빛이 인간의 의식에 비춰져 다양한 대상에 대한 인식이 이루어질 때, 절대적 통일성으로서의 빛 자체 내에서 그리고 그 빛의 현존(Dasein)에서 이런 다양성의 근거가 드러난다."(245) 인간의 의식은 바로 이 근원적 존재(빛)의 현존이다. "존재의 현상은 필연적으로 절대적으로 완전한 존재의 단순한 표상으로서 그 현상의 자기의식 이외의 다른 것일 수 없다."(442) 한편 피히테는 진리인식의 근거와 관련하여 말한다. "그러나 진리로서의 진리의 근거는 의식에 있지 않고 전적으로 진리자체에 있다. 따라서 당신은 언제나 의식으로 인해 진리가 왜곡되지 않도록 해야 한다."(204) 코레트는 후기 피히테의 이런 사상을 요약한다. "유일하게 참된 존재인 하나님과 달리 우리는 신적 존재의 현존이다. 우리는 유한한 의식에 나타난 신적 존재의 형상이며, 신적인 원상의 모상(Abbild)이다."[43] 인간의 유한한 인식과 행위의 토대인 사실행위는 이제 더 이상 절대적 근원이 아니라 하나님의 절대적 행위의 모상이다. 후기 피히테에게 있어서 모든 유한한 존재와 사유의 근원인 존재자체, 빛, 절대자는 하나님이다. 이와 관련하여 피히테는 『행복한 삶의 지침』(Die Anweisung zum seligen Leben, 1806)에서 말한다. "진실한 삶은 변하지 않는 영원한 일자(一者)를 사랑한다. 거짓된 삶은 무상한 것을 그의 무상성에서 사랑하고자 한다. 진실한 삶이 사랑하는 저 대상은 우리가 하나님이라고 칭하는 또는 적어도 그렇게 칭해야 하는 존재자이다." 자아의

---

43 1804년의 『지식론』에서 인용된 인용문들과 코레트의 주장은 독일 관념론자들의 사상을 요약한 엘라이(L. Eley)의 책에서 재인용한 것임. 참조, L. Eley, *Fichte, Schelling, Hegel - operative Denkwege im "Deutschen Idealismus"*, Neuried 1995, S. 47-51.

절대적이고 내적이며 생동적인 '자기창조'는 자아 자신의 빛의 근원인 신적인 빛이다. 그 빛으로부터 '빛의 현상'이 '하나님의 계시이자 외화'로서 파생된다. 『행복한 삶의 지침』에 의하면 "존재(Sein)의 현존"(Dasein)이 "존재의 외화이자 계시"이다. "의식 또는 우리 자신은 하나님의 현존 자체이며, 하나님과의 단적인 일치이다. 이 존재에서 인간의 의식은 이제 자신을 이해하며 그렇게 함으로써 의식이된다."[44]

4.2. 셸링과 계시의 문제

독일관념론은 물자체와 현상을 구분하는 칸트 철학의 이원론이 가진 문제점을 지적함으로써 칸트에게서 시작된 관념론 철학을 완성하고자 했다. 피히테는 현상계의 인식에 관여하는 선험적 자아와 무제약적 주체로서의 형이상학적 자아를 구분하는 칸트와 달리 '사실행위'를 선험적 자아의 절대적 근거로서 제시했다. 피히테와 마찬가지로 셸링도 초기에는 자아가 절대적 근거라고 생각하였지만, 피히테와 달리 자아는 단순히 모든 인식을 근거지우는 선험적 주체의 원리를 넘어 우주적 차원에서 모든 존재자를 포괄하는 '근원존재'(Ursein)라고 생각했다. 셸링은 현상계와 예지계는 다르지 않다고 생각한다. 그에 의하면 절대자는 자연과 정신으로 외화하기 이전의 절대적 자기 '동일자'로서 모든 존재자들의 '근원적 힘'(Urkraft)이다. 절대자는 '자기원인자'(causa sui)이며, '하나이면서 동시

---

44 여기서 인용된 인용문을 위해서는 참조, W. Pannenberg, 『신학과 철학 II』(오희천 역), 종문화사 2019, 99쪽.

에 전체'(hen kai pan)이다. 바로 이 근원적 힘인 절대자가 자연과 정신으로 외화했다. 자연과 정신은 근원적 힘이 외화된 힘들이다. 마치 자석의 음극과 양극이 중간의 무차별점에서 분할되었듯이 말이다. 절대적 자기 동일자인 이 절대자가 자연과 정신으로 외화했기 때문에 자연과 정신은 동일한 것이다. 자연과 정신은 모두 자발적 활동성으로서 무제약적 힘이며 자유를 본질로 한다. 정신은 비가시적인 자연이고, 자연은 가시적인 정신이다. 자연과 정신을 동일시하는 셸링의 이런 철학을 '동일철학'이라 부른다. 절대자에 관한 셸링의 이런 견해는 피히테의 자아철학을 스피노자의 관점에서 해석한 것이라 할 수 있다.

스피노자는 실체에 관한 데카르트의 견해를 비판함으로써 그의 철학을 시작한다. 실체란 '아래에 서 있는 것'(substantia), 즉 모든 사물의 토대를 이루는 존재자를 의미한다. 데카르트는 이 실체를 무한실체(신)와 유한실체(자연과 정신)로 구분한다. 그러나 스피노자에 의하면 실체는 모든 것의 토대로 자기 자신 이외의 어떤 다른 원인도 가지지 않기 때문에 결코 둘일 수 없다. 실체는 플로티노스의 일자(一者)와 같이 하나이어야 한다. 그리고 일자로서의 실체는 자기 이외의 어떤 다른 원인도 가지지 않기 때문에 자연(自然; 스스로 그런 존재자; causa sui)이다. 스피노자는 자연으로서의 이 실체를 신과 동일시한다. 따라서 스피노자에게 있어서 실체, 신 그리고 자연은 모두 동일한 개념이다. 그런데 이때 스피노자가 말하는 자연이란 우리가 일상적으로 경험하는 현상으로서의 자연과는 다른 것이다. '자연'(自然)이란 '스스로(自) 그러함(然)'이다. 스피노자는 자연을 "능산적 자연"(能産的 自然; natura naturans)과 "소산적 자연"(所産的 自然; natura naturata)으로 구분하는데, 이때 전자는 자기 이외의 어떤 다른 원인도 가지지 않는 '자기원인자'(causa sui)를 가리키며, 후자는 인간과의 관계에서 보면 '스스로 그런 것'(自然)이지만 어떤 다른 원인자로부터 기원된 또는 '태어난'(natus)[45] 자연(nature)이다. 스피노자에게서 신과 동일시되는 자연은 '자기원인자'로서의 "능산적 자연"을 가리킨다. 스피노자는 "능산적 자연"을 신과 동일시하고 소산적 자연을 신에 의해 생산된(태어난) 자연이라고 생각한다. 스피노자에 의하면 만물의 궁극적 근원인 무한실체는 무한사유와 무한연장이란 두 속성을 가지는데, 무한사유는 외화되어 정신이 되었고 무한연장은 외화되어 소산적 자연이 되었다.

셸링의 동일철학은 자연과 정신이 궁극적으로 동일성의 관계에 있다고 보기 때문에 인간의 정신과 대상 자체가 절대적 무분별점에서 통일되는 '절대지'(absolutes Wissen)가 가능하다고 본다. 그런데 셸링에게 절대지는 주체와 대상의 일치 이전에 이미 절대적 동일자의 자기확신 또는 자기인식의 반영이다. 셸링은 절대자의 이런 자기인식, 즉 동일자의 동일성 인식을 '이성'이라 한다. 물론 이때 이성은 유한한 인간의 이성이 아니다. "저 영원한 동일성은 이성 속에서 인식하는 것이며 동시에 인식되는 것이다. 이렇게 동일성을 인식하는 것은 내가 아니다. 그것은 이성이 자신을 인식하는 것이다. 나는 단지 이성의 도구일 뿐이다."[46]

셸링에 의하면 절대자는 사유와 존재의 구별, 주체와 대상의 구별 이전의 절대적 '무차별점'(Indifferenzpunkt)으로서, 즉 모든 대립들

---

45 'natus'는 'nascor'(태어나다)의 수동태로 '태어난 것'이란 뜻이다.

46 F. W. J. Schelling, *System der gesammten Philosophie und Naturphilosophie*(1804), *in: Schellings Werke nach der Originalausgabe*, München 1972, S. 73. 이 인용문을 위해서는 참조, 이광모, 「동일성철학의 원리에 관하여」(『철학』78집, 2004년), 146쪽.

을 초월하는 '절대적 자아'로서 대상과의 관계를 통해 규정된 경험적 자아와 선험적 자아의 근거이다. 셸링은 자아가 비아를 정립하는 피히테의 '사실행위'의 자기정립 활동에는 이미 '무제약적인 것'이 작용하고 있다고 생각했다. '절대적 자아'는 바로 이런 '무제약적인 것'인데, 셸링은 후에『선험적 관념론의 체계』에서 단순히 '존재' 또는 '근원존재'(Ursein)란 개념을 사용했다.[47] 셸링은 경험적 자아가 지성적 직관을 통해 자기의식을 가지게 된다는 피히테의 주장을 부정하지는 않지만, 그의 궁극적 목표는 경험적 자아가 절대적 자아와 일치하는 절대지의 단계에 도달하는 것이다. 그리고 이런 절대지는 추론적 이성을 통한 경험적 대상인식과 달리 지성적 직관에 의한 지식이다. 그렇다면 그에게 있어서 지성적 직관이란 무엇인가? 피히테의 지성적 직관과 어떻게 다른가?

절대자는 사유와 존재의 완전한 무차별성이자 주체성과 대상성의 완전한 무차별성이다. 따라서 절대자는 모든 대립을 초월하는 존재자이기 때문에 결코 일반적인 사유대상처럼 추론적 이성에 의해서는 인식될 수 없고 오직 절대자를 직접 인식하는 '지성적 직관'에 의해서만 가능하다. "우리 모두에게는 우리로 하여금 무상한 시간으로부터 우리의 가장 내면적인 자아, 즉 외부에서 부가된 모든 것으로부터 벗어난 순수자아로 돌아가 영원한 것을 직관할 수 있게 해주는 신비하고 놀라운 능력이 내재한다. 이런 직관은 가장 내면적이고 고유한 경험인데, 우리가 초감성계에 관해 알고 믿는 모든 것은 전적으로 이런 경험에 의존한다."(*Philosophische Briefe und über*

---

47   F. W. J. Schelling, *System der transzendentalen Idealismus III*, S. 376. 같은 시기의 횔덜린도 야코비를 따라 주체의 자기의식보다 더 근원적인 것에 대해 "존재"란 표현을 사용했다. 참조, *D. Henrich, Hegel im Kontext*, Frankfurt a. M. 1971, S. 9-40.

Dogmatismus und Kritizismus I, 318) 지성적 직관에서 비로소 사유와 존재가 일치하여 절대자에 대한 인식과 절대자 자신이 일치하는 사건이 일어난다. 지성적 직관은 개별적인 것에서 보편적인 것을 볼 수 있고, 유한한 것에서 무한한 것을 볼 수 있으며, 이 둘이 통합되어 생동적인 통일성을 이루고 있음을 볼 수 있는 능력으로서 … 개념 또는 차별성에서 무차별성을 볼 수 있는 능력이다.[48] 피히테의 지성적 직관이 자아의 자기의식 능력인데 반해, 셸링의 지성적 직관은 절대자를 파악하는 능력이다.

지금까지 셸링의 절대자 개념과 지성적 직관을 통한 절대자 인식에 관해 살펴보았다. 그런데 우리의 논의를 위해 중요한 것은 절대자에 대한 지성적 직관은 절대자의 자기계시를 전제로 해서만 가능하다는 사실이다. 절대자의 자기계시가 없다면 절대자는 인식될 수 없고 칸트처럼 순수이성의 이념, 즉 '알지 못하는 신'으로 전제될 수밖에 없을 것이다. 그러나 셸링은 – 그리고 헤겔은 – 절대자가 감각세계와 인간의 의식에서 자기를 계시한다고 생각한다. 따라서 지성적 직관을 통해 현상에서 절대자를 인식할 수 있는 것은 절대자가 인간의 의식과 자연에 자신을 계시했기 때문이다. 셸링에 의하면 절대자인 하나님은 지속적으로 자기를 계시하는 존재자이며, 인간은 하나님의 자발적인 '자기를 비움'(Herablassung)에 의존하여 존재한다. 인간은 이런 근원적 존재인 하나님을 사유함으로써 자신이 하나님에 의해 부여된 존재자임을 인식한다. 인간은 피히테가 주장하듯이 자신의 근원을 스스로 산출할 수 없고, 오히려

---

48 지성적 직관에 관한 내용과 셸링에 관한 인용문을 위해서는 참조, M. Thurner, *Der Ursprung des Denkens bei Heraklit*, Stuttgart 2001, 39–43.

그의 근원이 이미 자기를 계시해 주었기 때문에 자기의식을 가질 수 있다. 이때 사유는 나의 사유가 아니며, 존재는 나의 존재가 아니다. 모든 것은 하나님의 것이기 때문이다. 따라서 철학은 절대자 또는 하나님이 없이는 성립하지 못할 것이라는 고백과 함께 완성된다.

4.3. 헤겔과 계시의 문제

셸링은 자아의 '사실행위'가 절대적 근거라고 주장하는 피히테의 철학을 주관적 독단론이라고 비판한다. 그는 오히려 절대적 존재가 자아의 사실행위의 근원이라고 생각하였으며, 그 절대적 동일자를 지성적 직관에 의해 직접 파악할 수 있다고 보았다. 헤겔은 절대자에 대한 '절대지'(absolutes Wissen)를 목표로 하는 셸링의 철학을 수용하지만, 그의 '지성적 직관'에 대해서는 비판적이었다. 절대자에 대한 절대지는 피스톨에서 총알이 나가듯이 지성적 직관에 의해 단번에 이루어지는 것이 아니라 변증법적 사유과정을 거친 후에 이루어진다는 것이다. 지성적 직관보다 이전에 의식이 추론적 이성을 통해 자신을 반성하는 과정이 선행되어야 한다. 절대지는 추론적 이성과 직관의 종합작용이다. 헤겔은 의식이 가장 단순한 감각적 확신의 단계에서 출발하여 지각과 오성의 단계를 거쳐 이성과 인륜적 정신의 단계를 거친 후에 하나님을 그의 영원한 본성에서 파악하는 절대지에 도달하는 과정을 『정신현상학』에서 자세하게 설명한다. 정신현상학은 '의식의 경험의 학'이다. 그런데 의식의 경험은 한 번에 완성되는 것이 아니라 지속적으로 자신을 반성하는 과정에 있다. 의식은 우선 자신이 확신하고 있는 것이 진리라고 생각하지만 자신의 의식을 반성한 후에는 그것이 진리가 아니라는 것을 알게 된다. 이제 의식은 이전에 경험한 의식내용을 새로운 반성대상으로 삼아 반성한다. 그리고 이런 변증법적 반성과정은 절대지에 도달할 때까지 계속된다. 헤겔은 이런 반성과정에 관해 말한다. "엄밀한 의미에서 우리가 경험이라 부르는 것은 의식이 자기 자신을 대상으로 하여, 즉 그의 인식은 물론 그의 인식대상을 대상으로 하여 행하는 변증법적 운동이다. 이런 과정에서 그에게 새로운 대상이 발생하는 한에서 말이다. … 의식은 어떤 것이 있음을 안다. 그가 아는 이 대상은 본질 또는 즉자적으로 존재하는 것이다. 그러나 그 대상은 또한 의식에 대해 즉자적으로 존재하는 것이다. 이와 함께 이 대상의 양의성이 드러난다. 이제 의식은 두 개의 대상, 즉 처음의 즉자적 존재와 의식된 즉자적 존재라는 두 개의 대상을 가지게 된다. 두 번째 대상은 우선 단순히 의식 자체 내에서 일어나는 반성인 것처럼 보인다. 그것은 대상의 표상이 아니라 첫 번째 즉자적 존재에 대한 의식이다. 그렇지만 이미 언급되었듯이 이때 의식된 대상은 더 이상 첫 번째의 즉자적 대상이 아니라 단지 의식된 즉자적 존재이다. 그러나 이제는 의식된 즉자적 존재가 새로운 본질, 즉 의식의 대상이다. 이렇게 생성된 새로운 대상은 처음 대상의 부정을 내포한다. 새로운 대상은 처음 대상에 대한 경험이다."[49](PhäG 67) 의식의 이런 경험은 영혼이 끊임없이 자기를 부정하고 한 단계에서 다음 단계로 나아가는 자기도야(自己陶冶)로서 회의주의의 길 또는 절망의 길이다. "나타나는 의식 전체에 대한 회의주의는 정신이 자연적 표상들, 생각들 그리고 의견들에 절

---

49 G. W. F. Hegel, *Phänomenologie des Geistes*, Hamburg 1988, S. 67.

망함으로써 진리를 적절하게 가려내도록 만든다."(PhäG 61)

　의식의 변증법적 운동에 관한 헤겔의 견해는 스피노자의 다음과 같은 명제에 의해 영향을 받은 것으로 보이다. "모든 규정은 부정이다."(omne determinatio est negatio) 우리가 하나의 대상에 관해 정의할 때 우선 그 대상은 그 대상과 다른 어떤 것과의 차이에서 규정된다. 이제 이 대상은 다른 것을 그의 내용으로 가지는 새로운 대상이 된다. 그리고 이런 과정은 무한히 연장된다. 이렇게 하여 하나의 대상은 그것과 다른 무한히 많은 다른 것들을 부정적 내용으로 가지는 것으로 규정된다. 이런 과정을 기호로 표현하면 다음과 같을 것이다. $P = -(-P)$: $P = -(-P1 + -P2 + -P3 + -P4 \ldots -Pn)$. 판넨베르크는 의식이 감각적 확신에서 출발하여 절대지에 이르는 과정을 설명한 헤겔의 『정신현상학』을 요약하였다.

> "『정신현상학』은 의식이 자기 자신에 대한 반성을 통해 자기 자신의 진리를 의식하게 되는 과정을 기술한다. 모든 단계의 반성과정에서 의식이 진리로서 파악했다고 생각한 것을 그의 실제적 내용과 비교함으로써 말이다. 이런 비교를 통해 대립되는 양면을 종합함으로써 의식은 그때마다 새로운 단계의 자기경험에 도달한다. 이와 같이 의식은 감각적으로 주어진 것에 그의 진리가 있다고 생각하는 대상의식에서 시작하여 절대적 진리를 의식하는 종교적 의식과 철학적 의식에까지 단계적으로 고양된다. 이때 이렇게 의식이 고양되는 과정은 동시에 의식경험이 총체성으로 체계화되는 과정이기도 하다. 오직 이런 총체적 체계화 과정의 결과로서만 그리고 의식경험 전체를 간직하고 있는 한 종교와 철학은 절대적 진리

의 의식으로서 의미를 가진다." [50]

지금까지의 논의를 종합하면, 의식은 회의주의적인 자기도야 과정에서 경험한 것들을 모아(legein) 전체를 직관함으로써 절대자에 대한 절대지에 도달할 수 있다. 이때 경험한 것들을 반성함으로써 모으는 것은 '추론적 이성'(dianoia) 또는 '로고스'의 기능이며, 마지막에 전체를 직관하는 것은 '지성적 직관'(셸링) 또는 '초월론적 직관'(헤겔)의 기능이다. 따라서 절대지는 추론적 이성과 직관의 종합작용에 의한 사유와 존재의 일치이다. [51] 헤겔은 『피히테와 셸링의 철학체계의 차이』(1801)에서 이렇게 추론적 이성과 지성적 직관을 통해 영원한 것을 파악하는 능력을 "사변적 이성"(Spekulation)과 동일한 의미로 사용했다. [52] 헤겔의 사변적 이성은 피스톨에서 총알이 나가듯이 직접 절대지에 이르는 셸링의 지성적 직관과 달리 반성적 직관, 즉 모순들을 종합하는 통일이다. 이때 직관은 추론적 이성의 반성작용에 의해 규정된 대립들의 사이를 메우는 결정적으로 중요한 역할을 한다. 헤겔에게서 이성적인 것은 사변적으로 파악된 통일성이다. "이성적인 것은 그의 규정된 내용에 따라, 즉 규정된 대립들의 모순으로부터 추론되어야 하는데, 이런 대립들의 종합이 바로 이성적인 것이다. 단지 이런 이율배반적인 것들의 사이를 메우고

50　W. 판넨베르크, 『신학과 철학 II』, 164쪽.

51　L. Eley, *Fichte, Schelling, Hegel - operative Denkwege im "Deutschen Idealismus"*, S. 68.

52　G. W. F. Hegel, *Differenz des Fichte'schen und Schelling'schen System der Philosophie*(1801) *PhB* 62a, 30ff. 위의 인용문을 위해서는 참조, W. 판넨베르크, 『신학과 철학 II』, 124 쪽. 사변을 가리키는 독일어 '*Spekulation*'은 어원적으로 라틴어 '*speculor*'(두루 살피다), '*speculum*'(거울)에서 유래했다. 따라서 '사변적 이성'이란 거울에 비친 사물의 여러 측면들을 두루 살핀 후에 전체의 모습을 직관하는 것(보는 것)과 같은 기능이라 할 수 있다.

보존하는 직관이 필연적으로 전제되어야 한다."(Differenzschrift, S. 32)

지금까지 우리는 인간의 정신이 가장 단순한 감각적 확신에서 출발하여 절대지에 이르는 과정에 관해 살펴보았다. 그렇다면 절대지란 무엇인가? 절대지는 "하나님을 그의 영원한 본질에서 파악하는 것"이다. 이것은 하나님을 추상적이 아니라 가장 구체적으로, 즉 '개념'으로서 파악하는 것을 의미한다. 그렇다면 개념이란 무엇인가? 개념(Begriff, concept)은 '움켜쥐다'는 의미를 가진다. 개념은 사유하는 인간 정신의 순수한 활동에 의해 잡혀진(움켜쥐어진) 것이다. 따라서 개념은 다른 것들을 매개로 하여 자기 자신을 확인하는 인간 정신의 활동성에 근거한다. 사유하는 인간의 정신은 어떻게 활동하는가? 하나의 대상이 인간의 사유를 통해 개념화되는 과정을 살펴보자.

하나의 대상은 최초의 의식 단계에서 가장 추상적인 지금 여기에 있는 '이것'(P)이다. 그런데 이 단계에서 이미 반성하는 의식은 '이것'이 이미 무수히 많은 타자들($-P1$, $-P2$, $-P3 \cdots -Pn$)을 통해 매개된 '이것', 즉 $-(-P)$임을 알게 된다. 이런 반성과정에서 가장 추상적인 '이것'이 다른 개체들과의 관계에서 가장 구체적인 '무엇'으로서 파악된다. 개념은 이렇게 가장 구체적인 무엇으로서 '파악된 것'(잡혀진 것)이다.

하나님은 우선 가장 추상적인 '하나님'이다. 그러나 하나님은 현상의 사물들과 달리 직접적 감각의 대상이 아니다. 그러므로 우리는 '하나님'이란 가장 추상적인 존재자로부터 출발할 수는 없다. 우리는 가장 구체적인 현상들로부터 출발하여 하나님을 '개념'으로서 파악할 수밖에 없다. 하나님은 구체적인 현상들에 대한 추론적 이성의 반성과정을 거친 후 현상 저편의 것을 직관하는 '초월론적 직관'(transzendentale Anschauung)에 의해 절대타자로서 경험된다. 하나님은 절대타자이다. 이렇게 구체적인 현상들을 통해 절대타자로서 경험된 하나님은 구체적인 하나님이다. 구체적으로 경험된 하나님은 '정신'이다. 하나님은 인간의 '유한한 정신'이 도달한 절대지의 단계에서 경험된 존재자이기 때문에 '절대정신'이다. 헤겔에 의하면 "하나님은 정신이다. 그는 정신에 대해서만, 오직 순수한 정신에 대해서만, 즉 사유에 대해서만 존재한다."[53] 구체적으로 경험된 하나님은 '사랑'이다. 하나님은 구체적인 인간 예수 그리스도를 통해 사랑으로서 경험되기 때문이다. 이렇게 구체적으로 경험된 하나님에 관해 헤겔은 말한다. "하나님은 정신으로서 또는 사랑으로서 자기를 구체화하여 세계와 그의 아들을 창조하며, 그의 타자 안에서 자기 자신을 가지며 자기와 동일하다. … 하나님은 자신이 정립한 구체성을 부정함으로써 자기 자신과 동일하며 자기 자신과 관계한다."[54] 그런데 여기서 주목해야 할 것은 마치 하나님이 자신을 외화한 후 타자를 매개로 하여 자기로 복귀함으로써 비로소 절대정신이 된다고 생각해서는 안 된다는 점이다. 이런 과정은 단지 인간의 정신이 절대지에 이르는 의식의 경험과정이다.

하나님을 그의 영원한 본질, 즉 정신과 사랑으로서 파악하고자 하는 헤겔의 철학은 하나님의 계시를 전제한다. 인간이 하나님을 알 수 있는 것은 하나님이 '은폐된 하나님'(deus absconditus)이면서 동시에 '계시된 하나님'(deus revelatus)이기 때문이다. 인간의 정신은 하나님의 계시의 장소이다. 따라서 인간의 정신은 하나님의 계시로부

---

53 G. W. F. Hegel, *Beweise vom Dasein Gottes, S.* 13.

54 G. W. F. Hegel, *Philosophie der Religion, Bd. I,* 221.

터 출발하여 인간의 의식에 계시된 하나님을 사유에 의해 파악하게 된다. 보다 정확하게 말해 인간이 사유를 통해 하나님을 인식하기 전에 이미 하나님 자신이 인간으로 하여금 자신을 인식하도록 이끄는 것이라 할 수 있다. 그러나 헤겔의 경우도 여전히 사유와 존재가 일치하는 절대지는 인식론의 차원에 머문다. 헤겔은 예수 그리스도의 계시를 통해 하나님이 사랑임을 알 수 있게 된다고 말하기는 하지만 아직도 그런 인식을 실천할 수 있는 능력에 관해서는 말하지 않는다.[55]

5. 예수 그리스도와 계시

인간이 자연과 역사를 통해 도달할 수 있는 신 개념은 존재의 근거로서 요청되는 이성의 이념(理念; ideal)으로서의 신이다.[56] 그러나 이렇게 도달된 신은 "알지 못하는 신"(행 17:23)이다. 그런 신은 실재하는 신이 아니며, 그 신에 관한 주장들은 사실적 술어들이 아니다. 그런 신은 가설적 존재자이며, 인간을 변화시키고 구원할 수 있는 힘을 가지지도 못한다. 한편 칸트의 관념론 체계를 완성하고자 하는 독일 관념론자들은 인간의 정신과 역사와 자연에 계시된 하나님을 지성적 직관능력 또는 사변적 이성을 통해 파악할 수 있다고 생각했다. 바울과 마찬가지로 그들도 하나님의 "보이지 아

---

55 하나님의 계시와 인간의 하나님 인식에 관해서는 참조, 김균진, 『헤겔과 바르트』, 대한기독교출판사 1983, 특히 64–73.

56 이성의 이념으로서의 신 개념에 관해서는 참조, W. 판넨베르크, 『신학과 철학 II』(오희천 역), 종문화사 2019, 36–58쪽.

니하는 것들, 즉 그의 영원하신 능력과 신성이 그의 만드신 만물에 분명히 보여" 알 수 있다고 생각했을 것이다. 그러나 일반계시를 통해 인식된 하나님은 여전히 사유된 하나님이다. 인간의 유한한 지성은 그가 사유한 것을 실현할 능력이 없다. 하나님의 절대적 지성 또는 근원적 지성(intellectus originarius)에서는 사유와 존재가 일치한다. 하나님이 빛이 있으라 하시니 그대로 되었다. 그의 말씀(로고스)은 근원적 지성(사유)이며, 그의 근원적 지성에 의해 사유된 빛이 그대로 존재하게 되었다. 그러나 인간의 '파생적 지성'(intellectus derivativus)에서는 사유된 것이 곧바로 존재하게 되지는 않는다. 사유된 것이 존재하기까지는 시간이 필요하거나 전혀 실현되지 않을 수도 있다. 독일 관념론자들, 특히 헤겔은 사변적 이성(추론적 이성 + 초월론적 직관)을 통해 사유와 존재가 일치하는 절대지를 목표로 하지만 인간이 실제로 그 단계에 도달할 수는 없다. 바르트가 강조하듯이 "하나님은 하나님을 통해서만 인식된다."(KD II/1, 200.) 그리고 설령 절대지에 도달할 수 있다 할지라도 그렇게 도달한 일치는 여전히 인식론적 차원의 일치일 뿐 존재론적인 일치일 수 없다. 사유와 존재가 존재론적으로 일치할 수 있는 길은 오직 존재론적 차원에서 사유와 존재의 일치에 도달한 존재자만이 제시해 줄 수 있다. 예수 그리스도는 그 길을 제시해 주었다. 그는 하나님을 알 수 있는 인식론적 일치의 길을 제시해 주었을 뿐 아니라 존재론적으로도 일치할 수 있는 길을 제시해 주었다. 예수 그리스도는 진리의 길을 제시해 줄 뿐 아니라 친히 길이 되어 길을 가는 사람이 함께 그 길을 갈 수 있도록 "능력 주시는 자"(빌 4:13)이기도 하다. 그는 진리를 알게 할 뿐 아니라 진리를 실천하여 자유인이 될 수 있도록 한다. 우리는 오직 예수 그리스도와의 만남을 통해서만 그 길을 알고 그 길 위에 있을 수 있다. 그런 만남은 어떻게 이루어지는가? 하나님은 예수 그리스도를 통해 어떻게 인간을 만나고 이끌어 주시는가?

예수 그리스도를 통한 하나님의 특별한 계시는 사람이 되신 하나님이 세상과 만나는 사건이다. 이런 만남은 먼저 말을 걸어오는 하나님이 말에 응답함으로써 일어나는 사건이다. 그런데 중요한 것은 하나님은 응답을 강제하지는 않는다는 사실이다. 그는 인간의 실존적인 결단을 요구하지만 강요하지는 않는다. 하나님과의 만남의 사건은 한 점에서 이루어지는데, 이 점을 우리는 탄젠트(tangent)라 할 수 있다. 탄젠트는 원과 그 원에 외접하는 직선이 만나는 점이다. 이 점에서 원과 직선은 서로 침투하지 않는 방식으로 만난다. 따라서 이 점에서 이루어지는 만남의 사건은 서로 침투할 수 없는 절대타자들 사이의 만남이다.

예수 그리스도를 통해 이루어지는 하나님과 인간의 만남은 절대타자이신 하나님이 인간을 만나는 사건이다. 이런 만남은 서로를 절대타자로 인정하여 침투하지 않는 만남이어야 한다. 이 사건은 한편에서는 절대타자이신 하나님이 절대타자인 인간에게 말을 걸어오는 사건이며, 다른 한편에서는 그 사건에 대해 인간이 사유함으로써 응답하는 조우사건이다.[57] 계시는 한편에서는 먼저 하나님이 자신을 드러내 보이는 빛의 사건이며, 다른 한편에서는 그 빛에 인간이 응답함으로써 일어나는 섬광으로서의 빛이다. 이 섬광

---

[57] 여기서 우리는 사유를 통한 응답과 관련하여 '사유와 존재의 일치'에 관한 파르메니데스의 유명한 명제("τὸ γὰρ αὐτὸ νοεῖν ἐστίν τε καὶ εἶναι.")를 기억할 필요가 있다. 파르메니데스는 존재자를 '참으로 존재하는 것'(ὄντως ὄν)과 '비존재'(μὴ ὄν)로 구분한다. 그에 의하면 "존재자만 있다."(ἔστι γὰρ εἶναι) 그리고 존재자, 즉 '참으로 존재하는 것'은 오직 '감각적인 것을 넘어서 최고의 것'을 추구하는 사유(思惟)의 길에서만 만날 수 있다. 비존재는 감각을 통해 지각되지만 참으로 존재하는 것은 오직 사유를 통해서만 파악될 수 있다.

은 실천적 능력을 가지는 깨달음이다. 따라서 먼저 하나님의 자기 계시가 필연적이며, 다음에는 그 계시에 대해 인간이 응답하는 사건으로서의 계시가 중요하다. 먼저 계시사건의 필연성에 관해 살펴보자.

5.1 계시의 필연성

위에서 살펴보았듯이 인간은 절대적 초월자이신 하나님을 직접 만날 수 없다. 물론 일반계시에 대한 철학적 사유를 통해 '이념'으로서 요청되는 신 개념에까지 이를 수는 있지만, 구원자로서 실재하는 하나님에 관해 구체적으로 알 수는 없다. 중요한 것은 하나님을 구원자로서 사실적으로 경험하는 것이다. 그리고 이런 하나님 경험은 하나님이 직접 자신을 계시하지 않으면 불가능하다. 왜 그런가?

인간의 인식능력은 사실적인 존재자에 대해서만 사실적 술어로서 인식할 수 있다. 여기서 사실적이란 '시간과 공간에 현실적으로 존재하는'이란 의미이다. 그리고 사실적 술어로서 인식한다는 것은 인간의 이성(오성)이 사실적 술어들로부터 도출된(연역된) 형식들인 카테고리들에 따라 판단한다는 의미이다. 그런데 하나님은 시간과 공간의 형식으로 존재하는 사실적 존재자가 아니다. 그는 절대적 초월자이다. 하나님의 존재는 사실적 술어가 아니다. 우리는 하나님이 우리가 볼 수 있는 방식으로, 즉 시간과 공간의 형식을 통해 자기를 계시할 때에만 그를 알 수 있다. 같은 것이라야 같은 것을 받아들일 수 있기 때문이다. 그리고 하나님의 이런 계시는 사람의 모양으로 내려오심에서 완성된다. 바르트(K. Barth)는 『교회교의

학』에서 계시의 필연성을 신 존재증명의 부당성과 관련하여 주장
한다.

"토마스 아퀴나스는 세계를 다스리시는 주체, 더구나 유일
하고 최고의 목표이자 목적인 자신을 향하도록 인도하는 주
체는 초월적인 존재자이며(aliquid extra mundum), 선한 존재자
이며(bonum), 모든 우주를 초월하는 원리(principium extrinsecum
a toto universo)이어야 한다고 생각하여 이를 증명하고자 했다.
우리는 아퀴나스의 이런 전제를 인정할 수 있고 또 인정해
야 한다. 만일 세계를 다스리는 주체가 세계와 다르다면 말
이다. 그리고 그가 그렇게 다른 존재자로서 인식될 수 있고
실제로 인식된다면 말이다. 그런데 문제는 그런 주체가 어떻
게 세계를 다스리며, 자신을 세계사의 목표로 설정할 수 있
느냐 하는 것이며, 우리는 어떻게 그런 존재자를 인식할 수
있느냐 하는 점이다. 더 중요한 문제는 신의 존재에 대한 아
퀴나스의 이런 요청이 그의 신 존재증명에서 전제하는 신 개
념을 통해 충족될 수 있느냐 하는 점이다. 하나님은 자기 충
족적이며 따라서 모든 것을 초월하는 완전한 존재자라는 이
런 신 개념은 세계를 초월하는 존재자를 세계로부터 증명하
려는 시도이다. 그러나 이렇게 세계 초월적인 존재자 자체
의 실재성은 이런 시도에 의해 입증될 수 없다. 오히려 이런
개념에서 실재성으로 입증된 것은 스스로를 초월하고자 하
는 또 다른 세계이며, 따라서 세계를 초월하는 원리(pricipium
extrinsecum)일 수 없으며, 그런 원리로서 인식될 수도 없을 것
이다. 이런 신 개념은 이전의 요구를 충족시킬 수 없는 또 다

른 요구이다. 세계와는 다르고 따라서 세계를 다스릴 수 있는 존재자가 인식될 수 있고 또 인식되어야 한다면, 세계가 그런 개념을 통해 자기 자신을 초월하고자 한다는 사실보다 더 많은 것이 일어나고 입증되어야 할 것이다. 이런 존재자는 세계와 세계의 자기이해의 한계를 초월해야 할 것이며, 그렇게 함으로써 자기 스스로를 입증해야 할 것이다. 그러나 그런 존재가 세계 초월적인 존재의 실재성을 자기 자신의 주도하에, 자기 자신의 작품에서, 자기 자신의 계시에서 세상에 입증하고 세계가 알 수 있도록 할 때에만, 즉 현실 세계에서 스스로를 드러낼 때에만 그런 존재가 세계를 다스린다는 생각은 아퀴나스가 요구하는 그런 힘을 가질 것이다. 이렇게 세계를 초월하는 존재자는 세계 내에서 자발적인 은혜로부터 세계에 자기를 나타냈어야 할 것이다. 이런 사건이 실제로 일어났다는 사실이 바로 성서적 증언의 대상이며 내용이다. 이런 사건은 토마스 아퀴나스가 확신했던 신 존재증명과 무관하다." [58] (KD III 3, 200-202)

계시는 서로 만날 수 없는 상대가 만나기 위해 필수적이다. 하나님과 인간은 무한한 질적 차이 때문에 서로 만날 수 없다. 무한한 질적 차이가 서로 만나기 위해서는 유한자가 무한자를 이해할 수 있도록 무시간적 존재자인 무한자가 자신을 시간적으로 규정하는 도식화가 필요하다. 도식화란 질적으로 동일하게 되는 것이 아니라 비율에 있어서 동일하게 되는 것이다. 예를 들어 1:2와 2:4

---

58 K. Barth, *Kirchliche Dogmatik, (ausgewählte und eingeleitet von Helmut Gollwizter), Gütersloher* 1976, S. 44-46.

의 관계처럼 동일한 비율이 되는 것을 말한다. 계시는 터무니없이 차이가 나는 비율이 적절한 비율로 되는 것이다. 이때 적절한 비율이 된다는 것은 같은 비율이 된다는 것이며, 같은 비율이 되는 것을 아날로기아(analogia), 즉 비유라 한다. 예수님은 하나님의 비유이며 도식이다. 그리고 예수님 자신도 비유를 통하지 않고는 아무것도 말하지 않았다. 그가 행한 표적들은 바로 이런 비유들이며, 도식들이다. 그는 표적을 행하면서 그 표적을 보도록 요구하는데, 이것은 드러난 표적에서 드러나지 않은 표적, 즉 드러난 표적의 '의미'를 보라는 것이다.

도식화를 통해 적절한 비율이 됨으로써 적절한 거리가 확보된다. 계시는 '거리 없앰'(Ent-fernung)의 방식으로 거리가 확보된 사건이다.[59] 계시는 하나님과 인간 사이에 공감이 가능한 거리가 확보된 사건이다. 공감은 공간을 통해서만 가능하다. 나와 너 사이에 공간이 있어야 공감이 가능하고, 만남이 이루어질 수 있다. 이 공간은 너무 멀어도 안 되고 너무 가까워도 안 된다. 그 거리는 '거리 없는 거리', 만나지 않는 방식으로 만날 수 있는 거리, 즉 탄젠트이다.

야스퍼스는 인간실존과 초월자를 대립시킴으로써 자아존재를 개인의 자기의식과 행동의 대상인 신과의 관계로 이해하는 키에르케고르의 실존분석 틀을 고수했다. 그러나 야스퍼스에 의하면 세계를 초월하는 초월자는 보편타당성을 요구할 수 있는 지식의 대

---

59 "거리를 취한다는 것은 어떤 것으로부터 멀어진 거리를 없애는 것이며 따라서 '가까이 함'이다. 현존재(인간)는 본질적으로 거리를 없애는 존재자이다. 현존재는 현존재(Dasein)이기 때문에 언제나 존재자에 가까이 다가가 만나는 존재자이다."(Entfernen besagt ein Veschwindenmachen der Ferne, das heißt der Entferntheit von etwas, Näherung. Dasein ist wesenhaft ent-fernend, es läßt das Seiende, das es ist, je Seiendes in die Nähe begegnen.); M. Heidegge, *Sein und Zeit*, Frankfurt a. M. 1986, S. 105.

상이 아니다. 초월자는 오직 '암호'을 통해 초월자 안에 있는 인간 존재의 근거를 확인하는 개인의 실존의식에서만 이해될 수 있다. "암호들의 진리는 실존과의 관계에 있다."[60] 야스퍼스에 의하면 기독교의 하나님도 그런 암호들 중 하나이다.[61]

5.2. 하나님의 시간적 규정으로서의 계시

인간은 하나님을 직접 알 수 없다. 인간의 인식능력은 감성을 통해 느낄 수 있는 대상에 대해서만 사실적으로 알 수 있기 때문이다. 따라서 인간이 하나님을 알 수 있기 위해서는 하나님이 직접 자신을 시간과 공간의 방식으로 규정할 필요가 있다. 이렇게 초월적인 존재자가 자신을 시간적으로 규정하는 것을 도식화라 할 수 있다. 자연과 역사를 통한 일반계시와 예수 그리스도를 통한 특별계시는 하나님의 시간적 규정, 즉 하나님의 도식화이다. 우리는 일반계시를 통해 존재의 근거로서 요청되는 '알지 못하는 신'에 도달할 수 있으며, 특별계시를 통해 구원자로서의 하나님을 만날 수 있다. 이제 하나님의 도식화를 칸트의 도식론과 관련하여 살펴보자.

칸트에 의하면 대상에 대한 인식은 그 대상이 인식주체에 의해 개념화되는 것이다. 그리고 개념화된다는 것은 대상이 인식주체와 결합된다는 것이다. 보다 구체적으로 대상의 질료가 인식주체에 선험적으로 갖추어져 있는 형식과 결합되는 것이라 할 수 있다. 목

60　K. Jaspers, *Der philosophische Glaube angesichts der Offenbarung*, 1962, 153. "암호들"이란 주제는 이 책에서 다시 한 번 자세하게 다루어진다(213-428). 참조, *Philosophie*(1932) 2. *Aufl.* 1948, 785-879.

61　K. Jaspers, *Der philosophische Glaube angesichts der Offenbarung*, 1962, 214*ff.*

수가 책상을 제작할 때 외부에 주어져 있는 재료들이 목수의 머리에 있는 책상의 형식과 결합되어 비로소 구체적인 하나의 책상으로 제작되는 것과 마찬가지이다. 아리스토텔레스가 주장하듯이 하나의 사물이 형상과 질료의 결합에 의해 비로소 구체화되는 것과 같은 이치라 할 수 있겠다.

이런 결합은 일차적으로 대상의 질료와 감성의 형식이 결합됨으로써 이루어진다. 칸트가 주장하듯이 모든 인식은 감각적 경험과 함께 시작되기 때문이다. 그러나 인식은 이런 결합만으로 이루어지는 것은 아니다. 일차적으로 확보된 감성의 자료가 다시 오성의 형식과 결합되어야 한다. 모든 인식이 경험과 함께 시작되기는 하지만 경험으로부터 오는 것은 아니기 때문이다. 그런데 감성에 의해 수집된 감각자료들이 오성의 판단형식인 카테고리들에 따라 정돈될 때 중요한 것은 감각자료들과 오성의 형식(카테고리, 순수오성개념)이 동질적이어야 한다는 사실이다. 대상의 질료와 감성의 결합에는 문제가 없다. 이 둘은 모두 시간과 공간을 통해 규정되어 있다는 점에서 동질적이기 때문이다. 그런데 문제는 오성에 선험적으로 갖추어져 있는 형식들인 순수오성개념들이 감각자료들에 적용될 때, 즉 판단이 이루어질 때 발생한다. 순수오성개념들과 감각자료들은 동질적이지 않기 때문에 순수오성개념들은 감각자료들에 직접 적용될 수 없다. 순수오성개념들은 무시간적인데 반해, 감성의 자료들은 시간성에 의해 규정되기 때문이다. 따라서 감각재료들을 오성의 형식과 매개해 주는 제3의 작업이 필요하다. 칸트는이 제3의 작업을 도식화라 한다. 도식화는 순수오성개념들의 시간적 규정이다. 따라서 카테고리들이 감각자료들에 적용되기 위해서는 카테고리들이 시간적으로 규정되어야 한다. 순수오성개념들이 시간적으로 규정될 필요가 있다. 카테고리들이 도식화를 통해 감성의 자료들과 매개되어야 비로소 대상의 개념이 형성될 수 있다.

『순수이성비판』에 보면 경험적 인식과 관련하여 카테고리들의 객관적 타당성을 입증하고자 하는 '순수오성개념들의 선험적 연역'이란 단원 바로 뒤에 '순수오성개념들의 도식론에 관하여'란 단원이 나온다. 칸트는 카테고리들의 객관적 타당성을 증명한 후 도식론에 관한 단원에서 "순수오성개념들이 사용될 수 있는 감성적 조건"(B 175), 즉 순수오성개념들이 현상에 적용할 수 있는 가능조건을 제시한다.

칸트에 의하면 오성에 선험적으로 갖추어져 있는 형식들이 감각자료들에 적용됨으로써 학적 인식, 즉 '선험적 종합판단'이 이루어진다. 그리고 오성에 선험적으로 갖추어져 있는 형식들, 즉 순수오성개념들을 감각자료들에 적용하는 것은 "현상들을 카테고리에 따라 분류하는 것"(KrV B 176)이다. 그런데 여기서 문제는 어떻게 경험에서 유래하지 않은 순수오성개념들이 경험적 내용들과 결합될 수 있느냐 하는 점이다. 이런 결합을 위해서는 먼저 무시간적인 순수오성개념들이 시간적으로 규정되어 감성화되어야 한다. 순수오성개념들이 감성화되어 감각자료들과 동질적이 되어야 비로소 감각 자료들에 적용될 수 있기 때문이다. 감성화된다는 것은 무엇을 의미하는가? 감성의 순수한 형식은 시간이다. 따라서 '감성화'는 '시간적으로 규정됨'이다. 순수오성개념의 감성화는 그 개념의 '시간화'(Verzeitlichung)를 의미한다. 칸트는 이렇게 순수오성개념이 시간적으로 규정된 것을 순수오성개념의 "시간규정"(Zeitbestimmung) 또는 "도식"(Schema)이라 한다. 이런 도식화에 관해 칸트는 말한다. "대상을 하나의 개념(* 순수오성개념) 아래 포섭할 때 대상과 개념은 동질적이어야 한다. 개념은 그 아래 포섭되어질 대상에서 표상되는 것을 포함하고 있어야 한다. … 그러나 순수오성개념들은 경험적(감성적) 직관들과 전혀 이질적이며, 결코 직관될 수 없는 것이다. … 어떻게 직관이 순수오성개념들 아래 포섭될 수 있으며, 그렇게 해서 카테고리가 현상들에 적용될 수 있는가? … 분명한 것은 한편에서는 카테고리와 동질적이고, 다른 한편에서는 현상과 동질적이어서 카테고리를 현상에 적용할 수 있게 해주는 제3의 것이 있어야 한다. 이렇게 매개해 주는 표상은 한편에서는 지성적이고, 다른 한편에서는 감성적이어야 한다. 그런 표상은 선험적 도식이다."(B 177; A 138)

순수오성개념들이 감각 자료들에 적용(결합)되어 인식이 성립하기 위해서는 순수오성개념들이 도식화되어야 한다. 그리고 이런 도식화는 시간의식인 '선험적 구상력(상상력)'(transzendentale Einbildungskraft)의 작용이다.[62] 칸트는 범주표에 따라 그에 상응하는 도식들을 제시한다. "크기(양)의 순수 도식은 수이다."(B 182) "실체의 도식은 시간 속에 실제로 있는 것의 지속성이다."(B 183) "원인의 도식은 임의의 어떤 것이 전제될 때는 언제나 어떤 다른 것이 수반되는 그런 실제적인 사물이다."(B 183) "상호작용의 도식은 하나의 보편적인 규칙에 따라 어떤 하나의 규정이 다른 것의 규정과 동시에 있음이다."(B 183f.) "실제성의 도식은 어떤 특정한 시간에 거기 있음이다. 필연성의 도식은 어떤 대상이 모든 시간에 거기 있음이다."(B 184) 선험적인 순수오성개념이 도식화되어 감성의 자료들에 적용될

---

62 칸트는 구상력(상상력)을 "생산적 구상력"(produktive Einbildungskraft)과 "선험적(초월론적) 구상력"(transzendentale Einbildungskraft)의 두 종류로 나눈다. 생산적 구상력이란 대상이 없어도 그 대상을 표상할 수 있는 능력이며, 선험적 구상력은 생산적 구상력의 기초가 되는 순수한 시간의식이다.

때 경험적이면서 동시에 선험적인 "선험적 종합판단", 즉 인식이 이루어진다. 그렇다면 초월론적 도식은 어떻게 형성되는가?

칸트에 의하면 이런 도식은 감성에 의해서는 불가능하다. 도식은 오성의 지성적 작용인 '선험적 구상력'(Einbildungskraft)을 통해 이루어진다. 그리고 이런 구상력에 의해 카테고리들이 시간적으로 규정될 수 있는 것은 구상력 자체가 근원적인 시간의식이기 때문이다. 그런데 이렇게 생산된 도식은 매개수단으로서 형상이기는 하지만 경험적 형상과는 다르다. 경험적 형상은 "생산적 구상력의 경험적 능력에 의한 산물"(KrV B 181)인데 반해, 도식은 "어떤 특정한 개념에 따라 많은 대상들을 하나의 상에서 표상하는 방법을 나타내는 수단이다."(KrV B 179/180; A 140) 예를 들어 5라고 하는 어떤 특정한 수는 다섯 개의 점들을 통해 경험적으로 형상화될 수 있는데 반해, 수 일반의 도식은 임의의 수가 어떻게 형상화될 수 있는가 하는 방법, 즉 '연속적으로 수를 셈'이라는 규칙을 제공해 준다.

그렇다면 구상력에 의해 제공되는 이러한 방법표상은 구체적으로 어떻게 이루어지는가? 경험적 현상의 상(像)이 생산적 구상력의 경험적 능력의 산물인데 반해, 순수오성개념의 도식은 구상력이 "내적 감각의 형식인 시간을 조건으로 하여 모든 표상들을 염두에 두고 그 내적 감각을 규정할 때 생기는 구상력의 선험적 산물"(KrV A 142; B 181)이다. 도식은 순수오성개념들이 감성화된 것이라고 볼 수 있는데, 이런 감성화 작업은 선험적 구상력이 내적 감각의 형식이자 감성 일반의 조건인 시간을 매개로 하여 카테고리들을 규정함으로써 그 카테고리들이 경험적 대상에 적용될 수 있도록 하는데 있다. 이와 같이 도식은 선험적 구상력이 순수오성개념을 내적 감각인 시간에 따라 규정한 것이기 때문에 칸트는 도식을 '시간규정’이라 부른다. 예를 들면 ‘실체’라는 순수오성개념(카테고리)이 ‘시간 속에서 실제적 대상의 지속’이라고 시간적으로 규정되어 도식화될 때 비로소 그것은 시간에 의해 제약되는 현상에 적용될 수 있게 된다. 그리고 ‘현실성’이란 카테고리는 ‘시간 속에서 지금 있음’이라고 시간적으로 규정되어 현상에 적용될 수 있다. 경험적 표상과 도식은 모두 구상력의 산물인데, 경험적 표상은 개별적인 대상들을 형상화하는 것이며, 도식은 모든 대상들이 표상될 수 있는 원리를 제공한다. 카테고리가 구상력에 의해 시간적으로 규정됨으로써 형상화된 것이 도식이고, 이 도식을 매개로 하여 구체적으로 형상화된 것이 경험적 형상이다.

그렇다면 구상력에 의한 카테고리들의 시간적 규정이 어떻게 가능한가? 이 물음에 답하기 위해 하이데거의 칸트 해석을 참조하면 도움이 될 것이다. 먼저 인간의 인식능력 전체에 있어서 구상력이 차지하는 위치를 확인할 필요가 있다. 칸트는『순수이성비판』초판(A)에서 구상력을 감성과 오성을 매개해 주는 중간능력이라고 주장한데 반해, 재판(B)에서는 오성의 한 기능이라고 말한다. 그러나 어떤 경우이든 구상력은 감성을 규정하는 역할을 한다. 따라서 칸트에게 있어서 구상력의 도식화 작업은 구상력이 시간을 매개로 하여 순수오성개념들의 도식들을 산출하는 것이었다. 그러나 하이데거는 칸트와는 달리 구상력이 내적 감각을 시간적으로 규정함으로써 도식이 산출된다고 보지 않는다. 그는 시간을 칸트와는 “전혀 다르게 그리고 훨씬 더 근원적인 방식으로”(GA 21, 384) 생각한다. 그가 시간을 훨씬 근원적으로 생각했다는 것은 구상력에 대한 그의 견해에서 분명해진다. 그는 구상력을 인식능력의 한 기능으로 보지 않는다. 하이데거는『순수이성비판』초판에서 구상력이 감성과 오성의 중간능력이라는 견해와 구상력이 "영혼의 필수적인 기능"(KrV A 78)이라는 주장에 근거하여 구상력을 감성과 오성의 공동의 뿌리라고 생각한다.[63] 여기서 구상력이 공동의 뿌리라는 하이데거의 주장은 더 나아가 그것이 인간의 근원적인 존재방식이라는 의미에서 이해되어야 할 것이다. 구상력은 인간의 근원적인 존재방식으로서 근원적 시간성인 것이다. 하이데거는 묻는다. "선험적 시간규정의 규칙들인 이 도식들에서 우리는 시간을 어떻게 이해해야 할 것인가?"[64] 이 물음에 대해 그는 대답한다. "선험적 구상력은 근원적인 시간이다."(KPM 187) 하이데거가 시간을 훨씬 근원적으로 생각했다는 것은 그가 시간의식을 구상력과 동일시했다는 사실에 비추어 이해되어야 한다.

하이데거가 주장하듯이 구상력이 근원적 시간의식 자체이고 도식은 구상력에 의한 시간규정이라면 도식화 작업은 구상력이 시간을 매개로 해서 이루어지는 작업이 아니라 구상력 자신의 자기규정이다. 따라서 스스로 도식을 형성하는 구상력은 경험을 위해 '필수적인 혼의 기능'이다. 다시 말해 근원적 시간성인 구상력의 이런 필수적인 기능을 통해 도식이 형성된다는 것이다. 도식화는 스스로

---

63   참조, M. Heidegger, *Kant und das Problem das Metaphysik*, 127–142; M. Heidegger, *Phänomenologische Interpretation von Kants Kritik der reinen Vernunft*, Frankfurt a.M. 1987, S. 408–424. 구상력을 주체성의 근원적인 존재방식으로 본 것은 하이데거 이전에 이미 독일 관념론자들에게서 발견된다. 하이데거와 마찬가지로 그들도 칸트의 다양한 인식능력들을 하나의 근원적 능력으로부터 설명하고자 했다. 초기의 피히테는 시간을 형성하는 구상력을 이론적 자아의 근본적인 작용으로 보았으며, 바로 이 생산적인 작용으로부터 비로소 감성의 직관과 오성이 시작된다고 주장했다. 헤겔에 의하면 선험적 구상력은 본래 절대적 동일성으로서의 이성 자체인데, 바로 이 구상력이 감성과 이성(오성)으로 분화되어 현상세계와 관계한다. 셸링은 『선험적 관념론 체계』(*System des transzendentalen Idealismus*)에서 주체의 여러 활동들을 통일하는 능력으로서 미학적이고 생산적인 천재의 직관을 제시했다. 참조, D. Henrich, "Über die Einheit der Subjektivität", in: *philosophische Rundschau* Bd 3, Tübingen 1955, S. 55–60; E. Coreth, "Heidegger und Kant", in: *Kant und die Scholastik heute* 1955.

64   M. Heidegger, *Logik. Die Frage der Wahrheit*, Frankfurt a.M. 1976, S. 379.

자신을 부여해 주는 구상력의 작업이다.

초월적 대상에 대한 인간의 인식도 마찬가지이다. 초월적 대상이 직접 시공간적으로 자신을 부여해 줄 때 비로소 인간이 그 대상과 접촉할 수 있는 접촉점이 형성된다. 그리고 이렇게 도식화된 접촉점은 초월적 존재자가 인간에게 자신을 드러내는 암호이다. 이 암호는 인간의 암호가 아니라 초월적 존재자의 암호이다. 물론 이 암호는 초월적 존재자의 암호이기는 하지만 인간이 이해할 수 있는 방식으로 주어진 암호이다. 암호는 자연일 수도 있고, 역사일 수도 있고, 성육신한 하나님일 수도 있다. 인간은 이 암호를 해독함으로써 초월자를 이해할 수 있고 새로운 존재가 될 수도 있다. 하이데거는 이런 사실에 주목하여 고백한 적이 있다. "내가 몇 년 전에『순수이성비판』을 다시 한 번 연구할 때, 즉 그 책을 후설의 현상학의 관점에서 읽었을 때 내 눈에서 비늘 같은 것이 떨어졌다. 나는 칸트에 의해 내가 추구해 가던 그 길이 올바른 길임을 근본적으로 확신하게 되었다."(GA 25, 431) 우리가 도식의 의미를 이해할 때 우리의 눈에서 비늘이 떨어져 계시사건을 이해하고 해석하는 눈이 새롭게 열릴 것이다.

5.3. 사건으로서의 계시

계시란 감추어져 있던 것을 드러내 보여주는 것이다. 성서의 계시는 하나님이 자신을 드러내 보여주신 사건이다. 이 사건은 우선 하나님이 사람의 모습으로 우리에게 오시는 사건(이름)이다. 그러나 이 계시는 감추는 방식의 계시이다. 하나님은 자신을 은폐하심으로써 드러내신다. 그는 사람의 모습 속에 자신을 은폐하시는 방식으로 자기를 계시하신다. 그는 자신을 드러내셨지만 아직 세상에는 은폐되어 있다. 그의 계시는 밭에 감추어진 보화와 같은 것이다. 그것은 보화이지만 아직 감추어진 보화이다.

"하나님은 그가 아닌 형태에 자기를 은폐하심으로써 자신을 드러내신다. 그는 자기 자신과 다른 형태를 이용하신다. 그는 이런 형태 안에서, 그 형태와 함께 그리고 그런 형태 아래서 대상이 되어 우리에게 자신을 알려주시기 위해 그의 작품과 표적을 이용하신다. 계시는 '표적을 보여줌'(Zeichengebung)이다. 계시는 하나님이 피조물의 형태로 그리고 우리의 유한한 인식에 적합한 방식으로 자기를 입증하는 거룩한 사건(Sakrament)이며, 하나님의 실체를 드러내 보여주는 사건이며, 하나님이 자신을 인식하는 과정이다."(KD II 1, 56)
"신앙에서 하나님을 인식하는 것은 언제나 하나님을 그의 작품들에서 간접적으로 인식하는 것이다. 그런 인식은 하나님의 구체성을 증언하기 위해 구체적인 피조물을 통해 인식하는 것이다. 신앙은 이렇게 하나님을 간접적으로 인식하는 것으로 만족한다는 점에서 불신앙이나 미신과 구분된다. 신앙은 하나님을 그의 작품들에서 간접적으로 인식하는 것을 결함이라고 생각하지 않는다. 오히려 신앙은 하나님을 그의 작품들에서 사실적으로 인식하는 것에 대해 고맙게 생각한다. 신앙은 하나님의 구체적인 작품들을 통해 하나님의 구체성을 사실적으로 인식한다. 신앙은 이런 작품들의 특별한 의미에 주목한다."(KD II 1, 17f.)

그런데 하나님이 오신 사건, 즉 그의 '이름'은 일방적인 사실이 아니다. 하나님은 침투하지 않는 방식으로 세상에 오셨다. 따라서 우리가 하나님을 만나는 것은 오직 하나의 점에서 이루어진다. 바르트에 의하면 이 점은 탄젠트, 즉 원과 그 원에 외접하는 직선이 만나는 점이다. 이 점은 단 하나이다. 하나님과 나와 만나는 그 점에서 다른 사람이 동시에 만날 수는 없다. 이 점을 '실존적 접촉점'이라 하자. 이 점에서의 만남은 만나지 않는 방식으로 이루어진다. "부활에서 성령의 새로운 세계가 육체의 옛 세계와 접한다. 그러나 부활은 탄젠트가 원을 접하지 않으면서 접하듯이 옛 세계를 그의 한계로서, 즉 새로운 세계로서 접하지 않으면서 접한다. ... 여기서는 하나님과 인간 사이의 어떤 결혼과 융합도 일어나지 않는다. 여기서는 인간이 신적 본질로 고양되는 일이 일어나지 않으며, 하나님이 인간적 본질로 흘러넘침도 일어나지 않는다. 예수 그리스도 안에서 우리를 접하지 않으면서 접하는 그것은 창조자이자 구원자이신 하나님의 나라이다."[65] 다시 말해 그 점에서의 만남은 서로 침투하지 않는 상호 교감을 통해서만 이루어질 수 있다. 하나님이 인간의 자유의지를 무화시키지 않고, 인간이 하나님의 이름을 참칭하지 않을 때에만 진정한 상호교감이 가능하다. 이렇게 서로 침투하지 않는 관계는 하나님과 인간의 관계에만 그런 것이 아니다. 존재하는 모든 것들은 서로 침투하지 않음으로써 존재할 수 있다. 만

---

65 "In der Auferstehung berührt die neue Welt des Heiligen Geistes die alte Welt des Fleisches. Aber sie berührt sie wie die Tangente einen Kreis, ohne sie zu berühren, und gerade indem sie sie nicht berührt, berührt sie sie als ihre Begrenzung, als neue Welt. ··· Keine Vermählung und Verschmelzung zwischen Gott und Mensch findet hier statt, kein Aufschwung des Menschen ins göttliche und keine Ergießung Gottes ins menschlichen Wesen, sondern was uns in Jesus dem Christus berührt, indem es uns nicht berührt, das ist das Reich Gottes, des Schöpfers und Erlösers."(K. Barth, *Römerbrief*(1932), 16 *Aufl.* Theologischer Verlag Zürich 1999, *S.* 6)

일 존재자들이 서로 침투한다면 존재자들은 비존재가 된다. 우리는 이런 사실을 철학적으로 이미 라이프니츠의 모나드론에서 유추해 볼 수 있다. 라이프니츠에 의하면 만물의 궁극적 실체는 '모나드'(Monad, 單子)인데, 모나드는 물리량의 최소 단위인 양자(quantum)와 같은 것이다.[66] 물론 라이프니츠에게 있어서 모나드는 물질이 아니라 단순히 작용하는 힘이다. 그런데 모나드들은 창문이 없어 서로에게 침투할 수 없다. 그리고 침투할 수 없기 때문에 조화를 이룰 수 있으며, 서로 다르기 때문에 조화를 이룰 수 있다.(和而不同)

그러므로 계시사건은 하나님이 세상에 오셨다는 사실 자체만으로는 아직 우리에게 무의미하다. 그 사실은 신앙인의 응답을 통해 완성될 때 비로소 의미를 가지는 사건이 된다. 하나님의 '이름'에 우리가 이를 때 비로소 그의 이름은 완성된다. 하나님의 오심(이름)에 우리가 마주하여 이름으로써 그의 이름을 거룩하게 할 때 비로소 그의 이름은 '우리와 함께 하심'(임마누엘)으로서 완성된다.[67] 이때 비로소 그는 세상을 비추는 빛으로서 완성된다. 이런 계시의 완성은 요한의 다음과 같은 선언에 잘 나타난다. "빛이 어두움에 비치된 어두움이 깨닫지 못하더라. … 참 빛 곧 세상에 와서 각 사람에게 비추는 빛이 있었나니 그가 세상에 계셨으며 세상은 그로 말미암아 지은 바 되었으되 세상이 그를 알지 못하였고 … 영접하는 자 곧 그 이름을 믿는 자들에게는 하나님의 자녀가 되는 권세를 주셨으니"(요 1:5-12) 빛을 영접할 때 비로소 그 빛은 세상을 비추는 빛으로 완성된다. 예수 그리스도를 통한 하나님의 계시는 하나님

---

66 양자(quantum)에 관해서는 위의 2.2. "물리학의 우주론"을 참조하라.

67 독일어에서 'Name'(이름)와 'nehmen'(받다, 취하다)은 동일한 어원을 가진다. 따라서 이름은 '이른 것'을 '그에 상응하게 부름'이라 할 수 있다.

의 빛이고 우리의 믿음은 그 빛을 영접함이다. 그 빛을 영접함으로써 빛나는 빛은 어디나 비추는 빛이 아니다. 그 빛은 숲에서 벌목한 부분에 비치는 햇빛처럼 믿음으로 영접하는 사람에게만 비치는 빛이다.[68] 하나님의 오심과 인간의 응답에서 완성되는 계시사건의 이런 이원성에 관해 틸리히는 계시의 "객관적인 측면"과 "주관적인 측면"이란 개념을 사용하여 설명한다.

> "계시는 언제나 서로 철저하게 의존적인 주관적 사건과 객관적 사건을 포함한다. 어떤 사람이 신비한 현상에 사로잡힌다면, 그것은 사건의 주관적 측면이다. 계시의 신비가 어떤 사람을 사로잡는 사건이 발생한다면, 그것은 객관적 측면이다. 이들 두 측면들은 서로 분리될 수 없다. 객관적인 사건이 일어나지 않는다면 아무것도 드러나지 않는다. 객관적으로 일어난 사건을 아무도 받아들이지 않는다면 어떤 것을 드러내는 사건은 일어나지 않는다. 객관적 사건과 주관적 수용은 둘 다 계시사건의 전체에 속한다. 수용하는 사람이 없으면 계시는 불가능하고, 주어진 계시가 없어도 계시는 불가능하다. 신비는 객관적으로는 '기적'(Wunder)의 형태로 일어나며, 주관적으로는 우리가 잠정적으로 '신비한 체험'(Ekstase)이라 부르는 형식으로 일어난다."(ST I, 134-135)

계시는 빛의 사건이다. 이 빛은 일방적으로 비취지 않는다. 그

---

68 이런 빛을 가리키는 독일어 'Lichtung'은 나무가 우거져 빛이 들어오지 않는 숲에서 나무를 벌목한 부분에 비치는 빛을 의미한다.

빛은 상호작용을 통해 섬광으로서 일어나는 빛이다. 계시 사건은 하나님이 우리에게 오심과 우리가 응답하는 사건이다. 그리고 이런 만남의 사건은 한 점(탄젠트)에서 이루어진다. 그런데 이 점은 어디에도 속하지 않는 무(無)이다. 그렇기 때문에 이 점에서 양자가 서로 호응하여 만날 수 있다. 이 점은 무이기 때문에 하나님과 인간의 관계가 완벽하게 이루어지는 존재의 자리이다. 이 점은 수레바퀴 가운데 빈 공간이 모든 바퀴살들을 한데 모으듯이 하나님과 인간이 함께 만나 공속하는 자리이다. 이 점은 하나님과 인간의 절대 타자성이 보장되는 존재의 공간이며, 따라서 이곳에는 비존재(das Nichtige)가 들어설 수 없다. 비존재의 힘은 이 점이 깨어져 상호침투가 발생하는 곳에서 현실화된다. 이 점이 깨어지지 않을 때 존재자는 참으로 존재할 수 있게 된다. 하나님은 이 점을 파괴하지 않는 신실하신 존재자이다. 그는 참으로 존재하는 분이기 때문이다. 이 점은 하나님의 은혜가 일어나는 점이다. 인간이 하나님의 은혜를 거부할 때는 이 점이 깨어지고 인간은 비존재에 떨어진다. 비존재는 무가 아니라 '참으로 존재하지 않음'이다. 우리는 이런 사실을 비존재에 관한 바르트의 주장에서 발견할 수 있다.

"비존재(das Nichtige)는 단순히 존재하지 않는 것, 즉 하나님이 아닌 것과 피조물이 아닌 것을 의미하지 않는다. 하나님은 하나님이고 피조물이 아니다. 그러나 이것은 하나님 안에 비존재가 있다는 의미는 아니다. 오히려 그 반대이다. 이 '무'(Nichts)는 하나님의 완전성에 속한다. 그리고 피조물은 피조물이지 하나님이 아니다. 마찬가지로 이것은 피조물이 비존재라는 의미가 아니다. 하나님과 피조물의 관계에 속하는 '아님'(무)은 이 관계의 완전성을 의미하며, 피조물 자신을 특징 짓는 '무'도 피조물의 완전성에 속한다. ... 피조물 세계 내에서의 차이들과 경계들도 다양한 '무'를 내포한다. 어떤 피조물도 전체가 아니며, 어떤 피조물도 동시에 타자일 수 없으며, 어떤 피조물도 다른 피조물과 같지 않다. 모든 피조물들은 각자 자신의 고유한 장소와 시간을 가지며 단지 자기만의 양식과 본질과 존재를 가진다. 하나님과의 차이와 동시에 내적 차이라는 이런 이중적인 관점에서 피조물의 본성에 속하는 이런 '무'를 통해 우리가 창조의 '그늘'이라고 불렀던 것이 구성된다. 이 그늘에서 피조물은 비존재에 접한다. 왜냐하면 이 무는 하나님의 긍정적인 의지와 선택과 활동의 표현이자 경계이기 때문이다. 그렇지만 피조물이 이 한계를 넘어서거나 창조자가 이 한계를 파괴할 때 비존재가 피조물의 세계에 침투하게 된다. 그러나 이 한계 자체는 그리고 한계로서 비존재가 아니다. 창조의 그늘 자체는 비존재와 전혀 무관하다."(KD III 3, 402f)

하나님과 인간은 탄젠트에서 만남으로써 존재한다. 그런데 이 점은 양자가 서로 호응하지 않으면 무한히 먼 거리이다. 그러나 이 점에서 하나님의 '말 걸음'과 인간의 응답이 이루어질 때는 깨달음과 변화가 섬광처럼 일어나는 빛의 사건이 발생한다. 이런 만남은 빛의 전달에 관한 물리학적 이론에서도 설명될 수 있다. 빛의 최소 단위인 광양자는 입자이면서 동시에 파동이다. 빛의 전달은 이런 파동성에 의해 가능하다. 마찬가지로 탄젠트에서의 상호 조우사건도 파동을 통한 교감에 의해 가능하다. 이런 파동을 '감정파'라 하

자. 슐라이어마허는 이런 감정을 "절대의존감정"이라 한다. 이런 감정파를 통해 상호간의 공감이 이루어질 수 있다. 바르트는 이런 사실을 정확하게 제시하고 있다.

> "이렇게 진리가 우리에게 오는 사건(Zu-uns-Kommen)이 바로 계시이다. 그러나 계시는 중립적 상태로 우리에게 임하는 것이 아니다. 우리가 '진리가 우리에게 이름'(Zu-uns-Kommen der Wahrheit)으로서의 계시에 대해 실존적으로 결단함으로써 응답할 때 비로소 계시는 계시로서 완성된다. 계시는 우리가 종교인이 될 때 우리에게 임한다. 계시는 우리가 하나님을 우리로부터 인식하고자 할 때 우리에게 계시가 된다. 계시는 계시에 상응하는 우리의 행위에서 우리를 만난다. 계시에 상응하는 행위는 믿음이어야 할 것이다. 이때 믿음은 하나님의 자기계시를 수용하는 것이다. ⋯ 우리는 진리가 우리에게 말하도록 하고, 그 진리에 사로잡힐 준비가 되어 있어야 하고, 그렇게 되도록 결단해야 할 것이다."(KD I 2, 329)

바르트는 로마서 1장 17절에 대한 주석에서 헬라어 'πίστις'를 이중적 의미로 번역함으로써 계시사건의 이원성, 즉 하나님의 계시와 그 계시에 상응하는 믿음의 상호관계를 강조한다. 믿음은 한편에서는 '하나님의 신실하심'(Treue)이며, 다른 한편에서는 하나님의 신실하심에 대한 '인간의 신뢰'(Glaube)라는 것이다. 바르트의 이런 번역에 결정적 영향을 준 사람은 당시 바젤대학 신약학 교수였던 리히텐한(Rudolf Liechtenhan)이었다. 리히텐한은 바르트에게 다음 내용의 편지를 보냈다. "나는 그 단어를 고린도전서에서 여러 차례 언급된 '신실하신 하나님'(πιστός ὁ θεός)에 상응하여 '신실함'이라 번역합니다. '신실함'의 본질은 하나님이 아브라함에게 하신 약속과 선지자들에 의해 선포된 복음을 신실하게 지키신다는 사실에 있습니다. … 인간의 믿음은 하나님의 이런 신실하심을 신뢰한다는 사실에 있습니다."[69] 믿음의 이런 본질에 관해 바르트는 말한다. "우리가 그리스도 안에서 인간에게 선포된 하나님의 긍정(Ja)에 대해 그렇다(Ja)고 말한다면, 우리가 하나님의 능력을 통해 선사된 새로운 눈과 귀를 사용한다면, 세상과 인간을 방치할 수 없는 하나님의 신실하심이 새롭게 각성한 신실한 사람을 만난다면, 그것이 바로 믿음이다."[70] 바르트는 믿음에 관한 이런 관점에서 로마서 1장 17절("오직 의인은 믿음으로 말미암아 살리라")을 다음과 같이 해석한다. "여기서 중요한 것은 하나님의 의롭게 하심과 그에 상응하는 인간의 응답이다. 이제 그리스도 안에서 선포된 구원의 말씀이 그리스도인들에 의해 인식됨으로써 하나님의 정의가 세상에 다시 세워졌다. 인간의 '불법과 불의'가 하나님의 '진노' 아래 있을 때에는 사망이 지배하였지만, 하나님의 정의가 수립됨으로써 생명의 씨앗이 인간의 역사와 자연에 다시 싹트게 되었다. 지금 인간의 역사에 하나님의 역사가 시작된다. 지금 사망이 더 이상 존재하지 않는 새로운 창조가 시작되었다."[71]

계시는 바르트가 주목하듯이 하나님이 자기를 우리에게 알리시

---

69 K. Barth, *Römerbrief,* Zürich 1985, S. 18.

70 K. Barth, *Römerbrief,* S. 21.

71 K. Barth, *Römerbrief,* 24.

고 우리가 그것을 인식하는 사건이다. 그러나 이 사건은 동시에 우리를 실존적으로 변화시키는 사건이기도 하다. 이와 관련하여 불트만(R. Bultmann)은 『신앙과 이해』(*Glauben und Verstehen III*)에서 말한다.

"1. 계시는 말과 교훈을 통해 지금까지 알려지지 않았던 것이 알려지게 되는 지식전달의 사건이다. 이런 의미에서 강의는 계시를 전달할 수 있다. 그리고 한 권의 책이나 강연이나 대화는 우리의 '눈을 뜨게 해준' '계시'이다. 2. 계시는 나 자신을 새롭게 변화시키는 사건이며, 나는 이런 사건에 의해 나의 새로운 환경에서 나 자신을 이해할 수 있게 된다. 그런 이해가 명시적이지 않을 수도 있기는 하지만 말이다."[72]

"계시는 계몽이 아니며 지식을 전달해 주는 것도 아니라 하나의 사건이다. 계시사건은 우리 자신 밖에서 일어나는 우주적 사건이 아니며, 그런 사건을 전달해 주는 것도 아니다. 만일 그렇다면 계시는 신화에 불과할 것이다. 계시는 우리 자신에게 직접적으로 중요하고 우리 자신에게서 성취되는 사건이다."(GV III, 21)

계시는 하나님의 자기계시와 인간의 믿음을 통한 응답에서 일어나는 사건으로서 완성된다. 그런데 여기서 간과해서는 안 되는 점이 있다. 믿음을 통한 인간의 응답은 "피스톨에서 총알이 나기듯

---

72   R. Bultmann, "Der Begriff der Offenbarung im Neuen Tenstament", in: *Glauben und Verstehen III*, Tübingen 1960, *S*. 1.

이” 단번에 일어나지 않는다는 사실이다. 믿음을 통한 응답에 앞서 인간의 실존적 존재사건, 즉 존재의 의미를 이해하는 사건이 선행되어야 한다. 존재를 사유할 때 일어나는 '마음의 격동'(意)이 선행되어야 한다. 이런 실존적 존재이해는 존재를 사유할 때 사유와 존재가 공속하는 존재사건이다. 이런 존재사건이 전제되지 않는다면 진정한 믿음이 불가능할 것이다. 존재의 유한성에 대한 자각을 거친 믿음, 즉 미적 단계와 윤리적 단계에 대한 절망을 거쳐 도달한 기독교적 실존(키에르케고르), 율법에 대한 절망을 통과한 바울의 신앙고백(로마서 17장)이야말로 진정한 믿음일 것이다. 존재의 유한성에 대한 자각이 없으면 하나님을 향해 초월하는 믿음은 가능하지 않을 것이다. 인간은 그의 존재에 대한 자각을 통해 하나님과의 관계의 절실함을 깨달은 후에야 비로소 신앙을 향한 첫 발을 내 딛을 수 있게 된다. 판넨베르크는 존재이해를 통해 비로소 진정한 신앙적 실존에 도달할 수 있다는 키에르케고르의 견해와 관련하여 그리고 실제로 그런 경험에 관한 바울의 고백과 관련하여 다음과 같이 말한다. "키에르케고르(Sören Kierkegaard)는 헤겔의 절대적 이념의 보편성을 거부하고 철학적 반성의 기초가 개인의 실존에 있다고 주장했다는 점에서 막스 슈티르너와 일치했다. 그러나 이들 사이의 공통점은 그것이 전부였다. 왜냐하면 슈티르너가 포이어바흐와 함께 지지했던 무신론에 대해 키에르케고르는 개인은 그의 자기이해의 변증법에서 언제나 이미 영원한 존재자와 관계를 맺고 있다고 반박했기 때문이다. 키에르케고르도 모든 헤겔주의자들과 마찬가지로 인간은 자기 자신의 유한한 본질을 의식할 때 이미 그의 유한성을 넘어서며, 이렇게 그의 유한성을 넘어설 때 무한성을 가진다고 생각했다. 그렇지만 그는 개인의 실존성취만으로는 무한자를 발견할 수 없다고 생각했다. 그는 헤겔과 마찬가지로 개인이 그의 고유한 유한성을 넘어설 때 타자로서의 무한자, 즉 절대자와 관계를 맺게 된다고 생각했다. 인간은 인간으로서 무한하고 영원한 존재자와의 관계이지만, 바로 그렇기 때문에 무한자와 동일하지 않다."[73]

율법적 종교에 대한 절망감은 참된 신앙으로 들어가는 관문이다. 율법에 대해 절망한 인간은 비로소 '나는 이제 어떻게 해야 하는가'라고 묻게 되는데, 이런 물음이야말로 참된 신앙고백으로 이끄는 결정적인 계기이다. 그런 물음은 수레바퀴 가운데 빈 공간을 둘러싸고 있는 테두리와 같다. 수레바퀴를 돌리는 힘은 빈 공간이지만 그 공간은 테두리가 없이는 불가능하다. 율법이 수레바퀴의 테두리와 같은 역할을 한다는 사실에 관해 바르트는 그의 『로마서 주석』에서 말한다.[74]

"인간은 세상에 살면서 인간으로서 자신이 처한 엄청난 곤경을 경험할 때 자기 자신을 의식하게 되고, 그에게 향한 요구와 하나님과의 단절을 의식하게 되면서 종교적인 사람이 되어 '우리는 무엇을 해야 하는가?'라고 묻는다. 이 물음에 대한 대답은 단지 '무엇보다 먼저 그렇게 물으라!'는 것일 수 있다. 하나님 우리의 이런 물음을 받아 주소서! 이런 물음은 도처에서 우리를 엄습하지만 우리가 전혀 대답할 수 없는 그런 물음이며 어떤 해결책도 발견할 수 없는 그런 물음일 수

---

73 W. 판넨베르크, 『신학과 철학 II』(오희천 옮김), 종문화사 2019, 222쪽.

74 K. Barth, *Römerbrief*(1932), 16 *Aufl.* Theologischer Verlag Zürich 1999, *S.* 257.

도 있다. 이런 물음은 노자가 이미 언급했듯이 수레바퀴 한 가운데 빈 공간을 둘러싸고 있는 테두리와 같으며, 물음의 의미(내용)는 수레바퀴 테두리에 둘러싸인 빈 공간과 같다. 물음의 목표는 이 의미내용을 우회적으로 드러내는 것이다. 따라서 이런 물음은(* 대답을 둘러싸고 있는 테두리이기 때문에) 한 순간도 물음이기를 멈추어서는 안 된다. 율법은 거룩하다."(257)

"종교는 여타의 다른 인간적 가능성과 마찬가지로 죄가 아니다. 죄는 단순한 가능성 이상이기 때문이다. 오히려 종교는 모든 인간의 가능성들이 신적인 가능성의 빛에 들어서는 지점이다. 종교는 신적인 것을 대변한다. 종교는 신적인 것 자체의 외부에서 신적인 것의 대표자이며, 신적인 것의 복사본이며, 신적인 것의 부정적인 것이다. 인간성 내부에서 종교는 인간적인 것을 떠나 신적인 것을 추구하는 거룩한 것이며, 정의이며, 신적인 의지의 상관자이며 비유이며, 선이며, 상실된 직접성의 매개해 주는 과정과 상태이다."(258)

"그러나 종교가 종교적이면 종교적일수록 인간을 엄습하는 사망의 그늘은 그만큼 더 깊다. 물론 대다수의 사람들은 인간적인 관점에서 보면 물음이 여전히 물음으로 남으며 대답된 모든 것에 다시 물음이 제기되는 이런 극단적인 가능성에 처하기를 거부할 수도 있다. 세인의 잠자는 영혼과 거룩하고 정의로우며 선한 율법의 종교적인 종교 사이에서 해결책을 끊임없이 시도하는 것도 가능할 것이다. '선한 것이 내게 사망이 되었느냐?'라고 물을 수도 있다. 내용적으로 볼 때

'율법 자체가 죄냐'(7:7)는 물음과 일치하는 이런 물음은 종교의 모호성과 위험에서 벗어나고자 하는 시도라 할 수 있을 것이다. (…) 종교에서 그의 위험성을 제거하고자 하는 유혹, 종교에 큰 의미를 부여하지 않음으로써 간접성의 저주와 불행으로부터 도피하고자 하는 유혹, 인간적 가능성으로부터 도피하고자 하는 유혹, 종교적인 사람이 아니라면 아무도 중요하게 생각하지 않는 우리 존재의 상대성과 차이성과 현세성으로부터 도피하고자 하는 유혹이 지나치게 크지 않은가?"(258-259)

"우리의 대답은 '그럴 수 없다'는 것이다. 우리는 어떤 희생을 치르더라도 중도에 포기해서는 안 된다. 우리는 잔을 바닥까지 비워야 한다. 선한 것이 선한 이유는 그것이 단순한 것이 아니기 때문이며, 그것이 접근하기 쉬운 것이 아니기 때문이며, 그것이 직접 취할 수 있는 것이 아니기 때문이며, 그것이 우리를 확실하게 사망의 입구까지 인도하기 때문이다. 우리는 삶의 철저한 역설을 깨달아야 한다. 그 역설은 다음과 같다. 만일 우리가 실존의 문제성을 인식할 때 우리가 접하는 하나님의 거룩한 요구를 통해 우리 자신과 세상에서 우리가 처한 상황을 의식하게 된다면, 우리는 우리가 보면서, 소멸하면서, 간구하면서, 깊은 곤궁으로 인해 탄식하면서 위대한 미지의 것, 즉 우리가 사로잡혀 있는 부정(Nein) 저편에 희미하게 마주서 있는 긍정(Ja)을 향해 팔을 벌려 도움을 요청하는 최후의 가능성에 이르게 된다."(259) (…)

"율법의 의미는 율법으로부터의 자유, 즉 종교의 한계를 넘어
우리가 이미 도달한 '영의 새로운 것으로 섬김'(7:6)은 인간에
게 불가능하다는 사실을 깨닫게 하는 것이다."(261)

진리는 수레바퀴 한가운데 빈 공간이며, 율법적 종교의 엄격
한 율법과 철학을 통한 존재이해는 수레바퀴 한가운데 빈 공간을
둘러싸고 있는 테두리와 같다. 진리는 이 테두리를 통과해서만 도
달될 수 있다. 철학과 종교는 진리에 이르는 통로이며 "몽학선생"
(Tüter)이다. 진리는 수레바퀴 가운데 빈 공간에서 일어나는 계시사
건이다. 이 사건은 철학의 테두리, 율법적 종교의 테두리를 관철해
야 비로소 일어나는 사건이다. 이런 사실에 관해 틸리히는 인간의
존재이해가 벽에 부딪힐 때 비로소 계시사건의 신비를 경험될 수
있다고 말한다.

"진정한 신비는 이성이 자기 자신 너머의 '근거와 심연'(Grund
und Abgrund)에 부딪힐 때, 이성에 선행하는 것에 부딪힐 때,
'존재자가 있고 무는 없다'(파르메니데스)는 사실에 부딪힐 때,
어떤 것이 있고 무가 없다는 근원적 사실에 부딪힐 때 비로소
경험된다. 우리는 이것을 신비의 '부정적인 면'이라 부를 수
있을 것이다. 부정적인 면으로서의 신비는 모든 이성기능들
에 내재하며, 주관적 이성에서는 물론 객관적 이성에서도 발
견된다. 모든 사물들과 현실성 전체에 나타나는 유한성의 '흔
적'과 비존재의 위협에 직면할 때 느끼는 '충격'은 신비의 부정
적인 면, 즉 존재의 근거에 있는 심연을 드러내 보여준다. 이
런 부정적인 면은 언제나 잠재적으로 현존하며, 따라서 모든

다른 기능들에서와 마찬가지로 이성의 인지기능에서도 경험 된다. 그것은 계시에서 필연적인 요소이다. 그런 부정적인 면 이 없다면 신비는 신비가 아닐 것이다. 이사야가 소명 받을 때 본 환상에서 '화로다 나여, 망하게 되었구나'라는 고백이 없다면 하나님은 경험될 수 없다. '영혼의 어두운 밤'이 없는 신비주의자는 근거의 신비를 경험할 수 없다."(ST I, 133)

계시사건은 하나님의 선행적 계시와 인간의 믿음을 통한 응답 으로 완성된다. 그리고 진정한 믿음을 위해서는 인간의 실존적 존 재이해가 선행되어야 한다. 물론 존재이해가 계시사건의 근원일 수는 없다. 계시사건의 근원은 하나님의 자기계시이다. 그러나 하 나님의 계시가 인간에 의해 제기된 물음에 대한 대답이 아니라면 계시는 적어도 인간에게는 무의미하다. "실존적 물음, 즉 인간이 모순적인 실존적 상황에서 갈등한다는 사실이 계시의 근원은 아 니다. 하나님의 자기계시가 인간이 처한 상황을 분석함으로써 추 론될 수는 없다. 하나님은 거절하면서 동시에 긍정하는 방식으로 인간이 처한 상황에 개입하신다. 신학적 초자연주의, 예를 들어 현 대의 신정통주의 신학이 정확하게 지적하듯이 인간은 스스로의 힘 으로 하나님에게 도달할 수 없다. 인간은 묻기는 하지만 대답하지 는 못한다. 그러나 인간의 실존과 밀접하게 연관된 물음을 계시로 부터 연역하는 것도 마찬가지로 잘못이다. 그것은 불가능하다. 계 시의 대답이 이미 제기된 물음에 대한 대답이 아니라면 그런 대답 은 무의미한 것으로 느껴질 것이다. 우리가 제기한 물음에 대한 대 답이 아닌 어떤 대답도 우리는 이해할 수 없다. … 인간이 제기하 는 물음은 인간 자신이다. 인간은 그런 물음을 피할 수 없다. 그의 존재자체가 물음이기 때문이다. 인간은 고독한 단독자로서 자신의 실존을 묻는다. 그는 '깊은 곳으로부터' 묻는다. 그리고 이 깊음은 인간 자신이다."(ST II, 20)

'존재의 의미'를 해명하고자 하는 하이데거의 철학은 인간의 실존에 대한 각성을 목표로 한다고 할 수 있다. 인간은 그의 실존을 자각할 때 비로소 눈에서 비늘이 떨어지는 경험을 하며, 이런 경험과 함께 비로소 신적인 것을 추구하게 된다. 그는 땅에 살면서 하늘을 바라보고, 죽을 자로서 신적인 것을 동경하게 된다. 이제 하이데거가 존재의 의미를 해명하는 과정을 살펴보자.

5.4. 하이데거의 존재론

위에서 보았듯이 바르트와 불트만에 의하면 계시는 하나님의 자기계시와 신앙을 통한 인간의 응답으로 완성되는 빛의 사건이다. 눈에서 비늘 같은 것이 떨어지는 바울의 경험은 바로 이런 빛의 사건이라 할 수 있겠다. 계시를 실존적 사건으로 이해하는 바르트와 불트만의 견해를 하이데거의 존재론과 관련하여 살펴보자.

하이데거에 의하면 존재자는 시간적으로(temporal) 존재한다. 다시 말해 존재자의 존재는 '잠시 머물음', 즉 순간적 지속으로서의 시간성(Temporalität)을 본질로 한다. 시간이 '존재의 이름'(존재를 시간이라 이름)이라는 것이다. 존재는 이렇게 존재자가 잠시 머무는 사건이다. 이런 사건은 존재자가 존재하는 한 사유와 무관하게 언제나 일어나는 사건이다. 이런 사건을 객관적 존재사건이라 하자. 그런데 이제 사유하는 주체가 이런 객관적 존재사건을 사유할 때 눈에서 비늘이 떨어져 세계를 바라보는 새로운 눈이 열리게 된다. 이렇게 눈이 열리는 순간(Augenblick) 존재는 실존적 사건으로서 의미를 가지게 된다. 존재와 사유가 만나는 그 순간 존재사건은 빛의 사건으로서 완성된다. 바르트와 불트만이 주장하는 계시사건도 계시와 신앙의 공속(일치)을 통해 완성된다는 점에서 볼 때 사유와 존재가 서로에게 속하여 일치할 때 비로소 존재가 의미로서 드러난다고 주장하는 하이데거의 존재론과 구조적으로 일치한다. 물론 바르트와 불트만이 하이데거의 영향을 받았을 수도 있고 하이데거의 존재론이 계시신학의 영향을 받았을 수도 있다. 이제 하이데거의 존재론을 살펴봄으로써 사유와 존재가 공속하는 존재사건과 계시사건의 형식적 동일성에 주목해 보자.

하이데거 존재론의 주된 관심사는 '존재의 의미'를 해명하는 것이라 할 수 있다. 존재의 의미를 해명하고자 하는 그의 사상은 세 단계의 과정을 거쳐 전개된다. 그의 이런 사유과정을 살펴보기 위해서는 먼저 '존재의 의미'란 개념을 이해하는 것이 중요할 것이다. 우선 '존재'라는 개념과 '의미'라는 개념에 주목해 보자. 하이데거에 의하면 '존재'는 언제나 존재자의 존재이지만 존재자는 아니다.(존재론적 차이) 존재는 존재론적으로 존재자와 다르다. 그러나 존재는 존재자가 아니지만 존재자를 '존재자로서' 규정하는 존재자성이다. 그렇다면 '존재자로서'라는 개념은 무엇을 의미하는가? 여기서 '~로서'는 '해석학적 로서'(hermeneutisches Als)로서 해석자가 존재자에 대해 부가하는 존재자의 본질적 속성이다. 따라서 존재자성은 존재자를 규정하는 속성으로서 존재자 자체에 속하는 것이 아니라 존재자에 관해 해석자가 생각하는 의미(Woraufhin des ersten Entwurfs)이며

[75], 존재자를 설명하는 술어이다. 칸트가 주장하듯이 "규정은 주어의 개념에 부가되어 주어를 확장하는 술어이다. 따라서 규정은 주어에 이미 포함되어 있지 않음이 분명하다. 존재는 사실적인 술어가 아니다."(KrV A 598; B 626) 그런데 칸트의 이런 주장에서 주목해야 할 점이 있다. 그가 여기서 말하는 '존재'는 신의 존재를 가리킨다는 점이다. 일상적인 존재자들은 사실적인 술어를 통해 규정할 수 있지만, 신의 존재는 사실적인 술어를 통해 규정할 수 없기 때문에 그의 존재를 증명할 수 없고 알 수도 없다. 여기서 '사실적'(real)이란 '시간과 공간에 현실적으로 주어져 있는 것과 관련된'이란 뜻이다. 모든 술어는 주어를 설명하는 것이기 때문에 먼저 주어가 주어져 있어야 한다. 그런데 신은 시간과 공간을 통해 존재하지 않기 때문에 주어로 주어질 수 없으며, 따라서 그에 관해서는 어떤 인식도 불가능하다.

사실적인 존재자의 존재는 사실적인 술어이다. 물론 신의 존재는 칸트가 말하듯이 사실적인 술어가 아니다. 여기서 중요한 것은 사실적 술어로서의 '존재'와 관련하여 개별적인 존재자의 존재와 존재자일반의 존재를 구분해야 한다는 점이다. 개별적인 존재자의 존재는 유와 종에 따른 속성, 즉 그 존재자의 존재자성이다. 그리고 이런 속성들은 내포와 외연의 관계에 따라 외연이 넓을수록 내포가 적어진다. 가장 외연이 넓은 '존재자일반'은 내포를 전혀 가지지 않는다. 따라서 존재자일반은 내용이 없고 단지 형식만이 그를 규정하는 존재자성이다. 존재자일반의 존재자성은 단지 '특정한 시

---

75 의미(Sinn, 意味)란 우리가 무엇인가 구상할 때 그 '구상의 근거가 된다고 생각된 것'(Woraufhin des ersten Entwurfs), 즉 '마음에 울리는 소리의 맛'(意味)이다. 우리가 책상을 보고 '책상'이라고 말할 때, '책상'은 '책상으로서의 책상', 즉 책상의 의미이다.

점과 장소에(an) 머물러 있음(wesen)'(Anwesen; being)이다. 'S는 P이다'라는 판단형식에서 보면, P는 S라는 존재자의 존재자성으로서의 존재(내용)이며, '~이다'는 S와 P를 연결하는 계사(Copula)로서 존재자 일반의 존재(형식)이다. 존재는 'Anwesen'이며, 'being'이다. 여기서 우리는 존재 개념의 이중성, 즉 존재는 잠시 머물음(Anwesen)일 뿐만 아니라 동시에 'being'이라는 사실을 발견한다. 'Being'은 동사의 기능을 하는 명사, 즉 동명사(gerundium: 통과해 지나감)로서 잠시도 머물지 않으면서 머무는 상태이다. 따라서 존재는 시간적(temporal)이다. 시간은 존재의 이름(Vorname)이다.

존재는 존재자일반의 존재자성으로서 존재자일반의 의미, 즉 '머물러 있음'이다. 그렇다면 '존재의 의미'란 무엇인가? 의미(意味)란 단어에서 '의'(意)는 '心'과 '音'의 합성어로서 '마음(心)에 울리는 소리(音)'이다. 따라서 '존재의 의미'란 '존재'를 생각할 때 '마음에 울리는 소리의 '맛'(味)이다. 존재가 '잠시 머물음'이라는 사실을 사유하는 사람에게는 존재자를 생각할 때 드러나지 않았던 것이 드러나게 되며, 그런 드러남을 보는 눈이 열리게 된다. 사유와 존재가 만나는 사건(Ereignis)이 일어날 때(ereignen) 밝게 빛나는(gelichtet) 빈터(Lichtung)가 열리게 된다. 이렇게 빛나는 빈터는 '진리'(ἀλήθεια)가 드러나는 장소이다. 이제 하이데거가 이런 존재의 의미를 찾아가는 과정을 따라가 보자.

하이데거가 존재의 의미를 해명해 가는 과정은 초기, 중기 그리고 후기의 3기로 구분될 수 있을 것이다. 이제 이 세 시기를 한 철학자의 정신사의 관점에서, 즉 정신의 자연스러운 전개과정에서 하이데거가 쓴 세 권의 책을 중심으로 구성해 보자. 정신사란 정신의 역사이며, 정신의 역사란 의식이 그의 경험에서 거치는 과정들이다. 의식은 우선 즉자적 자신으로부터 외화하여 타자를 경험한다. 그리고 이렇게 경험된 타자는 더 이상 절대타자가 아니라 나의 타자이다. 이제 의식은 나의 타자를 반성함으로써 즉자적이면서 대자적인 자기의식을 가지게 된다. 의식은 직접적인 체험과 그 체험을 반성하는 이중적 기능을 가지기 때문이다. 의식의 경험은 한편에서는 의식 자체의 경험이며, 다른 한편에서는 '의식의 경험'에 대한 철학자의 학적 반성, 즉 '의식의 경험의 학'이다. 하이데거의 존재론을 정신사적 관점에서 고찰한다는 것은 일차적으로 현존재(인간존재)의 존재이해와 그 이해에 대한 학적 반성, 즉 해석의 과정을 거쳐 존재자일반의 존재(잠시 머물음)를 밝혀내는 것이며, 다음에는 그렇게 구성된 존재를 사유함으로써 존재의 실존적 의미를 해명하는 것이라 할 수 있다. 이것은 '이해'(Verstehen)와 '해석'(Auslegung) 사이의 해석학적 순환을 통해 그의 철학을 재구성하는 것이다. 하이데거의 정신사적 사유여정을 요약한다.

1) 『존재와 시간』: 사유하는 주체로서 현존재의 존재(Sorge)와 그 의미로서의 시간성(Zeitlichkeit; 현존재의 시간성, 시간의식)을 해명한다. 인간은 시간적으로 존재한다.

2) 『현상학의 근본문제들』: 『존재와 시간』의 내용을 현상학적으로 해체구성함으로써 존재자일반의 존재(Anwesen)와 그 의미인 '존재의 시간성'(Temporalität; Praesenz = an-und abwesen)을 드러낸다. 존재는 '넘어감의 방식으로 잠시 머물음'(An-wesen; Being)이다. 존재자일반은 시간적으로(잠시, 눈 깜빡할 새) 존재한다.

3) 「시간과 존재」: 사유와 존재가 일치하는 사건(Ereignis)을 통해 존

재의 의미를 드러냄. 존재의 부름에 사유가 응답하는 존재사건에서 인간은 눈에서 비늘이 떨어지는 경험을 하면서 존재의 실존적 의미가 드러난다.(gelichtet werden)

하이데거에 의하면 철학의 역사는 존재망각의 역사였는데, 이런 존재망각은 존재를 최고의 존재자와 동일시하여 존재론적 차이에 주목하지 못했기 때문이다. 그리고 존재론적 차이에 주목하지 못했다는 것은 존재를 최고의 실체라고 생각하여 우리가 지금 여기에 존재한다는 사실(잠시 머물음)이 우리의 삶에 어떤 의미를 가지는지 간과했다는 것이다. 따라서 하이데거의 궁극적인 철학적 관심은 존재의 의미를 해명하는 것이었다. 그런데 존재는 언제나 존재자의 존재이기는 하지만 존재자가 아니기 때문에 직접 해명될 수 없고 존재자를 통해서만 해명될 수 있다. 따라서 하이데거는 존재의 의미를 이해하는 탁월한 존재자인 인간 존재로부터 존재의 의미를 해명하고자 한다. 하이데거는 인간의 존재에 대해 '현존재'(Dasein)란 개념을 사용하는데, 이것은 인간이 존재를 이해하고 존재와 관계를 맺고 있는 존재자이기 때문이다. 이제 하이데거기 현존재의 존재론적 분석에서 시작하여 전회 이후에 이르기까지 존재의 의미를 찾아가는 정신사적 과정을 살펴보자.

하이데거의 존재론을 정신사적 관점에서 고찰한다는 것은 현존재의 존재이해와 그 이해에 대한 학적 반성, 즉 해석의 과정을 거쳐 존재론을 재구성하는 것이라 할 수 있다. 이것은 '이해'(Verstehen)와 '해석'(Auslegung) 사이의 해석학적 순환을 통해 그의 철학을 재구성하는 것이다.[76] 이런 과정은 철학자로서 하이데거가 또는 우리가 현존재에 대한 직접 체험에서 출발하여 그 체험에 대한 실존론적 반성을 통해 존재론을 구성하는 것이다.[77] 우리는 현존재로서 먼저 존재이해에 도달하고, 이런 존재이해를 학적 반성에 의해 해석함으로써 존재일반의 존재를 이해하고, 존재일반의 존재를 다시 사유함으로써 존재의 의미를 해명한다. 정신사란 현존재의 실존론적 분석을 통해 현존재의 존재의 의미인 시간성에 이르고, 다시 현존재의 시간성의 의미인 존재의 시간성에 이르고, 마지막에는 사유와 존재가 일치하는 존재사건에 의해 세계를 바라보는 새로운 시야가 열리는 긴 과정이다. 여기서 중요한 것은 존재의 의미에 대한 해명은 피스톨에서 총알이 발사되듯 단번에 도달되는 것이 아니라 긴 과정을 거쳐야 독단을 피할 수 있다는 점이다. 이제 이런 긴 여정을 『존재와 시간』, 『현상학의 근본문제들』 그리고 『시간과 존재』를 통해 추적해 보자. 『존재와 시간』에서 '이해'는 현존재의 실존적 경험이며, '해석'은 현존재의 실존적 경험에 대한 철학자의 실존론적 반성의 결과로서 현존재의 존재가 시간성에 있음을 밝혀내는 것이다. 『현상학의 근본문제들』에서 '이해'는 현존재의 존재가 시간성(Zeitlichkeit)임을 이해하는 것이며, '해석'은 현존재의 시간성에 대한 철학자의 반성을 통해 존재자일반의 존재가 '존재의 시간성'(Tempo-

---

76   이해와 해석 사이의 해석학적 순환에 관해서는 참조, M. Heidegger, *Sein und Zeit*, Frankfurt a. M. 1976, 148−153. (이후로는 본문 가운데서 *SZ*로 표기함).

77   존재의 의미를 해명하는 하이데거의 존재론이 이해와 해석 사이의 이런 순환과정을 통해 이루어진다는 사실에 관해 W. 블라트너는 다음과 같이 말한다. "하이데거가 궁극적으로 목표로 삼았던 것은 존재의 의미를 해명할 일반존재론을 개발하는 것이었으며, 하이데거는 이를 위해 존재이해를 현상학적으로 분석했다." (W. 블라트너, 『하이데거의「존재와 시간」 입문』, 한상연 옮김, 서광사, 2012. 36쪽.)

ralität)에 있음을 밝혀내는 것이다.[78] 이런 상관관계는 『존재와 시간』 1부 전체의 제목인 "시간성을 목표로 하는 현존재 해석과 존재물음의 초월론적 지평으로서의 시간"(SZ 41)에서 잘 드러난다. 『시간과 존재』에서 '이해'는 존재의 시간성이 일시적인(temporal) '순간'(Augenblick)임을 이해하는 것이며, '해석'은 이런 시간성에 대한 전회 이후의 반성을 통해 존재와 시간에 의미를 부여해 주는 것은 사유와 존재가 공속하는 '존재사건'(Ereignis)임을 밝혀내는 것이다. 하이데거의 이런 방법은 『정신현상학』으로부터 『논리의 학』에 이르는 헤겔의 철학적 여정과 같다. 헤겔의 『정신현상학』은 '의식의 경험의 학', 즉 의식이 경험한 것을 '주제로 하여 드러내는 학'(logos)이며, 『논리의 학』은 철학자의 반성을 통해 의식의 경험에 내재하는 논리적 구조를 드러내는 작업이다. 다시 말해 『정신현상학』은 의식이 감각적 확신에서 출발하여 지각, 오성 그리고 이성의 단계를 거쳐 정신이 자기를 개념의 형태로 파악하는 절대지의 단계에 이르는 경험을 기술한다. 『논리의 학』은 이런 경험의 근저에 놓인 논리적 약도를 드러내는 작업이다. 마찬가지로 하이데거에 있어서 『존재와 시간』은 현존재의 존재구조가 시간성에 있다는 현사실적 분석이며, 『현상학의 근본문제들』은 현존재의 시간성에 대한 철학적 반성을 통해 존재자일반의 존재가 '시간적으로'(temporal) 규정되어 있음을 해명하며, 『시간과 존재』는 다시 존재자일반의 존재(잠시 머물음)와 사유가

---

78 하이데거는 현존재의 시간성에 대해서 "Zeitlichkeit"란 개념을 사용하고, 존재의 시간성에 대해서는 "Temporalität"란 개념을 사용한다. 이것은 하이데거 자신이 말하듯이 현존재의 시간성이 미래, 과거, 현재라는 시간적 계기들의 탈자적-지평적 통일성인데 반해, 존재의 시간성은 '순간적으로(temporal) 넘어감'에 있음을 강조하기 위한 것이다. 참조. M. Heidegger, *Grundprobleme der Phänomenologie*, Frankfurt a. M. 1929, *S.* 433. (이후로는 본문 가운데서 *GP*라고 표기함).

공속하는 존재사건에서 열리는 새로운 세계관을 해명한다.[79]

5.4.1. 현존재의 실존론적 분석: 현존재의 시간성

앞에서 언급되었듯이 하이데거 존재론의 목표는 현존재의 현사
실적 분석에 기초한 실존론적 해석을 통해 '존재자에게서 경험된
존재'를 해명하고, 그렇게 해명된 존재의 의미를 사유와의 관계에
서 밝히는 것이다. 먼저 그는 존재의 의미를 해명하기 위한 예비적
작업으로『존재와 시간』에서 현존재의 본질적 존재방식을 분석하여
현존재의 존재의 의미가 시간성에 있음을 밝힌다. 그런데 여기서
주의해야 할 것은『존재와 시간』에서 제시된 현존재의 실존론적 분
석은 존재론을 향해 가는 하나의 길로서 '예비적 성격'(Vorläufigkeit)
을 가진다는 시실이다.

하이데거에 의하면 "현존재의 실존론적 분석은 존재일반의 의
미를 해석하기 위한 지평을 확보하는 것이다."(SZ 15). "현존재 분석
은 불완전할 뿐만 아니라 예비적이다. 그것은 우선 인간의 존재를
드러낼 뿐 아직 그 의미를 해명하지는 않는다. 그것은 오히려 가
장 근원적인 존재해명을 위한 지평의 열림을 준비해야 한다. 이 지
평이 열릴 때 비로소 현존재에 대한 예비적 분석이 보다 높고 고유
한 존재론적 토대에서 다시 검토될 수 있다."(SZ 17) 현존재 분석은
단지 하나의 길이다. 또 다른 길이 있을 수 있다. "존재론적인 근
거물음을 해명하기 위해 하나의 길을 찾아 그 길을 가는 것이 중

---

[79] 하이데거와 헤겔의 이런 철학적 방법론에 관한 보다 자세한 내용을 위해서는 참조, 오희천, 「헤겔
과 하이데거에 있어서 철학의 과제와 방법론」(『철학연구』, 83집, 1008), 91–115); 강순전, 『정신현상학의 이
념』, 세창출판사, 2016, 5쪽.

요하다. 그 길이 유일한 길인지 또는 도대체 옳은 길인지는 그 길을 간 후에 비로소 판단될 수 있다."(SZ 437) 푀겔러(O. Pöggeler)에 의하면 "특히 『존재와 시간』에서 처음 시도된 모든 '내용들'과 '견해'들과 '길'들은 우연적이며 따라서 사라질 수 있다."[80] 하이데거는 현존재 분석의 이런 예비적 성격과 관련하여 『존재와 시간』 여백 주에서 현존재는 존재자일반의 존재를 드러내기 위한 하나의 예라고 말한다.[81] 모일렌(Meulen)에 따르면 헤겔의 『정신현상학』이 『논리의 학』을 위한 길잡이 역할을 하듯이 하이데거의 『존재와 시간』도 보편적 존재론에 이르는 서론이다.[82] 존재의 의미를 해명하기 위한 예비적 작업으로서 『존재와 시간』의 목표는 인간 존재의 의미가 시간성(Zeitlichkeit)에 있음을 밝히는 것이다. 이를 위해 우선 하이데거는 인간의 현사실성으로부터 출발한다.

인간의 가장 직접적인 현사실성은 '세계내존재'이다. 이 개념을 이해하기 위해서 우리는 '세계'와 '내존재'란 개념에 주목할 필요가 있다. '세계'란 무엇인가? 세계는 삼중적 구조로 설명될 수 있겠다. 세계는 사물들 사이의 인과체계, 인간의 삶에 이용되는 도구들 사이의 도구적 지시체계 그리고 사람들 사이에 서로 배려하는 인륜적 관계망이다. '내존재'란 존재자들 사이의 이런 그물망에 던져진 존재자로서 자신에게 필요한 도구들을 조달하고(besorgen) 이웃의 필요를 배려하면서(fürsorgen) 살아가는 존재방식이다. 인간은 인과체계가 지배하는 사물들의 세계에서 도구들을 조달하고 이웃들을 배려하

---

80   O. Pöggeler, *Der Denkweg Martin Heideggers,* Tübingen 1990, S. 188.

81   "Exemplarisch ist das Dasein, weil es das Beispiel, das überhaupt in seinem Wesen als Da–sein (Wahrheit des Seins wahrend) das Sein als solches zu– und bei–spielt – ins Spiel des Anklangs bringt."(SZ 7 c, 439)

82   참조, Jan van der Meulen, *Heidegger und Hegel oder widerstreit und widerspruch,* Meisenheim/Glan 1953.

면서 살아간다. 그리고 이런 삶의 관계는 무한히 연장된다. 하이데 거는 인간이 맺고 있는 이런 관계의 총체적 그물망을 '세계'라고 하며, 이런 총체적 관계의 그물망에서 존재하는 인간을 '세계내존재'라 한다. 인간은 우선 무엇보다 세계에 던져진(geworfen) 존재자이다. 그런데 일상적 상태에서 이런 관계는 '아무런 관계도 아닌 관계'라는 특징을 가진다. 우리는 아무 관계없는 세계에 살고 있다. 관계의 그물망으로서 세계는 무의식의 지평이며, 이런 지평에서 이루어지는 관계는 아무 관계도 없는 관계이다. 나는 저 남아메리카의 정글에 있는 어떤 존재자와 무의식의 지평인 세계 속에서 관계를 맺고 있지만 그 관계는 나에게 아무런 관계도 없다. 세계는 나에게 있어서 아무것도 아니다. 단지 존재자와 만남을 가능하게 하는 지평일 뿐이다. 이런 세계는 일상성과 평균성을 그 특징으로 한다. 하이데거는 인간이 이렇게 세계에 던져져 있는 존재방식을 '피투성' (Geworfenheit)이라 한다.

그러나 인간은 이렇게 단순히 세계에 던져져 있을 뿐만 아니라 언제나 그의 존재가능성이 중요한 존재자이기도 하다. 그리고 인간의 궁극적 존재 가능성은 그가 더 이상 존재하지 않을 가능성으로서의 죽음, 즉 무(無)이다. 인간은 '죽음에 이르는 존재'(Sein zum Tode)이다. 인간은 그의 이런 궁극적 존재가능성인 무에 대해 불안 (Angst vor Nichts)을 느낀다. 불안은 인간의 '근본적인 기분'(Grundbefind-lichkeit)이다. 인간은 이런 불안을 견디지 못하고 무로부터 유(있는 것)로 도피한다. 무로부터 도피한 인간은 이제 다른 사람들과 잡담을 하고 오락과 스포츠를 즐기면서 살아간다. 이제 인간은 우선 일상적이고 평균적인 세계 속에서 '세상사람'(das man)으로 살아간다. 그는 잡담을 하고 오락과 스포츠를 즐기면서 자신의 고유한 존재를 잊고 살아간다. 하이데거는 이런 존재방식을 '비본래성'(Uneigentlich-keit)이라 한다. 물론 여기서 비본래성이란 개념은 도덕적 의미로 이해되어서는 안 된다. 하이데거에게 있어서 비본래성은 본래성과 마찬가지로 인간 존재의 본질적인 존재방식이기 때문이다.

그러나 인간이 언제나 비본래성에 빠져 살아가는 것만은 아니다. 그는 '세상사람'으로 살아가면서 지루함과 무의미성에서 또 다른 무를 느낀다. 이런 무를 경험한 인간은 그의 존재가능성에 대해 또 다른 불안(Angst um Sein)을 느낀다. 이제 그는 이런 무상함과 무의미성으로부터 자신의 고유한 존재가능성으로서의 죽음을 미리 앞당겨 생각한다. 인간은 매 순간 자신의 존재가능성을 미리 앞당겨 생각하면서 결단한다. 하이데거에 따르면 이런 결단은 '선구적 결의성'(Vorlaufende Entschlossenheit)으로서 인간의 본래적 존재방식에 속한다. 이런 존재방식을 '본래성'(Eigentlichkeit)이라 한다. 본래성과 비본래성은 인간 실존의 근본적인 존재방식이다.

이와 같이 인간은 세상에 던져진 존재자로서 언제나 그의 존재에 있어서 그의 존재가능성이 중요한 존재자이다. 하이데거는 자신의 존재가능성을 미리 앞당겨 생각하면서 순간순간 결단하는 인간의 이런 존재방식을 '염려' 또는 '마음씀'(Sorge)이라 한다. 그리고 이렇게 '이미' 세계에 던져진(geworfen) 존재자로서(피투성) 자신의 존재가능성을 '미리' 앞당겨 '지금' 기획하면서(entwerfen) 결단하는 '염려'로서의 존재방식은 '미리(미래), 이미(과거), 지금(현재)'이라는 현존재의 시간성에 근거한다.[83] 인간이 과거를 반성하고 미래를 염려하는

---

83   현존재의 이런 시간성은 "과거를 보존하면서 미래를 지향하면서 현재화함"(retendierend protendierende Vergegenwärtigung)이라는 후설의 "시간의식"(Zeitbewußtsein)과 같다고 할 수 있을 것이다. 물론 하이데거는 시간적 계기들의 우선순위가 미래에 있다고 본다는 점에서 후설과 다르지만 말이다.

것은 인간의 의식이 본질적으로 시간의식이기 때문에 가능하다. 이런 시간의식(시간성)은 현존재의 근원적인 존재방식이다.[84]

5.4.2. 존재의 시간성(시간적 규정)

하이데거는 『존재와 시간』 1부 3장("시간과 존재")과 2부 1장("존재의 시간성 문제의 전단계로서 칸트의 도식론과 시간론")에서 기획했지만 발표되지 않은 주제를 같은 해 마르부르크에서 행한 『현상학의 근본문제들』이란 강연과 『칸트와 형이상학의 문제』에서 다루었다. 『현상학의 근본문제들』에서 하이데거는 "존재를 그의 시간적(temporalen) 규정성에서 … 해명하고자"(324) 했다.[85] 여기서 '시간적'(temporal)이란 존재자의 존재가 영원하지 않고 시간적으로 한정되어 있음을 의미한다. 이 책에서 하이데거는 현존재의 시간성이 과거에서 현재로 '넘어가 있음', 현재에서 미래로 '넘어가 있음', 미래에서 과거로 '넘어가 있음'으로서의 '순간'(Augenblick)이라는 '존재의 시간성'(Temporalität)에 근거함을 해명한다. 이때 '넘어감'은 존재의 시간성이며, '있음'은 존재이다. 존재자는 넘어가는 방식으로 잠시(temporal) 존재한다. 존재자가 '존재한다(ist)'는 것은 존재자가 '넘어가 있다'는 의미이다. 이렇게 넘어감의 방식으로 있음(존재)은 '있으면서 없고, 없으면서 있는' '순간'으로서 '잠시 머물음'이다.[86] 현존재의 존

---

84 『존재와 시간』에서 현존재의 실존론적 분석에 관한 보다 자세한 내용을 위해서는 앞에 인용된 W. 블라트너의 책을 참조하라.

85 여기서 "시간적"에 대해 'zeitlich'가 아니라 'temporal'이란 표현을 사용한 것은 존재자의 존재가 영원하지 않고 시간적으로 한정되어 있음을 강조하는 것이라 할 수 있다.

86 그러나 '잠시 머물음'은 잠시도 머물지 않음의 방식으로 머물음이다. 잠시라도 머물음은 부정의이기 때문이다. 존재는 더 이상 있지 않으면서 아직 아닌 것을 향하여 나감의 방식으로 잠시 머물음이다.

재의 의미는 '시간성'(Zeitlichkeit)이며, 현존재의 시간성의 의미는 '존재의 시간성'(Temporalität), 즉 '잠시 잠간'이다. 이와 같이 『존재와 시간』과 『현상학의 근본문제들』은 존재의 의미가 이중적인 시간성에 있음을, 즉 인간 존재의 의미는 시간성이며, 시간성의 의미는 존재의 시간성임을 해명한다. 현존재의 시간성은 현존재의 존재의 알고리즘이며, 존재의 시간성은 존재일반의 알고리즘이다. 존재일반의 알고리즘은 존재와 무 사이의 생성소멸의 운동이다. 0과 1의 알고리즘이 모든 연산의 기본법칙이듯이, 존재와 무의 알고리즘은 존재자의 존재방식이다.

이제 하이데거가 어떻게 현존재의 시간성으로부터 존재의 시간성을 해명하는지 살펴보자. 현존재의 염려구조인 '미리, 이미 ~안에, ~ 옆에'(Sich vorweg, Schon sein in, als Sein bei)는 현존재가 '자기를 향해 자기에게 돌아오면서 현재화함'(Auf sich zukommend zurückkommende Gegenwärtigen)이라는 세 가지 시간적 계기들에 기초한다. 시간적 계기들이 이렇게 시간화하는 사건에서 현존재가 다른 존재자들과 만나는 지평으로서의 장(Da)이 열린다. 현존재는 이런 세 가지 시간적 계기들에서 탈자적(außer sich)이며, 시간적 계기들이 시간화하는 세 가지 방식들은 현존재의 세 가지 탈자태들(Ekstase)이다. 그런데 이 탈자태들은 단순히 '자기 밖으로 나감'이면서 동시에 '어디로'(woraufhin)이라는 지평을 포함한다. 현존재의 존재는 미래에서 과거로, 과거에서 현재로, 현재에서 미래로 '넘어가 있음'이다. 시간성의 각 계기들은 탈자적이면서 동시에 서로에게 지평이 된다. 따라서 시간성

따라서 존재는 '절대적 자기부정'이다. 있음에 머무는 것은 부정의이고, 없음에 머무는 것도 부정의이다. 있음은 없음을 향해 감으로써 없음에게 보상을 지불해야 하고, 없음은 있음을 향해 감으로써 있음에게 보상을 지불해야 한다.

은 탈자적–지평적(ekstatisch–horizontal)이다. 탈자태들이 '자기 밖으로 나가'(über sich hinaus) 서로 기능적으로 관계를 맺는 현상이 현존재의 근본구조라는 사실에 관해 하이데거는 다음과 같이 설명한다. "(선구적) 결의성에서 현존재는 자기의 가장 고유한 존재가능성으로부터 자신을 이해한다. 이해는 자기 자신의 가능성으로부터 자기 자신에게로 향해 오는 한 무엇보다 미래적이다. 동시에 현존재는 자기를 향해 올 때 이미 자기 자신을 그때마다 이미 있었던 존재자로 넘겨받는다. 선구적 결의성에서, 즉 가장 고유한 존재가능성으로부터 자신을 이해할 때, 이렇게 가장 고유한 가능성으로부터 자기 자신을 향해 올 때, 현존재는 그에게 돌아오며 자신을 현존하는 존재자로 넘겨받는다."(GP 407) 현존재의 이런 구조는 시간성에 기초한다. 이에 관해 하이데거는 요약한다. "미래, 과거, 현재는 '자기에게로 향하여, 자기에게로 돌아가, 대상을 만나게 함'을 가리킨다. '~에게, ~로, ~ 옆에'의 현상들은 시간성이 초월 자체임(ekstatikon schlechthin)을 드러낸다. 시간성은 근원적인 '탈자성'(Außer–sich) 자체이다."(SZ 328) 현존재는 미래, 과거, 현재의 탈자적 계기들의 동근원적 상호관계를 통해 존재한다. 이런 시간성 구조에 근거하는 현존재는 본질적으로 탈존(Existenz)이다. 초월자체이며 근원적 탈자성인 시간성은 그의 탈자적–지평적 구조를 통해 타자에게로의 초월(Transzendenz)을 가능하게 한다. 그리고 이런 초월에 의해 존재자들과 만날 수 있는 지평이 열린다. 현존재가 세계내존재로서 실존적인(ek–statisch) 것은 바로 그의 이런 시간성 구조에 근거한다.

이제 탈자적–지평적 시간성의 형식적 구조에 주목함으로써 존재의 시간성을 밝혀보자. 시간성의 세 계기들인 미래, 과거 그리고 현재는 시간성의 탈자태들로서 기능적으로 상호 연관관계에 있다.

미래는 과거로 넘어가고, 보다 정확히 말해 넘어가 있고, 과거는 미래로 또한 그렇게 넘어가 있다. 그렇게 넘어가면서 또는 넘어가 있으면서 현존재는 자신을 현존하는 존재자로 현재화한다. 그렇다면 자기를 넘어가는 탈자태들의 이런 기능적 상호관계의 기초가 되는 형식적 구조는 무엇인가? 넘어감 또는 넘어가 있음이다. 여기서 '있음'은 '머물러 있음'(Anwesenheit)이다. 미래는 자기를 넘어 과거에 '머물러 있고'(anwesen), 과거는 미래로 넘어가 '머물러 있다.' 하이데거는 그런 순간적인(temporal) 존재(Anwesen)를 '현전성'(Praesenz: 지금 앞에 있음)이라 부른다. "탈자태 자체의 탈자성에 근거하여 그리고 탈자성에 의해 규정되어 탈자성 자체 너머에 놓여있는 것은, 보다 정확하게 말해 '자기를 넘어'의 '어디로' 자체는 지평으로서의 현전성이다."(GP 435) 하이데거에 의하면 탈자적-지평적 시간성이 지향된 이런 현전성의 지평이 바로 '존재의 시간성'(Temporalität)이다. 현전성(Praesenz; 現前性)으로서의 '존재의 시간성'은 존재가 시간적으로 (temporal, 일시적으로) 규정되어 있음을 의미한다.[87] 결국 현전성은 존재의 시간성으로서 존재 이외의 다른 것이 아니다. 따라서 하이데

---

[87] 하이데거는 탈자적-지평적 시간성으로부터 어떻게 존재의 시간성을 도출하는가? 그는 칸트의 도식론(Schematismus)에서 결정적인 힌트를 얻은 것처럼 보인다. 칸트에 의하면 무시간적인 순수오성개념 (카테고리)이 감성의 자료들에 적용되기 위해서는 카테고리가 초월론적 구상력에 의해 시간적으로 규정되어 감성화되어야(Versinnlichung) 한다. 칸트는 이렇게 시간적으로 규정되어 감성화된 것을 도식이라 한다. 하이데거에 의하면 '현존재의 시간성'(Zeitlichkeit)은 '존재의 시간성'(Temporalität)의 도식화(Schematisierung) 이다. 하이데거는 이렇게 도식화된 것을 현상학적으로 해체구성함으로써, 즉 도식 속에 전존재론적으로 이미 주어져 있는 것을 현상학적 환원, 특히 이데아적 환원에 의해 밝혀내고자 했다. 이와 관련하여 하이데거는 다음과 같은 고백한다. "내가 몇 년 전에 『순수이성비판』을 다시 한 번 연구할 때, 즉 그 책을 후설의 현상학적 관점에서 읽었을 때 내 눈에서 비늘 같은 것이 떨어졌다. 나는 칸트에 의해 내가 추구해 가던 그 길이 올바른 길임을 근본적으로 확신하게 되었다."(M. Heidegger, *Phänomenologische Interprätation von Kants Kritik der reinen Vernunft*, GA 25, 431. 이후로는 본문에서 GA 25로 표시함). 칸트와 하이데거의 도식론에 관해서는 참조, M. Heidegger, *Kant und das Problem der Metaphysik*, Frankfurt a.M. 1991(이후로는 *KPM*); 오희천, 「하이데거와 칸트: 하이데거에 있어서 도식론의 존재론적 의미」(『철학』 89집, 2006), 81-108.

거는 시간을 존재의 이름(Vorname)이라 했다.[88] 존재를 시간이라 이른다(부른다). 이때 시간적이란 영원성과 대비되는 유한성이다. 존재는 현전성의 방식으로 잠시 머물음(Verweilung)이다.[89]

존재는 잠시도 머물지 않으면서 잠시 머물음(abwesend anwesende Verweilung)이다. 그리고 이런 방식의 머물음이 바로 '지속'(duree)으로서의 시간이다. 존재(Anwesen)에서 'An-'은 지속을 의미하는 접두사이기 때문에, 존재라는 개념은 지속성(Beständigkeit)성을 본질로 한다. 그러나 이때 지속으로서의 존재는 '영원한 지속'(ἀεί)이 아니다. 그것은 한계를 가지고 그 한계를 넘어서는 지속이다. 한계 내에 머물기만 한다면 그것은 지속이 아니다. 지속으로서의 존재는 '한계를 부정하는 지속'(τὸ ἄπειρον)이다. 존재는 지속과 지속의 부정이라는 이중적 본질을 가진다. 이런 점에서 존재는 '자기부정'이다. 존재는 자기 내에서 이미 존재와 무가 상호작용하는 방식으로 지속하기 때문이다. 하이데거에 의하면 '존재 내에 무의 내재성', 즉 부정성이 존재의 본질이라는 헤라클레이토스와 헤겔의 주장은 서양철학에서 가장 위대한 통찰이었다. 그러나 하이데거는 그들이 사유와 존재의 일치에서 열리는 존재의 진리에 대해 물음을 제기하지 못했다고 비판한다.[90]

---

88 『존재와 시간』에서 존재는 시간 이외의 다른 어떤 것이 아니다. 시간이 존재의 진리를 부르는 이름인 한에서 말이다."("Einleitung zu 'was Ist Metaphysik?'", in: Wegmarken, 371. 이후로는 WM) 시간은 존재의 성(Nachname)이 아니라 이름(Vorname)이다. 이름은 그렇게 일러진 존재자의 고유한 속성을 가리킨다. 시간은 흐름이다. 존재에서 무로 넘어감이다. 따라서 존재자가 존재한다는 것은 시간의 방식으로 존재한다는 의미이다.

89 'Anwesen'(존재)이란 단어에서 '-wesen'은 어원적으로 'wesan'에서 유래했으며, 'wesan'은 고대 인도어의 'vasati'(체류하다, 거주하다)에서 유래했다. 참조, M. Heidegger, Was heißt Denken? (GA 8), Tübingen 1971, S. 143.

90 M. Heidegger, Beiträge zur Philosophie (GA 65. 이후로는 본문에서 BP로 표기함), S. 264-265.

존재자는 무와 무 사이에 '있음'이며, 존재자와 존재자 사이에 '있음'이다. 이 사이는 무(과거)와 무(미래)를 잇는 '이음새'(Fuge)이고, 존재자와 존재자를 잇는 이음새이다. 존재는 바로 이런 이음새로서 '사이'이다. 그리고 사이로서의 존재는 이음새를 거부함을 본질로 한다. 존재는 이음새이면서 이음새를 부정함(아페이론)이다.[91] 따라서 존재자는 이음새 안에 있으면서 동시에 이음새를 부정하면서 존재한다. 하이데거는 존재의 이런 이중적 존재방식을 아낙시만드로스의 금언에 나오는 'ἀδιχία'(부정의)란 단어에 대한 해석을 통해 다음과 같이 제시한다.

"아낙시만드로스의 금언은 존재자가 'ἀδιχία', 즉 이음새 밖에 있다고 말한다. 그렇지만 이 말은 존재자가 더 이상 존재하지 않음을 의미한다고 생각되어서는 안 된다. 그러나 그 말은 또한 존재자가 경우에 따라 또는 존재자의 어떤 속성들의 관점에서 정당하지 않다고 말하지도 않는다. 아낙시만드로스에 의하면 존재자는 존재자로서 이음새 밖에 있다. 존재 자체(Anwesen)에는 이음새와 더불어 이음새 밖에 있을 수 있는 가능성도 함께 속한다. 존재자는 '그때마다 잠시 머무는 것' (je Weilige)이다. '~동안(Weile)'은 본래 '지나가는 길에 잠시 들렀다 바로 떠남(übergängliche Ankunft in den Weggang)'이다. '~동안'은 본래 출현과 떠남 사이이다. 잠시 머무는 모든 존재자

---

91 '아페이론'(ἄπειρον)은 탈격 접두사 'ά-'와 'πέρας'(경계)의 합성어로 원래 아낙시만드로스에 의하면 무한자(무규정자)이다. 그런데 하이데거는 이 개념을 '경계를 거부함'(Verwehren der Grenze), 즉 존재자가 자신의 경계(이음새)를 거부하고 넘어감이란 의미로 해석하였다. 참조, M. Heidegger, *Grundbegriffe* (*GA* 51), Frankfurt a.M. 1981, *S.* 113–117.

의 존재는 이런 이중적 부재(Ab-wesen) 사이이다. 그때마다 잠시 머무는 존재자는 이 사이에 접합되어 있다. 이 사이는 이음새인데, 잠시 머무는 존재자는 출현에서 떠나기까지 이 이음새에 잠시 접합되어 있다. 잠시 머무는 존재자의 존재는 출현의 방향(Her)을 향해 나아가고 떠남의 방향(Hin)을 향해 나아간다. 존재는 양 방향의 부재에 접해 있다. 존재의 본질은 그런 이음새이다. 존재자는 잠시 머무는 한 출현하면서 동시에 떠난다. '동안'의 본질은 이음새에 있다. 'άδικία'는 'ἐόντα'의 본질적 특성이다. ... 그렇지만 존재자는 잠시 동안 있는 존재자로서 동시에 그에게 정해진 기간 동안 머문다.(verweilen) 도착한 것은 결코 영원히 지속하기 위해 자신의 기간(Weile)을 고집할 수 없다. ··· 존재자는 접합점에 머물면서 그 접합점을 넘어간다. 이렇게 접합점(한계)을 넘어가는 것이 존재자의 본질이다."[92] "현존하는(지금 있는) 것은 그것이 부재하는(지금 없는) 것에 속하는 한 현존한다."(HW 357)

존재는 잠시 머물음으로서 '특정 장소와 시간에(an) 처해있음(Befindlichkeit; An-wesen)'이다. 그런데 '처해있음'은 '넘어감'(Vergänglichkeit)의 방식으로 '처해있음'이다. 존재는 '덧없이 처해있음'이다. '덧'이란 찰나의 순간(瞬間; 눈 깜빡할 사이)이다. 존재란 찰나의 순간도 없이 넘어가 있음, 즉 있음을 부정하고 넘어가 있음이며, 없음을 다시 부정하고 넘어가 있음이다. 존재는 부정의 부정의 방식으로 있음

---

92   M. Heidegger, "Der Spruch des Anaximander", in: *Holzwege* (*GA* 5, 이후로는 본문에서 *HW*로 표기함), S. 354-355.

이다. 그리고 이렇게 부정의 부정이 바로 존재의 시간성(Temporalität)이다.[93] 'Tempus'는 어떤 것(존재자)이 움직이는(존재하는) 속도(시간), 즉 찰나의 순간이다.

하이데거는 존재자가 왜 넘어감의 방식으로 있는지에 관해 "만물의 근원은 무규정자"(ή ἀρχή τῶν ὄντων τὸ ἄπειρον)라는 아낙시만드로스의 주장에 대한 상당히 자의적인 해석을 통해 설명한다. 하이데거에 의하면 헬라어 'ἀρχή'는 존재자의 존재이며 삼중적 존재방식을 가진다. 그것은 생성과 소멸의 시작이며, 소멸로 넘어가는 과정을 지배하는 원리이며, 이런 원리를 통해 열린 영역이다. 그리고 이런 삼중적 존재방식을 규정하는 원리는 'ἄπειρον'(무한자)이다. '무한자'는 존재자의 시초(ἀρχή)이면서, 그 시초의 원리이다. 모든 유한자의 시초인 무한자는 '한계를 거부함'(Verwehrung der Grenze)을 원리로 가지는 '한계가 없는 상태의 존재자'이다. 따라서 무한자의 한계는 '한계 없음'이다. 그런데 무한자의 존재원리는 '그의 한계, 즉 한계가 없음을 거부함'(ἀ-πειρον)이다. 따라서 무한자는 그의 시초에서 한계를 가지기 시작함으로써 유한자가 된다. 한편 '한계를 거부함'은 무한자의 원리일 뿐만 아니라 그에게서 시작된 유한자의 존재원리이기도 하다. 따라서 '한계를 거부함'은 생성과 소멸 사이의 유한자를 규정하는 원리이기도 하다.[94]

그리고 '잠시 동안 지속함'으로서의 존재는 시간의 방식으로 지속하며, 지속으로서의 시간은 존재자의 운동성(작용)이다. 그리고

---

93 베르그송에 의하면 "시간이 존재한다. 그리고 그것은 공간에 속하는 것이 아니다." 시간은 지속(duree)이며, 공간은 터 잡고 어디엔가(한계 속에) '처해 있음'이다. 지속은 끊임없이 넘어가는 한에서 지속이다. 생명이 있는 모든 존재자는 시간성의 방식으로 존재하는데, 이때의 시간성은 공간성(제한성)을 넘어섬이다. 이런 시간성을 가지는 모든 생명은 "엘랑비탈"(elan vital; 생명의 약동)로서 창조적으로 진화한다.
94 'ἄπειρον'에 관한 이런 해석에 관해서는 참조, *Grundbegriffe* (*GA.* 51), S. 103–115.

이런 지속으로서의 운동성은 차이의 사건(변증법)이다. "공간은 자연의 자기외화의 무매개적인 무차별성이다. … 공간은 점들의 무차별적 상호관계(Außereinander)이다, 그러나 공간은 점이 아니라 헤겔의 표현을 빌면 '점성'(Punktualität)이다. 이런 이유 때문에 헤겔은 공간을 시간이라고 생각한다. … 만일 부정성들이 단순히 그들의 무차별성에 머물지 않고 지양될 때, 즉 그 부정성들이 부정될 때 비로소 공간은 그의 존재에서 파악된다. 부정의 부정에서(즉, 점성에서) 점은 대자적으로 정립되며, 그럼으로써 지속의 무차별성에서 벗어난다. 공간은 대자적으로 정립된 것으로서 이러저러한 것과 구별된다. 공간은 더 이상 이것이 아니고 저것도 아니다. … 무차별성으로서의 점성을 지양하는 것은 공간의 '무감각한 정적'에 더 이상 머물지 않음을 의미한다. 공간은 '다른 모든 점들에 대해 펼쳐진다' (spreizt sich auf gegenüber allen anderen Punkten) 헤겔에 의하면 점성으로서의 이런 부정의 부정이 시간이다. … 모든 점들의 '대자적 자기정립'(Sich für sich setzen)은 '지금 여기'이다. 모든 점은 대자적으로 정립된 '지금-점'(Jetzt-Punkt)이다. '그러므로 점은 시간에서 현실성(진리)을 가진다. 점이 점으로서 대자적으로 정립될 수 있는 것은 각각의 지금을 통해서이다."(SZ 430) "시간은 자기외화(Außer-sich-sein)의 부정적 통일성으로서 순수하게 추상적인 것, 즉 이념적인 것이다. 시간은 있으면서 없고 없으면서 있는 존재, 즉 직관된 '되어짐'(Werden)이다."[95] "직관된 되어짐"은 존재에서 무로, 무에서 존재에로 넘어감이다. 시간은 직관된 되어짐(넘어감)으로서 부정의 부정, 즉 절대

---

95 G. W. F. Hegel, *Enzyklopädie der philosophischen Wissenschaftennzyklopädie im Grundrisse II*, Frankfurt a. M. 1986, 258절.

적 부정성이다. 그리고 절대적 부정성으로서의 시간이 정신의 본질이다. 물론 하이데거는 현존재의 시간성이 정신보다 더 근원적이라고 생각한다. 정신은 시간성의 근원적 외화로서 실존한다는 것이다.(참조, SZ 432-436)

헤겔은 시간을 정신의 자기외화 작용이라고 생각한다. 정신은 부정의 부정으로서 시간에서 자신을 외화한다. 헤겔에 의하면 정신의 본질은 부정의 부정이다. 모든 존재자가 부정의 부정, 즉 시간의 방식으로 생성 소멸하는 것은 정신의 본질이 부정의 부정, 즉 시간성이기 때문이다. 헤겔은 정신으로부터 시간을 해명하지만, 하이데거는 보다 구체적인 현존재의 시간성이 더 근원적 시간성이라 본다. 이와 관련하여 하이데거는『존재와 시간』마지막 장에서 말한다. "헤겔은 정신과 시간이 부정의 부정이라는 형식적 구조에 있어서 동일하다는 사실에 근거하여 정신이 '시간 안에서' 역사적으로 실현할 수 있는 가능성을 제시한다. 정신과 시간이 포기되는 가장 공허한 추상, 즉 형식적-존재론적이고 형식적 선언적인 추상이 둘의 동질성을 가능하게 한다. 그렇지만 그의 시간은 전적으로 평균적인 세계시간의 의미에서 이해되고 따라서 그의 기원이 전혀 해명되지 않기 때문에, 시간은 객관적 사물처럼 단순히 정신에 마주 서 있다. 따라서 정신은 무엇보다 먼저 '시간 안에' 떨어져야 한다. 시간을 제어하고 시간 밖에서 '존재하는' 정신의 이런 '떨어짐'과 '실현'이 존재론적으로 무엇을 의미하는지는 해명되지 않는다. 헤겔은 평균화된 시간의 근원을 해명하지 못하며, 따라서 그는 부정의 부정으로서 정신의 본질이 도대체 근원적 시간성에 근거하지 않고 다른 방식으로 해명될 수 있는지에 관한 물음을 전혀 검토하지 않았다."(SZ 435) "현존재의 실존론적 분석은 현실적으로 던져진 실존 자체의 구체성에서 시작하여 시간성을 실존의 근원적 가능성으로서 해명한다. '정신'이 먼저 시간 안에 떨어지는 것이 아니다. 정신은 시간성의 근원적인 시간화작용(Zeitigung)으로서 실존한다."(SZ 335-6) 그러나 하이데거의 이런 비판에서 우리가 주목해야 할 사실은 그가 헤겔의 시간개념 자체를 부정하지 않는다는 사실이다. 하이데거는 헤겔의 시간개념이 자신의 "존재의 시간성"과 다르지 않음을 긍정하고 있다. 단지 그는 헤겔에게서 시간과 정신의 형식적인 구조적 동일성이 공허하고 추상적으로 선언되고 있음을 비판한다.

5.4.3. 전회: 사유와 존재가 일치하여 본래적 자기가 되는 사건(Ereignis)

하이데거는 『현상학의 근본 문제들』에서 존재자의 존재가 시간적으로(temporal) 규정되어 있음을 밝혔다. 존재가 시간적으로 규정되어 있다는 것은 존재자가 덧없이 흘러감이다. 존재는 '잠시 동안 어디엔가 머물음'(Anwesen, Verweilung)인데, 이때 머물음은 '잠시도 머물지 않으면서 머물음'(abwesend-anwesende Verweilung)이다.

1936년 이후 하이데거는 사유와 존재가 서로에게 속하여(zusammengehörend) 있음(Da-sein)으로써 사유와 존재가 그의 본질에서 드러나(entborgen) 고유하게 되는(ge-eignet) 사건(Ereignis)에 집중한다. 이 사건은 존재가 인간에게 자신을 선사하고 인간은 존재에게 응답하는 방식으로 서로에게 속하는 사유와 존재가 일치하는 사건이라 할 수 있겠다.[96] 이런 전회(die Kehre)를 계기로 하이데거의 사유는 『존

---

96 파르메니데스에 의하면 "τὸ γὰρ αὐτο νοεῖν ἐστίν τε και εἶναι." 하이데거는 이 명제를 다음과

재와 시간』에로 다시 돌아간다(zurückkehren). 전회(Kehre)는 '다시 돌아감'(Zurückkehren)이라 할 수 있다. 물론 이때 존재와 시간은 사유된 존재와 시간이다. 그리고 사유된 존재와 시간이란 사유를 통해 시간적으로 규정되어 인간에게 현존하는(anwesend) 존재(Anwesen)이다. 이것은 사유와 존재가 현존(An-wesen)에서 일치한다는 뜻이기도 하다. "현존(존재)은 현존으로서 언제나 인간존재에게 현존함이다."[97] 하이데거는 1962년 프라이부르크대학에서 행한 「시간과 존재」란 강의에서 머물음과 지속으로서의 존재가 인간과의 관계를 통해 의미를 가지게 된다는 사실을 해명한다. 하이데거에 의하면 존재는 "부단히 인간을 자극하는, 인간에게 도달하는, 인간에게 도달된 머물음이다."[98] 존재가 인간에게 머문다는 것은 부단히 자기를 알려주는 존재의 명령을 듣고 그 명령에 응답함으로써 존재의 의미를 깨닫는다는 의미이다. 그렇다면 존재는 어떻게 인간에게 머무는가? 존재는 어떻게 자기를 인간에게 알려 주며, 인간은 어떻게 그 존재의 소리를 들어 아는가?

존재는 인간에게 시간의 방식으로 머문다. 물론 이때 시간은 과거, 현재 그리고 미래의 시간적 계기들을 통해 흘러가는 3차원의 시간이 아니라 존재자체의 사건(Ereignis)으로서[99] 근원적 시간이다. 3차원의 시간과 달리 근원적 시간은 과거, 현재, 미래의 시간적 계

같이 번역한다. "동일한 것이 사유이며 존재이기도 하다."(Das Selbe nämlich ist Vernehmen sowohl als auch Sein) 이 "동일한 것"이 헤겔에게서는 사유와 존재가 사유에서 일치한 개념이며, 하이데거에서는 사유와 존재가 존재에서 일치하는 존재사건이다.

97 M. Heidegger, "Zur Seinsfrage", in: *Wegmarken*, S. 402.

98 M. Heidegger, *Zur Sache des Denkens*, Tübingen 1988, S. 13. 이후로는 본문에서 *SD*로 표기함.

99 여기서 '존재자체의 사건'이란 표현에서 소유격은 주격적 소유격이다. 따라서 '존재자체의 사건'은 '사건으로서의 존재자체'라는 뜻이며, 존재자가 사건으로서 '존재한다'는 의미이다.

기들이 '서로에게 자기를 건네줌'(Zuspiel jeder für jede)의 사건이며, '서로 도달함'(einander sich Reichen)의 사건이다. 하이데거에 의하면 이런 근원적 시간은 3차원이 아니라 4차원이다. 그리고 4차원의 시간으로서 이런 사건의 본질은 '탈자적 자기부정'(sich-entziehen, Entzug)이다.(SD 23) 4차원의 근원적 시간은 현존과 부재가 '부정의 부정'의 방식으로 현존하는 존재자체의 사건이다.[100] 하나의 사물을 경험할 때 우리는 지금 경험하는 그 사물이 과거에 있었을 것이고 앞으로도 있을 것이라고 생각한다. 이때 우리는 그 사물이 지금 없는 과거에서 지금으로 넘어와 있다고 기억하며, 지금에서 지금 없는 미래로 넘어가 있을 것이라고 추측한다. 따라서 사물은 부정의 부정의 방식으로 끊임없이 흘러가는 존재자로 경험된다. 그런데 이때 넘어감은 한계를 넘어가는 것이기 때문에 모든 존재자는 일시적으로 존재하다 소멸한다는 사실을 알게 된다. 이런 경험에서 일시적(temporal)은 시간성이며, 넘어가는 과정에서 잠시 머물음이 바로 존재자의 존재이다. 베르그송에 의하면 "시간이 있다. 그리고 그것은 공간에 속하는 것이 아니다." 베르그송은 시간과 존재를 동일시한다. 그에게 시간은 '지속'(duree)이며, 지속은 '잠시도 머물지 않으면서 넘어감'이다. '시간이 있다'는 말은 '시간이 존재다'라는 의미로 이해될 수 있다. 그렇다면 존재란 지속의 방식으로 '잠시도 머물지 않으면서 넘어감'이다.

이와 같이 존재와 시간은 인간이 존재자를 사유할 때 경험되는 존재의식과 시간의식으로서 의미를 가지게 된다. 4차원의 (존재)사

---

[100] 4차원의 시간성과 존재사건에 관해서는 참조, M. heidegger, *Zur Sache des Denkens*, Tübingen 1988, S. 1-25, 특히 14-17.

건은 "존재 내에 무의 내재성으로 인해 일어나는 다툼"(BP 264)의 사건이다. 그 사건은 헤겔의 '부정성'의 사건이며,[101] 헤라클레이토스의 '싸움'이다.[102] 헤겔은 근원적 시간으로서의 존재사건에 관해 말한다. "시간은 자기외화(Außer-sich-sein)의 부정적 통일성으로서 순수하게 추상적인 것, 즉 이념적인 것이다. 시간은 있으면서 없고 없으면서 있는 존재, 즉 직관된 '되어짐'(Werden)이다."(Enzykl. 258) 하이데거에 의하면 "헤겔이 '존재와 무는 동일하며 서로에게 속한다'고 말할 때 그는 근본적인 진리를 발견하였다."(GP 443) 그리고 이 때 존재와 무의 공속성이 바로 시간성이다.

이상의 내용을 요약하면, 존재자체는 사건이며, 이 사건은 존재자가 존재하는 방식으로서의 4차원의 근원적 시간이다. 우리는 이런 사건을 '객관적 존재사건'이라 부르자.

한편 (존재)사건은 존재자체의 사건일 뿐만 아니라 존재와 사유가 일치하는 사건이기도 하다. 인간이 사유를 통해 존재의 부르는 소리를 듣고 알 때 존재와 시간의 의미를 깨닫게 된다는 것이다. "우리가 이미 언급된 것을 잘 생각해 보면 존재사건의 또 다른 본질을 발견하게 된다. 존재가 우리 인간을 자극하고 우리는 사유를 통해 이런 자극에 응답함으로써(vernehmen) 인간의 고유한 본질에 도달했다. 그러나 이렇게 사유를 통해 존재를 떠맡기 위해서는 4차원의 근원적 시간이 우리에게 도달한 그 사건 안에 우리가 서 있어야

---

101 하이데거에 의하면 헤겔의 "부정성"은 본질적인 통찰이었지만 단지 절대적 지식에 이르는 과정에 불과하였다. (참조. BP 264)

102 헤라클레이토스의 "싸움"은 서양철학에서 가장 위대한 통찰들 중 하나였지만, 그는 이런 통찰을 존재에 대한 물음으로 발전시키지 못했다. (참조. BP 265)

한다."[103](SD 23-24) "존재와 시간이 오직 존재사건에서 의미를 가지게 되는 한, 존재사건에 의해 인간은 근원적 시간 안에서 사유를 통해 존재를 떠맡음으로써 고유한 본질에 이른다. 이렇게 하여 인간은 그의 고유한 존재가 되어 존재사건에 속한다."(SD 24) 이렇게 사유와 존재가 공속하는 사건을 '주관적 또는 실존적 존재사건'이라 부르자. 이미 『존재와 시간』에서 하이데거는 "오직 현존재가 있는 한에서만 존재는 (* 의미가)있다"고 주장하며, 이런 주장을 『인본주의 서간』에서는 해석한다. "오직 (* 사유에 의해 밝혀진) 존재의 빛이 일어나는 한, 존재는 인간에게 양도된다."[104] 존재가 인간과의 관계를 통해서만 의미를 가진다는 사실에 관해 하이데거는 『동일성과 차이』(Identität und Differenz)에서 다음과 같이 말한다. "존재는 그의 요구를 통해 인간과 관계가 있음으로써만 머물면서 지속한다. 왜냐하면 존재를 향해 열려있는 인간이 비로소 존재를 잠시 머물음으로서 도착하게 하기 때문이다. 그런 존재(머물음)는 밝게 열린 공간을 필요로 하며, 이런 공간을 위해 인간에게 넘겨져 있다."[105] 물론 존재자일반은 인간과 무관하게 존재한다. 그러나 그 존재가 인간의 사유에 의해 드러나지 않는다면 무의미하다. 하이데거는 사유와 존재가 일치하는 사건을 독일어가 가지는 독특한 표현을 사용

103　하이데거에게서 존재사건은 이중적 의미를 가진다. 존재사건은 한편에서 존재차체의 사건(근원적 시간)이며, 다른 한편에서는 인간이 사유를 통해 존재의 부름에 응답하는(vernehmen) 사건, 즉 사유와 존재가 일치하는 사건이다. 물론 존재론에서 논의된 모든 개념들은, 특히 존재사건은 이미 사유된 존재사건이다. 그러나 이때 사유된 존재사건은 철학자에 의해 사유된 개념이다. 이 사건이 모든 사람에 의해 사유된 것은 아니다. 마치 하이데거의 존재론이 하이데거에 의해 사유된 것이긴 하지만 그의 존재론을 접하지 않은 사람에 의해서는 아직 사유되지 않은 것과 마찬가지이다.

104　M. Heidegger, "Brief über den Humanismus", in: Wegmarken, Frankfurt a.M. 1976, S. 166.

105　"Sein west und währt nur, indem es durch seinen Anspruch den Menschen an-geht. Denn erst der Mensch, offen für das Sein, läßt dieses als Anwesen ankommen. Solches braucht das Offene einer Lichtung und bleibt so für dieses Brauchen dem Menschen übereignet." (M. Heidegger, Identität und Differenz, GA 11, S. 19).

하여 설명한다.

하이데거에 의하면 존재와 시간은 존재자가 아니기 때문에 'Sein ist' 또는 'Zeit ist'란 표현을 사용할 수 없다. 존재자에 대해서만 '이다'(ist)라 할 수 있기 때문이다. 따라서 하이데거는 존재와 시간에 대해 'Es gibt Sein' 또는 'Es gibt Zeit'라고 표현해야 한다. 그렇다면 '존재'와 '시간'을 주는 '이것'(Es)은 무엇인가? 그것은 이 강의의 목적에 대한 하이데거 자신의 표현에서 알 수 있듯이 "사건으로서의 존재자체"이다. 하이데거에 의하면 "이 강의의 유일한 목표는 사건(Ereignis)으로서의 존재자체를 해명하는 것이다."(SD 22) 존재를 주는 것은 존재자체이며, 존재자체는 (존재)사건을 통해 자기를 인간에게 알려준다. 그리고 인간은 이렇게 자기를 주는 존재에 응답함으로써 존재의 의미와 시간의 의미를 깨닫는다. 'Es gibt Sein'에서 'Es'는 객관적 존재사건으로서의 존재자체가 사유와 만나는 사건이며, 'Sein'은 이런 사건에서 열린 장에서 인간에 의해 깨달아진 '의미로서의 존재'이다. 존재와 시간에 의미를 부여하는 것은 존재와 사유가 공속하는 이런 사건으로서의 "그것"(Es)이다. 이런 존재사건(Ereignis)을 통해 인간은 의미로서의 존재(Sein)와 의미로서의 시간(Zeit)을 깨닫게 된다.

존재가 자기를 부여해 주는 사건에서 인간이 그 의미를 깨닫는 것은 오직 사유를 통해서 가능하다. 하이데거는 말한다. "그러나 우리는 존재를 사실(Sache)이라고 주장해도 좋은가? 우리는 시간을 사실이라고 주장해도 좋은가? 그것들은 사실이 아니다. 만일 사실이 존재하는 어떤 것을 의미한다면 말이다. 지금 우리에게 있어서 '사실', '하나의 사실'과 같은 단어는 하나의 결정적인 의미에서 문제가 되는 어떤 것을 의미할 것이다. 그 안에 간과할 수 없는 어떤 것이 숨겨져 있는 한에서 말이다. 하나의 사실로서 존재는 아마도 사유의 사실일 것이다. … 존재와 시간, 시간과 존재는 두 사실들의 관계, 즉 두 사실들을 서로 보존하고 그들의 관계를 끝까지 보존하는 사태를 말한다. 이런 사태를 깊이 생각하는 것이 사유의 과제이다. 사유가 깨어서 그의 사실을 끝까지 인내하여 견딘다는 전제에서 말이다."(SD 4) 이상의 인용문에서 알 수 있듯이 『현상학의 근본문제들』과 여러 강의들을 통해 해명된 존재의 시간성(Temporalität)은 인간이 '잠시 머물음'(Verweilung)으로서의 존재를 사유하는 사건에서 비로소 의미를 가지게 된다. 그런데 여기서 중요한 것은 '사유의 사실'이 심리학주의적으로 이해되어서는 안 된다는 점이다. '사유의 (사실)'은 '(사유의) 사실'이기도 하기 때문이다. 사유된 사실과 객관적 사실이 다르다면 무의미할 것이다. 사유가 사실과 일치될 때 사유된 것은 개념으로서 의미를 가지게 된다. 예를 들어 시간은 칸트의 주장과 달리 단순히 직관의 형식이 아니다. 하이데거의 4차원의 시간(과거, 현재, 미래가 서로에게 넘어감)과 헤겔의 시간은 부정의 부정으로서 단순히 '사유형식'일 뿐 아니라 존재자의 '존재형식'이기도 하다. 이것은 존재와 사유의 관계도 마찬가지이다. 존재는 '잠시 머물음'으로서 단순히 심리학적으로 사유된 존재가 아니라 객관적 사실이기도 하다. 아낙시만드로스의 무규정자 내에 작용하는 더움과 차가움의 원리, 헤라클레이토스의 로고스, 엠페도클레스의 4원소들 사이에 작용하는 사랑과 미움의 원리, 헤겔이 주장하는 존재와 무 사이의 절대적 부정성의 원리 등은 모두 자연과학에서 관찰된 사실과 일치하며, 궁극적 실체인 모나드가 힘이라고 주장하는 라이프니츠의 견해와 존재가 존재자 내에 작용하는 사랑의 힘이라는 하이데거의 견해(WM 314)와 일치한다. 이와 같이 사유된 존재와 관찰된 사실적 존재가 일치하는 것은 존재의 사실에 상응하게 사유의 사실이 행해지기 때문이다.

이제 존재와 사유가 만나는 사건을 사유와 관련하여 보다 구체적으로 살펴보자. 존재를 사유한다는 것은 엄밀한 의미에서 인간이 사유하는 것이 아니라 존재가 인간을 사유하도록 부르고 인간이 그 부름에 응답하는 것이기 때문이다. 존재자체가 인간을 사유하도록 명령하고(heißen) 인간은 이 부름에 사유(Denken)를 통해 응답함으로써, 즉 사유와 존재(Sein)가 현존(Anwesen)에서 일치하는 '존재사건'(Ereignis)이 일어난다. 그렇다면 사유란 무엇인가?

사유는 주체가 대상을 구성하는 인식작용이 아니라 말을 걸어오는 대상을 마중 나가 수용하는 것이다.[106](vernehmen) 그리고 이렇게 대상을 수용하는 것은 그 대상을 사랑하는 것이다.[107] 사유는 존재가 말을 걸어오기를 기다리는 것이다. 그렇지만 단순히 기다리기만 하는 것이 아니다. 기다림은 "고대하며 바라보는 것(Ausschau halten)이며, 그것도 이미 사유된 것에 아직 사유되지 않고 은폐되어 있는 것을 고대하며 바라보는 것이다. 그런 기다림을 통해 우리는 이미 사유하면서 사유되어야 할 것을 향해 가는 도상에 있다."[108] 이것은 마치 병아리가 알을 깨고 나올 때 병아리가 안에서 부르고 어미닭이 밖에서 부리로 쪼는 것이 동시에 일어나는 '줄탁동시'(啐

106　이성을 의미하는 독일어 'Vernunft'는 'vernehmen'(지각하다, 인지하다, 청취하다)의 명사형이다. 따라서 이성을 통해 무엇인가 인지하는 것은 엄밀한 의미에서 대상이 말하는 소리를 듣고 그대로 수용하는 것이다.

107　"하나의 사실 또는 사람을 그의 본질에서 받아들이는 것은 그것을 사랑하고 좋아한다는 뜻이다. … 그렇게 좋아함(Mögen)은 어떤 것을 할 수 있는 능력(Vermögen)의 본질이다. … 어떤 것을 할 수 있다는 것은 그것을 그의 본질에서 보존하는 것이다."("Brief über den Humanismus", in: *Wegmarken* 314)

108　M. Heidegger, "Was heißt denken?", in: *Vorträge und Aufsätze* (GA 7), S. 133.

啄同時)의 사건과 같다. 이런 사건을 통해 병아리는 알을 깨고 비로소 새로운 세계에 나온다.[109] 사유(思惟)란 개념에서 '思'는 '囟'(신: 정수리)과 '心'(마음)의 합성어로 사랑한다는 뜻을 가진다. 그리고 이때 사랑은 에로스로서의 사랑, 즉 무엇인가를 추구함을 의미한다. 따라서 존재사유(思惟)는 존재를 '궁극적인 것'(惟)으로 '추구함'(思)이다. 사유가 이렇게 존재를 고대하면서 추구함으로써 존재와 만나는 장이 열리고, 이 장에서 존재와 사유가 일치하는 사건이 발생한다. 이런 사건은 감추기를 좋아하는 존재(피시스)가 사유에게 자신을 조금 드러내 보이는 "공—의미부여"의 사건이다.[110] 이 사건은 존재와 존재가 만나는 사건이기 때문에 존재사건이고, 이 사건을 통해 사유의 눈이 열리기 때문에 '개안(開眼)사건'이며, 실존에 대한 새로운 눈이 열리기 때문에 실존조명(Existenzerhellung)이라 할 수 있다.

사유에는 두 유형이 있다. 존재자를 궁극적인 것으로서 추구하는 유형이 있고, 존재자가 아닌 것, 즉 존재를 궁극적인 것으로 추구하는 유형이 있다. 그렇다면 존재를 추구한다는 것은 무엇을 말하는가? 그것은 존재를 직접 추구한다는 것이 아니다. 존재는 존재자가 아니어서 존재자처럼 드러나 있지 않기 때문이다. 존재는 무이기 때문이다. 따라서 존재를 추구한다는 것은 '존재자로부터 멀어짐'(Entfernung)을 의미한다고 할 수 있다. 존재자로부터 '거리를 취함'(Entfernung)이 일어날 때, 존재와의 '거리 없앰'(Ent—fernung)이 발

109　"새는 알을 깨고 나온다. 알은 새의 세계이다. 태어나려는 자는 한 세계를 파괴해야 한다. 새는 신에게로 날아간다. 그 신의 이름은 아브락사스(Abraxas)다."(헤르만 헤세, 『데미안』)

110　참조, 윤병렬, 『선사시대 고인돌의 성좌에 새겨진 한국의 고대철학』(예문서원 2018), 477–517.

생하고, 그와 함께 존재가 드러난다.[111] 하이데거가 "걱정스러운 우리 시대에 가장 걱정스러운 것은 우리가 아직 사유하지 않는다는 사실"이라고 말했을 때 이것은 우리가 존재를 사유하지 않는다는 의미, 보다 구체적으로 우리가 아직도 존재자로부터 거리를 취하지 않고 있다는 의미일 것이다. 존재자가 궁극적인 것이 아님(無)을 생각할 때 존재가 '존재자가 아님'(無)로서 드러난다. 존재는 무이다.[112]

사유와 존재가 일치한다는 것은 인간에게 말을 걸어오는(zusprechen) 존재에게 존재를 추구하는 인간이 사유행위를 통해 대답한다는 것이다. 그렇다면 존재는 어떻게 말을 걸어오는가? 존재는 언제나 존재자의 존재이다. 따라서 존재는 존재자를 통해 말을 걸어온다. 존재자는 존재의 암호이기 때문이다. 모든 존재자는 사람을 끄는 힘이 있다. 이 힘은 모든 존재자들이 가지는 '존재의 힘'이다. 이 힘은 존재자의 존재가 자연(φύσις), 즉 운동의 근원(ἀρχὴ κινήσεως)으로서 가지는 반발력(Repulsion)과 견인력(Attraktion)이다. 이 힘은 자기를 내어주고 사유를 끌어들이는 반발력과 견인력이라 할 수 있다. 이 힘은 사유의 사실이다. 이 힘은 "자기를 펼치면서 동시에 자기 자신에게로 돌아가는"(WM 252) 자연(φύσις)의 작용방식이다.[113] 그 힘은 자기를 펼치기 때문에 자신에게 돌아갈 수 있

---

111 "거리가 없어짐"(Ent-fernung)에 의해 거리가 완전히 없어지지는 않는다. 거리가 없어진다면 서로 침투되어 만날 수 없기 때문이다. '거리가 없어짐'은 가장 적절한 거리가 된다는 의미로 이해되어야 할 것이다. 이렇게 거리가 없어져 가장 적절한 거리가 된 '점'이 탄젠트이다.

112 하이데거는 존재자에 대해 취하는 자연적 태도의 일반정립으로부터 거리를 취하고(에포케) 존재와의 거리를 없애는 이런 태도를 후설의 용어를 따라 '현상학적 환원'이라 했다.(GA 24, 29)

113 "자기 밖으로 나가 자기에게로 향해 돌아오는"(außer sich auf sich zukommend zurückkommend) 현존재의 존재도 이런 존재의 힘이라 할 수 있겠다.

는 힘이다. 바로 이런 반발력과 견인력의 조화가 존재자를 존재하
게 하는 힘이다. 오행(五行)의 방식으로 작용하는 음양(陰陽)의 원리
도 이런 존재의 힘이라 할 수 있을 것이다. 음과 양은 각각 자체 내
에 반발력과 견인력을 동시에 가진다. 그런데 음이 음과 만날 때
는 반발하는 힘이 생기고, 음이 양을 만날 때는 견인하는 힘이 생
긴다. 예를 들어 목(木), 화(火), 토(土), 금(金), 수(水)의 오행에서 목
(木)과 화(火)의 사이에는 서로 상생하는 견인력이 생기며, 목과 토
사이에는 상극의 반발력이 생기며, 화와 토 사이에는 견인력이 생
기고, 화와 금 사이에는 상극의 반발력이 생기며, 토와 금 사이에
는 상생의 견인력이 생기고, 토와 수 사이에는 상극의 반발력이 생
기며, 금과 수 사이에는 상생의 견인력이 생기고, 금과 목 사이에
는 상극의 반발력이 생긴다. 존재자에게 견인력만 있다면 무한히
응축되어 소실될 것이고, 반발력만 있다면 무한히 발산되어 없어질
것이다.[114] 존재자는 응축과 발산의 비율적 차이에 의해 비가역적
에너지인 엔트로피가 증가하면서 시간에 따라 규정되어 사라진다.
하이데거에 의하면 이런 존재는 "좋아하면서 할 수 있는 조용한
힘"(die Stille Kraft des mögenden Vermögens)이다.(WM 314) 존재는 존재자에
게 존재를 주는 힘(Vermögen)이면서 동시에 인간을 좋아하여(mögend)
사유하도록 부르는 힘이기도 하다. 그리고 존재의 소리에 응답하
는 인간 존재도 바로 이런 힘이라 할 수 있다. 단적으로 말해 존재
는 힘이며, 이 힘은 사랑의 힘이다. 사랑하기 때문에 할 수 있는 힘

---

114 견인과 반발력이란 존재의 힘은 결국 '존재자를 존재하게 하는'(seinlassen) '사랑의 힘'이라 할 수
있다. 헤겔에 의하면 사랑은 "타자 안에서의 자립적인 삶"(Das Leben in sich in einem Anderen)이다. "사랑은 자
기 자신으로부터 벗어나 자기를 포기하고 각자의 고유성의 확고한 면을 희생하는 것이며", "인격성을
포기하면서도 자립적이라는 변증법적 모순감정"이다. 참조, G. W. F. Hegel, *Vorlesung über die Ästhetik*,
Hg. Helmuth Schmaeider, Peterlang 1995, 146; 15, 43.

을 가지게 된다. 존재는 사랑하기 때문에 할 수 있는 조용한 힘이 며, 사랑은 존재하게 하는 작용이다.[115] 하이데거는 "ἔστί γὰρ εἶν αι"란 파르메니데스의 명제에서 'ἔστί'(이다, 있다)를 '할 수 있다'(vermögen)는 의미로 해석하여 "Es vermag Sein"으로 번역하는데, 이때 'Es'는 존재자체이며 'Sein'은 존재자의 존재이다. 따라서 그는 파르 메니데스의 이 명제를 존재자에게 존재를 줄 수 있는 능력이 존재 자체에 있다는 의미로 해석한다. 'Es gibt Sein'에서 'Es'는 존재자체 의 이런 힘이며, 'Sein'은 존재자의 존재이다. 물론 이때 존재자체가 존재를 부여해 준다고 해서 존재자체를 어떤 초월적 존재자라고 생각해서는 안 된다. 존재는 언제나 존재자의 존재이기 때문이다. 여기서 존재자체와 존재라는 표현이 지시하는 내용은 모두 동일하 게 존재자의 존재이다. '인간'과 '인간자체'가 동일한 인간을 가리키 고, '나'와 '나 자신'이 동일한 나를 가리키듯이 말이다. 따라서 'Es gibt Sein'이라는 명제는 '존재가 존재를 준다'는 의미로 이해되어야 한다. 존재는 어떤 다른 존재자에 의해 부여되는 것이 아니기 때문 에 '피시스'(自然)이다. 결국 이 명제가 주장하고자 하는 내용은 존재 자에게 존재할 수 있는 힘이 있다는 것이다. 그 힘이 어디서 기원되 었느냐 하는 것은 철학의 문제가 아니라 종교의 문제이다.

윤병렬은 '말하는 돌'이란 개념을 통해 인간에게 말을 걸어오는

---

[115] '존재의 힘'이란 개념은 '존재는 힘이다'라는 주격적 소유격의 의미로 이해되어야 할 것이다. 그 런데 존재는 존재자가 아니다. 따라서 '존재의 힘'은 존재가 힘을 가진다는 의미가 아니라 존재자에게 '힘이 있다'는 의미로 이해되어야 할 것이다. 존재는 곧 존재자의 힘이다. 결국 존재자가 있다는 것은 존 재자에게 힘이 있다는 뜻이다. 존재자는 유한자이기 때문에 그의 한계를 가지고 그의 한계를 '넘어서는 자'이다. 존재란 존재자가 그의 한계를 넘을 수 있는 이런 힘이다. 이 힘은 쇼펜하우어의 '생의 의지'이 며, 니체의 '힘에의 의지'이다. 모든 존재자는 힘이 있고 이 힘은 기운(氣運), 즉 기(氣)의 흐름(運)이며 에 너지이다.

존재의 힘을 말하고 있다.[116] 산은 사람을 끄는 힘이 있다. 이 힘에 이끌려 사람들은 산으로 간다. 사람이 먼저 산을 생각하는 것이 아니라 산의 이끄는 힘이 사유하게 한다.[117] 모든 존재자는 그의 존재의 힘을 통해 사람을 사유하도록 이끈다. 사유는 이렇게 존재의 이런 힘에 이끌려 응답하는 인간의 행위이다. 그리고 이렇게 사유된 존재의 힘은 언어를 통해 드러나면서 동시에 은폐된다. 존재를 드러내면서 감추는 언어의 이런 작용이 상징이다. 사유는 존재자를 통해 말을 걸어오는 존재의 암호를 눈으로 발견하여 해독하는 작용이며, 이런 작용을 통해 사유와 존재가 일치하는 존재사건이 발생한다. "존재사건이란 단어는 어원적으로 볼 때 눈으로 보아 식별함(er-äugen), 즉 봄에서 자기에게 불러들여 자기의 소유로 만드는 것이다."(ID 24f.)

존재사건은 사유와 존재가 일치하는 사건이다. 이런 일치사건은 사유와 존재의 공감작용이라 할 수 있다. 그리고 이런 공감작용은 '거리 없앰'(Ent-fernung)에 근거한다. 존재자로부터 거리를 취할 때(Entfernung), 존재가 드러나는 공간이 열리며, 이 공간에서 존재와 사유의 공감작용이 일어난다. 그런데 이때 '거리 없앰'을 통해 아무리 거리를 없애도 거리는 없어지지 않는다. 이렇게 없어지지 않고 남는 거리는 탄젠트로서의 점인데, 이 점이 사유와 존재 사이의 열린 장(das Offene)을 형성하고 이 장에서 사유와 존재가 만나는 공감

---

116   존재자가 끄는 힘을 가지는 것은 그의 존재가 힘이기 때문이다. 물리량의 최소 단위인 작용양자는 그러나 더 이상 물질이 아니라 비물질적인 물질로서 단순히 작용하는 힘이다. 라이프니츠의 모나드는 이런 힘이며, 화이트헤드의 "사건"(event)으로서의 "현실적 실재"(actual reality)는 이런 힘이라 할 수 있다. 화이트헤드에게 있어서 '현실적 실재'는 작용양자와 같이 순수한 '사건'이며, 시공간은 현실적 실재의 '외연적 분할 가능성'(potentiality for extensive division)이다. 화이트헤드의 현실적 실재와 사건의 관계에 관해서는 참조. A. N. Whitehead, Process and Reality, 27.

117   참조. 윤병렬 a.a.O. 81-100.

이 이루어진다. 그리고 이때 공감은 감정이입과 같은 주관적 작용이 아니라 공간을 확보하는 작용이라 보아야 할 것이다.[118] 그런데 여기서 주목해야 할 것은 이런 공감작용으로서의 존재사건은 이중적 의미로 이해될 수 있다는 점이다. 사유와 존재는 한편에서 사유에서 일치하며(헤겔), 다른 한편 존재에서 일치한다. 어떤 경우이든 사유와 존재가 일치할 때 섬광(빛)이 일어나고, 이 빛에서 존재자가 새로운 시각에서 보이게 된다. 사유와 존재가 사유에서 일치할 때 그 빛은 사유의 빛이며, 사유와 존재가 존재에서 일치할 때 그 빛은 존재의 빛이다. 어떤 경우이든 사유하는 자에게는 새로운 시야가 열린다. 새로운 시야에서 볼 때 사방이 보이게 된다. 이런 사유의 눈이 열린 사람의 눈에는 하늘만 보이는 것이 아니고, 땅만 보이지도 않으며, 사람만 보이지도 않고 신만 보이지도 않는다. 그에게는 천, 지, 인이 종합적으로 보이게 된다. 사유와 존재의 관계를 존재이해란 개념과 관련하여 살펴보자.

사유와 존재의 일치를 통해 존재가 새로운 시각에서 보인다는 것은 존재가 새로운 시각에서 이해된다는 것이다. 그러므로 사유와 존재의 일치는 '존재이해'(Seinsverständnis)이다. 존재이해는 한편에서는 목적격적 소유격으로서 '존재이해'이며, 다른 한편에서는 주격적 소유격으로서 '존재이해'이다. 사유와 존재가 사유에서 일치할 때 존재는 개념으로서의 '존재이해'이며, 존재에서 일치할 때 존재는 사유로 하여금 존재를 이해하도록 명령하는(heißen) '존재이해'이다.[119] 존재사건은 한편에서는 '존재이해'이며, 다른 한편에서는

---

118 공감의 존재론적 의미에 관해서는 참조, 한상연, 『공감의 존재론』(세창출판사 2018).

119 'Heißen'이란 단어는 '~라고 부르다, 의미하다, 명령하다'는 의미를 가진다. 하이데거는 'was heißt denken?'에서 'heißen'을 '명령하다'는 의미로 사용한다. 이 경우 '사유란 무엇인가?'라는 물음은 '무엇이 사

'존재이해'이다. '존재이해'는 이해하는 주체로서의 인간에게서 일어나는 사건이다.[120] 그렇다면 '존재사건'은 어떻게 일어나는가? 여기서 우리는 빛에 관한 하이데거의 사상을 피히테의 사상과 비교해 보면 도움이 될 것이다. 전기 피히테에 의하면 인간의 자기의식은 자아가 비아를 대상으로 반정립하고 비아를 통해 자기의식을 획득하게 된다. 그러나 후기 피히테에 의하면 자아는 자기 자신을 생산할 수 없으며, 자아에 선행하는 근거로부터 비로소 자신을 자아로서 이해할 수 있다. 자아의 근거는 빛이며, 이 빛의 개입에 의해 비로소 자아가 자신을 보는 눈이 열린다는 것이다.[121] 마찬가지로 하이데거에게서도 존재사건은 빛이며, 인간이 이 빛(Licht)에 의해 조명되는(gelichtet) 사건(존재사건)에 의해 비로소 존재의 의미를 이해하는 장(Lichtung: 숲 속의 빈터)이 열린다.[122] 그러나 피히테와 달리 하이데거에게 이 빛은 엄밀한 의미에서 신적인 존재자의 빛이 아니다. 그 빛은 존재자로부터 비춰지는 존재의 빛이다. 이 빛을 인간이 눈으로 식별하는 것이다. 물론 이 빛은 인간이 신적인 존재자의 존재를 추구할 때도 비추어지기는 한다.

유를 명령하는가?'란 의미가 된다. 참조, M. Heidegger, *Was heißt Denken?*, Tübingen 1971(*GA* 8), *S*. 79.

120 "단적으로 말해, 사유는 존재의 사유이다. 이때 소유격은 이중적 의미를 가진다. 사유가 존재에 의해 일어나 존재에 속하는 한, 그 사유는 존재의(주격적 소유격: 오희천) 사유이다. 동시에 사유가 존재에 속하면서 존재의 소리를 듣는 한, 그 사유는 존재의(목적격적 소유격) 사유이다."(WM 314)

121 후기 피히테는 자아의 자기정립이 자아의식의 토대라는 생각을 더 이상 주장하지 않았다. 자아가 자기 자신의 근원일 수는 없다. 자아는 자기보다 더 근원적으로 작용하는 근거로부터 자신을 이해해야 하는데, 이 근거가 또 다른 '자아'일 수는 없다. 1801/2년의 지식학은 자아의 자기직관을 '자유로운 빛의 개입'이라고 기술하였다. 빛의 개입에 관한 피히테의 견해에 관해서는 참조, W. Pannenberg, *Theologie und Philosophie*, München 1996.

122 존재의 빛에 의해 조명된 존재이해는 야코비의 '실재성의식'(Realitätsbewußtsein)이나 슐라이어마허의 '직관'(Anschauung)과 '감정'(Gefühl)과 유사하지만 동일하지는 않다. 하이데거에게서 존재는 존재자가 아니기 때문이다. 슐라이어마허에게 있어서 종교적 직관의 대상은 무한한 신적 존재자이다. 이런 점에 있어서 그의 직관 개념은 셸링의 무한자 또는 절대자를 지향하는 '지성적 직관'과 유사하다.

사유와 존재가 사유에서 일치할 때 하나의 사건이 눈앞에서 벌어지며(전개되며), 이렇게 벌어지는(열리는) 사건에 의해 하나의 장이 열린다. 그리고 이렇게 장이 열리는 사건이 바로 사유와 존재가 존재에서 일치하는 존재사건이다. 다시 말해 이런 사건을 통해 탈은폐된(gelichtet) 하나의 장(場; topos)이 열리는데, 이렇게 '열린 장'(das Offene)이 바로 '존재의 진리'(Wahrheit des Seyns; 탈은폐)이다. [123] 이제 존재는 단순히 '존재자의 존재(Sein)'가 아니라 '진리로서의 존재(Seyn)'이다. 이제 존재는 플라톤의 태양의 비유에서 태양과 같다. 플라톤에게서 태양이 존재자의 드러남과 성장과 토대이듯이 존재사건은 모든 것을 밝히는 빛(Lichtung)으로서 존재자의 인식과 존재의 토대이다. 존재사건은 존재와 인간이 모두 자신의 본질에 적합하게 되는(ereignen) 사건이다. [124] 이런 존재사건(Es)의 지평에서 비로소 존재자는 고유한 의미를 가지는 시간적 존재자로서 드러나게(존재하게) 된다. 하이데거가 존재와 시간에 대해 '존재가 있다'와 '시간이 있다'는 표현 대신 '그것이 존재를 준다'(Es gibt Sein) 또는 '그것이 시간을 준다'(Es gibt Zeit)는 표현을 사용했을 때, 존재를 부여해 주는 'Es'는 바로 이런 존재사건이다. 이런 존재사건에 의해 비로소 존재와 시간의 의미가 드러난다. 그렇다면 'Es gibt Sein'과 'Es gibt Zeit'에서 'Es'가 부여해 주는 '존재'와 '시간'은 무엇인가? 그것은 객관적

---

123 하이데거는 '존재사건'(Ereignis)으로서의 '존재'를 '존재자의 존재'(Sein)와 구분하기 위해 '존재의 진리'(Wahrheit des Seins)란 개념을 사용하며, 'Sein' 대신 'Seyn'이란 단어를 사용한다. 인간이 존재자의 존재를 사유할 때, 또는 사유를 통해 존재의 부름에 응답할 때 '존재(사건)'(Seyn)이 발생한다는 것이다.

124 참조. M. Heidegger, *Beiträge zur Philosophie Bd.* 65, 254쪽 이하. "*das Seyn braucht das Da-sein, west gar nicht ohne diese Ereignung*"(254). 여기서 '*Ereignung*'의 동사형인 '*ereignen*'은 어원적으로 '*eräugnen*'에서 유래한 개념으로 '*vor Augen bringen*'(눈앞에 가져오다)를 의미한다. 따라서 '*Ereignung*'은 존재가 인간을 필요로 하여 인간을 눈앞에 가져옴을 의미한다. 존재는 이렇게 인간과의 관계를 통해 그의 고유한 본질이 된다 (*sich eignen*).

사실이 아니라 '사유의 사실'(Sache des Denkens)이다. 'Es'에 의해 부여된 존재와 시간은 의미로서의 존재와 의미로서의 시간이다. 예를 들어 '이 강의실에 사람들이 몇 명이나 있나?', '오늘 시간이 있습니까?', '뭐 좀 먹을 것이 있나?' 등의 물음에서 존재와 시간은 사유하는 주체와의 관계성에서만 의미를 가진다.[125]

5.4.4. 존재사건의 이중성에 관해

위에서 보았듯이 하이데거의 철학적 관심은 존재와 시간의 의미가 (존재)사건에 의해 드러남을 해명하는 것이다. 그런데 이때 존재사건은 한편에서는 존재자 내에서 일어나는 '잠시 머물다 넘어감'의 사건, 즉 이미 없음(무)에서 지금 있음(존재)으로, 지금 있음(존재)에서 아직 없음(무)으로 넘어가는 사건이다. 이 사건은 존재자에게 일어나는 생성과 소멸의 운동이다. 그런데 사건은 존재자들 사이에서도 일어난다. 우리 사회에서 일어나는 무수히 많은 사건들도 역시 존재사건이다.

그런데 이런 사건들은 사유하는 인간과 관계가 맺어지기 이전에는 아직 의미를 가지지 않는다. 존재(사건)와 사유 사이에 공속관계가 형성될 때, '줄탁동시'(啐啄同時)의 사건이 일어날 때 비로소 존재자의 존재의 의미와 존재자의 시간성(잠시)의 의미가 드러나게

---

125 여기서 우리는 '존재사건'의 의미를 정확하게 이해하기 위해 'Es gibt Sein'이란 표현에서 'Es'와 'Sein'이란 단어가 「인본주의 서간」과 「시간과 존재」에서 서로 다른 의미로 사용되고 있음에 주목할 필요가 있다. 하이데거는 「인본주의 서간」에서는 'Es'를 '존재자체'라고 하며(WM 331), 「시간과 존재」에서는 사유와 존재가 일치하는 "현존"(Anwesen)으로서의 존재사건이라 한다. 「인본주의 서간」에서 'Es'는 존재자에게 존재를 주는 존재자체의 힘을 말하며, 「시간과 존재」에서 'Es'는 사유와 존재의 일치에 의해 부여되는 존재의 의미를 말한다. 사유와 존재의 일치사건(Ereignis)을 통해 이제 존재는 사유된 존재로서 의미를 가지게 된다는 것이다.

된다. 이런 공속관계는 사유하는 인간과 존재(잠시 머물음으로서의 존재자의 존재) 사이에 발생하는 존재사건이다. 이 사건은 어둠을 밝히는 빛이며, 잠자는 의식을 깨우는 날카로운 섬광이다. 공연장에서 공연자에게 집중되는 조명 빛이다. 이 빛은 어두운 숲에서 벌목된 지점에 비치는 햇빛(Lichtung)이다. 이 빛에 의해 인간의 즉자적 의식이 깨어나 대자적이 된다. 사르트르는 존재와 무에서 인간이 무(부재, 결핍)를 경험할 때 즉자적 존재에서 깨어나 대자적 의식이 된다는 사실을 설명한다. 의식은 존재의 한 가운데 갈라진 틈이라는 것이다. 이 틈은 의식을 깨우는 섬광과 같은 것이며, 하이데거가 말하는 사유와 존재의 공속(서로에게 속함)을 통해 비치는 빛이다.

5.4.5. 요약

하이데거 존재론의 궁극적인 목표는 존재의 의미를 해명하는 것이다. 이런 목표에 도달하기 위해 하이데거는『존재와 시간』에서 인간의 현사실적 존재를 실존론적으로 분석하며,『현상학의 근본 문제들』에서는 존재와 시간의 분석을 해체하여 존재가 시간적으로 규정되어 있음을 밝히고, 마지막으로『시간과 존재』에서는 존재와 사유의 일치, 즉 사유가 존재의 부름에 응답하는 존재사건을 통해 존재의 의미를 이해할 수 있는 빛이 비추어진다.

이런 존재사건의 빛에서 비로소 인간은 존재가 시간적으로 규정되어 있다는 사실, 즉 존재가 '잠시 머물음'임을 깨닫게 된다. 그리고 이때 인간은 세상을 보는 새로운 눈이 열리게 된다. 그는 세상을 일방적으로 보지 않게 된다. 이 빛에서 이제 전에는 보이지 않던 것들이 이제 드러나 보이게 된다. 이 빛에 의해 새로운 눈이 떠졌기 때문이다.[126] 이렇게 열린 눈에 의해 새로운 세계관이 형성된다. 이제 세계는 더 이상 도구적 사물들의 지시체계가 아니다. 세계는 '하늘', '땅', 신적인 것' 그리고 '죽을 자'의 네 요소들이 동근원적으로 작용하는 거울놀이 사건이다. 각자가 각자의 방식으로 나머지 요소들의 본질을 비추는 사건이다. 이런 세계에서 사물들은 '사물화'(Dingen)의 방식으로, 인간은 '거주함'(Wohnen)의 방식으로 존재한다. 이제 세계는 더 이상 단순히 사물들 사이의 지시체계가 아니라 '사방세계'(Geviert)이다.[127] 인간은 이런 네 요소들이 상호작용하는 사방으로서의 세계에 '잠시 거주함'으로서 존재한다. 하이데거의 『건축, 거주, 사유』(Bauen Wohnen Denken)는 인간의 존재사건에 관해 다루며, 『사물』(Das Ding)은 사물들의 존재사건을 다룬다. '죽을 자와 신적인 것, 땅과 하늘'이란 네 요소들이 상호작용하는 존재사건의 지평에서 사물은 사방이 모이는 장소로서 드러나고, 인간은 거주하는 방식으로 존재한다. 인간은 네 가지 방식으로 거주함으로써 존재한다. 1) 인간은 그가 땅을 구원하는 한 거주한다. 2) 인간은 하늘을 하늘로서 수용하는 한 거주한다. 3) 인간은 신적인 것을 신적인 것으로서 기다리는 한 거주한다. 4) 인간은 그의 고유한 본질, 즉 죽음을 죽을 수 있는 본질에 순응하여 잘 죽을 수 있는 한 거주한다. 이제 비로소 하늘이 보이고, 땅이 보이고, 신

---

126 존재시간을 통해 "열린 장"과 "빛"은 공산석 의미나 사실적 의미로 이해되어서는 안 된다. 그 장(場)은 '장 없는 장'(atopos topos)이다. 그 장은 오히려 열린 눈, 그 사건을 통해 비늘이 떨어져 밝아진 눈(開眼)으로 이해되어야 할 것이다. 이런 의미에서 하이데거가 'Ereignis'의 어원으로 제시하는 'eräugen'은 사유와 존재가 일치하는 사건이 '눈앞에서 펼쳐짐'이라는 의미와 함께 '눈으로 보고 알아차림'이란 이중적 의미로 이해되어야 할 것이다.

127 존재사건과 "사방세계"(das Geviert)에 관해서는 참조, 이기상, 『하이데거의 존재사건학』, 서광사, 2003, 162-194. 동양의 '천지인'(天地人) 사상도 이런 관점에서 이해될 수 있겠다. 천, 지, 인, 이 셋은 하나의 동근원적 사건이다.

적인 존재자가 보이고, 죽을 자로서의 인간의 실존이 보이게 된다. 이 빛에서 이제 사물은 더 이상 인간을 위한 도구가 아니고, 땅은 인간에 의한 지배의 대상이 아니라 돌보고 구원되어야 할 것으로 드러난다. 이제 그에게 세계는 '사방'이다. 이런 존재사건은 존재자를 그의 고유한 존재로 존재하게 한다. 따라서 이 사건은 존재자에게 존재를 부여하는(schicken) 운명(Geschick; Μοῖρα)이다. 그것은 존재자가 피할 수 없는 운명이다. 그리고 그것은 사유와 존재가 하나로 모이는 사건이기 때문에 'Λόγος'이다.

5.4.6. 존재이해와 계시사건

계시는 하나님의 자기계시와 인간의 신앙적 결단에서 완성되는 사건이다. 계시사건은 계시의 주체이신 하나님과 그 계시에 대해 신앙으로 응답하는 인간이 서로에게 속하는 공속관계에서 이루어진다. 그런데 이런 공속관계는 탄젠트에서 이루어지기 때문에 침투하지 않으면서 서로에게 속하는 관계이다. 이런 관계에서는 하나님이 인간의 실존적 결단을 강요하지 않으며, 인간도 자연적 상태에서는 하나님의 영역에 도달할 수 없다. 하나님의 계시는 인간의 실존적 결단과 무관하게 이미 주어진 객관적 사실이다. 그런데 이런 객관적 사실이 사건이 되기 위해서는 인간의 응답이 필연적이다. 그러나 모든 사람이 신앙적 결단에 이를 수 있는 것은 아니다. 신앙적 결단 이전에 존재이해가 선행되어야 한다. 존재이해가 선행되지 않는 믿음은 불가능하다. 윤리적 단계에서 느끼는 키에르케고르의 절망감, 율법에 대한 바울의 절망은 이런 존재이해에 해당된다. 그렇다면 이런 존재이해가 어떻게 계시사건으로 이어질 수 있는가?

존재는 언제나 '존재자의 존재'이다. 여기서 '존재자의'란 소유격은 주격으로 이해되어야 한다. 그렇다면 존재는 존재자가 아니라 존재자가 '있음'이다. 다시 말해 존재는 존재자가 어디엔가 '처해 있음'(Anwesen)이다. 그런데 여기서 존재이해와 관련하여 중요한 것은 존재자가 '어떻게' 처해 있느냐 하는 점이다. 이제 처해있음의 '어떻게'에 관해 개별적 존재자들의 존재와 존재자일반의 존재를 구별하여 설명해 보자. 하나의 존재자는 다른 존재자들과 다르게 규정되어 '있다'. 이때 다른 존재자들과 다른 고유한 속성이 그 존재자의 사실적 술어이며, 이 술어는 그 존재자를 이르는 이름이다. 예를 들어 '사람은 생각하는 동물이다'란 명제에서 '생각하는'은 동물류에 속하는 다른 동물들과 다른 사람의 고유한 속성이며, '이다'는 사람이 그렇게 '처해있음'이다. 그리고 생각하는 동물을 '사람'이라 이른다. 그런데 존재자일반의 경우 존재자일반과 다른 것은 '무'밖에 없다. 따라서 존재자일반의 고유한 속성은 '있음'이다. 그런데 '있음'은 이미 '없음'과의 관계에서 '있음'이기 때문에 없음을 내포한 '있음'이다. 존재자일반의 고유한 속성은 '있으면서 없고, 없으면서 있음'이다. 존재자일반은 없음과 없음 사이에 잠시 머물러 '있음'이며, 이미 아닌 없음과 아직 아닌 없음을 이어주면서 머물러 '있음'이다. 그의 있음은 이렇게 이어주면서 잠시(temporal) 머물음이다. 이렇게 잠시 머물기 때문에 우리는 존재자의 '있음'을 시간적이라 이른다. 시간은 존재의 이름이다.

존재자일반의 존재는 '잠시 머물음'으로서 객관적 사실이다. 그러나 객관적 사실로서의 존재는 아직 사건이 아니다. 존재를 사유할 때 비로소 존재는 하나의 사건이 된다. 사유와 존재가 서로에게 속하여 일치할 때 존재는 사건이 된다. 예를 들어 우리 주변에서 일어나는 모든 사건들은 객관적 사실들이다. 그러나 그 사실들이 아직 나에게 사건은 아니다. 그 사실을 내가 사유할 때 비로소 그 사실은 나에게 의미, 즉 마음의 울림을 주는 사건이 된다. 그렇다면 잠시 머물음이란 존재사실을 내가 사유할 때 어떤 사건(일)이 일어나는가? 나의 마음에 어떤 격동이 일어나는가?

존재사실을 사유하는 사람은 땅에 살면서도 하늘을 바라보고, 유한한 존재자로서 신적인 것을 생각한다. 존재를 사유하는 사람은 그의 눈에서 비늘 같은 것이 떨어져 새로운 세계관을 가지게 된다. 그에게 있어서 세계는 더 이상 사물들이 단순히 인과체계와 도구적 연관체계에서 상호작용하는 관계의 그물망이 아니라 하늘과 땅, 죽을 자와 신적인 것의 네 요소들이 동근원적으로 작용하는 구조이다. 그런 사람은 일상의 사실들에서도 땅과 하늘, 죽을 자와 신적인 것을 종합적으로 볼 수 있게 된다. 땅의 것들과 함께 살지만 동시에 하늘을 바라보며, 유한한 존재자이지만 유한성을 한탄하고만 있지 않으며, 신적인 것을 추구하지만 거기에만 머물지 않는 자유인이다.

존재를 사유하는 사람은 존재의 유한성을 자각하고 신적인 것을 추구한다. 우리는 이런 자각이 발단이 되어 비로소 신적인 존재를 묻고 찾는다. 우리는 신적인 존재와 동일한 존재를 가지는 궁극적 실재는 아니지만 존재를 이해하기 때문에 신적인 존재자의 존재를 추구할 수 있다. 그리고 이렇게 신적인 존재를 추구하는 사람은 하나님으로부터 오는 계시를 받아들일 준비가 되어 있다. 그는 존재의 유한성을 이해하기 때문에 궁극적 실재인 하나님의 존재를 물을 수 있다. 이렇게 존재이해가 궁극적 실재에 대한 궁극적 관심을 촉발하고 이런 관심이 계시사건의 발단이 된다는 점과 관련하여 우리는 틸리히의 언급들에 주목할 필요가 있다.

"인간은 물을 수 있는 존재자이다. 묻는다는 것은 무엇을 의미하는가? 무엇인가 묻는다는 것은 또는 찾는다는 것은 우리가 묻는 것을 또는 찾는 것을 가지고 있지 않기 때문이다. 만일 우리가 묻거나 찾는 것을 가지고 있다면 우리는 그것을 묻거나 찾지 않을 것이다. 그러나 무엇인가 물을 수 있기 위해서는 그것을 부분적으로 가지고 있어야 한다. 그렇지 않으면 그것은 물음의 대상일 수 없을 것이다. 묻는 사람은 물음의 대상을 가지고 있으면서 동시에 가지고 있지 못하다. 만일 우리가 존재의 물음을 묻는 존재자라면 우리는 묻고 있는 그 존재를 가지고 있기도 하고 가지고 있지 못하기도 하다. 우리는 그 존재에 속하여 있으면서 그 존재로부터 단절되어 있다. 우리는 존재에 속한다는 것은 확실한 사실이다. 존재의 힘이 우리 안에 있기 때문이다. 그렇지 않으면 우리는 존재하지 못할 것이다. 그러나 우리는 그 존재로부터 단절되어 있다. 우리는 그 존재를 완전하게 가지고 있지 못하기 때문이다. 우리가 가진 존재의 힘은 유한하다. 우리의 존재는 비존재에 의해 제한되어 있다. 우리가 유한하다고 말하는 것은 바로 이런 이유 때문이다. 인간은 유한한 존재이기 때문에 존재에 관해 묻는다. 인간이 무한한 존재자라면 존재에 관해 묻지 않는다. 그는 무한자로서 완전한 존재의 힘을 가지고 있기 때문이다. 그는 완전한 존재의 힘과 동일하다. 그런 존재자는 하나님이다. 그리고 자신이 유한하다는 사실을 깨달지 못하는 존재자는 – 우리의 경험에 의하면 인간 이외의 어떤 존재자도 존재의 유한성을 자각하지 못하는데 – 물을 수 없다. 그런 존재자는 자기 자신과 그의 한계를 넘어설 수 없기 때문이다. 그러나 인간은 물을 수 있고 물어야 한다. 물음은 인간의 피할 수 없는 운명이다. 인간은 존재의 힘에 속하면서 그 힘으로부터 단절되어 있기 때문이다. 인간은 존재의 힘에 속한다는 사실과 그로부터 단절되어 있다는 사실을 동시에 알기 때문이다."[128]

"우리가 만나는 모든 것은 사실적인 존재처럼 보인다. 그러나 우리는 곧 그것의 실재성은 일시적이라는 사실을 알게 된다. 그것은 있었지만 지금은 더 이상 존재하지 않는다. 말하자면 비존재가 그것을 삼켜버린 것이다. 아니면 우리는 그것이 피상적으로 보이는 것과는 다르다는 것을 발견한다. 그리고 우리는 그것의 표면과 더 깊고 더 실재적인 차원들을 구분한다. 그러나 곧 이런 차원들도 피상적임이 드러나게 되고, 우리는 더 깊은 차원들을 통찰하여 궁극적 실재에 도달하고자 한다. 그렇지만 어떤 것도 다른 것들과 무관하게 존재하는 것은 없다. 그러므로 우리가 더 깊은 차원으로 들어가면 갈수록 사물들이 서로 분리되어 있다고 주장하거나 실재성 전체와 분리되어 있다고 생각할 수 있는 가능성은 적어진다. 일상적인 인간관계에서 각자는 독립된 개체처럼 보인다. 그렇지만 만일 우리가 심층심리학에 의해 재발견된 실존의 차

---

128   Paul Tillich, *Biblical Religion and the Search for Ultimate Reality*, The University of Chicago Press 1955, *p*. 11–12.

원들에 들어서면, 우리는 과거, 조상들, 집단무의식, 모든 생명체들의 생명실체와 만나게 된다. '실제적 실재'를 탐구하는 과정에서 우리는 하나의 차원에서 또 다른 차원으로 나아가며 드디어 더 이상 말할 수 없는 지점에까지 도달하게 된다. 바로 거기서 우리는 모든 차원들의 근거이며 그 차원들에 구조와 존재의 힘을 부여해 주는 그것에 대해 물어야 한다. 실재적인 것처럼 보이는 모든 것을 초월하는 궁극적 실재에 대한 탐구는 존재자체에 대한 탐구이며, 존재하는 모든 것에 있는 존재의 힘을 탐구하는 것이다. 그것은 존재론적 물음이며 모든 철학의 근본적인 물음이다."[129]

틸리히는 존재의 유한성을 자각하는 것이 '궁극적 실재'에 관해 물음을 제기할 수 있는 단초가 된다는 사실을 강조한다. 그런데 여기서 주목해야 할 것은 그가 인간의 존재가 궁극적 실재에 속하기 때문에 궁극적 실재를 알 수 있다고 주장하지 않는다는 점이다. 만일 그렇다면 그는 존재의 유비(analogia entis)를 통해 하나님을 알 수 있다고 주장하는 것이 될 것이다. 틸리히가 강조하는 것은 존재의 유비가 아니라 존재의 유한성에 대한 자각이다. 이것은 사유와 존재가 서로에게 속하는 존재사건에 의해 존재를 사유하는 사람은 존재와 시간의 의미를 이해하게 되고 이런 존재이해에 의해 눈에서 비늘이 떨어져 새로운 세계관을 가지게 된다는 하이데거의 존재론과 같은 주장이라 할 수 있다. 이미 언급되었듯이 하이데거에 의하면 존재자의 존재가 시간적이라는 사실을 이해하는 사람

---

129   Paul Tillich, *Biblical Religion and the Search for Ultimate Reality*, p. 12-13.

은 새로운 세계관을 가지게 되고, 그런 세계관에 따라 땅에 살면서도 하늘의 것을 추구하고 죽을 자로서 신적인 것에 관심을 가지게 된다. 하이데거의 이런 견해를 우리의 관심사인 계시사건과 연관하여 생각한다면, 이렇게 하늘과 신적인 것에 대한 관심을 가지는 사람만이 계시에 대해 믿음으로 응답할 수 있다고 주장할 수 있을 것이다. 마찬가지로 틸리히도 존재의 유한성에 대한 자각이 바로 궁극적 실재와의 관계로 이어지는 것이 아니라는 점을 강조한다. 유한성 자각은 단지 궁극적 실재에 대해 물음을 제기할 수 있는 단초가 될 뿐이라는 점이다. 틸리히는 유한성 자각이 궁극적 실재에 대한 물음을 야기하고 이런 물음이 궁극적 실재의 자기계시를 믿음으로 수용하는 계기가 된다는 점을 강조한다. 이런 점에서 볼 때 그의 존재론적 신학은 '존재의 유비'가 아니라 '신앙의 유비'(analogia fidei)를 지지한다고 볼 수 있다. 이런 사실은 계시에 대한 그의 정의에서 잘 나타난다. 틸리히에 의하면 "계시는 궁극적 관심의 대상을 드러내 보여주는 것이다. 계시되는 신비는 우리의 궁극적 관심사이다. 그것은 우리의 존재의 근거이기 때문이다."(ST I 134) 존재의 유한성을 자각하는 사람은 존재의 근거를 묻게 되고 따라서 그 근거를 계시해 주는 사건을 믿음으로 수용하게 된다.

계시는 인간의 궁극적 관심사에 대한 하나님의 계시와 인간의 응답을 통해 새로운 존재가 되는 사건에서 완성된다. 존재를 사유하는 사람은 땅의 것만 생각하지 않고 하늘로부터 울리는 소리에 귀를 기울이며, 죽을 자로서 신적인 존재자의 은총을 기대하기 때문이다. 이런 사람은 예수 그리스도를 통한 하나님의 계시를 믿음으로 수용함으로써 새로운 존재가 된다. 하나님의 계시인 예수 그리스도는 짐승의 무늬를 전혀 가지지 않고 순수한 사람의 무늬만 가지는 인자(人子)이기 때문에 새로운 존재이다. 그리고 새로운 존재인 인자 안에 거하는 사람은 새로운 존재자가 된다. "누구든지 그리스도 안에 있으면 새로운 피조물이다." 그는 다른 존재자들을 지배하고자 하는 짐승의 무늬를 벗고 사람들 사이에서 서로에게 속함으로써 사랑으로 서로 종노릇하는 새로운 존재가 된다.

6. 틸리히의 존재론적 신학

위에서 우리는 하이데거의 존재론을 다루면서 존재이해가 계시사건의 필연적 전제조건임을 살펴보았다. 이제 하나님과 그의 계시가 틸리히의 존재론적 신학에서 어떻게 해명되는지 살펴보자. 먼저 그의 존재 개념을 하이데거의 존재 개념과 관련하여 살펴보자. 하이데거와 틸리히에게 있어서 모든 존재는 존재자가 아니지만 언제나 '존재자의 존재'이다. 그런데 그들 사이의 결정적인 차이는 소유격(존재자의)의 역할을 주격으로 보느냐 목적격으로 보느냐에 의해 결정된다. 하이데거처럼 소유격을 주격의 의미로 이해하면 존재자가 먼저 실재하고 존재는 존재자의 존재의미를 가리키는 개념이 된다. 하이데거의 이런 견해는 대체로 유명론적인 입장이라 할 수 있겠다. 한편 틸리히처럼 소유격을 목적격의 의미로 이해하면 존재가 존재자보다 더 실재하며, 따라서 존재는 존재자를 존재하게 하는 근거가 된다. 틸리히의 이런 견해는 실재론적인 입장이라 할 수 있겠다. 이제 하이데거와 틸리히의 이런 차이를 중세의 보편논쟁에서 대표적인 주장들인 유명론과 보편실재론과 관련하여 간단하게 살펴보자.

보편논쟁은 보편과 개체의 관계에서 무엇이 더 실재하느냐 하는 논쟁이라 할 수 있다. 스콜라 철학은 9세기에서 12세기까지의 초기, 13세기의 전성기 그리고 14~15세기의 후기로 구분될 수 있다. 초기 스콜라철학에 속하는 에리우게나(Eriugena)와 안셀무스(Anselmus)는 플라톤의 입장에서 보편은 개체에 앞서(universalia ante rem) 개체의 존재론적 근거로서 실재한다고 보는 입장을 취하는데, 우리는 이런 입장을 '보편 실재론'이라 부른다. 그리고 이런 입장은 보편이 개체보다 앞서 개체의 존재론적 근거가 된다고 주장한다는 점에서 '초월적 실재론'이라 할 수 있겠다. 이와 반대로 역시 초기 스콜라철학에 속하는 로스켈리누스(Roscellinus)는 개체만이 실재하며 보편은 다만 그 개체 뒤에서(universalia post rem) 그 개체의 의미를 지칭하는 '이름'(nomina)에 불과하다는 '유명론'을 주장했다. 한편 초기 스콜라철학에 속하는 아벨라르두스(Abelardus, 1079 ‑ 1142)는 아리스토텔레스의 철학을 따라 초월적 실재론과 유명론을 종합하여 보편은 개체 속에 실재한다(universalia in re)고 주장하였다. 그에 따르면 보편은 개체를 초월하여 실재하는 것이 아니라 개체 내에 그 개체의 '개체다움'의 근거로서 실재한다. 그리고 이렇게 개체 내에 실재하는 개체다움의 근거가 인간의 지성에 의해 개념화된다는 것이다. 이런 견해는 보편이 개체 내에 실재한다고 주장한는 점에서 초월적 실재론과 다르며, 개체 내에 실재하는 보편을 개념화하여 부른다는 점에서 유명론과도 다르다.

스콜라철학 전성기에 속하는 둔스 스코투스와 토마스 아퀴나스는 아리스토텔레스의 철학적 전통에서 보편이 개체에 내재한다는 아벨라르두스의 입장을 따랐다. 둔스 스코투스에 의하면 개체는 '질료적 실재성'과 '본질적 실재성'(natura communis)이라는 두 요소로 구성되어 있다. 보편은 개체를 개체이게 하는 '본질적 실재성'으로서 인간의 지성에 의해 개념화되기 이전에 이미 개체 내에 실재한다. 인간의 지성 이전에 개체에 내재하는 'natura communis'가 지성의 반성작용을 통해 개념으로 형성된다는 것이다. 바로 이 점에서 그는 보편을 인간의 지성에 의해 산출된 개념에 불과하다고 보는 유명론과 다르다.[130]

토마스 아퀴나스도 둔스 스코투스와 마찬가지로 보편이 개체 내에 실재한다고 보았다. 보편은 한 개체 내에서 인간의 지성과 독립적인 실재성을 가진다. 보편은 그 자체로 존재하지는 않지만 사물 속에 실현되어 있다. 보편이 개체 내에서 현실화되지 않으면 그것은 단지 하나의 생각에 불과하다. '둥근 사각형'이 그런 예에 속한다고 볼 수 있겠다. 둔스 스코투스가 실재하는 개체와 그 개체의 본질적 실재성을 전제하고 그 개체의 본질적 실재성이 개념으로 형성된다고 보는데 반해, 아퀴나스는 실재하지 않는 대상에 대해서도 개념이 가능하지만 그런 개념은 실재성을 가지지 않는다고 보았다.[131]

130　보편논쟁은 '보편실재론'과 '유명론'(개념론)으로 구분될 수 있으며, 보편실재론은 다시 '초월적 실재론'과 '내재적 실재론'으로 구분될 수 있을 것이다. 따라서 전체적으로 보면 보편에 관한 견해는 초월적 실재론, 내재적 실재론 그리고 유명론의 세 유형들이 있다. 초월적 실재론에 의하면 보편은 개체보다 앞서(universalia ante rem) 실재하며, 내재적 실재론에 의하면 보편은 개체의 '본질적 속성'(natura communis)으로서 개체 내에(universalia in re) 실재하며, 유명론에 의하면 보편은 단지 인간의 지성에 의해 부여된 개념으로서 '의미론적 실재성'만 가지며, 개체보다 뒤에서(universalia post rem) 그 개체를 지칭하는 이름에 불과하다. 여기서 중요한 것은 '의미론적 실재성'이란 개념일 것이다. 바로 이 개념에서 우리는 내재적 실재론과 유명론의 차이점을 발견할 수 있다. 내재적 실재론에 따르면 보편은 개체의 본질적 요소로서 인간의 지성에 의해 파악되기 이전에 이미 개체 내에 실재하는데 반해, 유명론에 따르면 보편은 어디에도 실재하지 않으며 단지 지성에 의한 의미부여 작용의 결과이다.

131　보다 엄밀하게 말하면 실재론과 유명론의 차이는 보편에 어떤 종류의 실재성을 인정하느냐의 차이라고 보아야 할 것이다. 실재론은 보편의 존재론적 실재성을 인정하는데 반해 유명론은 보편의 의미론적 실재성만 인정한다. 여기서 의미론적 실재성이란 결국 개념의 실재성을 의미한다. 그러므로 보편의 의미론적 실재성만 인정하는 유명론은 곧 개념론과 동일시될 수도 있다.

보편에 관한 견해들과 비교해 볼 때 존재를 존재자의 존재의미로 보는 하이데거는 내재적 실재론의 입장을 취하고, 틸리히는 실재론의 입장에 선다. 틸리히의 입장에 따르면 존재는 두 가지 관점에서 존재자보다 더 실재성을 가진다. 존재의 초월적 실재성을 주장하는 파르메니데스와 마찬가지로 틸리히도 하나님은 존재 자체로서 초월적 실재성을 가지며, 존재하는 만물에는 그 존재자에게 고유한 내적 본질이 존재의 힘으로서 내재되어 있다고 생각한다.(ST II 17)

6.1. 존재의 근거이신 하나님

틸리히의 『조직신학』에서 우리는 '존재'라는 개념이 세 영역에서 서로 다른 의미로 사용되는 것을 볼 수 있다. ① 신론에서 존재는 하나님이다. 하나님은 '존재로서의 존재'(das Sein als Sein) 또는 '존재의 근거이자 힘'(Der Grund und die Macht des Seins)이다. ② 인간론에서 보면 인간의 '본질적 존재'(das essentielle Sein)와 '실존적 존재'(Das existentielle Sein)가 구분된다. ③ 기독론에 의하면 그리스도는 성령에 의해 구현되는 '새로운 존재의 현현'(Manifestation des Neuen Seins)이다.(ST II 16)

틸리히는 존재의 실재성에 관해 다양한 개념들을 통해 설명하는데, 이 모든 개념들은 하나님의 속성들에 해당한다 할 수 있겠다.

> "이성의 심연(Tiefe der Vernunft)은 이성이 아니라 이성의 근거로서 이성을 통해 드러나는 어떤 것이다. 이성은 그의 객관적 구조와 주관적 구조에서 드러나기는 하지만 힘과 의미에 있

어서 이런 구조들을 초월하는 궁극적인 어떤 것을 지시한다. 궁극적인 그것이 드러나 표현되는 곳은 이성의 어떤 다른 영역도 아니다. 궁극적인 그것은 이성의 모든 행위에서 표현되는 것이다. 우리는 그것을 이성의 구조에서 발견될 수 있는 '실체'라 부를 수 있을 것이며, 존재의 로고스에서 드러나는 '존재자체'라 부를 수 있을 것이며, 모든 이성적 창조에서 창조적인 '근거'라 부를 수 있을 것이며, 아무리 퍼내도 고갈되지 않는 '심연'이라 부를 수 있을 것이며, 존재와 현실의 합리적 구조에 개입하여 그것들을 실현시키고 변화시키는 존재와 의미의 '무한한 잠재성'이라 부를 수 있을 것이다."(ST I, 96)

위의 인용문에서 이성의 심연을 설명하기 위해 사용된 모든 개념들은 궁극적 실재인 하나님을 지칭하는 개념들이다. 이제 이런 개념들에 관해 보다 구체적으로 살펴보자.

틸리히는 하나님을 존재자체와 동일시한다. 그에게 있어 하나님은 '존재의 근거이자 힘'(Der Grund und die Macht des Seins)이다. 그리고 이때 '존재의 근거'라는 개념은 유비적 개념이나 상징적 개념이 아니라 사실적 술어이다. 칸트가 지적했듯이 철학적 신 존재증명에서 사유된 신은 사실적 술어가 아니다. 그런 신은 건전한 학적 인식의 토대로서 전제된 이념이다. 이와 달리 틸리히의 '존재의 근거'는 사실적으로 존재하는 하나님을 서술하는 개념이다. 그렇다면 여기서 사실적 술어란 무슨 의미인가?

틸리히에 의하면 모든 종교적 언표들은 상징으로 이해되어야 한다. "신화들은 신들과 인간들의 만남을 마치 역사적 사건들인 것처럼 이야기하는 상징들이다. 신화는 모든 종교들에 필수적인 요소이다. 종교적 언어들은 사실적 술어가 아니라 상징이기 때문이다."[132] 틸리히에 의하면 모든 종교들에 필수적인 이런 신화는 "깨어진 신화"(gebrochener Mythos)[133]이다. "신화로 간주되기는 하지만 제거되지는 않는 이런 신화는 깨어진 신화라고 일컬어질 수 있다." 그러면서 틸리히는 신화를 축자적 의미로 이해하는 것에 관해 경고한다. "신화를 축자적으로 이해하는 종교는 우상숭배에 빠질 위험이 있다. 그런 종교는 절대적이지 않은 것을 절대적이라고 생각한다. 그러나 상징의 상징적 특성을 아는 종교는 모든 영광을 마땅히 영광을 받으실 하나님께 돌린다." "기독교는 본질적으로 신화를 축자적으로 이해하지 않는다. 기독교는 절대자의 절대성을 인정하고 모든 종류의 우상숭배를 거부하라는 최고의 계명에 토대를 두고 있기 때문이다."[134]

모든 종교적 언표들이 상징적으로 이해되어야 하지만 '존재의 근거'라는 개념은 상징이 아니라 실재하는 하나님을 표현하는 사실적 술어이다. 틸리히의 하나님 개념과 그의 존재론에 관해 살펴보자.

6.2. 절대적 초월자로서의 하나님

안셀무스, 토마스 아퀴나스, 둔스 스코투스 그리고 오캄의 윌

---

132 종교적 언어가 상징이라면 그 언어는 당연히 유비적으로 이해되어야 한다. 즉, 종교적 언어는 그 언어가 가지고 있는 일상적인 의미와 '단적으로 일치하는'(univocal) 것도 아니고 '애매한'(equivocate)것도 아니다. 종교적 언어는 단지 '비율에 따라'(analogical) 이해되어야 한다.

133 틸리히의 '깨어진 신화'란 개념은 불트만의 '탈신화화'(Entmythologisierung)와 같은 개념이라 볼 수 있겠다.

134 P. Tillich, *Wesen und Wandel des Glaubens*, 1961

리엄 같은 사람들은 하나님을 전능, 전지, 편재, 선, 의, 거룩함 등과 같은 술어들로 표현될 수 있는 최고의 존재라고 생각했다. 모든 종류의 신 존재증명은 그런 하나님 이해를 전제로 한다. 틸리히는 이런 유형의 '신학적 유신론'에 대해 비판적이다. 그에 의하면 만일 하나님이 존재자라면 − 비록 그 존재자가 최고의 존재자라 할지라도 − 그 하나님은 모든 존재의 근거라고 할 수 없다. 왜 그런 하나님이 존재하며, 누가 그를 창조했으며, 하나님의 시작은 언제인지 등과 같은 물음이 제기될 수 있을 것이기 때문이다. 오히려 하나님은 '존재자체의 근거'라고 생각되어야 한다. 만일 하나님이 존재자라면 하나님은 피조물이다. 하나님은 피조물들과 같은 존재자가 아니라는 점에서 존재론적으로 다르다. 하이데거의 용어를 차용하면 이런 다름은 '존재론적 차이'이다. 여기서 존재론적 차이에 관해 하이데거와의 차이를 자세히 살펴보자. 틸리히에게 있어서 하나님은 존재자가 아니며, 존재자의 존재는 더욱 아니다. 하이데거에게 있어서 '존재론적 차이'는 존재와 존재자의 다름이다. 그에게 있어서 존재는 언제나 사실적 존재자의 존재이지만 존재자는 아니다. 존재는 사실적 존재자의 사실적 술어로서 사실적 존재자의 존재론적 근거이지만 사실적 존재자는 아니다. 여기서 우리는 존재론적 근거와 실체론적 근거를 구분해야 한다. 존재는 존재자의 근거이지만 실체로서가 아니라 의미론적으로 그렇다는 것이다. 존재는 하나의 존재자가 가지는 고유한 속성으로서, 즉 사실적 술어로서 우리의 사유에 의해 제정된(gesetzt) 개념(Begriff)이며 이념(Idee)이다.[135] 개별적 존재자의 존재는 유와 종에 따른 그 존재자만의 고

---

135 존재는 존재자의 사유하는 이성에 의해 존재자의 가장 고유한 속성이라고 생각된 개념이다. 존

유한 속성들이며, 존재자일반의 사실적 술어, 즉 존재자일반의 고유한 속성은 '있음' 이외에는 없다. 존재는 바로 이런 '있음'으로서 존재자가 어느 순간 어디에 머무는 위치(position) 이외의 다른 것이 아니다. 한편 틸리히에게 있어서 하나님은 사실적 존재자가 아니며 사실적 존재자의 사실적 술어도 아니다. 하나님은 존재자의 존재의 근원이기 때문이다. 그는 피조물들 중 최고의 피조물이라는 의미에서의 존재자가 아니다. 비록 하나님이 최고의 존재자라 할지라도 그는 창조자가 될 수 없기 때문이다. 오히려 하나님은 '존재자체의 근거'이다.[136] 하나님이 영원한 본질이냐 아니면 실존하는 존재자냐 논쟁하는 것도 역시 무의미하다. 따라서 하나님의 존재를 증명하는 것은 불가능하다. 하나님은 본질과 존재의 구분을 초월하는 분이기 때문이다. 신학의 과제는 하나님의 존재를 증명하는 것이 아니라 하나님에 관해 말하는 것과 하나님과 인간의 관계에 관해 말하는 것이 적절한지 그리고 어떤 방식으로 적절한지 다루는 것이다. 틸리히는 '신-인 만남'의 신학, 즉 바르트나 루돌프 오토가 말하는 '거룩한 타자'와의 만남에 관해 말한다. 이런 만남에는 하나님의 자기계시에 대한 개인적 체험도 포함된다. 그러나 여기서 거룩한 타자인 하나님과의 만남이 하나님을 하나의 존재자로서 이해하는 신인식과 동일시되어서는 안 된다.[137] 하나님은 인격적인 하

재는 존재자가 존재하는 형식과 내용에 따라 구분될 수 있을 것이다. 개별적 존재자들이 경우 존재의 형식은 '있음, 머물음'이며, 내용은 그 존재자들의 고유한 속성들이며, 존재자일반의 경우 존재는 내용이 없고 단지 '있음' 머물음'이라는 형식만 있다. 그리고 이런 존재는 이성에 의해 존재자의 가장 이상적인 속성이라고 제정된 것이기 때문에 개념(槪念, Begriff)이면서 동시에 이념(理念, Idee)이다.

136　틸리히의 존재론적 하나님 이해는 많은 교부들에게서도 발견된다. 그중에서도 오리게네스는 하나님을 "출생하지 않은 근원"(agennetos)이라고 말한다. 아리스토텔레스의 '부동의 원동자'와 같으며, 하이데거의 '탈근거로서의 근거'(der Grund als Ab-Grund)와 같다.

137　P. Tillich, *The Courage to Be*, Yale: New Haven, 2000, 184.

나님이다. 그러나 그는 인격적이면서 동시에 초인격적이다.

틸리히는 인격적 하나님 개념을 전적으로 거부하지 않는다. 그러나 '인격적'이란 개념을 통해 표현된 하나님을 일의적으로(univocal) 이해해서는 안 된다. 오히려 그 개념은 존재의 근거를 지시하는 유비적 표현으로 이해되어야 한다.[138] 존재의 근거는 존재론적으로 이성보다 앞서기 때문에 이성에 의해 이해될 수 없다. 하나님을 인격적 개념으로 표현하는 언급들은 하나님을 의인화(anthropomor-phism)함으로써 하나님을 제한할 뿐만 아니라 초월자를 제한하는 모순을 범하기 쉽다. 하나님에 관한 모든 언급들은 전적으로 상징적이다. 그러나 이런 상징들은 존재의 근거에 관여하거나 그 근거를 지시해 주는 기능을 한다는 점에서 거룩하다. 이런 상징들에 관여하는 모든 사람은 존재의 힘에 의해 비존재와 무의미성을 이길 수 있는 힘을 부여받게 된다.

하나님은 절대적 초월자이기 때문에 우리는 그를 사변적 방법으로 이해할 수 없다. 그는 오직 신앙을 통해서만 파악될 수 있다. 틸리히에 의하면 하나님을 알 수 있는 신앙은 '궁극적 관심'(ultimate concern)이다. 틸리히에 있어서 종교적 태도의 본질은 궁극적 관심이다. 궁극적 관심에 의해 경험되는 것은 신성함, 거룩함, 즉 누미노제이다.[139] 이런 경험은 너무나 엄숙하고 가치가 있어 그 밖의 모

---

138 참조, P. Tillich, Theology of Culture, p 127-132.

139 오토에 따르면 누미노제 경험은 두 가지 측면을 가진다. ①두려움과 떨림을 야기하는 경향인 '떨리는 신비체험'(mysterium tremendum). ②황홀하게 하고 매료시켜 벗어날 수 없게 만드는 '황홀한 신비체험'(mysterium fascinans). 따라서 누미노제 경험은 개인이 전적 타자와 연합을 느낀다는 점에서 볼 때 개인적 차이가 있다. 어떤 사람은 전적 타자로서의 신을 초자연적 존재자로 경험하며, 어떤 사람은 거룩한 존재자로 느끼고 어떤 사람은 초월자로 경험한다.

든 것은 무의해 보이는 그런 경험이다.

"신앙은 궁극적인 것에 관심을 가지는 마음의 상태이다. 신
앙의 역동성은 궁극적 관심의 역동성이다. 인간은 모든 생명
체들과 마찬가지로 많은 것들에 관심을 가지지만 무엇보다
도 식량과 주거와 같이 그의 존재를 위해 결정적으로 중요한
것들에 관심을 가진다. 그러나 인간은 다른 생명체들과 달
리 정신적인 일들에 관심을 가진다. 지적 관심, 미학적 관심,
사회적 관심, 정치적 관심이 그런 관심들에 속한다. 그런 관
심사들 중 어떤 것들은 긴급하며, 때로는 극히 긴급하다. 그
런 관심사들은 결정적으로 중요한 관심들과 마찬가지로 인
간 삶이나 사회적 삶을 위해 궁극적일 수 있다. 만일 그 삶이
궁극적 관심을 요구한다면 그것에 관심을 가지는 사람은 거
기에 그의 전 존재를 걸어야 한다. 그런 사람은 그 밖의 모든
다른 것들에는 관심을 갖지 않는다."[140]

"궁극적 관심으로서의 신앙은 전인적인 행위이다. 그것은 삶
의 중심에서 일어나며 삶의 모든 요소들을 포함한다. 신앙은
인간 마음의 가장 중심에서 이루어지는 행위이다. 신앙은 특
수한 분야의 운동이 아니며, 인간의 총체적 존재의 특별한 기
능도 아니다. 그 모든 것들은 신앙의 행위 안에서 하나로 통
합된다."[141]

---

140 P. Tillich, *Dynamics of Faith,* Cambridge 1956, *p.* 1.

141 P. Tillich, *Dynamics of Faith,* Cambridge 1956, *p.* 4.

틸리히에 의하면 존재의 근거와 관계하는 절대적 믿음을 가진 사람만이 무의미성을 수용할 수 있는 용기를 가진다. 절대적 신앙은 유신론적 하나님 개념을 초월할 수 있다. 절대적 신앙은 세 가지 요소들을 가진다.

"절대적 신앙의 속성을 분석해 보면 다음과 같은 세 가지 중요한 요소들이 발견된다. 첫째, 절대적 신앙을 가진 사람은 가장 철저한 비존재의 위협에 직면할 때도 거기서 작용하는 존재의 힘을 경험한다. 이런 경험을 할 때는 생명력이 절망을 이긴다. 더 나아가 사람 속에 있는 생명력은 의지에 비례한다. 무의미의 심연을 극복할 수 있는 생명력은 의미파괴 내에 감취어진 의미를 깨닫는다.

둘째, 절대적 신앙을 소유한 사람에게서는 비존재 경험이 존재경험에 의존하며, 무의미 경험은 의미경험에 의존한다. 그는 절망적인 상태에서도 절망을 가능하게 하는 충분한 존재를 가진다.

셋째, 절대적 신앙은 받아들여짐을 받아들이는 것이다. 물론 절망적 상황에서는 받아들이는 어느 누구도 없고 아무것도 없다. 그러나 그런 상황에서도 받아들임 자체의 힘은 경험된다. 무의미성이 경험되는 한 그 무의미성 내에서 '받아들임의 힘'이 경험된다. 이렇게 받아들임의 힘을 의식적으로 받아들이는 것이야말로 절대적 신앙을 가진 자의 종교적 응답이다. 그의 신앙은 의심에 의해 모든 구체적인 내용이 상실된 신앙이며, 그럼에도 불구하고 여전히 신앙이며 가장 역설적으로 존재에의 용기를 불러일으키는 그런 신앙이다."[142]

6.3. 존재자체로서의 하나님

"신학적 존재론이 없이는 어떤 신학적 진술도 불가능하다. 이때 신학적 존재론이란 무조건적인 초월자, 즉 모든 사물들보다 앞서며 모든 사물들에 존재를 부여해 주는 초월적 존재자를 해명하는 존재론이기 때문에 우리는 그런 존재론에 대해 '일자존재론'(Protologie)이란 신조어를 사용하는 것이 좋을 듯하다. 무엇보다 먼저 우리가 해야 할 일은 존재론적으로 사물을 직관하는 종교적 의식작용을 이론적으로 밝히는 것이다. 존재자의 존재와 관련하여 분명한 두 가지 사실은 존재자의 존재가 가지는 엄숙함과 불확실성이 그것이다. (…) '엄숙함'이란 존재의 '불가피성', 즉 우리가 모든 사물들의 존재의 '핵'을 간파할 수 없음을 가리킨다. 존재의 '불확실성'은 그의 존재에 있어서 '유동성', '무의미성', 비존재의 가능성을 가지며 따라서 무조건적 일관성을 가지지 못하는 존재자를 가리키는 개념이다. 이런 엄숙함과 불확실성은 존재직관에서 드러난다. 어떤 존재자도 완전한 존재를 가지지는 못하지만 무조건적 존재에 참여한다. 하나의 존재자는 존재에 참여하기 때문에 엄숙하다. 이때 존재의 엄숙함이란 '이다' 또는 '있다'의 불가피성을 가리킨다. 어떤 존재자도 존재에 관하여 '일자'(προτον)가 아니다. 모든 존재자는 긍정적이면서 동시에

---

142 Paul Tillich, *The Courage to Be, New Haven:* Yale University Press 1953, *p.*177.

부정적으로 그가 참여하는 '일자'를 지향한다. 종교적 존재론 또는 일자존재론의 모든 진술들은 이 초월적 장소에 있는 존재자들의 위치를 대상으로 한다."[143]

이 인용문에서 틸리히는 '모든 것에 앞서는 존재자'(πρωτον)를 다루는 '일자존재론'이란 신조어를 사용한다. '프로톤'은 플로티노스의 『엔네아데스』(Enneades)에서 모든 존재자를 초월하는 절대적인 제일원리이자 만물의 근원인 '일자'를 가리키는 특수한 개념이다. 틸리히가 사용하는 '무조건적 초월자'란 개념은 절대자의 불가해성을 가리키며, 따라서 그런 점에서 플로티노스의 '일자'와 동일시될 수 있겠다.

틸리히는 존재자를 세 단계로 구분한다. ① 일자는 그 자체로 모든 존재자에 앞서 존재한다. 일자 자신은 존재자는 아니다. 그러나 모든 존재자들이 참여하는 그 존재는 그의 것이다. ② 유한한 존재자. ③ 무(無). 모든 존재자는 바로 이 무에서 와서 이 무로 돌아간다. 틸리히의 이런 구분은 아우구스티누스의 존재구분에 기원한다. ① 존재자 자체(esse ipsum), ② 유한한 존재자(존재와 비존재의 결합), ③ 무.

위에서 제시된 존재 구분에 상응하게 틸리히의 존재물음은 세 부분으로 구분될 수 있다.

1. 존재자체에 대한 물음. *Systematic Theology* I (P. 181)에서 존재론

---

143 Adrian Thatcher, *The Ontology of Paul Tillich*, Oxford 1978, p. 7.

적 물음은 '존재자체는 무엇인가?' 또는 '존재로서의 존재의 물음'이다.

2. 존재자의 존재. 『사랑, 힘 그리고 정의』(Love, Power and Justice)에서 존재물음은 다음과 같다. "어떤 것이 '있다'는 것은 무슨 뜻인가? 존재에 참여하는 모든 것은 어떤 특성을 가지는가? 그리고 이것이 존재론의 물음이다. … 존재론은 '있다는 것이 무엇을 의미하느냐?'와 같이 단순하고 무한히 난해한 물음을 묻는다. 있는 모든 것, 즉 존재에 참여하는 모든 것에 공통되는 구조들은 무엇인가?"(19)

3. 실존에 대한 물음. 존재론은 때로는 존재일반이 아니라 인간이란 특수한 존재자의 존재를 묻는다.

존재물음은 그 물음의 대상에 따라 다음과 같이 세 가지 양태로 제기될 수 있다.

1. 존재물음(question of being). 전통적인 형이상학에서처럼 존재에 대한 이론적 또는 합리적 탐구. 이런 물음은 존재자체의 '구조' 또는 '발현'을 이론적으로 기술한다.

2. 존재론적 물음(ontological question). 『성서적 종교와 존재물음』(Biblische Religion und die Frage nach dem Sein)은 존재론적 물음의 본질에 관해 해명한다. 존재물음은 무상한 현상들의 토대가 되는 존재의 가장 깊은 내면을 추구하는 것이다.(BR, 12) "존재론은 지혜를 열

망하는 사람들의 본질적 작업이다."(BR, 8) 존재론은 "존재하는 모든 것 내면에 있는 존재자체, 즉 존재의 힘을 탐구하는 작업이다. 그것은 모든 철학의 가장 근원적인 물음인 존재론적 물음이다."(BR, 12-13)

존재론적 물음은 존재에 대한 합리적 탐구와 같은 것이 아니다. 존재론적 물음을 통해 지혜를 추구하는 자는 궁극적 실재와 단순한 현상을 구분한다. 그는 궁극적인 것에 관심을 가진다. 그는 추구되어야 할 궁극적 실재가 있다고 믿는다. 합리적 존재론은 존재의 구조를 기술하는데 반해, 지혜를 추구하는 자는 합리적 기술이 드러내 보일 수 없는 존재의 깊이를 밝히고자 한다.

3. 실존적 물음. 존재물음은 인간의 본성에 속한다. 하이데거에 의하면 인간은 다른 존재자들과 달리 존재를 이해하는 존재자이다. 이때 '존재이해'란 개념에서 '이해'는 '학적 인식'과는 다른 개념이다. 독일어 'Verstehen'에서 'Ver-'는 'In-'의 의미를 가진다. 따라서 존재이해는 '존재 안에 서있음', 즉 '존재관계'(Seinsverhältnis)와 같은 뜻이다. 더 나아가 하이데거의 '존재이해'는 오성의 판단(dianoia)에 기초한 존재관계가 아니라 '지성적 직관(nous)에 기초한 존재관계'를 의미한다고 볼 수 있다.

틸리히를 이해하기 위해서는 인간의 존재, 사물들의 존재 그리고 모든 존재의 근거인 존재자체를 구분해야 한다. 틸리히는 하나님(Deus)을 존재자체(Esse)와 동일시한다.

"Deus est esse. 하나님의 확실성은 존재자체의 확실성과 동일하다. 하나님은 하나님 물음의 전제이다."**144**

"전통적인 신학에서 하나님은 존재자체이다. Deus est esse. 이런 의미에서의 존재는 유명론이 주장하듯이 가장 추상적인 범주가 아니다. 존재는 존재하는 모든 것, 즉 존재에 참여하는 모든 것에 내재하는 존재의 힘이다."**145**

"하나님의 존재는 존재자체이다."(ST I, 273)

"하나님이 존재자체라는 명제는 상징적 명제가 아니다. 그 명제는 그 명제 자체 이상을 지시하지 않는다. 그 명제는 그 명제가 말하는 것을 직접적이고도 실제적으로 의미한다. 우리가 하나님의 실제성에 관해 말할 때 우리가 무엇보다 먼저 주장하는 것은, 만일 그가 존재자체가 아니라면 그는 하나님이 아닐 것이라는 사실이다. … 신학자의 과제는 종교적 사상과 표현에 간접적으로 표현되어 있는 절대적인 것이 무엇인지 분명하게 밝혀내는 것이다. 이를 위해 신학은 가능한 한 가장 추상적이고 전혀 비상징적인 진술, 즉 하나님이 존재자체 또는 절대자라는 진술과 함께 시작해야 한다."(ST I, 277)

"파스칼과 달리 나는 말한다. 아브라함, 이삭과 야곱의 하나님과 철학자들의 하나님은 동일한 하나님이다. 하나님은 인

144　P. Tillich, "The two Types of Philosophy of Religion", in: *Theology of Culture*, New york 1964, *p.* 16.

145　P. Tillich, "Religion and Secular Culture", in: *Protestant Era*, Chicago 1966, *p.* 63-64.

격이며 동시에 인격으로서 자신의 부정이다."[146]

틸리히의 존재 개념은 선의 이데아와 일자에 관한 플라톤 사상과 일치한다. 그의 존재 개념은 힌두교의 브라만과도 같다. 플라톤에 의하면 선의 이데아는 최고의 실재이다. 그것은 직접 언급될 수 없다.(『국가론』 vi. 506f.) 선은 인식과 진리의 근원이지만 그 둘과 동일하지는 않다. 소크라테스는 선의 이데아를 태양에 비유하여 설명한다.

> "태양과 마찬가지로 선은 존재자들을 존재하게 하며 그들을 성장하게 하며 양분을 공급해준다. 그렇지만 그것은 현실의 존재자와는 다르다. 인식의 대상들은 그들이 인식되는 힘뿐만 아니라 그들의 존재와 실재성까지도 선에서 유래한다. 선은 존재자가 아니라 품위와 힘에 있어서 존재자를 능가한다."(『국가론』 vi. 508f.).

6.4. 비존재

헬라어에서 비존재(non-being)를 가리키는 개념은 두 종류이다. '전적인 무'(οὐχ ὄν)와 '상대적 무'(μή ὄν)가 그것이다.(참조, ST II, 26) 상대적 무는 다름을 의미한다. 여기에 있으면 저기에는 없는 그런 무이다. 상대적 무는 존재와 대립되는 어떤 것이 아니라 다른 존재방식을 의미한다. 그것은 없을 수 있는 존재방식이다. 있을 수 없

---

[146]   P. Tillich, *Biblical Religion and the Ultimate Reality*, p. 85.

는 것이 절대적 무라면 상대적 무는 있을 수도 있고 없을 수도 있는 존재방식이다.(참조, Platon, *Sophist* 237-59) '이것은 책상이다. 그리고 이것은 의자가 아니다.'

틸리히에게 있어서 비존재는 '절대적 무'가 아니다. 그에게 있어서 비존재는 존재자체 또는 하나님 안에 있는 변증법적인(신적인) 원리이며, 하나님 자체 내에 있는 생명의 원천이다. 비존재에서 하나님의 자기소외가 시작되며, 거기서 하나님의 힘과 사랑이 드러난다. 비존재는 하나님을 생명의 하나님이 되게 한다. "비존재가 존재자체와 어떻게 관련되어 있느냐고 묻는다면, 우리는 단지 은유적으로 존재는 자기 자신과 비존재를 '포함한다'고 대답할 수 있을 뿐이다. 존재는 신적인 생명의 과정에서 영원히 존재하고 영원히 극복된 비존재를 자기 '안에' 가지고 있다. 존재하는 모든 것의 근거는 운동하지 않고 생성되지 않는 죽은 동일성이 아니라 살아있는 창조성이다. 존재의 근거는 자기 자신의 비존재를 영원히 정복함으로써 자신의 존재를 창조적으로 확인한다. 존재의 근거는 그런 창조성으로서 모든 유한한 존재의 자기정체성의 모범이며, 존재에의 용기의 원천이다."[147]

틸리히는 비존재가 하나님을 생명의 하나님이 되게 한다는 사실을 존재의 근거라는 개념과 관련하여 설명한다. 존재의 근거는 존재구조의 근거이며, 비존재는 존재구조의 필연적인 요소이다. 그리고 비존재를 극복할 때 비로소 존재는 진정한 의미의 '살아있는 창조성'이 된다. 틸리히에 따르면 "하나님은 존재의 근거이기 때문에 존재구조의 근거이기도 하다. 하나님은 이런 존재구조에 예속

---

[147]   P. Tillich, *Courage to be,* p. 34.

되지 않는다. 오히려 존재구조가 하나님 안에 근거를 가진다. 하나님은 이런 구조로서 존재한다. 그러므로 이런 구조를 전제하지 않고 하나님에 관해 말하는 것은 불가능하다. 하나님에게 이르는 통로는 존재자체의 구조를 구성하는 요소들을 인식함으로써 확보되어야 한다. 이 요소들은 하나님을 살아있는 하나님이 되게 하며, 구체적으로 인간과 관계할 수 있는 하나님이 되게 한다. 그 요소들은 우리가 아는 상징들을 사용하여 실제성의 근거를 드러낼 수 있게 한다." 이 인용문에서 '존재구조를 구성하는 요소들'은 '존재'와 '비존재'라는 두 요소이다. 그리고 하나님은 비존재를 극복한 존재이기 때문에 생명의 근원인 살아있는 하나님이며, 인간을 구원하는 존재의 힘을 가지고 인간과 구체적으로 관계하신다. 비존재가 하나님을 살아있는 하나님에 되게 한다는 사실은 틸리히의 다음과 같은 물음에서도 추론해 볼 수 있다. "만일 하나님이 살아있는 하나님이라면, 만일 하나님이 창조적 생명작용의 근거라면, 만일 역사가 하나님에게 의미가 있다면, 만일 하나님 옆에 악과 죄에 대해 책임이 있는 부정적 원리가 전혀 없다면, 어떻게 하나님 자체 안에 변증법적 부정성이 있음을 인정하지 않을 수 있겠는가?"(ST I, 221)

틸리히는 존재의 근거라는 개념과 함께 '존재의 심연'이란 개념을 사용하여 하나님을 설명한다. 존재자체는 존재의 근거로서 생명을 주며, 존재의 심연으로서 그 생명을 삼킨다. 존재자체는 존재의 근거로서 생명을 주고 생명을 돌보는 어머니이며, 동시에 생명을 다시 부르고 삼키는 존재의 심연이기도 하다.(ST 3, 313) '존재의 근거'라는 표현은 실제로는 존재의 근거인 동시에 심연'을 편리하게 줄여서 표현한 것이다. 틸리히는 '근거'라는 개념과 '심연'이란 개념은 하나님의 불가해적 신비를 표현하기 위해 사용한다. 그는 하나님을 "무한한 신비"(ST 1, 290)라고 부른다. 하나님이 자신을 계시하셨음에도 불구하고 그는 여전히 신비하기 때문이다. 존재의 신비는 존재자체가 부정적 경험과 긍정적 경험에서 모두 경험될 때 드러난다. 부정적 경험은 존재론적 충격에서 만나는 비존재의 경험이며, 긍정적 경험은 비존재에 저항하는 존재의 힘을 경험하는 것이다. 이런 두 종류의 경험이 바로 존재의 심연과 존재의 근거이다. 유한자의 불완전성과 비존재의 충격은 "신비의 부정적인 측면, 즉 존재의 근거에 있는 심연의 요소를 드러낸다. 부정적 측면을 포괄하는 신비의 긍정적인 측면은 실제적 계시에서 분명하게 드러난다. 여기서 신비는 단지 심연으로서만이 아니라 근거로서 나타난다. 신비는 비존재를 정복하는 존재의 힘이다."(ST 1, 133-134)

틸리히는 존재의 근거라는 개념과 존재의 심연이란 개념을 통해 오토의 "mysterium tremendum et fascinosum"을 해석한다. Tremendum은 인간존재의 심연이며, fascinosum은 인간존재의 근거이다.(ST 1, 251) Tremendum은 "신적 임재의 무화시키는 힘"이며, fascinosum은 "신적 임재의 고양시키는 힘"이다.(ST 1, 137)

존재의 근거는 "존재의 깊이"(ST 3, 120)란 개념과도 동의어이다. 그 개념은 하나님 안에 있는 깊이로 그 깊이에서는 모든 차이와 대립이 사라진다. 이때 '깊이'라는 개념에는 존재자체가 근거이면서 동시에 심연이란 의미가 내포되어 있다. 다시 말해 존재자체는 근거를 알 수 없는 근거이다. 하나님은 자신을 계시한 후에도 여전히 신비로운 "무한한 신비"이다.(ST 1, 278) 하나님의 존재는 어떤 계시로도 그의 존재를 전부 드러낼 수 없을 정도로 신비하다.(ST 1, 173) 틸리히는 「실재론과 신앙」(Realism and Faith)이란 논문에서 셸링의 "태고(太古)의 것"(das Unvordenkliche)이란 개념을 "근원적으로 주어진 것,

존재하는 모든 것의 근거이자 심연"이라고 부른다.[148] '태고성'(die Unvordenklichkeit)을 심연의 개념과 연관시켜 생각하는 셸링의 이 개념은 뵈메의 '무근거'(Ungrund), 에크하르트의 '심연'(深淵; Abgrund)에까지 소급된다. 에크하르트의 '심연'은 '근거'와 함께 하나님 자신 안에 있는 생산력이다.

뵈메의 '무근거'는 신적인 근거가 자기를 생산하는 근거지이다. "무근거가 근거로 생성된다."[149] 심연은 존재의 부정이 아니라 존재의 생성이다. 왜냐하면 하나님 자신은 그가 무근거로부터 근거로 실현되기 이전에는 아직 완전한 자기의식에 도달하지 못했기 때문이다.[150] 심연 내부에는 배고픔, 욕망, 갈망 또는 의지라고 다양하게 불리는 하나의 요소가 있다. 이 요소가 하나님 내부에서 맨 먼저 운동하기 시작하여 인지할 수 있게 된다. "무는 어떤 것을 갈망한다. 그리고 이 갈망은 욕망이다. … 욕망은 그것이 품을 수 있는 아무것도 가지지 않기 때문이다. 욕망은 오직 자기 자신만을 품고 스스로를 스스로에게 끌어당긴다. … 욕망은 자기 자신을 '무근거로부터 근거'(vom Ungrund in Grund)로 데려오지만 … 자신은 여전히 무로 머문다."[151] 신적 존재가 영원한 존재로 탄생할 때 가장 중요한 순간은 신적 존재의 자각이다. 뵈메에 의하면 "신적 존재가 스스로를 자각할 수 있는 장소가 모든 존재자들의 근거이며 시작이다. 그리고 그 장소는 깊이를 측량할 수 없는 의지를 소유한다. 깊이를 알 수 없는 그 의지는 바로 하나님 아버지이다." 뵈메는 심

---

148   Adrian Thatcher, *The Ontology of Paul Tillich*, Oxford University 1978, 58.

149   Ibid. 59.

150   Ibid.

151   J. J. Stout, *Jacob Boehme: His Life and Thought*, 200.

연에 있는 그 의지를 하나님과 동일시한다.

기독교 신비주의에서도 하나님을 무와 동일시하긴 하지만 그것은 하나님 내부에서 작용한다고 생각되는 뵈메의 무 개념과는 다르다. 헬무트 쿤은 기독교 신비주의에서 말하는 무에 관해 말한다. "신비주의자가 하나님을 무(Nought), 어두움 또는 심연이라고 말할 때 그것은 하나님이 우리에게 나타날 때 그렇게 나타난다는 말이다. 하나님-무는 실제로는 하나님을 완전히 이해할 수 없는 우리 자신의 무이다. 우리가 하나님을 표현하려고 노력하지만 결국에는 표현할 수 없어서 그냥 무라고 얼버무리면서 고백하게 된다. 우리 언어의 유한성 때문에 하나님을 파악할 수 없으며 하나님은 단지 간접적이고 부정적으로밖에 표현할 수 없다고 말이다."[152]

존재와 무 사이의 변증법은 하나님과 피조물 모두의 존재구조이다. 그러나 존재와 무 사이의 관계가 하나님의 경우와 피조물의 경우는 서로 다르다. 하나님에게서는 그 대립적 양 극단이 창조적 긴장을 유지하지만, 세상에서는 그 긴장이 파괴로 이어진다. 신적인 생명에서는 비존재가 존재에 대해 무한히 저항하긴 하지만 언제나 극복된다. 인간의 삶과 유한한 존재자에게서는 존재와 무 사이의 긴장이 무너지게 되어 결국 비존재(무)가 존재를 위협하고 삼킨다. 인간은 존재에만 참여할 뿐 아니라 비존재에도 참여한다. 비존재는 인간 존재의 일부이다. 그러므로 인간은 비존재의 위협에 직면할 수밖에 없으며, 비존재의 가능성을 의식할 때 불안을 느낀다. 불안은 인간의 근본적인 기분이다. "불안은 존재자가 비존재가 될 수 있는 가능성을 의식할 때 느끼는 마음의 상태이다. ... 불

---

152   H. Kuhn, *Encounter with Nothingness*, Illinois 1949, 1-2.

안은 비존재의 위협에 대한 실존적 자각이다. 불안을 야기하는 것은 비존재에 대한 추상적 인식이 아니라 비존재가 우리 존재의 일부라는 자각이기 때문에 불안은 '실존적'이다."[153]

6.5. 새로운 존재

철학적으로 볼 때 인간의 실존은 타자 속에서 자기 자신으로 머무는 정신(Geist)이며(헤겔, 셸러), 자유와 세계 개방성이며(셸러), 세계 내 존재로서 자신의 존재가능성을 염려하는 존재이며(하이데거), 즉자적 존재로서 자신이 가능성을 기획하는 대자적 존재이며(사르트르), 궁극적 포괄자를 향해 초월하는 존재이며(야스퍼스), 저항을 극복하고 부단히 강해지려는 힘에의 의지이며(니체), 무와 무 사이에 잠시 머무는 유한한 존재자의 시간성이다(하이데거).

성서적 관점에서 인간의 실존은 하나님으로부터 멀어짐(Entfremdung)이다. 틸리히는 하나님으로부터 멀어진 인간의 실존을 그 개념의 어원적 의미로부터 설명한다. 어원적으로 볼 때 실존(existence)은 'ek-'(밖으로)와 'sistere'(서다)의 합성어로 '나가 섬'이다. '나가 섬'은 안에서 밖으로 나가 섬이다. 안에 있는 것은 아직 밖으로 나타나 존재하기 이전의 것이기 때문에 비존재(Nichtsein)이다. 실존하는 모든 것은 이런 비존재(NIchtsein)에서 존재(Sein)로 나가 서있는 것이다. 그런데 존재하기 이전의 비존재는 절대적 무가 아니라 상대적 무이다. 그것은 존재의 가능성을 가진 상대적 무이다. 그것은 잠재적으로 있는 것이다. 따라서 실존은 잠재적으로 있던 것이 현실적인

---

153 *Courage to be*, p. 35.

것으로 나타난 것이다. 잠재적인 것, 즉 '안에 있는 것'(in esse)은 본질적인 것(essential)이다. 잠재적으로 있던 본질적인 것이 비본질적인 것과 만나 - 물론 현실태인 개체의 관점에서 보면 비본질적인 것도 본질적이긴 하지만 - 현실적이 된다. 아리스토텔레스가 주장하듯이 형상이 질료와 결합되어 개체가 되듯이 말이다. 그러나 현실적인 것에는 본질적인 것이 전혀 없는 것이 아니다. 현실적인 것에는 본질과 비본질이 함께 존재한다.

인간의 실존은 본질적인 것으로부터 '멀어져 있음'이다. 틸리히는 인간 실존의 이런 상태에 관해 플라톤 철학과 관련하여 다음과 같이 말한다. "진정한 존재는 본질적 존재이며, 영원한 이데아들, 즉 본질적인 것들의 영역에 현존한다. 본질적 존재에 도달하기 위해 인간은 실존을 초월해야 한다. 인간은 본질적인 것에로 돌아가야 한다. 그가 떨어져 나와 실존이 된 그곳으로 말이다. 따라서 잠재적 상태의 외화현상인 인간의 실존은 본질적인 것으로부터 떨어져 나온 상태이다. 잠재적인 것은 본질적인 것이다. 그리고 잠재성의 외화현상인 실존은 참된 본질의 상실이다. 그러나 그것은 완전한 상실은 아니다. 인간은 인간이기를 중지하지 않는다. 본질적인 것과 실존적인 것이 인간 안에 공존한다."(ST II, 28)

인간의 실존은 "존재의 근원으로부터 멀어짐"이다. 하나님과 인간은 서로의 영역을 침투하지 않음으로써 존재하는 친밀한 관계를 형성하고 있었다. 인간의 본질적 존재방식은 피조물이다. 그러나 인간은 피조물임을 거부하고 하나님과 동등함을 취하고자 했다. 선과 악을 알게 되어 하나님과 같게 되고자 하는 악한 마음이 싹트게 되었다. 성경은 뱀이 하와를 유혹하여 "너희가 결코 죽지 아니하리라"라고 말함으로써 금단의 열매를 "먹는 날에는 반듯이 죽으리라"(참 2:17)는 하나님의 말씀을 의심하게 했으며, 그 열매를 먹고 눈이 밝아져 하나님과 같이 되려는 교만한 마음이 싹트게 했다. 사탄이 아담과 하와의 마음에 하나님과 같이 되려는 터무니없는 욕심과 교만을 일으켰다는 것이다.

틸리히는 아담의 타락에 대해 심리학적 해석을 시도한다. 그에 의하면 아담의 타락은 이미 잠재적으로 있던 악한 마음이 현실화되어 드러난 것이다. 타락하기 이전에 아담의 본성은 순수한 무구성의 상태에 있었지만, 그의 무구함(無垢)은 '꿈꾸는 무구'(träumende Unschuld; dreaming innocence)였다. 악한 마음이 아직 드러나지는 않았지만 잠재적 상태에 있었다는 것이다.

> "심리학적으로 볼 때 그런 본질적 상태는 '꿈꾸는 무구'(träumende Unschuld)라 할 수 있다. 이 개념은 현실적 실존에 선행하는 어떤 상태를 가리킨다. '꿈꾸는 무구'는 잠재성을 가지지만 결코 현실성을 가지지는 않는다. 꿈꾸는 무구는 어떤 장소도 가지지 않는다. 꿈꾸는 무구는 '우 토포스'(utopia)이다. 그런 상태는 어떤 시간도 가지지 않으며, 시간성 이전의 상태이며, 초역사적이다. 꿈은 현실적이면서 동시에 비현실적인 의식 상태이다. 마치 잠재성이 현실성이면서 동시에 비현실성이듯이 말이다. 꿈은 실제적인 대상들을 가지지만 그 대상들은 단지 이미지들이다. 꿈을 깨는 순간 그 이미지들은 이미지로서는 사라지지만, 체험된 실재들로서 재현된다. 당연히 현실성은 꿈의 이미지들과는 다르지만 절대적으로 다르지는 않다. 따라서 꿈의 비유는 현실화되기 이전의 본질적 존재 상태를 기술하기에 적당하다."(ST II, 40)

틸리히에 의하면 인간의 실존(Existence)은 꿈꾸는 무구상태의 본성이 본질에서 멀리 떨어져 나온 상태이다.(ek-sistere) 인간의 타락한 실존은 사탄의 유혹 때문이 아니라 본질적인 것이다. 인간의 본질은 자유와 운명이다. 유한성을 극복한 무한한 하나님과 달리 인간은 유한성이 그의 운명이었다. 인간이 그의 꿈꾸는 무구상태에서 멀어진 것은 그의 유한성 의식의 결과이다. 인간의 유한성은 그가 존재이면서 동시에 비존재라는 사실에 있다. 인간은 유한성의 운명을 벗어나고자 하는 꿈을 가지고 있었을 것이다. 그는 유한성의 운명을 벗어나고자 꿈꾸고 있었을 것이다. 그는 무구의 상태에 있었지만 그 무구는 무한성을 꿈꾸는 무구였을 것이다.

아담은 자기를 상실할 위협에 직면해 있었다. 이런 위협에서 아담의 자유의지는 실존을 선택하였다. 실존을 선택함으로써 인간은 그의 본질, 즉 그의 운명인 유한성으로부터 멀어지게 되고 따라서 하나님으로부터 멀어지게 된다. 틸리히는 이런 사실에 관해 자세하게 설명한다.

> "꿈꾸는 무구의 상태는 꿈에서 깨어날 수밖에 없다. 실존으로 넘어감의 가능성이 유혹으로서 경험된다. 유혹은 불가피한 것이다. 꿈꾸는 무구의 상태는 미결정 상태이기 때문이다. 그 상태는 결코 완전하지 못하다. 보수적인 신학자들은 아담이 타락 이전에는 절대적으로 완전하였다고 생각하여 그를 그리스도와 동일시한다. 그런 주장은 불합리할 뿐만 아니라 타락을 전혀 이해할 수 없게 만든다. 순수한 잠재성(꿈꾸는 무구)은 완전한 상태가 아니다. 하나님은 완전하다. 그는 본질

과 실존을 초월하기 때문이다. '타락 이전의 아담'이란 상징적 표현은 미결정 상태의 잠재성으로 이해되어야 한다."

"무엇이 꿈꾸는 무구를 꿈에서 깨어나도록 했는가? 이 물음에 답하기 위해 우리는 '유한한 자유'의 개념을 보다 정확하게 분석해야 한다. 인간은 단지 다른 피조물들처럼 유한할 뿐만 아니라 자신의 유한성을 의식하는 존재자이다. 그리고 이런 의식은 '불안'이다. … 불안이란 개념은 케에르케고르를 통해 실존주의의 핵심적 개념이 되었다. 불안은 존재이면서 동시에 비존재인 유한한 인간이 끊임없이 절대적 비존재를 통해 위협당하는 경험에서 유래한다. 불안은 모든 피조물의 근본적인 기분이다. 유한성과 불안은 동일한 것이기 때문이다. 인간에게서 자유는 불안과 불가분적으로 결합되어 있다. 따라서 우리는 인간의 자유를 '불안한 자유'라 부른다. 키에르케고르가 불안에 관한 그의 단편에서 지적했듯이 본질로부터 실존으로 넘어가도록 하는 힘은 바로 이런 불안의 기분이다.

우리가 이런 사상을 더 발전시켜 유한한 자유의 구조를 분석하면 본질적 존재로부터 실존으로 넘어가는 두 가지 동기들을 발견할 수 있다. 선악을 알게 하는 나무의 열매를 먹지 말라는 하나님의 명령에는 우리가 주목해야 할 요소가 있다. 모든 명령은 명령된 것이 아직 성취되지 않았다는 사실을 전제한다. 하나님의 명령은 창조자와 피조물 사이의 긴장관계를 전제한다. 이런 긴장관계는 하나의 명령에 필연적으로 따르는 것이다. 비록 그 명령이 단지 피조물의 순종을 시험하기 위한 것이라 할지라도 말이다. 이런 긴장관계는 타락설화에서 가장 중요한 점이다. 긴장관계의 이런 갈등은 아직은 죄가 아니지만 전혀 무죄하다 할 수도 없는 죄를 전제하기 때문이다. 그것은 죄를 범하고자 하는 욕구이다. 이런 욕구를 '일깨워진 자유'(erregte Freiheit)라 하자. 꿈꾸는 무구의 단계에서는 자유와 운명이 서로 조화를 이루고 있지만 어느 것도 아직 현실화되지는 않았다. 그들의 통일성은 본질적이거나 잠재적이다. 이런 통일성은 유한하며, 따라서 긴장된 상태를 유지하지만 파열의 가능성을 가지고 있다. 유혹 이전의 무죄한 상태가 그렇다. 긴장은 유한한 자유가 자신의 유한성을 의식하고 현실적이 되고자 하는 순간 발생한다. 그 순간은 일깨워진 자유의 순간이다. 일깨워진 자유와 함께 자유와 운명의 통일성에 따르는 반작용이 시작된다. 꿈꾸는 무구는 자신의 순수성을 보존하고자 한다. 성경에서 이런 반작용은 잠재적 자유가 현실화되는 것을 금지하고 인식과 힘에 도달하는 것을 막는 하나님의 명령을 통해 상징적으로 제시되어 있다. 인간은 그의 자유를 실현하려는 욕구와 꿈꾸는 무구를 유지하라는 요구 사이에서 갈등한다. 인간은 그의 유한한 자유에 따라 현실화를 선택한다.

이런 분석을 인간이 그의 유한한 자유를 의식하게 되는 불안을 통해 심리학적으로 설명해 보자. 불안의 순간 인간은 그의 자유가 위기에 처해 있음을 느낀다. 인간은 이중적인 불안, 즉 자기를 실현함으로써 자신을 잃을 수 있다는 불안과 실현하지 못함으로써 자신을 잃을 수 있다는 불안을 느낀다. 인간은 그의 꿈꾸는 무구를 보존하고 현실적 존재를 경험하지 못하거나 아니면 인식과 힘과 죄의 대가로 자신의 무구를 잃는 선택의 순간에 선다. 이런 불안이 유혹으로서 경험된다.

인간은 자기를 실현하기로 결정하고 그와 함께 꿈꾸는 무구
의 상태는 끝난다."(ST II, 41-42)

이제 인간은 유한한 자유에 의존하여 스스로 자신을 실현하기
로 결정하고 그의 본질로부터 멀어진다. 그는 본질에서 멀어져 실
존이 된다. 그의 유한성을 거부하고 하나님과 동등하게 되고자 하
여 하나님으로부터 멀어진다. 이렇게 멀어짐으로써 잠재적 상태의
비존재가 현실화되었다. "비존재에 대한 불안이 죽음에 대한 공포
로 변하였다."(ST II, 77) 이렇게 멀어짐이 곧 죄이며, 죄로 인해 죽음
의 세력이 인간을 엄습하게 되었다. 이제 인간은 죽음에 대한 공포
에서 벗어나기 위해 구원을 추구하게 된다. 본질로부터 멀어진 이
런 상태에서 본질의 상태를 회복해야 인간이 꿈꾸었던 완전성에 도
달할 수 있지만 인간에게는 그런 능력이 없다. 인간에게는 비존재
를 극복하고 새로운 존재가 될 수 있는 가능성이 없다. 인간이 회
복해야 할 본질적 상태와 인간의 현실적 상태 사이의 괘리로 인
해 인간은 절망에 빠지게 된다. 인간은 그의 고유한 실존의 의미
를 상실한 것에 대한 책임감과 그런 실존을 다시 회복할 수 없다
는 절망감에 빠진다. 그러나 인간은 이런 절망에서 스스로 벗어날
수 없다. 인간은 벗어나고자 하는 자유의지는 있지만 그 의지를 실
현할 수 있는 능력은 상실했기 때문이다. "실존적 자아실현의 모든
행위에는 자유와 운명이 결합되어 있다. 따라서 (하나님으로부터 멀어
진) 실존적 소외의 전체 내에서 이루어지는 어떤 행위도 실존적 소
외를 극복할 수 없다. 이런 운명이 자유를 제한하고 있다. 이런 사
실은 루터가 에라스무스와의 논쟁에서 제시했던 '의지의 예속성'이
란 개념에 잘 표현되어 있다."(ST II, 88) 틸리히는 '의지의 예속성'으

로 인해 실존적 소외를 극복할 수 없는 인간의 이런 절망적 상황에서 새로운 존재의 필연성에 관해 다음과 같이 말한다.

> "'의지의 예속성'은 보편적 사실이다. 그것은 인간이 자신의 소외의 운명을 스스로 돌파할 수 없음을 의미한다. 인간은 유한한 자유의 힘을 통해 하나님과의 연합에 이를 수 없다. 유한한 관계에서 이루어지는 인간의 결정들은 그의 유한한 자유의 행위들이다. 그러나 그런 유한한 자유의 행위들을 통해서는 하나님과의 재결합이 불가능하다. … 그러나 인간은 하나님과의 관계에서는 하나님 없이는 아무것도 할 수 없다. 인간은 행동하기 위해 새로운 존재가 되어야 한다. 새로운 존재는 새로운 행위의 전제이다. 나무는 열매를 생산하지만 그 역은 아니다. 인간은 그를 위협하고 있는 것들을 뿌리로부터 바꾸는 존재의 힘을 통하지 않고는 그런 위협을 극복할 수 없다."(ST II, 89)

틸리히에 따르면 이런 위협은 인간의 노력을 통해서는 극복될 수 없고 오직 종교를 통해서만 가능하다. "왜냐하면 종교는 단지 다른 기능들 중 하나의 기능일 뿐 아니라 생명의 불확실성들이 성령을 통해 극복되는 유일한 기능이기 때문이다. 따라서 종교는 새로운 존재, 즉 본질적 존재와 실존적 존재 사이의 분열을 극복한 존재에 대해 관심을 가지는 영역이다. 구원에 대한 물음은 오직 구원이 이미 시작되었을 때에만 제기될 수 있다. 전혀 희망이 없는 절대적 절망은 절망 너머의 어떤 것을 추구할 수 없다. 새로운 존재에 대한 물음은 새로운 존재의 현존을 전제한다. 진리에 대한 물음

이 진리의 현존을 전제하듯이 말이다."(ST II, 89)

　물론 여기서 틸리히가 말하는 종교는 '계시에 근거한' 종교이다. 구원은 오직 예수 그리스도를 통해 이미 주어진 계시사건을 통해서만 가능하다. 예수 그리스도는 본질적 존재와 실존적 존재 사이의 분열을 극복한 새로운 존재이다. 예수 그리스도는 새로운 존재로서 "실존의 조건들 아래 있는 본질적 존재, 즉 본질과 실존 사이의 괴리를 극복한 존재이다. 바울은 이런 사상에 대해 '새로운 피조물'이란 개념을 사용한다. 그리스도 '안에' 있는 사람은 새로운 피조물이라는 것이다. 여기서 '안에'는 참여함을 표현하는 전치사이다. 그리스도 안에 있는 존재의 새로움에 참여하는 사람은 새로운 피조물이 되었다. 새로운 피조물이 되는 이런 사건은 하나의 창조적 행위를 통해 일어난다. 공관복음에 의하면 예수는 그리스도로서 성령을 창조했듯이 그리스도에 참여하는 사람은 성령을 통해 새로운 피조물이 되었다. 본질적 존재로부터 멀어진 인간의 실존이 근본적으로 극복되었다. … 새로운 존재는 본질적 존재가 실존의 조건들에도 불구하고 왜곡되지 않고 완벽하게 복원된 상태이기 때문에 새롭다. 새로운 존재는 이중적 의미에서 새롭다. 새로운 존재는 본질적 존재의 단순한 잠재성에 대해 새로우며, 본질에서 멀어진 실존적 존재에 대해 새롭다. 새로운 존재는 실존의 상태에 있으면서 실존의 소외를 극복한다."(ST II, 130) 구원은 바로 새로운 존재인 예수 그리스도의 계시사건에 참여하여 새로운 존재로 새로 태어나는 것이다.

7. 현상학적 해석학과 성령

우리는 위에서 예수 그리스도를 통한 하나님의 자기계시의 필연성과 사건으로서의 본질적 속성에 관해 살펴보았다. 계시는 하나님이 자신을 알리시는 사건일 뿐 아니라 인간을 새롭게 하는 사건이기도 하다. 하나님의 자기계시가 없었다면 우리는 하나님에 관해 아무것도 알 수 없으며 새로운 존재가 될 수도 없다. 그러나 하나님의 계시는 은폐하는 방식으로서의 계시이다. 하나님은 우리의 경험의 한계 내에서 자신을 계시하신다. 다시 말해 하나님은 암호를 통해 자신을 도식화함으로써 계시하신다. 이런 도식화에 관해 바르트는 말한다.[154]

> "우리는 완전한 실체, 즉 비가시적인 하나님의 본질을 가시적인 것에 비추어 볼 수 있을 뿐이다. 내부가 없는 외부는 없으며, 본질이 없는 현상은 없으며, 영원한 본질과 신성이 없이는 어떤 일도 그 성과를 기대할 수 없다. 그리고 인간 자체는 본질적으로 내부이며, 사물들의 본질을 파악할 수 있으며, 영원한 힘과 신성 안에 그의 고유한 근원을 가진다. 창조 이래 사물에 내재하는 비가시적인 하나님의 본질이 인간 안에도 있기 때문이다. … 어떤 것도 즉자적으로 있는 것은 없다. 모든 것은 우리가 보고, 알고, 생각하는 한 존재한다. 어떤 것도 스스로 생성되는 것은 없다.[155] 생성되는 모든 것은 정

---

154   K. Barth, *Römerbrief (hg. Hermann Schmidt)*, 1985 Zürich, 28–29.

155   바르트의 이런 존재이해를 위해서는 하이데거와 칸트의 존재이해를 참조하라. 하이데거에 의하면 "인간은 존재의 목자이며"(Der Mensch ist der Hirt des Seins; Wegmarken 328), "오직 현존재(인간존재)가 있

신을 통해, 이성을 통해, 말씀을 통해 생성된다. 그리고 우리는 생성을 그렇게 파악한다. 거기 있는 어떤 것도 이전에 이미 여기 있지 않았던 것은 없다. 이렇게 우리 안에 있는 창조적인 것, 파악하는 능력, 모든 사물들 내에서 자기 자신을 다시 인식하는 이런 정신적인 것, 사물들 안에서 직접 하나를 인식하는 우리 안에 있는 이런 지혜, 이런 모든 것의 근원은 어디인가? … 하나님은 우리의 눈으로 보시며, 우리의 척도로 측량하시며, 우리의 생각에서 생각하시기 때문에 우리는 '자연의 내부에서' 우리 자신을 보며, 우리 자신 안에서 비가시적인 본질, 즉 모든 형상들의 근원형상, 이념들의 이념, 모든 힘들의 힘, 모든 진리들의 진리를 본다. 우주는 창조적 이성에 의해 형성되었기 때문에, 그리고 이런 창조적 이성이 우리 자신에 내재하기 때문에 우리는 말한다. '하나님을 알 만한 것이 그들 속에 보임이라. 하나님께서 이를 그들에게 보이셨느니라.'(롬 1:19)"

그러므로 중요한 것은 그 암호를 해독하는 작업이다. 성서에 암호를 통해 자신을 계시하신 하나님을 읽어내는 것이 중요하다. 현상학적 해석학은 이런 작업이다. 우리는 현상학적 방법론을 통해 성서에서 언어에 은폐된 하나님의 말씀을 읽어내야 한다.

는 한에서만, 즉 존재이해의 존재적 가능성이 있는 한에서만 존재는 있다. "(Nur solange Dasein ist, das heißt die ontische Möglichkeit von Seinsverständnis, gibt es Sein) 존재자는 인간의 사유와 무관하게 존재할 수 있지만, 존재는 인간이 사유를 통해 그 존재자와 관계할 때 부가된 개념이다. 존재를 이해하는 인간의 사유에 의해 존재가 수용되는 존재의 빛이 일어나는 한 존재가 인간에게 자기를 넘겨준다(Wegmarken 333). 칸트에 의하면 존재는 사실적인 존재자가 아니라 단지 사유주체의 이성에 의해 사물들에 부가된 규정(Bestimmungen)이다.(Krv A 598, B 626)

7.1. 후설의 현상학

현상학이란 일상적 현상에서 현상학적 현상을 드러내는 작업이다. 그러기 위해서는 '자연적 태도의 일반정립'을 '에포케'(epoche: 판단중지)함으로써 존재자로부터 존재에로의 방향전환(선험적 환원)이 필요하다. 이런 환원에 의해 순수의식에 드러나는 대상(noesis-noema)을 다양한 시선변경 과정(본질적 환원)을 통해 본질을 직관함(본질직관 또는 이데아적 직관)이 중요하다.

후설의 현상학은 '사실자체', 즉 의식에 충전적으로(adäquat) 주어진 대상의 대상성(의미)을 명증적으로(evident) 파악하고자 한다. 이것은 의식이 자기 자신에게로 향하여 거기서 일어나고 있는 것을 자세히 관찰함으로써 사실자체를 파악하는 것이다. 그리고 사실자체를 파악하기 위해서는 먼저 대상에 대한 소박한 태도, 즉 '자연적 태도의 일반정립'(Generalthesis der natürlichen Einstellung)을 보류하고 현상학적 태도로 전환하는 현상학적 환원(에포케)을 통해 그 대상이 의식에 내재적이 되게 하는 작업이 필요하다. 자연적 태도란 무엇이든 드러나 있는 것에 대해 전혀 의심하지 않고 그것이 사실자체라고 생각하는 소박한 태도이다. 사실자체를 원본 그대로 파악하기 위해서는 이런 소박한 판단을 보류하고 괄호 속에 묶어 놓는 '에포케'(ἐποχή; epoche)가 중요하다. "사실자체로!"(Zur Sachen selbst!)를 모토로 하는 현상학에서 이런 '에포케'는 이중적인 환원작업을 통해 수행된다. 먼저 의식이 소박한 태도에서 확신한 대상에 대해 의심함으로써 대상이 의식에 내재적이 되게 하는 것이 중요하다. 이런 의심을 통해 의식 초월적이었던 대상이 의식에 내재적으로 환원된다. 우리가 길을 가면서 무수히 많은 대상들을 보았지만 의식에 내재적으로 남아있는 것은 없다. 그런데 그 중에서 의식에 내재적으로 남아있는 것이 있다면 그것은 어떤 방식으로든 충격적인 어떤 것이었을 것이다. 후설은 이런 환원을 '선험적(초월론적) 환원' 또는 좁은 의미의 '현상학적 환원'이라 부른다. 플라톤의 '동굴의 비유'와 데카르트의 '방법적 회의'는 바로 이런 환원작업이라 할 수 있겠다. 플라톤은 『국가론』의 '동굴의 비유'에서 이데아를 인식하지 못하는 이유가 무엇이며, 이데아를 인식하기 위해 가장 중요한 것이 무엇인지 암시해 준다.

"죄수들이 동굴 벽을 향해 쇠사슬에 묶여있는 장면을 생각해 보라. 죄수들은 일생동안 그곳에 묶여 있었으며, 그들의 머리는 동굴 벽을 향해 고정되어 벽 이외에는 어떤 것도 볼 수 없다. 그들 뒤에는 불이 있고, 불과 그들 사이에는 길이 있다. 그 길을 따라 수많은 사람들이 걸어 다니는데, 그들의 그림자가 동굴 벽에 드리워진다. 어떤 사람들은 동물 모양의 것들을 운반한다. 동굴 내부의 죄수들은 언제나 오직 그림자들만 볼 뿐이다. 그들은 그 그림자들이 실제의 사물들이라고 믿는다. 그들은 그 이상의 어떤 것도 알지 못하기 때문이다. 그러나 실제로 그들은 결코 실제의 사람들을 보지 못한다. 그러던 어느 날 죄수들 중 하나가 사슬에서 풀려 실제의 불을 볼 수 있게 된다. 처음에 그는 눈이 부셔 불꽃을 전혀 볼 수 없지만 점차 익숙하게 되어 주변 세계를 보기 시작한다. 다음에 그는 동굴 밖으로 나가게 되어 햇빛을 완전히 보게 되지만 이번에도 밝은 빛에 눈이 부셔 당황한다. 이제 그는 서서히 전에 자신의 삶이 얼마나 가련한 것이었는지 자각하기 시작한다. 지금까지 그는 그림자의 세계에 만족하고 있었다. 그의 뒤에는 밝게 빛나는 충만한 실제 세계가 놓여 있었음에도 불구하고 말이다. 이제 그는 눈이 밝은 빛에 적응함에 따라 동료 죄수들이 보지 못했던 것을 보며, 그들에 대해 안타까운 마음을 가지게 된다. 드디어 그 빛에 완전히 익숙하게 되자 태양을 직접 볼 수 있게까지 된다. 다음에 그는 다시 동굴로 돌아간다. 그의 눈은 더 이상 이 그림자의 세계에 익숙하지 않게 되었다. 그는 동료 죄수들이 쉽게 발견하는 그림자들을 더 이상 식별하지 못한다. 동료들은 그가 동굴 밖으로 여행을 다녀온 후 눈이 멀었다고 생각한다. 그러나 그는 실체의 세계를 보았다. 동료들은 여전히 피상적인 현상 세계에 만족하고 있다. 그들은 비록 밖으로 나갈 수 있다 할지라도 동굴을 떠나지 않을 것이다."

죄수들은 쇠사슬에 묶여 동굴 벽만 바라보고 거기 비치는 그림자를 실제의 사물이라 생각한다. 쇠사슬에 묶여 있다는 것은 감각적 지각에 머물러 있다는 뜻이다. 죄수들은 감각에서 지각된 것이 진리라고 생각하기 때문에 고개를 돌리지 못한다. 감각적 확신은 그들을 묶고 있는 쇠사슬이다. 그림자가 사실이 아닐 수도 있다는 회의적 시각을 가진 사람은 고개를 돌려 불빛에 드러난 사물을 볼 수 있게 된다. 이제 비로소 그의 눈이 열려 실체를 볼 수 있게 되었다. 그가 밖으로 시선을 돌려 불빛을 본 것은 그의 눈이 열린 개안사건(開眼事件)이라 할 수 있겠다. 이제 그의 눈에서 비늘 같은 것이 떨어지게 된 것이다. 그림자로부터 고개를 돌리는 것은 회의적이 된다는 것이며, 회의적이 된다는 것은 감각적 지각에서 벗어나 사유한다는 의미이다. 사유를 통해 비로소 감각적 지각에서 벗어나 사실자체를 바라볼 수 있게 된다. 사실자체를 직관하기 위해서는 감각적 지각 또는 고정관념으로부터 벗어나 회의주의자가 되어야 한다. 왜냐하면 '회의', '의심'을 가리키는 'Skepsis'란 단어는 헬라어 'skepsis'(곰곰이 생각함)에서 유래했으며, 'skepsis'는 'skeptesthai'(보다. 자세히 보다)에서 유래했기 때문이다.

그런데 이러한 환원을 통해 의식에 주어진 대상은 의심의 여지가 없이 분명하기는 하지만, 아직 그 본질에 있어서 완전히 명증적이지 못하다. 다시 동굴의 비유로 돌아가 보자. 죄수 중 하나가 쇠사슬에서 풀려나 동굴 밖의 횃불을 볼 수 있게 되었다. 회의적 시각을 통해 감각적 지각의 단계에서 벗어나 이제 비로소 이성(추론적 이성; dianoia)이 작동하기 시작한 것이다. 그런데 처음에는 눈이 사실자체(이데아)를 정확하게 보지 못한다. 눈이 부셔 사물이 희미하게 보이기 때문이다. 사물이 보이기는 하지만 정확한 실상을 볼 수 없다. 그런데 차츰 눈이 빛에 적응되어 사물을 또렷이 볼 수 있게 된다. 플라톤은 눈이 차츰 사물에 적응하는 과정을 '디아렉티케'(διαλεκτική)라 한다. 디아렉티케는 어떤 과정을 거쳐 이루어지는가?

먼저 이성을 의미하는 헬라어 '로고스'(logos)에서 출발하자. 헬라어에서 '로고스'란 개념은 다양한 의미로 사용된다. 헤라클레이토스는 만물의 본질적 속성이 운동이며, 이 운동의 근원적 원리를 '로고스'라 했다. 이때 사용된 '로고스'란 개념은 형이상학적 '로고스'이며, 우리는 그것을 '리'(理) 또는 '이치'(理致)라 한다. 한편 인간에게도 그가 마땅히 따라야 할 이치가 있는데, 우리는 그 이치를 '도리'(道理)라 한다. 이 도리도 '로고스'인데, 우리는 이 로고스를 '윤리학적 로고스'라 부르자. 인간에게는 이치로서의 로고스와 도리로서의 로고스를 인식할 수 있는 능력이 있다. 그런 능력은 이치와 도리를 이해할 수 있는 능력이기 때문에 '이성'(理性)이라 부를 수 있으며, 로고스를 인식하는 능력이기 때문에 '로고스'라 부를 수 있겠다. 우리는 이 로고스를 '인식론적 로고스'라고 부르자.[156] 그렇다면 인식능력으로서 로고스의 고유한 기능은 무엇인가? '로고스'는 '모으다'는 뜻의 헬라어 동사 '레고'(λέγω)에서 유래했다. 따라서 로고스의 고유한 기능은 '모으는 작용'이다.[157] '디아렉티케'는 '디아레게스타이'(διαλεγήσθαι란 동사에서 온 말로 'δια-'(~을 통하여)와 '레고'(λέγω)의 중간태 동사인 '레게스타이'(λεγήσθαι: 그가 그를 위해 모으다)의 합성어이다. 따라서 디아렉티케는 '모으는 것을 통하여'란 뜻이다. 디아렉키케는 모으는 작업을 통하여 결론에 도달하는 방법론을 말한다. 이렇게 결론에 이르는 방법은 다시 하나의 상위 개념을 두 개의 하위 개념으로 세분한 후 그 중에서 더 나은 것을 선택하는 방법과 여러 개의 사례들을 비교하여 모든 사례들에 공통되는 것을 찾아내는 방법이 있다. 전자의 방법을 '디하이레시스'(διαίρεσις)라 하고, 후자의 방법을 '쉰테시스'(σύνθεσις)라 한다. 전자의 방법은 '연역 추리'에 속하고 후자는 '귀납적 일반화'에 해당된다고 볼 수 있겠다. '둘'을 의미하는 헬라어 '두오'(δυο)와 '선택'을 의미하는 '아이레시스'(αἵρεσις)의 결합어인 '디하이레시스'는 하나의 상위개념(유개념)을 최소한 둘 이상의 하위개념(종개념)으로 나눈 다음 그 중에서 가장 적합한 종을 선택하는 논리적 기법이다.

---

156 인식한 것을 표현하는 '말'도 로고스이다.

157 이성의 고유한 기능이 모으는 것이라면 이런 기능은 어디에 근거하는가? 인간의 이성은 과거에 경험한 것과 아직 경험하지 않은 것을 현재의 상으로 정립할 수 있는 능력을 가지는데, 우리는 이런 능력을 '구상력' 또는 '상상력'이라 한다. 그리고 이런 상상력은 다시 의식의 시간성에 근거한다. 따라서 '시간의식'이야말로 이성의 가장 고유한 기능이라 할 수 있을 것이다.

이제 의식에 주어진 것을 모든 우연성과 개별성으로부터 해방시키고 그의 순수한 본질로 환원시키는 작업이 필요하다. 후설은 이런 환원을 '본질적 환원' 또는 '이데아적 환원'이라 부른다. 이것은 현상학적 환원에 의해 의식에 충전적으로 주어진 것을 '이데아적 직관'에 의해 파악하는 것이다. 이데아를 직관하기 위한 플라톤의 '디아렉티케'는 바로 이런 '이데아적 환원'과 '이데아적 직관'이라 할 수 있다. 본질적 환원에 의해 지향하는 의식(intentio: νόησις)과 지향된 대상(intentum: νόημα)이 완전히 일치하게 되며, 이때 대상이 현상학적 환원의 잔여물로서 의식에 충전적이고 원본적으로(original) 주어진다. 이렇게 원본적으로 주어진 것이 이제 '원본적으로 부여하는 직관' 또는 '본질직관'에 의해 명증적으로 파악된다. 이것은 지향된 대상의 대상성이 지향하는 의식에 의해 구성되는 것이다. 그런데 이 구성은 대상을 산출하는 것이 아니라 의미구성(Sinn-Konstitution), 즉 대상의 의미를 드러나 있는 그대로 수용하는 것이다.

그런데 여기서 주목해야 할 것은 노에시스-노에마라는 의미구성체는 무시간적인 이념이 아니라 시간의식에 기초한 역사성을 가진다는 점이다. 시간의식은 '과거의 것을 보존하고 미래를 예상하면서 현재화하는 의식'(retendierend-protendierende-vergegenwärtigendes Bewußtsein)이다. 따라서 의식의 '노에시스-노에마' 구조에 의해 구성된 현상학적 구성체인 의미는 역사성을 가진다. 현상학적 현상이 역사성을 가진다면, 그 현상에 대한 해석도 역사성을 가진다. 해석하는 주체에 의해 경험된 것은 의식의 체험류에 저장되기 때문이다. 어떤 해석도 절대적일 수는 없다. 해석은 진리를 드러내는 수단이기 때문이다.

7.2. 하이데거의 현상학: 이해(Verstehen)와 해석(Auslegung)의 해석학적 순환

현존재의 존재로부터 존재자일반의 존재에로의 시선변경. 현존재는 그의 존재에 있어서 그의 존재가 중요한 존재자로서 존재를 이해하는 존재자이다. 전기 하이데거의 목표는 현존재의 존재이해(Verstehen)를 해체구성함으로써 존재자일반의 존재를 해명함(Auslegung)이다. 현상학은 하이데거가 이런 목표에 도달하기 위해 취하는 방법론이다.

하이데거는 후설의 현상학적 방법론에서 중요한 개념들을 수용하여 존재론적으로 확대 적용한다. 후설에게 있어서 현상학적 환원은 자연적 태도로부터 선험적 의식과 그 의식의 노에시스적-노에마적 체험에로 관점을 전환하는 작업이며, 이런 체험에서 대상이 의식의 상관자로서 구성된다. 그런데 하이데거에 있어서 현상학적 환원은 존재자로부터 존재에로 시선을 돌리는 작업, 즉 존재자의 존재를 주제화하는 작업이다.

그렇다면 하이데거에게서 존재자의 존재를 주제화하는 이런 현상학적 환원은 어떤 과정을 통해 일어나는가? 우리는 존재자를 파악하듯이 존재에 직접적으로 접근할 수는 없고 오직 존재자를 통해서만 가능하다. 존재는 존재자가 아니기 때문이다. 하이데거는 존재자일반의 존재를 해명하기 위해 우선 존재를 이해하는 존재자인 인간의 존재를 실존론적으로 분석한다. 그는 이런 분석을 '현상학적 구성'이라 부른다. 이런 분석을 통해 그는 현존재(인간)의 존재의 의미가 시간성에 있음을 밝힌다. 그러나 이것으로 현상학적 방법론이 완결되는 것은 아니다. 존재자일반의 존재를 드러내기 위해서는 '현상학적 구성'에 의해 도달한 현존재의 존재방식인 시간성을 근원적으로 해체하는 작업이 필연적이다.[158] 여기서 하이데거는 '해체'라는 개념을 철학적 전통에 대한 비판적 접근이란 의미에서 사용하는데, 보다 근원적으로 보면 현상학적으로 구성된 현존재의 존재구성을 해체하는 것으로 보아야 할 것이다.[159]

선험적 환원, 현상학적 구성, 그리고 이 구성의 해체라는 현상학적 방법들은 존재물음의 삼중적 구조와 일치한다. 선험적 환원에 의해 존재자로부터 존재에로의 방향전환이 일어남으로써 존재에 대해 물음이 제기되고(Gefragtes), 현상학적 구성에 의해 그 물음이 일어나는 장소로서의 현존재가 물어지며(Befragtes), 이렇게 물어진 현존재의 존재를 해체구성함으로써 존재자일반의 존재가 물음의 의미(Erfragtes)로서 드러나게 된다.

이상에서 보았듯이 존재해명은 현존재의 존재를 실존론적으로 분석하고 그렇게 분석된 것을 해체하는 이중적인 과정을 통해서 가능하다. 그런데 우리는 여기서 현상학이 존재해명의 유일한 길임을 밝히기 위해 하이데거가 '현상학'이란 개념에서 '현상'(Phänomen)과 '학'(–logie)을 어떻게 이해하고 있는지 살펴볼 필요가 있다.

'현상'을 나타내는 그리스어 '파이노메논'(φαινόμενον)은 " … 을

---

158   후설과 하이데거의 현상학적 개념들에 관해서는 참조, M. Heidegger, *Grundprobleme der Phänomenologie*, Frankfurt a.M. 1989, *S.* 26–32.

159   우리는 여기서 '해체'라는 개념을 포스트모더니즘의 '해체구성'(Dekonstruktion)이란 의미로 이해해야 할 것이다. 해체구성이란 하나의 구조를 그 고유성에서 드러내기 위해 그 구조를 해체하는 작업이라 볼 수 있다. 데리다는 하이데거를 따라 이러한 작업을 '가위표로 지우기'에 비유하는데, 이것은 일상적인 사고방식의 지배로부터 자유로워지기 위한 작업이다. 가다머는 하이데거의 '해체'를 해체구성이란 의미로 이해하여 다음과 같이 말한다. "'해체'는 당시의 독일어 어감에서 볼 때 파괴를 의미하는 것이 절대로 아니다. 그것은 어떤 목표를 가지고 건물을 부수는 것, 즉 근원적인 사고경험에 도달할 때까지 그것을 덮고 있는 층들을 벗겨내는 작업을 의미한다." (H.–G. Gadamer, "Heidegger und Sprache", in: *GW* 10, *S.* 17).

밝은 곳으로 드러내다"는 뜻을 가진 '파이노'(φαίνω)의 중간태 동사 '파이네스타이'(φαίνεσθαι)에서 유래한다. 따라서 여기서 우리는 그리스어에서 중간태 동사가 가지는 특수한 기능에 주목할 필요가 있다. 중간태는 동작의 목적과 원인이 주어 자체에게 있음을 나타내는 동사이다. 'φαίνω'라는 타동사는 동작의 주체 밖에 있는 어떤 것을 나타나게 하는 것인데 반해, 'φαίνεσθαι'(나타나다)라는 동사는 그 나타남의 주체가 바로 나타나는 것 자체임을 알 수 있다. 'φαίνω'라는 타동사에서 보면 나타남이 어떤 다른 원인에 의해 주어지는데 반해, 'φαίνεσθαι'라는 중간태에서는 나타남이 어떤 다른 외적인 원인에 의해 주어지는 것이 아니라 바로 나타나는 것 자체가 그 나타남의 원인이다. 따라서 'φαινόμενον'은 '스스로가 원인이 되어 나타나는 것'을 의미한다. 하이데거는 이 그리스어 단어를 'Sich-an-ihm-selbst-zeigende'라고 번역하는데 이때 'an-ihm-selbst'는 바로 중간태 동사의 특수성을 염두에 둔 것이라 볼 수 있을 것이다.[160]

하이데거는 '스스로가 원인이 되어 나타나는 것'을 이중적인 관점에서 이해한다. 현상학적 의미의 현상(Phänomen)과 소박한 의미의 현상(Erscheinung)이 그것이다. 소박한 의미의 현상은 현상학적 의미의 현상이 자기를 알리는 장소이다. 하이데거에 의하면 소박한 의미의 현상은 경험적 직관에 의해 주어지는 존재자이며, 현상학적

---

160   이때 하이데거는 'an sich selbst' 대신 'an ihm selbst'란 표현을 사용하는데 하이데거는 그 이유를 헤겔과 관련하여 설명하고 있다. 그는 묻는다: "왜 헤겔은 'an sich selbst' 대신 'an ihm selbst'라고 말하는가?" 그는 다음과 같이 대답한다: "왜냐하면 의식이 자기를 위해 하나의 척도를 제공하는데 그 원인이 의식에 있기 때문이다. 그 척도는 의식 밖의 어떤 곳으로부터 도입되어 의식이 그것을 받아들이고 그것을 자기를 위해 가지는 것이 아니다." (HW 155f.) 따라서 '자기 자신에게서 나타나는 것(Das sich an ihm selbst Zeigende)이란 표현은 나타나는 것이 그의 나타남의 본질을 자기 자신 안에 가지고 있음을 강조한다. 나타나는 것은 어떤 외적인 요인을 필요로 하지 않는다. 그것은 자기 자신에게(서|an ihm selbst) 나타난다.

의미의 현상은 존재자일반의 '존재'이다.

하이데거에 있어서 현상학의 과제는 결코 스스로 나타나지 않는 존재를 주제로 하여 드러내는 것이다. 'Phänomenologie'란 개념에서 '−logie'는 바로 이런 '주제화'에 관계한다. 이렇게 존재를 주제화하여 드러내는 작업을 달리 표현하면 이론화 작업(Theoretisierung)이라 할 수도 있다. 주제화하는 작업과 이론화의 이러한 동일성에 대해 하이데거는 말한다.

> "존재자의 내부를 관찰할 때 보이는 존재의 모습을 그리스어로 θεά라 한다. 파악하여 보는 것을 그리스어로 'ὁράω'라 한다. 어떤 모습을 보는 것, 즉 그리스어로 'θεάν - ὁράν'을 'θεοράω', 'θεορεῖν', 'θεορία'라 한다."(Par. 219) 여기서 볼 수 있듯이 하이데거에게 있어서 현상학은 존재를 드러내는 작업이며, 그런 한에 있어서 해석학이다. "현존재의 현상학에서 λόγος는 ἑρμηνεύειν의 특징을 가진다. 현존재의 현상학은 단어의 근원적 의미에서 볼 때 드러내는 작업을 가리키는 해석학이다." (SZ 37)

현존재 분석의 길에서 우리는 길 자체(존재)를 함께 경험한다. 『존재와 시간』은 이렇게 함께 경험된 길(존재)을 '말함으로써 드러내는' 도식화이다. 하이데거는 이렇게 '말하면서 드러내는 도식화 작업을 '신화'라고 한다.[161] 그리고 이때 신화는 '존재의 집'으로서의 언어와 같은 기능을 한다. 신화는 존재가 그 속에 거하는 존재의

---

161 M. Heidegger, *Was heißt denken*, Stuttgart 1992, S. 11.

집이다. 그런데 우리는 '집'이라는 개념이 가지는 또 다른 측면을 간과해서는 안 된다. 집은 존재를 그 안에 제한하기도 한다는 사실이 그것이다. 그러므로 존재를 완전하게 드러내기 위해서는 존재를 집(제한, 한정, 정의)으로부터 해방시키는 작업이 필요하다. 집을 허무는 작업이 필요하다. 현상학의 과제는 존재를 제한하는 이 집을 해체하여 존재를 해방시키는 작업이다. 다시 말해 현상학은 이 신화 속에 주제화되지 않고 은폐되어 있는 것을 주제화하여 드러내는 작업이다. 우리는 이러한 작업을 불트만의 용어를 빌어 그 신화의 '탈신화화'(Entmythologisierung)라고 부르자. 탈신화화는 그것이 현존재에 은폐되어 있는 존재를 드러내는 작업인 한 "신화적인 언표, 즉 텍스트에서 그 진리내용(Wirklichkeitsgehalt)을 묻는 해석학적 작업"이다.[162] 그런데 여기서 주목해야 할 것은 신화(말)는 존재를 드러내기도 하지만, 그의 드러냄은 은폐하는 방식으로 드러냄이다. 현존재의 존재에는 존재자일반의 존재가 도식화되어 은폐되어 있다. 중요한 것은 현존재의 존재를 이해하고 그런 존재이해에 은폐되어 있는 존재자일반의 존재를 해석하는 것이다. 현상학적 방법론이란 이와 같이 이해와 해석이 되풀이 되는 해석학적 순환 과정에서 텍스트나 사건의 의미를 드러내는 방법론이다.

왜 철학이 현상학적으로만 가능한가? 먼저 하이데거에 있어서 '방법'이란 개념의 의미에 주목할 필요가 있다. 하이데거에 있어서 '방법'이란 어떤 일을 수행하기 위한 도구로 그 일이 끝나면 버려도

---

162   R. Bultmann, "Zum Problem der Entmythologisierung," (1963), in: *Glauben und Verstehen IV,* Tübingen 1975, *S.* 128.

좋은 도구와 같은 것이 아니다. 방법은 강을 건넌 후에는 버려두고 가도 좋은 배와 같은 어떤 것이 아니다. '방법'(Methode)은 'μετά'(함께, 안에, 위에, 뒤에)와 'ὁδός'(길)의 합성어로 '길 안에 있음', '길 위에 있음', '길을 따라감'이란 뜻을 가진다. 우리의 논의와 관련시켜볼 때 '방법'이란 사실자체를 찾아가는 길, 존재자체를 찾아가는 길 위에 있음을 의미한다. 현존재 분석은 바로 이 길 위에 있음이다. 현존재를 분석할 때 우리는 존재를 찾아가는 길 위에 있으며, 따라서 우리는 현존재 분석을 존재에 이르는 방법이라 이른다. 길을 가는 사람은 그 길을 경험하며 그 길이 어떠함을 드러내 보여줄 수 있다. 하이데거는 헤겔의 『정신현상학』에 관한 주석에서 말한다. "우리가 이와 같이 인내를 가지고 이 작품과 함께 길을 갈 때에만 그 작품의 진정한 의미(Wirklichkeit)가 드러나며 그와 함께 그 작품의 내적 형태도 드러난다."[163] "함께 가는 자만이 그것이 하나의 길임을 안다."[164]

헤겔의 『정신현상학』「서론」에 대한 주석에서 하이데거는 빈번하게 '길을 감'(Gang)에 관해 언급한다. "길은 걸어감(땅 위를 걸어감)과 통과해 감(땅 아래의 통로)이라는 이중적 의미에서의 통로이다. 보다 정확하게 말해서 걸어감으로서의 통로(Gang)에서 비로소 그 통로(Gang)가 통로(Durchgang)로서 경험된다.(* er-fahren: fahren의 의미가 강조됨) 다시 말해서 그 길이 열려 드러나야 할 것이 드러날 수 있게 된다. 이 걸어감을 걸어가는 사람과 통로를 통과함은 표상(Vor-stellen)으로서의 의식(현존재)이다. 표상(Vor-sich-stellen)이 앞으로

163　M. Heidegger, *Hegels Phänomenologie des Geistes*, Frankfurt a.M. 1988, S. 61.

164　H.-G. Gadamer, "Martin Heidegger – 85 Jahre", in: *Heideggers Wege*, Tübingen 1983, S. 100.

나아가고 열어놓으며 드러낸다. 이때 그 표상은 나타남의 에테르가 된다."[165] 우리는 여기서 의식의 '경험'에 주목해야 한다. 헤겔에게 있어서 '경험'은 의식 내에서 이루어지는 작용이기는 하다. 그러나 이 경험에서 중요한 것은 감각을 통해 주어진 대상들에 대한 경험이 아니라 그 의식이 절대자의 움직임 또는 그의 길을 경험한다는 사실이다. 이러한 사실은 헤겔의 다음과 같은 주장에서 보다 분명해진다. "논리의 학에서 중요한 것은 사유작용 밖에 놓여있는 어떤 것에 대한 생각, 즉 진리의 단순한 징표들을 제시해 줄 형식들이 아니다. 사유작용의 필연적 형식들과 그의 고유한 규정들이 내용이며 최고의 진리자체이다."(WdL I, 44) 하이데거의 다음 주석도 같은 의미로 이해되어야 한다. "의식은 '경험'에서 존재의 본질을 경험하기 때문에 그 의식은 자기 자신을 자세히 조사하여 자기 자신으로부터 이 조사의 척도가 되는 것들을 드러내 보여준다."(GA 68, 105)

헤겔에 의하면 그의 『논리의 학』은 『정신현상학』의 '나타나는 지식'(das erscheinende Wissen)에 내재하는 논리적 구조를 해명하는 작업으로서 '온전한 회의주의'이다.(PhäG: 61; GW 9, 56) "나타나는 의식의 전 영역에 지향된 회의주의는 소위 자연적인 표상들과 사고들과 견해들을 의심함으로써 비로소 정신을 그 진리에서 자세히 조사한다."(ebd.) 하이데거는 『헤겔의 경험 개념』(Hegels Begriff der Erfahrung)에서 '온전한 회의주의'를 그 개념의 어원적 의미에 근거하여 사태 자체를 보는 작업으로서 제시하고 있다. "'σκέψις'는 존재자가 존

165 M. Heidegger, *Hegel*. 1. *Die Negativität* (1938/39,1941), 2. *Erläuterung der "Einleitung" zu Hegels "Phänomenologie des Geistes"*, Frankfurt a.M. 1993, *S.* 101.

재자로서 무엇이며 어떻게 나타나는가를 보는 것, 자세히 보는 것, 따라가 조사해 보는 것이다. 이런 의미의 회의주의는 존재자의 존재를 보면서 뒤따라가며, 이렇게 하여 사태 자체를 본다. (…) 절대자는 즉자적−대자적으로 우리 옆에 있어서 이미 우리와 접촉하는데, 이 접촉수단이 바로 빛이다. 회의는 이 빛 안에서 이루어진다."
(*Holzwege* 148)

이상에서 보았듯이 하이데거에게 있어서 중요한 것은 현존재의 존재를 인간론적인 관점에서 제시하는 것이 아니라 현존재 분석의 길에서 나타나는 사태자체를 밝히는 것이다. 그런데 이것은 현상학적으로만 가능하다. "현상학은 존재론의 주제가 되어야 하는 것에 이르는 접근양식이며, 그 주제를 분명하게 규정하는 방식이다. 존재론은 현상학으로서만 가능하다."(*SZ* 35)

7.3. 예수의 현상학: 표적을 직관함(요 6:16–30)

7.3.1. 표적이란 무엇인가?

복음서 전체에 빈번하게 등장하지만 무심코 지나친 '표적'이란 개념을 통해 우리는 복음서 전체를 관통하는 본질적 구조를 재구성할 수 있을 것이다. 이 단어가 가지는 이중적 의미에 주목한다면 말이다. 요한복음 6장 26절과 30절의 난하주에 따르면 이 단어는 '이적'(기적)과 동의어이다. 그런데 문제는 만일 표적을 이적과 동일시한다면 "너희가 나를 찾는 것은 표적을 본 까닭이 아니요 떡을 먹고 배부른 까닭이로다."(26절)라는 예수님의 말씀을 쉽게 납득하기 어려워진다는 점이다. 예수님의 이 말씀에는 자기를 따르는 무리가 마땅히 표적을 보았어야 하는데 그렇지 못했다는 책망이 내포되어 있다. 그들은 바로 하루 전에 물고기 두 마리와 보리떡 다섯 덩이로 오천 명이 먹고도 부스러기가 열두 광주리 남는 표적을 목격한 사람들이었기 때문이다.

바로 하루 전에 물고기 두 마리와 보리떡 다섯 덩이로 오천 명이 먹고 열두 광주리가 남은 표적(이적)을 체험한 사람들에게 너희가 표적(이적)을 보지 못했다고 책망하는 것은 무엇을 말하는가? 이런 난점을 해결하기 위해 우리는 '표적'이란 개념의 이중적 구조에 주목할 필요가 있다. 복음서에서 보면 '표적'이란 단어는 한편에서는 '이적' 또는 '기적'을 가리키는 개념으로 사용되며(요 2:23; 4:54; 6:2, 14, 30; 마 24:24; 막 13:22; 16:20; 눅 11:20; 23:8), 다른 한편에서는 그 표적의 내적 의미를 가리키는 개념으로 사용된다.(26절; 눅 11:20;)

복음서에서 사용된 '표적'이란 개념은 거의 모두 '이적'과 동일한 의미로 사용되었는데, 유독 오늘의 본문에서는 다른 의미로 사용되었다. 30절에서 사용된 '표적'이란 개념은 '드러나 있는 현상'을 가리키며, 26절에서 예수님이 보기를 요구한 '표적'은 '드러나 있지 않은 본질적 현상'을 가리킨다. 독일어 성경은 26절을 다음과 같이 번역하고 있다. "너희는 내가 행한 일들이 표적(Zeichen)임을 이해하지 못했다." 여기서 '표적'(Zeichen)은 상징적 기호를 의미하는데, 암호와 같은 의미이다. 표적은 마치 야구경기에서 투수와 포수가 주고받는 사인(sign)과 같다고 할 수 있다. 이들은 서로 손가락을 통해 주고받는 사인을 통해 상대의 의도를 파악한다. 손가락이 드러난 현상이라면, 그것을 통해 전달되는 의도는 드러나지 않은 표시, 즉 의미이다. 이때 그들 사이의 사인은 암호(cipher; Ziffer)라고 할 수 있다. 우리에게 중요한 것은 그 '암호를 해독하는 일'(decipher; entziffern)이다. 현상학자라면 드러난 표적과 드러나지 않은 표적 사이의 이런 차이에서 '일상적 현상'과 '현상학적 현상' 사이의 차이를 떠올릴 수 있을 것이다. 예수는 현대 현상학의 선구자이다.

푸코(Paul-Michel Foucault)는 현상학적 관점에서 르네 마그리트의 그림 「이것은 파이프가 아니다」를 해석한다. 이 그림에 있는 파이프를 파이프라고 생각하는 사람은 파이프를 볼 수 없다. 그런 사람은 추론적 지성에 의해 이것이 다른 것들과 다른 점을 구별하여 알 수 있을 뿐이다. 이것은 파이프가 아니라고 생각할 때 비로소 인간은 잃어버린 아담의 언어를 회복하여 파이프의 존재(의미)를 드러내는 존재개시의 기능을 할 수 있기 때문이다.

하이데거에 의하면 "존재는 존재자가 아니다." 존재는 존재자의 의미이다. 존재자와 존재를 동일시하는 사람은 존재를 볼 수 없다. 이것(예수가 행한 기적)이 표적이라고 생각하는 사람은 표적을 볼 수 없다.

오늘 읽은 본문에서 우리는 '표적'이란 단어가 이렇게 이중적인 관점에서 사용된 것에 주목할 필요가 있다. 먼저 "우리가 보고 당신을 믿도록 행하시는 표적이 무엇이니이까?"(30절) 라는 유대인들의 질문에서 '표적'은 드러난 현상으로서의 표적(시니피앙; signifiant), 즉 이적이나 기적을 가리킨다. 반면 "너희가 나를 찾는 것은 표적을 본 까닭이 아니요 떡을 먹고 배부른 까닭이로다."(26절)라는 예수님의 말씀에서 '표적'은 드러난 표적에 숨겨져 있는 본질적 현상(시니피에; signifie)을 가리킨다. "유대인은 표적을 구하고 헬라인은 지혜를 찾으나 우리는 십자가에 못 박힌 그리스도를 전하니"(고전 1:22)라는 바울의 주장에서 유대인들이 구하는 표적은 드러난 현상으로서의 이적, 즉 유대인들의 조상이 광야에서 먹은 만나와 같은 표적이며, 십자가에 못 박힌 예수는 드러나 있지 않은 본질적 현상으로서의 표적이다. 우리는 예수님이 행한 모든 이적들에서 '십자가에 못 박힌 그리스도'를 읽어낼 수 있어야 한다. 이것이 바로 진정한 의미의 지혜이다. 이런 지혜는 헬라인들이 구하는 지혜보다 한 차원 높은 지혜이다.

7.3.2. 요한복음의 두 표적들과 성만찬

오늘 본문에서 예수님이 자기를 따르는 무리를 책망하신 것은 그들이 먹고 배부른 기적을 체험했지만 그 의미는 보지 못했기 때문이다. 예수님의 이런 책망은 오늘날 우리에게도 해당된다. 우리가 매일매일 먹고 배부르게 사는 것은 기적이다. 그러나 우리는 이런 기적을 매일 체험하면서도 그 기적에 내재하는 표적, 즉 먹고 마심의 의미를 깨닫지 못한다. 이제 먹고 마시는 사건에 내재하는 의미가 무엇인지 살펴보자.

먼저 표적이란 단어가 가지는 이런 이중적 의미에 주목하면서 요한복음 전체의 구조를 살펴보고, 다음에 그 단어가 가지는 내적 의미에 주목하면서 먹고 마심의 의미를 생각해 보자.

요한복음에는 두 개의 대표적인 표적(이적)이 기록되어 있다. 첫 번째 표적(이적)은 갈릴리 가나에서 물로 포도주를 만든 기적이다. 두 번째 기적은 소위 오병이어의 기적이다. 유대인들은 예수께서 행하신 이 두 개의 이적에서 먹고 배부른 체험을 했다. 그러나 그들은 이 이적들에서 마땅히 보았어야 할 표적, 즉 드러나지 않은 본질적인 표적을 보지 못했다. 그렇다면 그들이 보았어야 할 표적은 무엇이었는가?

예수께서 십자가에 달리기 전 제자들과 함께 나누셨던 마지막 만찬에서 우리는 그 단서를 찾을 수 있다. 요한복음에서는 마지막 만찬에 대한 기록이 구체적으로 언급되어 있지 않지만 나머지 세 복음서들에서는 자세하게 기록되어 있다. 이 만찬에서 예수님은 제자들에게 떡을 떼어 주시면서 "이것은 너희를 위하여 주는 내 몸이라"(마 26: 26; 막 14:22)고 말씀하셨으며, 또 잔에 포도주를 채워 주시면서 "이것은 죄 사함을 얻게 하려고 많은 사람을 위하여 흘리는 나의 피 곧 언약의 피니라"(마 26:28; 막 14:24)고 말씀하셨다.

7.3.3. 우리가 보아야 할 표적: 예수는 생명의 양식

요한복음의 대표적인 두 이적들을 마지막 만찬의 이 말씀들과 구조적 연관성에서 살펴보면 우리는 그 이적들에서 유대인들이 또는 우리들이 보았어야 할 표적이 무엇인지 알 수 있다. 우리가 보아야 할 표적은 요한복음 6장 33절에서 말하듯이 "하늘에서 내려 세상에 생명을 주는" 떡, 즉 "영생하도록 있는 양식"(26절)이다. 가나 혼인잔치의 포도주와 오병이어의 기적에서 베풀어 주신 떡에서 우리가 보아야 할 본질적인 표적은 예수께서 많은 사람이 영생할 수 있도록 베풀어 주신 생명의 떡과 피다. 십자기에 못 박힌 예수님이 인류를 위해 생명을 대신 주셨다는 것이다.

7.3.4. 생명의 양식과 인자

요한복음 기자는 이렇게 자기 목숨을 많은 사람의 생명을 위해 대신 주신 예수님을 인자라 칭한다. "이 양식은 인자가 너희에게 주리니 인자는 아버지 하나님의 인치신 자니라."(6:27절) 하나님이 예수님을 '인자'라고 인

쳐주셨다는 것이다. 요한복음 기자는 왜 자기의 목숨을 내어주신 예수님에게 '인자'라는 개념을 사용했는가?

'인자'는 '사람의 아들'(son of man)이다. 사람의 아들이란 무슨 의미인가? 사람들 중에 사람의 아들이 아닌 사람이 있는가? 그럼에도 불구하고 우리는 우리 자신에게 '인자'란 개념을 사용하지 않는다. 왜? 우리는 사람이기도 하지만 사람이 아니기도 하기 때문이다. 사람이란 '사람의 무늬'(人文), '사람의 결(理)'을 가진 사람을 말한다. 그런데 우리는 사람의 무늬를 일부 가지고 있지만 사람의 무늬가 아닌 짐승의 무늬도 일부 가지고 있다. 따라서 우리는 '인자'가 아니다. 완전한 사람의 무늬를 가진 예수님만이 '인자'이다.

'사람의 무늬'는 사람을 바로 사람이게 하는 그것이며, 사람을 사람답게 하는 바로 그것이다. 그렇다면 무엇이 사람을 사람이게 하는가? 무엇이 사람의 사람다움인가? 세상의 모든 존재자들은 저마다의 고유한 무늬 또는 결을 가지고 있다. 이 무늬는 바로 어떤 것을 바로 그것이게 하는 고유한 본질이다. 사람도 다른 존재자들과 다른 사람만의 고유한 무늬(결)를 가진다. 이 무늬가 사람을 사람답게 하는 사람의 고유한 덕이다.

모든 존재자들은 그가 가진 고유한 무늬에 따라 고유한 짓을 한다. 사람도 그의 고유한 무늬에 따라 사람의 짓을 한다. 사람의 고유한 짓은 '살음'에 있다. 사람은 '사르는 짓'을 한다. 이렇게 사

람이 하는 고유한 짓, 자신을 사르는 이런 사람의 고유한 짓을 우리는 사랑이라 한다. 예수는 완전한 사랑을 실천한 분이기 때문에, 즉 완전한 사람의 무늬를 가지고 사람의 무늬를 구현했기 때문에 '인자'라고 인 치심을 받았다. 우리도 사람의 아들이지만 '인자'라고 하지는 않는다. 우리는 사람의 무늬를 일부 가지고 일지만 짐승의 무늬도 가지고 있기 때문이다.

7.3.5. 먹고 마심의 의미: 타자의 생명을 먹고 자기의 생명을 줌

이제 우리는 앞에서 제기한 물음, 즉 먹고 마심의 의미가 무엇인지에 대한 물음에 대답할 준비가 되었다. 우리는 매일 누군가의 생명을 먹고 마신다. 우리도 우리의 생명을 누군가에게 나누어 주어야 한다. 이것이 살음, 즉 삶의 의미이다. 이렇게 자신의 생명을 살음이 바로 자기부정이다. 이런 이유 때문에 예수님은 자기를 따르려면 자기를 부정하라고 요구하신다. 우리는 다른 존재자의 생명을 통해 살기 때문에 우리의 생명을 다른 존재자에게 나누어 주어야 한다. 우리는 타자의 덕(무늬)을 힘입어 살아간다. 그래서 성경은 범사에 감사하라고 한다.

7.4. 불트만의 실존론적 해석학

성서 특히 신약성서는 성서기자의 실존적 신앙고백이다. 성서기자의 신앙고백은 그의 하나님 이해(Verstehen)이며, 하나님은 성서기자의 하나님 이해에서 도식화되어 있다. 성서기자의 신앙고백에서 하나님이 당시의 세계관에 적합한 비율로 도식화되었다. 우리에게 중요한 것은 성서기자의 실존적 신앙고백을 실존론적으로 해석하는 것이다.(Auslegung) 이런 도식에서 그 도식의 의미인 케류그마를 보아야 한다는 것이다. 불트만은 성서기자의 이런 실존적 이해와 우리의 실존론적 해석 사이의 해석학적 순환을 이해와 해석의 순환에 관한 하이데거의 이론에 빚지고 있다.

어떻게 도식을 해체구성할 것인가? 불트만에 의하면 현상학적 방법론에 근거한 성서의 실존론적 해석을 통해 신약성서의 도식이 해체구성되어야 한다. 불트만은 이런 현상학적 방법론에 대해 후설에게 빚지고 있다. 현상학적 방법론에 관해서는 이미 언급되었다. 그렇다면 실존론적 해석이란 무엇이며, 성서의 실존론적 해석이란 무엇인가?

하이데거의 실존론적 해석에 관해서는 위에서 언급되었다. 하이데거의 최대 관심사는 존재해명을 통해 존재의 의미를 드러내는 것인데, 이런 목적을 위해 가장 효과적인 방법은 존재를 이해하는 존재자인 인간의 실존구조를 예로 들어 거기서 존재를 해체구성하는 것이다. 『존재와 시간』에서 하이데거는 인간의 실존이 자기 자신의 존재가능성에 대한 염려에 있음을 분석한다. 인간의 실존은 '이미 세계내 존재자로서 자신의 존재가능성을 미리 기획투사하면서 현재화하는' 염려구조에 있다는 것이다. 그리고 이런 염려구조는 '미리, 이미, 지금'이라는 시간성에 기초한다. 하이데거는 인간 실존의 이런 시간성을 해체구성함으로써 존재의 의미가 '잠시 머물음'에 있음을 해명한다. 그리고 인간이 그의 존재가 잠시 머물음에 있음을 사유할 때 사물을 새롭게 보는 눈이 열린다. 사유와 존재가 일치하는 이런 사건을 통해 이렇게 눈이 열리는 '개안사건'(開眼)이 일어난다.

불트만에 의하면 실존론적 해석학의 과제는 성서에 표현되어 있는 성서 기자의 신앙적 실존이해를 해석하는 것이다. 그의 이런 실존론적 해석학은 불트만의 다음과 같은 주장들에 잘 나타난다.

"신화론은 인간 실존의 특정한 이해를 표현한다. 신화론에 따르면 세계와 삶은 그들의 근거와 한계를 우리가 계산하고 통제할 수 있는 모든 것을 초월하는 힘에 가지고 있다. 신화론은 이런 힘을 불충분하고 불만족스런 방식으로 말한다. 신화론은 그런 힘을 현세의 힘에 관해서처럼 말하기 때문이다. 신화론은 가시적이고 이해할 수 있는 세계를 초월하는 힘을 가지는 신들에 관해 말한다. 그러나 신화론은 그 신들이 마치 인간들인 것처럼 말하며, 신들의 행위를 인간의 행위처럼 말한다. … 신화는 초월적인 실체를 현세의 대상처럼 표현한다. 신화는 초월적 실체를 현세의 대상으로 대상화한다."[166]

"탈신화란 신화론적 표현이나 텍스트가 실제로 말하고자 하는 의미내용을 드러내고자 하는 해석학적 작업이다. 신화는 실제적인 의미를 말하기는 하지만 충전적 방식으로 말하지는 않기 때문이다. 신화에는 실제적인 의미에 대한 특정한 이해가 내포되어 있기 때문이다."[167]

---

166 R. Bultmannn, "Jesus Christus und die Mythologie", in: *Glauben und Verstehen IV*, 146.

167 R. Bultmannn, "Zum Problem der Entmythologisierung", in: *Glauben und Verstehen IV*, 128.

"자연과학은 신화를 제거하지만, 역사학은 신화를 해석한다. 신화는 객관적으로 관찰할 수 있는 대상을 초월하지만 인간 에게 결정적으로 중요한 의미를 가지는 의미에 관해 말하고 자 한다."[168]

불트만에 의하면 성서는 성서기자의 신앙적 실존고백이며, 해석은 해석자의 신앙적 실존이해이다. 불트만의 이런 실존론적 해석학은 한편에서는 하이데거의 실존론적 존재해명의 영향을 받았으며, 한편에서는 가다머의 해석학적 방법론과 맥을 같이 한다. 하이데거의 실존론적 해석학에 관해서는 앞에서 언급되었다. 가다머는 그의 『진리와 방법』(Wahrheit und Methode)에서 진리는 고정된 실체가 아니라 텍스트를 이해하는 해석자의 의식에서 이해된 것이라고 주장했다. 가다머는 저자의 의도를 정확하게 파악하는 것이 중요하다고 주장하는 슐라이어마허와 딜타이와 달리 텍스트 해석자는 특정한 역사와 문화에 깊이 연루되어 형성된 '영향사적 의식'(Wirkungsgeschichtliches Bewußtsein)을 가지고 텍스트에 접근한다. 따라서 해석자가 텍스트를 해석할 때 그는 이미 영향사를 통해 형성된 전이해를 가지고 텍스트에 접근한다. 그리고 텍스트를 이해한 후에는 그의 의식이 이전과는 달라지며, 따라서 두 번째 텍스트에 접근할 때는 또 다른 전이해를 가지게 된다. 이런 과정이 반복되면서 텍스트의 저자와 해석자 사이에 이해의 지평이 점차 가까워지게 되지만 완전히 일치될 수는 없다.[169] 따라서 텍스트 해석은 본문과

---

168   R. Bultmannn, "Zum Problem der Entmythologisierung", in: *Glauben und Verstehen IV* , 133.

169   이런 사실은 물리학적으로도 입증되었다. 20시기 비결정론적 세계관의 대표적 인물인 하이젠 베르크(Werner Heisenberg, 1907–1976)는 1927년 양자역학 분야에서 '불확정성 원리'(Unbestimmtheitsrelation)를

해석자 사이의 영향사(Wirkungsgeschichte)를 통해 형성되는 '지평융합'
(Horizontverschmelzung)의 과정이다.

7.5. 해석과 성령의 영감

이상에서 살펴본 해석학적 견해들은 본문의 의미를 정확하게
이해하기 위한 해석의 과정에 관한 것이다. 그러나 이런 과정을 거
친 후 의미를 파악하는 것은 본질직관을 통해서인데, 성서해석에
있어서 본질직관은 성령의 영감을 통해서 이루어진다. 에디슨의 말
처럼 "1%의 영감이 없다면 99%의 노력은 헛되다." 성령에 의한 화
룡점정의 역사가 없다면 해석은 불완전하다. 성령은 이해와 실천
을 위해 도와 달라고 요청된 영(παράκλητος)이기 때이다. 'παράκλ
ητος'는 'παρά'(가까이, 곁에, 나란히)와 'καλέω'(부르다. 요청하다)의 합
성어인 'παραλαλέω'(곁으로 부르다)에서 유래한 개념으로 '도와 달
라고 요청된 자'란 뜻이다. 요 14:22절에서 유다 다대오는 이렇게
물었다. "주여 어찌하여 자기를 우리에게는 나타내시고 세상에는
아니하려 하시나이까?" 이 질문에 대한 예수님의 대답은 전혀 엉
뚱해 보인다. "사람이 나를 사랑하면 내 말을 지키리니 내 아버지

발표했다. 우리가 전자의 위치를 정확히 알려고 하면 그만큼 더 짧은 파장의 빛으로 관찰해야 한다. 하
지만 빛의 파장이 짧아질수록 '콤프톤 효과'(compton effect)에 의해 전자의 유동성이 커져 그 전자의 운동
량에 대해 그만큼 부정확한 값을 얻게 된다. '콤프톤 효과'란 빛의 입자인 광자가 전자에 부딪힐 때 전자
에게 에너지를 뺏겨 파장이 길어지게 되고, 전자는 그 에너지에 의해 운동하게 되는 효과, 즉 정지해 있
는 전자에 X선을 때리면 전자는 움직이고 X선은 약해지는 효과를 말한다. 결국 위치와 운동량은 아주
작은 범위에서는 서로 불확실한 관계에 있게 된다.
저자가 기록한 텍스트의 내용과 텍스트를 이해하는 해석자의 관계도 마찬가지이다. 해석자의 전이해에
의해 텍스트는 저자의 의도와는 다르게 이해되며, 텍스트의 영향에 의해 해석자의 전이해도 이전과는
다르게 될 수밖에 없다. 따라서 해석자의 이해의 지평과 저자의 이해의 지평이 서로 융합되기는 하지만
완전히 일치될 수는 없는 것이다.

께서 그를 사랑하실 것이요 우리가 그에게 가서 거처를 그와 함께 하리라." 제자와 예수님의 이런 대화는 성령의 영감이 그의 도움을 요청하는 사람에게만 역사함을 암시한다.

성서의 계시에 대한 모든 이해는 궁극적으로 성령의 깨우침에 의존한다. 이런 사실을 인간의 인식능력에 대한 근원적 분석을 통해 살펴보자. 칸트는 모든 인식에 동반하여 인식의 통일성을 보장하는 선험적 자아의식을 선험적 통각이라 한다. 피히테는 이런 자아의식이 형성되는 보다 근원적인 과정을 분석한다. 그에 의하면 칸트의 선험적 통각은 더 근원적으로 사실행위(Tathandlung)에 기초한다. 우리의 의식은 최초의 상태에서 단순한 하나의 사실이다. 그러나 이런 의식사실은 단순한 사실(Sache)이 아니라 행위하는 사실(Tat)이다. 그것은 이미 (사실)행위(Handlung)이다. 그가 행하는 행위는 자기를 생산하고 이렇게 생산된(반정립된) 자기로부터 다시 자기에게로 복귀하는(반성하는) 행위이다. 그리고 이런 과정에서 행위하는 사실로서의 의식은 행위주체가 자기 자신이라는 자기의식을 가지게 된다. 그러나 생산된(반정립된) 자아와 생산하는(정립하는) 자아의 동일성은 어떻게 보장되는가? 이런 문제에 부딪힌 피히테는 후에 자아의 자기정립이 자아의식의 근거라는 사상을 포기한다. 자아는 자기 자신을 생산할 수 없고 단지 자아에 선행하여 작용하는 근거로부터 자신을 이해할 수 있을 뿐이라고 생각했다. 1801/2년의 지식론에 의하면 자아의 자기직관은 "자유로운 빛의 자기이해"이다. 여기서 자유로운 빛이란 감각적 충동과 합리적 이성의 일반화 경향으로부터 벗어나 보다 높은 단계의 신적 능력으로 고양된 이성으로서의 자아를 의미한다. 자아는 신적인 빛으로부터 파생된 빛인데, 감각과 이성에 의해 그 빛이 차단되어 있다. 그런데 이제 신적 능력으로 고양된 이성, 즉 다시 밝아진 자아의 빛은 하나님 안에서 자기 자신과 세계를 직관한다. 1804년의 지식론에 의하면 자기의 식, 즉 "자아의 절대적이고 내적이며 생동적인 자기생성은 하나의 전제된 원리", 즉 신적인 빛이다. 자아는 이 신적인 빛으로부터 파생된 빛이다. 자아의 빛은 "하나님의 계시이며 외화"이다. 1810년의 지식론에 의하면 자아는 신적 존재의 '도식'(Schema)이다.[170]

성서의 계시를 이해하기 위해서 결정적으로 중요한 것은 성령의 도우심이다. 여호와께서 성을 지키지 아니하시면 파수꾼의 깨어 있음이 허사이다.(시 127) 그러나 성령이 돕기 위해서는 먼저 자연적 태도의 일반정립을 지양하는 해석학적 환원이 전제되어야 한다. 여호와는 깨어있는 파수꾼의 수고가 헛되지 않게 하신다. 여호와는 파수꾼이 지키지 않는 곳에서 아무 일도 하지 않으신다. 하나님은 심지 않은 데서 거두고 헤치지 않은 곳에서 모으시는 분이 아니기 때문이다.

자연적 태도의 일반정립을 지양하는 해석학적 환원에서 중요한 것은 해석자가 감각적 사실(질료)과 이성의 이념(형상)으로부터 자유로워지는 것이다. 인간은 감성과 이성을 지닌 존재자로서 그의 자연적 상태에서는 감각적인 개별적 사실들에 집착하는 감각충동(Gefühltrieb)과 이성에 의해 사실들의 일반적 형상(이데아; 이념)을 추구하는 형상충동(Formtrieb)에 사로잡히기 쉽다. 이런 두 종류의 충동으로부터 자유로워질 때 비로소 성령이 역사할 수 있는 자유의 장

---

170   피히테의 이런 자아이론에 관해서는 참조, W. Pannenberg, *Theologie und Philosophie,* München 1996, S. 220-221.

(티)이 열리게 된다. 여기서 우리는 이데아를 인식하는 플라톤의 디아렉티케와 후설의 현상학적 해석학과 성서해석학의 차이점에 주목할 필요가 있겠다. 플라톤의 디아렉티케는 다양한 현상들을 모아(legesthai) 거기서 이데아를 직관하는 방법론이다. 후설의 현상학에서는 자연적 태도의 일반정립, 즉 감각충동을 에포케하는 선험적 환원을 거친 이후에 이데아적 환원(형상적 환원)에 의해 본질을 직관하는 것이 중요하다. 그런데 성서해석에서 중요한 것은 감각충동과 형상충동(이데아적 환원)을 모두 자연적 태도의 일반정립으로 보아 이 둘을 모두 에포게해야 비로소 성령의 장이 열린다는 점이다. 자연적 태도는 감각적으로 주어진 것을 무비판적으로 그대로 사실로 생각하는 소박한 태도이다. 그런데 자연적 태도의 일반정립을 에포케한 후에 이성의 형상충동(본질직관)을 통해 도달한 본질도 이미 객관화된 사실이 되었다. 따라서 그렇게 이미 객관적 사실이 된 본질을 무비판적으로 진리라고 생각하는 것도 자연적 태도에 해당한다.

플라톤의 "동굴의 비유"에서 이미 언급되었듯이 쇠사슬에 목과 몸이 고정되어 동굴 벽의 그림자를 볼 수밖에 없는 죄수들이 실제의 사물을 보기 위해서는 사로잡혀 있음으로부터 자유로워져야 한다. 이때 죄수들을 묶고 있는 것은 바로 감각충동, 즉 자연적 태도의 일반정립이다. 이런 감각충동에서 벗어날 때 비로소 쇠사슬에서 풀려 형상충동(디아렉티케)을 통해 실제의 세계(이데아)를 볼 수 있게 된다는 것이다.

그런데 성서해석학에서는 감각충동과 형상충동을 모두 에포게하는 것이 중요하다. 감각충동은 개별적인 사실에 집착하는 것이며, 형식충동은 이성에 의해 일반화된 이념에 집착하는 것이다. 성령이 역사하기 위해서는 이런 두 종류의 충동(추구)으로부터 벗어나는 것이 중요하다. 이런 충동에 사로잡히는 것은 감성의 충동과 이성의 일반화에 지나치게 집착하기 때문이다. 그렇다면 중요한 것은 거기로부터 자유로워지는 것이다. 자유는 '어디에도 매이지 않음'(Freiheit von)이다. 자유는 어디에도 머물지 않는 '이리저리의 놀이'(Hin und Her)이다. 자유는 감성의 충동에도 머물지 않고 이성의 일반화에도 머물지 않는다. 감성의 자극과 이성의 일반화는 나의 생산물이다. 따라서 자유는 내가 생산한 것에도 머물지 않음이다. 궁극적으로 자유는 나에게 매이지 않음이다. 그러나 자유는 단순히 '매이지 않음'이 아니다. 자유는 '진리를 향한 자유'(Freiheit für)이기도 하다. 놀이하는 자는 진리를 알기 위해 그렇게 한다. 그리고 진리를 알게 될 때 비로소 진정한 자유에 도달한다. "너희가 내 말에 거하면 진리를 알지니, 진리가 너희를 자유케 하리라." 여기서 자유의 본질은 예수의 진리의 말에 거함, 즉 그의 진리의 말에 우리를 '내어맡김'(Gelassenheit)에 있다. 우리가 자신을 그의 말에 내어맡길 때, 그의 말이 영향력을 행사할 수 있는 장이 형성된다. 우리의 놀이를 통해 놀이터가 마련되는 곳에 진리의 빛이(그의 말이) 비칠 수 있다. 놀이를 통해 집착에서 벗어나게 될 때 비로소 성령이 함께 놀수 있는 공간이 마련되어 그의 말이 '생각나게' 도와줄 것이다. 틸리히는 그의 『조직신학』에서 계시와 신비의 관계를 다루면서 계시의 신비는 자연적 태도를 통해서 경험될 수 없다는 사실에 관해 말한다.

"'신비'는 어원적으로 '눈을 감다' 또는 '입을 닫다'는 의미의
헬라어 'μυεῖν'(myein)에서 유래했다. 만일 우리가 일상적인 의

미에서 무엇인가 알고자 한다면 대상을 파악하기 위해 눈을 떠야 하며, 다른 사람들과 대화를 해야 하며 나의 견해가 옳은지 확인하기 위해 입을 열어야 한다. 그러나 진정한 의미의 신비는 일상적인 인식태도와는 전혀 다른 태도에서 경험된다. 진정한 신비는 눈으로 볼 수 없기 때문에 '두 눈이 멀었다.' 신비는 주관과 객관의 관계 이전의 영역에 속한다. 그런 영역은 '입을 닫다'는 표현에서 암시된다. 신비체험을 일상적인 언어로 표현하는 것은 불가능하다. 일상적 언어는 주객의 도식에서 발생하여 거기에 머물기 때문이다."(ST I, 132)

여기서 잠시 미적 취향교육을 통한 윤리적 실천을 주장하는 실러의 미학이론을 살펴보자. 실러에 의하면 감각충동과 형상충동으로부터 자유로워질 때 무규정적인 영점의 장(Nullpunkt)이 열리게 되고 이 장에서 일어나는 미적 놀이를 통해 미적 취향이 형성된다.

인간은 두 종류의 충동들로부터 벗어날 때 비로소 진정한 자유에 도달한다. 인간은 인격적이 되기 이전에 감각충동과 함께 그의 삶을 시작한다. 그렇지만 인간은 이런 상태를 넘어서지 못할 수도 있다. 인간은 어떤 목적에도 사로잡히지 않은 영점(Nuupunkt) 상태, 즉 무규정적 상태(Gelassenheit)에 도달해야 비로소 감각충동이 정신의 발전에 장애가 되지 않는 미적 상태에 도달할 수 있게 된다.

인간은 어떤 목적에도 집착하지 않는 무규정성의 상태에 도달하기 위해 육체의 규정(감각충동)으로부터는 물론 정신의 규정(형상충동)으로부터도 벗어나야 한다. 의지를 통해서도 결핍을 통해서도 도달될 수 없는 이런 '무규정 상태'(Null)의 텅 빈 무한성이 미적 상태에서 채워진 무한성이 된다. 아름다움이나 미적 문화는 어떤 목적도 없고 어떤 의무도 실천하지 않지만 인간을 숭고하게 하여 인격적 자유에 도달하게 해준다. 이것은 인간이 경험할 수 있는 최고의 선이다.

실러의 미학에서 감각충동과 형상충동으로부터 자유로워진 상태에서 일어나는 미적 놀이를 통해 영점에 도달하고 이 점에서 숭고한 인격적 자유가 실현되듯이, 성령도 우리가 놀이를 통해 감각적 사실과 이성의 이념으로부터 자유로워질 때 역사한다. 이것은 해석자가 자기의 어떤 목적에도 매이지 않고 자신을 내어맡기는 것이다. 진리의 영의 부름에 자신을 '내어맡김'(Gelassenheit)이며, '진리의 본질에 거함'(Sichhalten in das Wesen der Wahrheit)이다. 마음 없는 마음으로 길에서 길을 찾는 것이다. 사실 너머에서 비치는 진리(탈은폐)를 보기 위해서는 사실과 이념의 벽을 넘어 그 빛에 자신을 내어맡김이 중요하다. 이렇게 내어맡김으로써 그 빛에 의해 사로잡히는 것이 중요하다. "우리에게 중요한 것은 그리스도에게서 실현된 하나님 인식이다. 그런데 이런 인식에서 하나님은 단순히 인식 대상이 아니라 직접적이고 창조적으로 우리에게 다가오신다. 그런 인식에서 우리는 단순히 보기만 하는 것이 아니라 (* 하나님에 의해)보여지며, 단순히 이해하는 것이 아니라 이해되며, 단순히 하나님을 파악하는 것이 아니라 하나님에 의해 사로잡힌다. 우리의 하나님 인식은 우리를 품어 주시는 하나님의 살아있는 팔이다."[171]

그러나 여기서 '내어맡김'은 멍하게 바라보는 것이 아니다. 그것은 "당신은 굳은 사람이라 심지 않은 데서 거두고 씨를 뿌리지 않은 곳에서 모으는 줄 알아"(마 25:24) 달란트를 땅에 묻어두는 내어

---

171 K. Barth, *Römerbrief*(hg. Hermann Schmidt), 1985 *Zürich*, 19.

맡김도 아니다. 그것은 적극적으로 진리를 사모하면서 기다리는 내어맡김이다. 물론 이렇게 내어맡김은 인간을 먼저 사랑하여 말을 걸어오시는 하나님을 향해 적극적으로 응답하는 내어맡김이다. 이런 내어맡김은 멍하게 바라보는 것이 아니라 적극적으로 사유하는 내어맡김이다. 이렇게 사유하는 내어맡김은 하나님이 말을 걸어오기를 기다리는 것이다. 그렇지만 단순히 기다리기만 하는 것이 아니다. 기다림은 "고대하며 바라보는 것(Ausschau halten)이며, 그것도 이미 사유된 것에 아직 사유되지 않고 은폐되어 있는 것을 고대하며 바라보는 것이다. 그런 기다림을 통해 우리는 이미 사유하면서 사유되어야 할 것을 향해 가는 도상에 있다."[172] 이것은 마치 병아리가 알을 깨고 나올 때 병아리가 안에서 부르고 어미닭이 밖에서 부리로 쪼는 것이 동시에 일어나는 '줄탁동시'(啐啄同時)의 사건과 같다. 이런 사건을 통해 병아리는 알을 깨고 비로소 새로운 세계에 나온다. 하이데거는 「사유란 무엇인가?」에서 이런 내어맡기는 사유에 관해 잘 설명하고 있다.

> "인간은 생각할 수 있는 가능성을 가지는 한 생각할 수 있다. 그렇지만 이렇게 가능한 것이 우리가 그것을 할 수 있다는 사실을 보증해 주지는 않는다. 어떤 것을 '할 수 있음'(vermögen)은 어떤 것이 그의 본질에 따라 우리에게 들어오도록 허락하고 이런 들어옴을 절실하게 보호하는 것이기 때문이다. 그렇지만 우리는 언제나 '우리가 좋아하는 것'(was wir mögen), 즉 우리가 그것을 들임으로써 마음이 끌리는 것만 할

172　M. Heidegger, "Was heißt denken?", in: *Vorträge und Aufsätze* (*GA 7*), S. 133.

수 있다.(vermögen) 그런데 사실은 우리가 어떤 것을 좋아하는
이유는 그것이 먼저 우리의 본질에 마음이 쏠려 우리를 좋아
하기 때문이다."[173]

우리가 무엇인가를 '생각함'은 그것을 '좋아하기'(思) 때문이다.
그것을 좋아하는 것은 그것이 먼저 우리를 좋아하여 자기를 좋아
하도록 내어주기 때문이다. 우리가 사유해야 할 그것은 – 하이데
거에게 있어서는 '존재' – 우리가 언제나 사유하도록 자기를 내어
주고 있다. 그럼에도 불구하고 우리가 그것을 사유하지 못하는 것
은 그것이 우리에게 들어오지 못하도록 차단하고 있기 때문이다.
우리 시대에 가장 유감스러운 일은 우리가 아직 사유하지 않는다
는 사실에 있다. 우리가 사유하지 못하는 것은 사유되어야 할 그것
이 우리에게 고개를 돌리기 때문이다. 우리가 사유하지 않기 때문
에 사유되어야 할 그것은 우리에게 고개를 돌리고 있다. 그러나 고
개를 돌리고 있음에도 불구하고 그것은 언제나 우리 앞에 보류되
어 있다. 그것은 보류되어 있는 방식으로 고개를 돌리고 있다. "우
리를 피하는 그것은 우리를 끌어당기는 방식으로 우리 옆에 있다.
우리가 그것을 의식하든 못하든 간에 말이다." 그렇다면 그것은 왜
우리의 사유를 피하고 있는가? 그것은 우리의 사유방식이 잘못되
었기 때문이다. 이런 사유의 특징은 '표상함'(vorstellen)이다. 그리스
철학의 전통에 따르면 이런 표상은 '로고스', 즉 오성의 선험적 형
식들에 따라 대상을 구성하는 것이다. 이런 유형의 사유는 앞에서
언급되었듯이 인간의 근본충동들 중 하나인 형상충동, 즉 감각충

---

173   M. Heidegger, "Was heißt denken?", in: *Vorträge und Aufsäze, Bd* 7, *S.* 123.

동에 의해 수집된 감각적 자료들로부터 보편적 형상(이데아)을 추론하는 이성의 능력에 의존한다. 이런 사유는 단순히 사유하도록 자신을 내어주는 사유대상을 그대로 수용하지 않고 주체가 그 대상의 본질을 구성하는 사유이다. 그렇다면 마땅히 사유되어야 할 것은 어떤 방식으로 사유되어야 하는가?

> "그러므로 우리에게 남아있는 것은 단 한 가지이다. 즉, 사유되어야 할 것이 우리에게 말을 건네도록 기다리는 것이다. 그렇지만 기다림은 결코 우리가 사유하기를 당분간 미루어 두는 것을 말하지 않는다. 기다림은 이미 사유된 것에서 사유되지 않은 것을 고대하며 기다리는 것, 즉 사유된 것 속에 아직 은폐되어 있는 것을 기다리는 것이다. 그런 기다림을 통해 우리는 이미 사유하면서 사유되어야 할 것으로 가는 길 위에 있다. 그 길은 미로처럼 얽힌 길일 수도 있다. 그렇지만 그 길은 자기를 사유하도록 내어주는 그것에 도달할 수 있도록 정해져 있는 유일한 길이다."[174]

'내어맡김'은 자기개방성이다. 나에게 말을 걸어오는 그리스도의 말(로고스)에 문을 열어놓는 것이다. 요한은 이런 개방성에 관해 다음과 같이 말한다. "볼지어다 내가 문 밖에 서서 두드리노니 누구든지 내 음성을 듣고 문을 열면 내가 그에게로 들어가 그와 더불어 먹고 그는 나와 더불어 먹으리라."(계 3:20) '내어맡김'은 자기를 개방하는 것인데, 자기를 개방하지 못하는 것은 감각충동과 형

M. Heidegger, "Was heißt denken?", in: *Vorträge und Aufsäze, Bd7, S. 134.*

식충동에 사로잡히기 때문이다. 감각충동과 형식충동에서 벗어나지 못하는 이유는 자기중심적인 '나'가 근저에 있기 때문이다. 내어맡김은 이런 '작은 나'에게서 벗어나 나에게 말을 걸어오는 '우주적 나', 즉 '우주적 로고스'의 음성을 듣는 것이다. 이렇게 자기를 내어맡길 때 나와 함께 거하는 로고스가 진리를 알 수 있도록 도와준다. 예수의 다음과 같은 선언도 내어맡김이 진리인식의 전제임을 암시한다. "너희가 내 말에 거하면 참으로 내 제자가 되고 진리를 알지니 진리가 너희를 자유롭게 하리라."(요 8:31-32) 여기서 우리는 '내 말'에 주목할 필요가 있다. '나'는 역사적 예수가 아니라 '우주적 그리스도', 즉 우주적 로고스이며, '말'은 '로고스'이다. 따라서 '내 말에 거함'은 인간의 의식과 우주적 로고스의 연합이며, 진리인식은 이런 연합에 의존한다.

진정한 믿음은 이렇게 사유하는 방식으로 자신을 '내어맡김'이다. 틸리히는 『신앙의 역동성』(Dynamics of faith)에서 지적 확신에 근거한 '믿음'(believe)과 '궁극적 관심'(ultimate concern)으로서의 '신앙'(faith)을 구분한다. '사유하는 내어맡김'을 틸리히의 '궁극적 관심'관 관련하여 살펴보자. 관심(關心; concern; Interesse)은 '마음을 끄는 것에 마음이 끌림'이다. '신앙'이란 이렇게 마음을 끄는 것에 마음이 끌림이다. 그러나 신앙은 단순한 관심(끌림)이 아니라 '궁극적'인 관심이다. 그런 관심은 우선 '궁극적인 것'에 대한 관심이다. '궁극적인 것'은 무엇인가? 그것은 관심의 주체와 대상의 차이 이전의 무조건적이고 절대적인 것이다.

"궁극적, 무조건적, 무한한, 절대적이란 용어들에서는 주관
성과 대상성의 차이가 없어진다. 신앙에서는 궁극적인 신앙

행위와 궁극적인 신앙대상이 동일하다. 이것은 신비주의자들이 하나님에 관한 그들의 지식은 하나님이 하나님 자신에 관해 가지는 지식이라고 말할 때 상징적으로 표현된 것이다. 그리고 이것은 사도 바울이 고린도전서 13장에서 '주께서 나를 아신 것같이 내가 온전히 알리라'(12절)고 말할 때 바울이 생각한 것과 같은 것이다. 하나님은 결코 동시에 주체이지 않고는 대상일 수 없다. 바울에 의하면(롬 8장) 하나님이 성령으로서 우리 안에서 기도하지 않는다면 성공적인 기도는 불가능하다. 궁극적이고 무조건적인 것의 경험에서는 일상적인 주체-대상의 도식은 사라진다. 신앙의 행위에서 신앙의 원천은 주체와 대상의 구별 너머에 존재한다."[175]

따라서 궁극적인 것에 대한 관심은 소유와 관련된 이러저러한 대상들에 관한 관심이 아니라 궁극적 실재로서의 하나님에 관한 관심이며, 하나님과 함께 '참으로 존재함'(to be)에 관한 관심이다. 따라서 궁극적인 것에 관한 관심으로서의 신앙은 비존재의 유혹으로부터 벗어나 참으로 존재하고자 하는 '존재에의 용기'(courage to be)이다. 그러나 진정한 신앙은 단순히 궁극적인 것에 관한 관심이 아니라 무엇보다 '궁극적인 것의 – 주격적 소유격의 의미에서 – 관심'이다. "신앙은 (* 궁극적인 것에 의해) 관심이 촉발된 상태이다."[176]

헤라클레이토스에 의하면 "자연은 숨기를 좋아한다."(φύσει κρύ

175   P. Tillich, *Dynamics of Faith, George Allen & Unwin Ltd,* London 1957, *p.* 11.

176   "Faith is the state of being ultimately concerned," P. Tillich, *Dynamics of Faith*, *p.* 1.

πτεσθαι φιλει, 단편 B 123) 여기서 자연(φύσει)은 소산적 자연의 근원이 되는 능산적 자연으로서의 '진리'를 가리킨다. 진리가 숨기를 좋아하는 것은 한편에서는 진리가 암호의 방식으로 자신을 소산적 자연과 인간의 계시하기 때문이고, 다른 한편에서는 인간이 감성적 충동과 형상적 충동에 사로잡혀 계시된 진리를 그대로 수용하지 못함으로써 진리를 거부하기 때문이다. 헤라클레이토스에 따르면 "로고스는 우주의 주재이며, 인간은 로고스와 가장 밀접하고 지속적으로 연합되어 있다. 인간은 그런 로고스를 멀리하고 따라서 늘 만나는 사물들도 인간에게 낯설게 된다."[177] 인간은 그의 본질에 있어서 영원 전부터 로고스와 가장 밀접하게 결합된 존재자이다. 인간은 다른 피조물들과 달리 로고스가 그의 영혼과 그의 이성에서 계시되는 존재자이다. 그럼에도 불구하고 인간은 로고스를 떠나 더 이상 진리를 알 수 없게 되었다. 따라서 진리를 알기 위해서는 다시 로고스와 연합해야 한다. 그리고 로고스와의 연합은 위에서 언급되었듯이 감성적 충동과 형식적 충동에서 벗어나 로고스에 자신을 내어맡김에 있다. 이런 내어맡김은 결국 감성적인 것은 진리와 동일한 것이 아니며, 이성에 의해 일반화된 이념도 진리와 동일한 것이 아님을 알아 진리 자체에 자기를 개방하는 것이다. 우리가 파악한 개별적인 진리들은 진리자체와 동일한 것이 아니다. 우리가 파악한 진리들은 아직 진리자체가 아니라는 자세를 가지고 진리자체에 자신을 내어맡김이 중요하다.

아도르노의 표현을 빌리면 진리는 '동일하지 않은 것'(das Nichtidentische, 비동일자)이다. 현상학은 감각적 사실들을 소박하게 사

---

177   Diels, *Die Fragmente der Vorsokratiker*, 72.

실로 생각하는 자연적 태도의 일반정립을 보류하고 사실자체를 추구하지만 현상학적 환원에 의해 파악된 본질도 여전히 사실자체는 아니다. 인간은 물자체(진리)를 인식할 수 없고 단지 물자체의 일부만 알 수 있을 뿐이다. 감성적 직관을 통해 수집된 감각적 자료들에서 본질적인 것을 추상하여 일반화한 개념들은 물자체가 아니라 물자체의 일부일 뿐이다. 발터 베냐민(Walter Benjamin)에 의하면 아담은 물자체를 인식할 수 있었다. 아담이 인식한 것을 부르는 대로 그것은 사물의 이름이 되었다. 아담의 언어는 물자체를 완전하게 표현하는 '근원어'(Ursprache)였다. 그러나 바벨탑 사건 이후 인간의 언어는 혼란하게 되어 물자체의 일부만 표현할 수 있게 되었다. 다양한 언어들은 동일한 사실의 서로 다른 측면들을 표현하게 되었다. 예를 들어 '개념'을 표현하는 한자어와 영어와 독일어를 비교해 보면 이런 사실을 단적으로 알 수 있다. 영어의 'concept'는 'conceive'(잡다)에서 유래한 개념이고, 독일어의 'Begriff'은 'begreifen'(잡다)에서 유래한 개념으로 '잡혀진 것'이란 사실을 강조한다. 한편 한자어 '槪念'은 '槪'(평미레)와 '念'(생각)의 합성어로 개념이 형성되는 과정을 강조한다. 따라서 'concept'나 'Begriff'에서 강조되는 것은 개념의 사실적 측면이며, '槪念'에서 강조되는 것은 하나의 대상이 가진 우연적인 속성들을 평미레로 밀어내듯이 추상하고 남는 본질적인 속성들을 종합하는 과정이다. 따라서 바벨탑 사건 이후 어떤 언어도 사실자체를 완전하게 표현할 수 없게 되었다. 결과적으로 우리에 의해 인식된 어떤 진리도 진리자체와는 '(사실자체와) 동일하지 않은 것'이다. 따라서 진리를 알기 위해서는 자연적 태도의 일반정립을 유보하고 어떤 이념에도 사로잡히지 않은 채 우리에게 말을 걸어오는 진리에 자신을 내어맡기고 진리를 향해 나아가는 자세가 중요하다.

별들이 모여 별자리를 구성하고 있지만 별자리는 개별적인 별들과 '비동일자'이다. 따라서 진리는 '부정적인 것'이다. 진리가 '부정적인 것'인 이유는 우리에 의해 파악된 진리가 아직 진리자체가 '아님'이기 때문이다. 우리가 진리라고 이해한 것은 순간적으로 타올랐다 사라지는 불꽃과 같다. 중요한 것은 그 불꽃 속에서 '비동일자'(das Nichtidentische)를 보는 것이다. 르네 마그리트는 「이미지들의 배신」이란 제목의 그림에서 파이프를 그리고 '이것은 파이프가 아니다'라는 칼리그람을 삽입하였다. 푸코에 의하면 마그리트의 이 그림에서 파이프는 '파이프가 아닌 것'(부정적인 것)이다. 이 그림에서 '이것은' 파이프가 아니며, 파이프를 그린 그림도 파이프가 아니며, '이것은 파이프가 아니다'라는 칼리그람도 파이프는 아니다.[178] 마찬가지로 계시의 진리도 '계시된 것이 아닌 것'(부정적인 것)이다. 계시의 진리는 비록 그것이 계시되었다 할지라도 계시된 것과 '비동일적인 것'이기 때문에 여전히 신비(Mysterium)이다. 진리는 우리의 이성에 의해 단번에 도달될 수 없는 신비이다. 진리는 비록 그것이 계시되었다 할지라도 여전히 비밀이며 신비이다.

> "본질적으로 신비에 속하는 계시는 일상적으로 경험되기는 하지만 일상적 경험을 초월하는 어떤 것을 드러내는 것이다. 우리는 신비한 것이 계시를 통해 드러나면 그것에 관해 많은 것을 안다. 신비한 것이 경험되었으며, 신비한 것과 우리는 관계를 맺게 되었다. 비록 이런 관계에 인식요소들이 포함되

---

178 참조, Michel Foucault, 「이것은 파이프가 아니다」(김현 옮김), 고려대학교출판부 2010.

어 있다 할지라도 계시를 통해 신비의 비밀이 완전히 풀리는 것은 아니다. '신비'라는 단어의 고유한 의미를 이해하기 위해서는 잘못된 또는 모호한 사용을 피해야 한다. 어떤 것이 계시된 후에는 신비하지 않게 되었다면, 우리는 그런 것에 대해 신비하다고 말하지 않는다. 인식론적인 방법론을 통해 드러날 수 있는 것은 신비라 할 수 없다."(ST I, 133)

8. 결론

유한한 존재자의 피할 수 없는 운명은 그가 알 수 없는 것을 알고자 하고 될 수 없는 것이 되고자 하는 형이상학적 욕구일 것이다. 이런 욕구는 이미 최초의 인간 아담에게 있었던 욕구이다. 하나님과 같이 되고자 하는 아담의 잠재적 욕구를 간파한 사탄의 유혹에 빠져 선과 악을 알게 하는 나무의 열매를 먹은 아담은 눈이 밝아져 악을 알게 되고 그 결과 잠재적 악이 현실화되었다. 전에는 선만 알던 아담이 악을 알게 됨으로써 아담은 실재성이 결핍된 죄인이 되었다.

철학자들의 형이상학적 욕구는 먼저 만물의 근원, 즉 참으로 존재하는 것, 즉 존재자로서의 존재자를 탐구한 고대 그리스 자연철학에서 시작하여, 하나님의 존재를 철학적으로 논증한 중세의 우주론적 증명과 존재론적 증명을 거쳐, 근대의 칸트와 독일관념론에서 완성된다. 칸트에 의하면 인간은 인식능력의 유한성으로 인해 하나님의 존재는 증명될 수 없고 단지 무제약적 전제로서 요청될 수 있을 뿐이다. 그의 하나님은 '알지 못하는 신'이다. 독일관념론은 지성적 직관 또는 사변적 이성의 능력을 통해 유한한 정신과 자연이 창조되기 이전의 절대적 동일자를 인식하는 절대지의 단계에 도달할 수 있다고 주장한다. 그들에게 하나님은 근원적 존재이며, 근원적 힘이며, 빛이다. 그러나 그들의 하나님은 여전히 인간의 표상의 산물이지 존재자체는 아니다. 그들은 사유와 존재가 일치하는 절대지를 추구하지만, 절대지는 여전히 이념이지 현실은 아니다. 그들이 추구하는 절대지는 인식론적 차원에 머무를 뿐 존재론적 차원에는 도달하지 못한다. 존재론적 차원의 절대지는 인간과 동일한 유한자로서 인간의 유한성을 실제로 극복하여 새로운 존재자가 된 존재자에 의해서만 주어질 수 있다.

계시종교로서 기독교는 자기를 비워 사람이 되어 유한한 존재자로서 십자가에서 죽었다 부활함으로써 새로운 존재가 된 예수 그리스도의 계시를 통해 인간이 하나님을 알 수 있을 뿐만 아니라 새로운 존재가 될 수 있는 길을 제시한다. 그리고 이런 길을 제시하는 기독교의 본질은 삼위일체에 있다. 길을 가는 사람만이 길을 알 수 있다. 이 길 위에서 그 길을 따라감으로써 인간은 하나님을 알 수 있고 하나님을 닮아 하나님과 같아질 수 있다. 신앙은 '길 위에 있음'이다.

"존재는 절대적 초월 자체이다."(Sein ist das transcendens schlechthin).[179] 존재는 인간과 무관하게 절대적 초월의 영역에 속한다. 그러나 인간이 존재하는 한 존재와 무관할 수는 없다. 존재는 언제나 인간에게 가장 가까이 있다. 존재는 언제나 인간에게 말을 걸어오면서 인간이 사유함으로써 응답하기를 기다린다. 인간이 그 말에

---

[179]   M. Heidegger, "Brief über den Humanismus", in: *Wegmarken,* Frankfurt a.M. 1978, S. 334.

응답하지 않는 한 존재는 절대적 초월 자체이다. 따라서 "존재는 절대적 초월 자체"라는 명제는 인간에게 말을 걸어오는 존재에 인간이 사유함으로써 응답하는 공속사건(서로에게 속하는 사건)이 일어날 때 비로소 존재가 인간에게 자기를 건네준다는 뜻이다.

하나님은 절대적 초월자이다. 하나님은 언제나 우리 가까이에서 자신을 계시하면서 말을 걸어오고 있지만 인간이 응답하지 않는 한 하나님은 절대타자이다. 인간이 하나님의 부르심에 사유하는 믿음을 통해 응답할 때 계시는 사건이 되고 하나님은 인간에게 자신을 건네주신다.

삼위일체론은 하나님이 인간에게 자신을 건제주시고 인간이 믿음으로 응답함으로써 새로운 존재가 되는 사건을 철학적으로 체계화한 이론이다. 그리고 이런 체계화의 목표는 예수 그리스도를 통한 하나님의 계시와 인간의 이해이다. 그리고 계시에 대한 이해는 성령의 영감을 통해서만 가능하다. 이 책의 목표는 계시와 해석이 하나님의 삼위일체성에 근거한다는 전제에서 계시의 필연성에 대한 철학적 근거와 계시에 대한 해석학적 방법론을 제시하는 것이었다.

참고문헌

- KD: K. Barth, Kirchkiche Dogmatik
- KrV: I. Kant, *Kritik der reinen Vernunft.*
- GP: M. Heidegger, *Die Grundprobleme der Phänomenologie*, Frankfurt a. M. 1929.
- SZ: M. Heidegger, Sein und *Zeit*, Frankfurt a.M. 1976.
- KPM: M. Heidegger, *Kant und der Problem der Metaphysik*, Frankfurt a.M. 1987.
- HW: M. Heidegger, *Holzwege* (GA 5).
- WG: M. Heidegger, *Wegmarken.*
- GA 24: M. Heidegger, *Die Grundprobleme der Phänomenologie.*
- GA 25: M. Heidegger, *Phänomenologische Interpratation von Kants Kritik der reinen Vernunft.*
- ST: P. Tillich, *Systematische Theologie I, II*, Walter de Gruyter; Berlin; New York 1987.
- PhäG: F. W. Hegel, *Phänomenologie des Geistes.*
- WdL: F. W. Hegel, *Wissenschaft der Logik.*

- 박종현, 『희랍사상의 이해』(1982).
- W. 하이젠베르크, 『물리학과 철학』(구승회 역).
- W. 블라트너, 『하이데거의 「존재와 시간」 입문』, 한상연 옮김, 서광사 2012.
- 윤병렬, 『선사시대 고인돌의 성좌에 새겨진 한국의 고대철학』, 예문서원 2018.
- 김균진, 『헤겔과 바르트』, 기독교출판사 1983.
- Ivor Leclerc, 『화이트헤드 형이상학 이해의 길잡이』(안형관, 이태호 역), 이문출판사 2003.

- Adrian Thatcher, *The Ontology of Paul Tillich*, Oxford 1978.
- Paul Tillich, *Biblical Religion and the Search for Ultimate Reality*, University of Chicago Press, 1955.
- W. K. C. Guthrie, *A History of Greek Philosophy*, Vol. I, Cambridge 1977.
- Hans Jonas, Materie, *Geist und Schöpfung*, Suhrkampf 1988.

- W. Heisenberg, *Schritte über Grenze*, München 1984.
- W. Heisenberg, *Physik und Philosophie*, Stuttgart 2011.

- I. Christiansen, *Die Technik der allegorischen Auslegungswissenschaft bei Philon von Alexandrien*, 1969.

• Paul Tillich, *Systematische Theologie I, II*, Walter de Gruyter; Berlin; New York 1987.
• Paul Tillich, *Biblical Religion and the Search for Ultimate Reality*, The University of Chicago Press 1955.
• P. Tillich, *Wesen und Wandel des Glaubens*, 1961.
• P. Tillich, *The Courage to Be*, Yale; New Haven, 2000.
• P. Tillich, *Dynamics of Faith*, Cambridge 1956.

• M. Heidegger, *Kant und der Problem der Metaphysik*, Frankfurt a.M. 1987.
• M. Heidegger, *Phänomenologische Interpratation von Kants Kritik der reinen Vernunft*, Frankfurt a.M. 1987.
• M. Heidegger, *Logik. Die Frage der Wahrheit*, Frankfurt a.M. 1976.
• M. Heidegger, "Einleitung zu 'was ist Metaphysik?", in: *Wegmarken*, Frankfurt a.M. 1976.
• M. Heidegger, *Hegels Phänomenologie des Geistes*, Frankfurt a.M. 1988.
• M. Heidegger, *Was heißt Denken?* (GA 8), Tübingen 1971.
• M. Heidegger, *Beiträge zur Philosophie*.
• M. Heidegger, *Grundbegriffe* (GA 51), Frankfurt a.M. 1981.
• M. Heidegger, "Der Spruch des Anaximander", in: *Holzwege* (GA 5).
• M. Heidegger, "Zur Seinsfrage", in: *Wegmarken*, Frankfurt a.M. 1976.
• M. Heidegger, *Zur Sache des Denkens*, Tübingen 1988.
• M. Heidegger, "Brief über den Humanismus", in: *Wegmarken*, Frankfurt a.M. 1976.
• M. Heidegger, *Identität und Differenz*, GA 11.
• M. Heidegger, "Was heißt denken?", in: *Vorträge und Aufsätze* (GA 7).
• M. Heidegger, *Beiträge zur Philosophie*, GA 65.
• M. Heidegger, *Hegel. 1. Die Negativität (1938/39,1941), 2. Erläuterung der "Einleitung" zu Hegels "Phänomenologie des Geistes"*, Frankfurt a.M. 1993.
• M. Heidegger, *Sein und Zeit*, Frankfurt a. M. 1976.
• M. Heidegger, *Die Grundprobleme der Phänomenologie*, Frankfurt a. M. 1929.

• K. Barth, *Römerbrief*(1932), 16 Aufl. Theologischer Verlag Zürich 1999.
• K. Barth, *Römerbrief* (hg. Hermann Schmidt), 1985 Zürich.
• K. Barth, *Kirchliche Dogmatik*, (ausgewählte und eingeleitet von Helmut Gollwizter), Gütersloher 1976.

• R. Bultmann, "Der Begriff der Offenbarung im Neuen Tenstament", in: *Glauben und Verstehen III*, Tübingen 1960.
• R. Bultmann, "Zum Problem der Entmythologisierung," (1963), in: *Glauben und Verstehen IV*, Tübingen 1975.
• R. Bultmannn, "Jesus Christus und die Mythologie", in: *Glauben und Verstehen IV*,

Tübingen 1975.

• O. Pöggeler, *Der Denkweg Martin Heideggers*, Tübingen 1990.
• Jan van der Meulen, *Heidegger und Hegel oder widerstreit und widerspruch*, Meisenheim/
  Glan 1953.

• G. W. F. Hegel, *Enzyklopädie der philosophischen Wissenschaftennzyklopädie im Grundrisse
  II*, Frankfurt a. M. 1986.
• G. W. F. Hegel, *Vorlesung über die Ästhetik*, Hg. Helmuth Schneider), Peterlang 1995.

• A. N. Whitehead, *Process and Reality*.
• W. Pannenberg, *Theologie und Philosophie*, München 1996.
• H. Kuhn, *Encounter with Nothingness*, Illinois 1949.
• H.-G. Gadamer, "Martin Heidegger − 85 Jahre", in: *Heideggers Wege*, Tübingen
  1983.

발표한 논문들

어느새, 그새,

눈깜빡할새, 틈새, 철새,

날아간 새, 날아갈 새,

온갖 잡새 ...

존재는 새입니다.

차례

하이데거에 있어서 존재물음의 단초와 철학적 방법론[01]

1. 문제제기

철학사에서 하이데거가 차지하는 고유한 위치는 무엇인가? 우리가 그의 철학에 주목하는 이유는 무엇인가? 그가 철학의 새로운 시작을 시도하고 있다는 사실 때문이다. 그의 이런 철학적 시도에서 특히 두드러지는 것은 그가 인간을 다른 존재자들과는 전혀 다른 존재방식을 가지는 존재자로 규정하고 있다는 사실이다. 인간은 '현존재'(Dasein)로서 그의 존재에 있어서 존재를 이해하는 존재자라는 것이다. 『존재와 시간』에서 시도되는 인간 존재의 실존론적 분석은 현존재의 이런 존재이해와 관련된 존재방식들, 즉 현존재의 '실존범주들'(Existenzialien)을 그들의 내적 연관관계에서 드러내고자 한다. 그런데 여기서 주목해야 할 것은 현존재의 실존론적 분석은 단순히 현존재를 인간론적 관점에서 기술하는데 그 목적이 있는 것이 아니라 존재물음을 근원적으로 해명하기 위한 기초(fundamentum)를 마련하는데 있다는 사실이다. 우리가 하이데거의 철학에 주목하는 이유는 단순히 그가 인간의 실존에 대한 탁월한 인간

---

01   이 논문은 『하이데거 연구 10집』(2004년 가을호)에 게재된 논문임.

론적 통찰을 제시하기 때문이 아니라 인간 실존의 존재론적 의미를 밝힘으로써 존재에 대한 물음을 근원적으로 해명하기 때문이다. 그러므로 그가 주관성 철학의 선험적 주관을 현존재의 현사실성 (Faktizität)으로 대체한다는 데에서 그의 철학적 고유성을 발견하고자 하는 모든 시도는 실패할 수밖에 없다. 왜냐하면 선험적 주관과 현존재는 그들의 분명한 외적인 차이에도 불구하고 근본적으로 구조적 유사성을 가지기 때문이다.[02] 이 점에 있어서 하이데거에게서 전혀 새로운 것을 발견하지 못했다는 후설의 주장은 타당하다.

그렇다고 단지 하이데거가 존재물음을 제기했다는 사실에서 그가 철학사에서 차지하는 고유한 위치를 확인하고자 하는 것도 설득력이 없다. 왜냐하면 철학의 역사에서 존재물음을 처음으로 제기한 사람은 하이데거가 아니기 때문이다. 하이데거에 의하면 소크라테스 이전의 소위 자연철학자들에 의해 이미 존재에 대해 물음이 제기된 적이 있었다. 그들에 의해 존재에 대한 물음이 제기된 이후 철학사에서는 하이데거의 주장과는 달리 잠시도 존재가 망각된 적이 없었다. 그럼에도 불구하고 '존재망각'에 대한 하이데거의 주장이 타당하다면 이것은 무엇을 의미하는가? 하이데거는 '존재는 가장 보편적인 개념이다', '존재는 정의될 수 없는 개념이다', '존재는 자명한 개념이다'라는 독단적 선언들을 존재론적인 근거(fundamentum)로부터 근원적으로 해명하고자 한다. 그는 이 존재해명을 위한 근거 또는 기초(fundamentum)로 현존재를 선택한다. 바로 이 기초로부터 존재를 해명하기 때문에 그의 존재해명은 '근원적 해명'(Begründung)이며, 따라서 그의 존재론은 "기초존재론"(Fundamentalontolo-

---

02 참조, 이남인, 「후설의 초월론적 주관과 하이데거의 현존재」(『철학과 현상학연구』 제 20집), 철학과 현실사, 2003 봄, 23–44쪽.

gie)이다.[03] 그에게 있어서 '존재망각'은 '근원적 해명'의 결여를 의미한다. 그가 철학사에서 차지하는 고유한 위치는 그가 인간에 대한 탁월한 실존적 분석을 제시했다는 사실에 있지 않으며, 단순히 존재에 대해 물음을 제기했다는 사실에도 있지 않다. 그는 인간론으로부터 존재해명으로 가는 길 위에 있다. 바로 이와 같이 '길 위에 있음'이 그가 철학사에서 차지하는 고유한 자리이다. '길 위에 있음'은 그리스어 'μετά'(함께, 안에, 위에, 뒤에)와 'ὁδός'(호도스: 길)의 합성어로 '방법'(Methode)과 동의어이다. 하이데거의 철학사적 고유한 위치는 존재에 대한 근원적인 존재해명에 있으며, 이 존재해명은 이미 언급되었듯이 현존재에서 출발하여 존재해명에 이르는 그의 독특한 철학적 방법론에 근거한다. 이 글은 하이데거 철학의 방법론에 근거하여 그의 철학사적 위치를 조명하는데 그 목적이 있다.[04]

2. 하이데거와 형이상학

하이데거의 철학적 근본의도는 존재에 대한 물음을 근원적으로 해명하는 것이다. 그런데 하이데거에 의하면 전에 한번 제기된 적이 있었던 존재에 대한 물음이 이후의 철학사에서는 망각되어진 채

---

03 "기초적 존재론"은 이중적 과제를 가진다. 그것은 한편에서 인간존재에 대한 실존론적 분석이며, 다른 한편에서는 그 실존론적 분석의 존재론적 의미를 드러냄으로써 존재자체를 해명하고자 한다.

04 슐츠(W. Schulz)에 의하면 인간의 모든 경험은 이미 존재의 작용이라고 주장하는 하이데거는 후기 셸링의 관념론적 사유전통에 서있다. 슐츠는 하이데거의 방법론에 근거하여 그의 철학체계를 제시하기 보다는 단지 그를 후기 관념론적 전통에서 바라봄으로써 그의 철학사적 위치를 조명하고자 한다. 참조, W. Schulz, "Über den philosophiegeschichtlichen Ort Martin Heideggers", Otto Pöggeler(Hrsg.), *Heidegger. Perspektiven zur Deutung seines Werkes,* Athenäum 1984, *S.* 95-139. 이수정은 인간과 존재의 관계에서 존재의 아프리오리즘을 주장함으로써 하이데거 철학의 구조를 드러내고자 한다. 그러나 존재에 대한 아프리오리즘에서 하이데거의 철학사적 고유한 위치를 확인하고자 한다면 하이데거는 그의 자리를 *Schelling* 에게 양보해야 할 것이다. 참조, 이수정, 「하이데거 철학의 구조와 성격」(『하이데거의 존재사유』), 철학과 현실사, 1995, 41-77쪽.

존재자에 대한 물음이 철학의 고유한 과제가 되어왔다. 그러나 존재자에 대한 모든 물음에 앞서 그 존재자의 존재를 근원적으로 해명하는 것이 중요하다. 존재를 근원적으로 해명하기 위해 먼저 형이상학의 근본적인 물음으로부터 출발할 필요가 있다.

2.1. 형이상학의 근본물음

"늘 추구되어져 왔던 것, 그리고 지금도 우리가 추구하고 있는 것, 그리고 언제나 추구되어질 것, 그리고 결코 해결될 수 없는 문제로 남게 될 것, 그것은 바로 '존재자는 무엇인가?'라는 물음이다. 그리고 이 물음은 다시 '우시아(ουσία)는 무엇인가?'라는 물음이다."(Met. 1028b2-4)

'존재자는 무엇인가?' 라는 물음에서 중요한 것은 아직 규정되지 않은 직접적인 존재자를 그의 본질적 규정에서 드러내는 것, 즉 존재자를 그의 '무엇'에서 규정하는 것이다. 이때 아직 규정되지 않은 존재자는 제1 본질(ουσία)로서 주어의 위치를 차지하며, 그 존재자에 대한 내용규정은 제2 본질로서 그 존재자의 술어가 된다.[05] 이때 중요한 것은 주어와 술어가 상호 일치에 근거하여 서로 결합되는 것이다. 우리는 주어와 술어의 이러한 일치(adaequatio rei et intellectus)를 '언표의 진리'라고 부르며 'a는 b이다'라는 판단형식으로 표

---

05 아리스토텔레스가 『범주론』에서 제시하듯이 존재론적인 관점에서 볼 때는 규정되지 않은 직접적인 개개의 존재자들이 제1 우시아이며, 에이도스(εἶδος)는 그 존재자의 본질적 규정으로서 제2 우시아이다 (Kat. 2 a 11-17). 그런데 『범주론』에서와는 달리 『형이상학』(VII권과 VIII권)에서는 에이도스가 개별적 존재자의 본질적 규정으로 제1 우시아로 제시되어 있다. 그러나 이러한 차이는 단지 이 두 저술들의 관점의 차이를 반영할 뿐이다. 존재론적인 관점에서 볼 때는 직접적인 존재자가 제1 ουσία 이지만 인식론적인 관점에서 보면 에이도스가 제1 우시아이다. 참조, K. Düsing, "Ontologie bei Aristoteles und Hegel", in: *Hegel-Studien, Bd. 32, S. 64-74.

현한다.

그런데 '언표의 진리'에서 존재자가 그의 본질규정과 일치하기 위해서는 먼저 그 존재자가 존재자로서 이미 드러나 있어야 한다. 그 존재자가 "술어규정의 가능한 대상(Worüber)으로서 이러한 서술에 앞서, 그리고 그런 서술을 위해 이미 드러나 있어야 한다. (…) 언표의 진리는 보다 근원적인 진리(비은폐성), 즉 존재자의 선술어적인 열려있음에 근거한다. 우리는 이러한 존재자의 선술어적 열림을 존재적 진리라고 부른다."[06] 그렇다면 술어적 진술 이전에 존재자는 어떻게 존재자로서 드러나는가? 존재적 진리는 어떻게 열리는가? 이 물음에 대답하기 위해 우리는 먼저 '(존재자)로서'가 가지는 이중적 기능에 주목할 필요가 있다. 먼저 '~로서'는 존재자와 그 존재자를 드러나는 대로 받아들이는 주체와의 관련성(Zu-tun-haben-mit)을 지시한다. 다시 말해 '~로서'는 인간존재의 해석학적 근본구조를 가리키는데, 인간존재의 본질은 자신의 존재(가능성)에 대해 미리 관심을 가지고 이미 세상 속에 던져진 존재자로서 지금 다른 존재자들과 관계를 맺는 '마음 씀'(Sorge)이다. 그리고 '마음 씀'은 '미리-이미-지금'(Sich-vorweg, Schon-sein-in, Als-sein-bei)이라는 구조적 계기들에서 알 수 있듯이 시간성에 근거한다. 현존재는 본질적으로 탈자적(Außer sich: Existenz)인데, 우리는 이 탈자성을 현존재의 시간성이라 부른다. 탈자적 시간성의 세 계기들 즉 미래, 과거, 현재가 동근원적으로 상호 작용함으로써 존재자와의 만남의 지평이 열린다. 하이데거는 탈자적 시간성의 세 계기들의 동근원적인 상호작용을 칸트의 용어를 사용하여 "도식화"라 부르는데, 이러한 도식화에 의해 존재자와의 만남이 이루어지는 세계가 지평으로서 열린다. 그러

06 M. Heidegger, "Vom Wesen des Grundes", in: *Wegmarken*, Franffurt a.M. 1978, *S.* 129. (이후로는 *VWS* 로 표기하며 쪽수는 *Wegmarken*의 쪽수에 따른다).

므로 바로 이 지평이 '선험적 종합판단'의 가능근거이기도 하다. 이와 함께 하이데거의 다음과 같은 물음에 대한 답이 주어졌다: "어떻게 세계가 현존재와의 통일성에서 존재론적으로 가능한가? 현존재가 '세계내존재'로서 존재할 수 있기 위해서 세계는 어떤 방식으로 있어야 하는가?"[07] 하이데거는 존재자가 드러나는 (세계)지평을 여는 탈자적-지평적 시간성의 근본구조를 "해석학적인 '로서'"(Hermeneutisches Als)라고 부르는데, 해석학적인 '로서'에 의해 열려진 이 지평에서 하나의 존재자는 그의 본질적 내용에서 하나의 존재자로서 규정된다. 하이데거는 '로서'의 이러한 기능을 "선언적 '로서'"(Apophantisches Als)라고 부른다. '로서'가 가지는 이러한 이중적인 기능에 의해 존재자가 존재자로서 드러나게 된다.[08] 세계는 존재자가 존재자로서 드러나는 지평으로서 열려있다. 이와 함께 '존재자는 존재자로서 무엇인가?'라는 존재적 물음에 대한 답이 주어졌다. 그런데 하이데거는 선험적 종합판단의 가능성의 근거로서 주어진 세계지평의 열림에 머물지 않고 그 지평의 존재론적 의미를 제시함으로써 존재론으로 한 걸음 더 나아간다. 바로 이 점에서 그는 칸트의 인식론으로부터 존재론으로 한 걸음 더 나아가고 있다. 이에 관해 보다 구체적으로 살펴보자.

칸트에 따르면 순수오성개념들이 구상력에 의해 시간적으로 규정됨으로써, 즉 카테고리들이 도식화됨으로써 존재자가 존재자로서 드러나는 지평이 열리며, 이 지평에서 비로소 선험적 종합판단이 가능해진다. 하이데거는 칸트의 『순수이성비판』에서 칸트의 이러한 통찰을 접하고 눈에서 비늘이 떨어지는 경험을 한다.[09] 그러

---

07 M. Heidegger, *Sein und Zeit*, Frankfurt a.M. 1986, S. 364 (이후로는 *SZ*).

08 「로서」의 이중적 구조에 관해서는 참조, M. Heidegger, *Logik. Die Frage nach der Wahrheit*, W. Biemel (Hrg.), Frankfurt a.M. 1976, S. 145–161 (이후로는 Logik 25/26으로 표기).

09 참조, M. Heidegger, *Phänomenologische Interpretation von Kants Kritik der reinen Vernunft*, Frankfurt

나 하이데거는 여기에 머물지 않고 존재론적으로 한 걸음 더 나아간다. 존재자가 존재자로서 어떻게 드러나는가에 관계하는 칸트의 존재적 진리는 더 근원적으로 이미 존재론적인 진리에 근거하는데 칸트는 이 점을 간과했다는 것이다. 칸트에 의하면 무시간적인 순수오성개념들인 범주들이 시간과 공간의 형식으로 주어진 감각재료들과 적용됨으로써 인식이 이루어지는데, 그러기 위해서는 범주들이 순수오성의 시간적 작용인 구상력에 의해 시간적으로 규정되어야 한다. 이 점에 있어서 하이데거는 칸트와 전적으로 일치한다. 구상력에 의해 범주들이 시간적으로 규정됨으로써 대상과의 만남이 이루어지듯이 현존재의 존재가 이미 시간성에 의해 규정되어 있기 때문에, 즉 현존재가 도식화되어 있기 때문에 대상과의 만남의 지평이 열린다. 그런데 하이데거는 여기에 머물지 않는다. 더나아가 그는 도식론의 존재론적 의미를 밝히고자 한다. 하이데거에 의하면 현존재의 "시간성"(Zeitlichkeit)은 존재자체의 시간성인 "존재의 시간성"(Temporalität)의 도식이다. 따라서 현존재의 시간성을 해체하여 거기서 존재의 시간성을 도출하는 것이 중요하다. 하이데거에 의하면 철학사에서 칸트는 그의 도식론을 통해 "존재의 시간성"의 영역에서 사유한 유일한 철학자였다. 그러나 칸트는 그 도식론의 존재론적 의미인 "존재의 시간성"에는 주목하지 못했다. 그는 시간을 단순히 인간의 인식능력의 하나인 감성의 한 형식으로 보았기 때문에 도식론과 존재론과의 필연적 연관성을 간과할 수밖에 없었다. 반면에 하이데거는 현존재의 시간성을 인간이란 존재자의 근본적인 존재방식으로 파악함으로써 도식론의 존재론적 의미에 주목할 수 있었다. 그에게 있어서 현존재의 시간성은 현존재의 본질적인 존재방식인 동시에 존재자체의 시간적 규정, 즉 존재자체

---

a.M. 1977, S. 431.

의 도식화이다. 그는 존재자체의 도식화인 이 시간성으로부터 "존재의 시간성"을 이끌어내고, 이 "존재의 시간성"으로부터 존재자체를 해명한다. 칸트는 인식하는 주관의 인식론적 구조를 분석하는 데 머물렀기 때문에 그 인식론적 구조에 내재하는 존재론적 의미인 "존재의 시간성"에 주목하지 못했고 따라서 존재에 대한 물음에까지는 도달하지 못했다.[10] (참조, SZ 23-24)

그렇다면 하이데거는 현존재의 도식화로부터 어떻게 그 존재론적 의미를 이끌어내는가? 앞에서 보았듯이 존재자는 시간성의 탈자적 계기들이 도식화됨으로써 열려진 지평에서 존재자로서 드러난다. 도식화란 현존재의 탈자적-지평적 시간성 자체이다. 현존재의 존재가 시간적으로 규정됨으로써, 즉 과거, 현재 그리고 미래라는 시간성의 탈자적 계기들이 동근원적으로 상호 작용함으로써 도식화가 이루어진다. 탈자적 계기들의 도식화하는 상호작용은 다음과 같이 이루어진다. 과거와 현재의 계기들이 미래에로 '넘어가 있고', 미래와 현재가 과거에로 '넘어가 있고', 과거와 미래가 현재에로 '넘어가 있다'.[11] 도식화는 이와 같이 '(넘어가) 있음'의 작용이다. 다시 말해 '있음'(존재)의 시간적 규정이 바로 도식화이다. 하이데거가 눈에서 비늘이 떨어지는 체험을 한 것은 도식화의 이러한 존재론적 의미에 주목했을 때일 것이다. (하이데거에 의하면 칸트가 간과한 것은 바로 도식화의 이런 존재론적 의미이다) 그런데 있음(존재)의 시간적 규정은 3차원적인 시간을 넘어서는 "현전성"(Präsenz, Anwesenheit)이라는 4차원의 영역이다. 이 "현전성"이라는 4차원의 시간이 바로 존재의

---

10 백종현은 칸트의 "「초월적 의식」의 의의를 드러낸 다음, 초월적 의식과 대칭을 이루는 하이데거의 「현존재」 개념을 들춰내, 이것이 존재와 진리의 토대라 함이 무슨 뜻인가"를 밝히고자 한다. 그러나 그는 초월적 의식과 현존재의 대칭성을 밝히는데 머물고 있으며 따라서 초월적 의식 또는 현존재가 어떻게 존재해명의 기초가 되는가를 제시하지 못했다. 참조, 백종현, 「존재와 진리의 토대: 칸트의 초월적 의식과 하이데거의 현존재」(「칸트와 현대 유럽 철학」), 철학과 현실사, 2001, 48-67쪽, 특히 50쪽.

11 참조, G. Figal, *Martin Heidegger*, Frankfurt a. M. 1991, S. 293, 330-331.

시간적 규정이다.[12] 하이데거는 이 4차원의 시간, 즉 "존재의 시간적 규정"을 현존재의 시간성과 구별하여 "존재의 시간성"(Temporalität)이라 부른다. 이 "존재의 시간성"의 지평에서 존재를 밝히는 것이 기초적 존재론으로서의 철학의 과제이다.[13] 하이데거는 이렇게 존재의 시간성의 지평에서 우리에 의해 해명된 '존재'를 "존재론적 진리"(VWG 130)라 부른다.[14]

모든 존재적 진리는 존재론적 진리에 근거해서 가능하다. 존재는 존재자를 존재자로서 드러나게 하는 존재론적 근거이다. 그런데 모든 드러나는 것은 다른 것과의 차이에 의해 드러나며 존재자는 그의 다름인 무와의 차이에 의해 드러난다. 따라서 존재자를 존재자로서 드러나게 하는 존재론적인 근거인 존재는 무이다. 물

---

12 '현전성'의 4차원성에 관해서는 참조, M. Heidegger, *Zur Sache des Denkens*, Tübingen 1988, *S*. 14–16. 하이데거는 존재가 이렇게 시간적으로 규정되어 있기 때문에 "시간은 존재의 이름 (*Vorname*)"이라고 주장한다(*Par* 113). 시간이 존재의 이름이라는 것은 존재를 시간이라 이른다는 뜻이다. 이름이란 그 이름을 가진 자를 그렇게 이름이다. 우리는 존재를 시간이라 이른다. 따라서 '존재와 시간'이다.

13 김재철은 현존재분석이 "존재 의미에 대한 명백하고 투명한 물음설정을 위한 한 존재자의 선행적이고 적합한 해명"이라는 사실에 주목하기는 했지만, 현존재의 어떤 요소가 존재해명에 이르는 결정적인 존재론적 단서가 되는지는 제시하지 않았다. 이것은 현존재의 시간성으로부터 도출된 존재의 시간성이 존재해명의 결정적인 단서라는 사실에 주목하지 못했기 때문이다. 참조, 김재철, 「『존재와 시간』: 삶의 해석학의 기초존재론적 변형」(『하이데거 철학과 동양사상』, 한국 하이데거 학회 편, 2001, 165–194쪽, 특히 180쪽.

14 '존재적 진리'와 '존재론적 진리' 사이의 이러한 구분은 '존재론적 차이', 즉 존재와 존재자의 다름에 근거한다고 볼 수 있다. 존재자의 본질이 '나타남'이라면 존재는 존재자와 다르기 때문에 '나타나지 않음', '감춰져 있음'을 그 본질로 한다. 하이데거에 의하면 진리는 '감춰져 있던 것이 드러남'을 의미한다. 따라서 그에게 있어서 존재적 진리는 존재자의 나타남을 의미하며, 존재론적 진리는 존재의 나타남 또는 열림을 의미한다. 그러나 이런 의미의 진리개념을 존재자와 존재에게 동일하게 적용할 수는 없다. 왜냐하면 존재는 존재자와는 달리 결코 스스로 나타나지 않기 때문이다. 스스로 나타나지 않는 존재에 관해 '나타남'이나 '열림'이란 개념을 적용할 수는 없다. 존재는 스스로 드러나지 않는다. 그것은 단지 우리에 의해 드러내져야 할 것이다 (이때 것이란 표현도 존재하는 어떤 것이란 의미가 아니라 존재하는 것은 아니지만 우리에 의해 주제로 다루어져야 할 것이란 의미로 이해되어져야 한다). 하이데거가 존재론적 진리에 대해 사용하는 "존재의 탈은폐성"(Enthülltheit des Seins)이란 표현을 이런 의미로 이해한다면 오해를 피할 수 있을 것이다. 그런데 존재는 언제나 존재자에게서 경험된다. 존재는 언제나 존재자의 존재, 즉 존재자의 '존재하기'이다. 이런 '존재하기'의 참모습이 우리에 의해 드러내져야 한다. 그러므로 존재론적 진리란 '존재하기의 참모습'(Wirklichkeit des Seins)이란 의미로 이해되어야 할 것이다. 따라서 우리는 하이데거에 있어서 진리개념을 삼중적으로 이해해야 한다. '언표의 진리', 존재자의 나타남을 의미하는 '존재적 진리', 그리고 존재의 참모습을 의미하는 '존재론적 진리'가 그것이다.

론 존재가 존재자의 근거라고 할 때 이 '근거'라는 개념은 실체론적으로 이해되어서는 안 된다. 그 근거는 무근거이다. 무의 무화하는 작용에 근거하여 존재자가 존재자로서 드러난다. '무가 무화한다'는 것은 존재자로부터 거리를 취함으로 존재자가 나타날 수 있는 여지를 부여해 준다는 것이다. 존재자로부터 멀어짐으로써 존재자가 나타날 수 있는 "시간-놀이-공간"(Zeit-Spiel-Raum)을 마련해 준다는 말이다.[15] "무화한다는 것은 존재자의 단적인 부정이 아니다. 무는 그의 무화하는 작용에서 우리에게 존재자를 드러내 준다. 무의 무화하는 작용은 존재이다."[16] 철학의 작업은 무화하는 무로서의 존재를 드러내는 것이다. 이제 철학의 물음은 '왜 도대체 존재자이며 무는 아닌가?'라는 물음의 된다. 이 물음에서 중요한 것은 존재자가 아니라 그 존재자의 존재를 밝히는 것이다.

2.2. 형이상학의 고유한 과제: 존재를 근원적으로 다시 물음

존재자에 대한 철학의 물음에서 중요한 것은 존재자를 존재자로서 드러나게 하는 근거인 존재를 근원적으로 해명하는 것이다. 그러나 철학사에서 볼 때 존재에 대한 물음은 잊혀지고 대신 존재자에 대한 물음이 철학의 과제로 부각되었다. 철학은 언제나 존재의 열림의 영역에서 움직이고 있지만 이것을 주제로 다루지는 못했다. "왜냐하면 형이상학은 존재자로서의 존재자에 대해 묻고 존재자에 머물며 존재로서의 존재에 대해서는 관심을 갖지 않기 때문이다."[17] "그러나 우리는 어디서도 존재자체의 경험을 발견하지 못

15 M. Heidegger, *Der Satz vom Grundes*, Pfulling 1954. S. 143.

16 M. Heidegger, *Seminare*, Frankfurt a.M. 1986. S. 361 (이후로는 *GA* 15).

17 M. Heidegger, "Einleitung zu 'Was ist Metaphysik'", in: *Wegmarken*, S. 362 (이후로는 *WiM. Ein.*으로 표기하며 쪽수는 *Wegmarken*을 따른다).

한다. 우리는 어디서도 존재자체의 진리와 존재로서의 진리 자체를 중요시하는 생각을 만나지 못한다. (…) 물론 ἔστιν (ἐὸν) γὰρ εἶναι라는 표현은 존재자체를 가리킨다. 그러나 그 표현은 존재(Anwesen)를 고유한 의미의 존재(Anwesen)로서 생각하지는 못하고 있다. 존재의 역사는 필연적으로 존재망각과 함께 시작된다."[18] 하이데거에 의하면 형이상학의 역사는 "존재망각"의 역사인데 이때 존재가 망각되었다는 것은 인간이 존재자들에게 취하는 모든 태도의 지평을 이루고 있는 존재가 존재자와는 다른 영역으로서 주제화되어 다루어지지 못했음을 의미한다. 존재와 존재자의 차이가 주목되지 않았다는 것이다. "존재망각은 존재와 존재자의 차이에 대한 망각이다."[19] 존재망각은 존재론적 차이의 망각이다. 하이데거에게 있어서 철학의 과제는 이 존재론적 차이를 다시 기억하는 것이다. 그런데 여기서 주의해야 할 것은 존재를 존재자와 다른 어떤 것으로 생각해서는 안 된다는 것이다. 존재는 존재자 밖에 있는 어떤 것으로서 존재자를 존재자로서 가능하게 하는 것이 아니다. 그것은 위의 주 11에서 이미 언급되었듯이 '존재자로부터 경험된 존재'이다. 그것은 언제나 '존재자의 존재'이다. 이때 우리는 '존재자의 존재'를 주격적 소유격(genetivus subjectivus)의 의미로 이해해야 한다.[20] 이때 존재자의 존재는 '존재자가 ~ 이다'라는 표현에서 바로 '~ 이다'의 명사화인데, 하이데거는 이 '이다'를 타동사로 이해해야 한다고 주장

18　M. Heidegger, "Nietzsches Wort 'Gott ist tot'", in: *Holzwege,* Frankfurt a.M. 1980, *W.* 259 (이후로는 *HW*라고 표기함).

19　M. Heidegger, "Der Spruch des Anaximander", in: *Hozwege,* Frankfurt a.M. 1980, *S.* 360.

20　하이데거는 『Identität und Differenz』 59쪽에서 '존재자의 존재'를 목적격적 소유격의 의미로 이해해야 하며, '존재의 존재자'를 주격적 소유격의 의미로 이해해야 한다고 주장하는데, 이는 존재론적 차이의 관점에서 볼 때 모순이다. 왜냐하면 하나의 판단에서 주어의 위치를 차지할 수 있는 것은 존재자뿐인데 존재는 존재자가 아니기 때문이다. 이런 모순에도 불구하고 하이데거가 그런 주장을 한 것은 존재와 존재자의 관계에서 존재의 존재론적 우선성을 강조하기 위한 것이라고 보아야 할 것이다.

한다.[21] 그렇다면 '존재자의 존재'란 표현은 '존재자가 존재하다'를
의미하게 된다. 존재란 존재자와 다른 어떤 것이 아니라 바로 존
재자의 '존재하기'이다. 그리고 '존재하다'는 것은 '존재자가 드러나
있다'는 것과 같은 의미이다. 이런 사태를 보다 구체적으로 설명할
필요가 있다. 존재자는 존재와 다르다. 그리고 존재자가 드러나 있
는 어떤 것이라면 존재는 있는 어떤 것이 아니라 무이다. 그렇다면
존재자가 무와 다르다는 것은 무슨 의미인가? 무는 결코 드러나지
않기 때문에 – 보다 정확하게 말해, 결코 드러날 수 없기 때문에
– 존재자가 무와 다르다는 것은 그것이 드러나 있다는 것을 의미
한다. 그러므로 존재자가 (존재와) 다르다는 것과 존재자가 드러나
있다는 것과 동일한 의미이다. 존재론적 차이란 바로 이렇게 존재
자가 드러나 있음을 의미한다. 따라서 우리는 '존재자만 있고 무는
없다'는 파르메니데스의 명제를 '존재자가 드러나 있다'는 존재론적
차이의 관점에서 이해해야 할 것이다.[22]

그렇다면 존재자는 어떻게 존재하는가? 존재자는 어떻게 드러

---

21 참조. M. Heidegger, *Identität und Differenz*, Pfullingen 1957, S. 62.

22 가다머는 존재론적 차이가 '존재자의 존재하기'에 다름 아니라는 사실을 보다 분명하게 하기 위해
라틴어 'differe'의 이중적 의미에 주목한다. 'Differe'는 한편에서는 (서로 다른 것들 사이의) '차이'를 의미하
며, 다른 한편에서는 (그 차이에 근거하여) 어떤 것이 '드러남'을 의미한다. 따라서 존재자가 존재와 다르다
는 존재론적인 차이는「존재자가 다르다」는 의미이며, 이것은 다시 '존재자가 (다르기 때문에) 드러나다' 또
는 '나타남이 일어나다'를 의미한다. 존재란 존재자의 '나타나 있음', 즉 존재자의 현상작용(Erscheinen)이
다. '나타남'을 의미하는 그리스어 파루시아(παρουσ'α)는 παρά(~ 위에)와 ουσία (토대: Das Zugrundeliegende)
의 결합으로 '어떤 토대 위에 요철처럼 드러남'을 의미한다. 존재자가 다르다는 것은 바로 이런 παρουσ
ία를 말한다. 하이데거가 가다머에게 "우리는 아직도 그리스인들을 그리스적으로 생각하지 않는다"고
편지를 보낸 적이 있는데 가다머는 이 편지에 대해 다음과 같이 자문하고 대답한다: "그리스인들에게
「존재」란 무엇이었는가? – 존재는「현상」(Erscheinung)이다." 가다머는 여기서 존재에 대해 Erscheinung이
란 표현을 사용하는데 보다 정확한 표현은 Erscheinen일 것이다. 왜냐하면 존재는 '나타나 있는 것'이 아
니라 나타나 있는 것의 '나타남의 사건'이기 때문이다. 참조, H.-G. Gadamer, "Hermeneutik und ontolo-
gische Differenz", in: *Gadamer Lesebuch*, J. Grondin (Hg.), Stuttgart 1997, S. 267–268, 277.
칸트는 존재에 대해 다음과 같이 진술하고 있다. "존재는 결코 사실을 나타내는 술어가 아니다. 즉
존재는 어떤 사물의 개념에 추가될 수 있는 어떤 것의 개념이 아니다. 존재는 단순히 어떤 사물 또는 어
떤 규정들의 위치이다." (KrV, A 598, B 626) 이때 위치로서의 존재를 우리는 존재자가「나타나 있음」이란
의미로 이해해야 할 것이다.

나는가? 어떤 것이 '드러나다'는 것은 그것이 다른 것과의 차이에
의해 한정되어 규정된다는 것이다. 존재한다는 것은 규정되어 있다
는 것이다. 여기서 우리는 헤겔의 통찰에 주목할 필요가 있다. 규
정되어 있는 존재자는 규정되기 이전의 최초의 상태에는 아무런 규
정을 가지지 않는 '순수존재'이며 그 이외의 어떤 것도 아니다. 즉
순수존재는 무이다. 여기서 우리는 존재에서 무로의 운동을 발견
한다. 그런데 이 무는 존재하는 아무 것도 없다는 의미의 '공허함'
이 아니라 존재자의 존재방식이다. 즉, 규정되어있지 않은 상태의
존재자의 존재방식이다. 무는 존재자의 (부정적인) 존재방식이다. 여
기서 우리는 무에서 존재에로의 운동을 발견한다. 우리는 무에서
존재에로의 운동을 '생성'이라 하며, 존재에서 무로의 운동을 '소
멸'이라 부른다. 이와 같이 존재에서 무로의 운동(소멸)과 무에서 존
재에로의 운동(생성)이야말로 존재자의 존재근거이며, 따라서 (그
것이 존재자를 존재하게 하는 한) 우리는 이것을 존재자의 존재라고 부
른다.[23] 존재자에게서 일어나는 이런 무에서 존재에로의 운동(생성)
과 존재에서 무로의 운동 (소멸)에 의해 존재자가 존재자로서 나타
난다. 가다머에 의하면 이런 운동은 "이리 저리"(Hin und Her)의 놀이
(Spiel)이다. 바로 이 운동에 의해 존재자가 존재자로서 드러날 수 있
는 장이 열려진다. 'a는 b이다'에서 '~ 이다'라는 계사는 존재자에
게서 일어나는 이런 놀이이다. 이 놀이에 의해 놀이터가 열리고, 이
놀이의 장에서 존재자가 드러나는 것이다. 존재자에게서 일어나는

---

23 「아낙시만드로스의 금언」(Der Spruch des Anaximander)에서 하이데거는 니체와 관련하여 "존재의 특성
은 운동 (Werden)이다. 이것이야말로 최고의 힘에의 의지이다" (HW 328) 라고 말했다. 존재는 본질적으로
생성과 소멸 사이의 운동 (γένεσις - φθορά)을 그 특징으로 한다 (참조, HW 338쪽). 우리가 '존재하다'라고
말할 때 '하다'는 바로 존재자가 드러나는 드러남의 사건으로서의 이런 생성 소멸을 의미한다.
1942/43년에 행한 Parmenides란 강의에서 하이데거는 άλήθεια (진리: 탈은폐성: 드러남)란 개념을 어원적
의미에 기초하여 해명하고 있다. 이때 진리(드러남)는 Enrbergung과 Verbergung 사이의 대립적 관계에 성립
하는데 하이데거는 진리를 이루고 있는 이 두 계기들을 「존재의 본질적 특성」(Grundzug des Seins)이라 부른
다 (M. Heidegger, Parmenides, Framkfurt a.M. 1992, S. 105. 이후로는 Par.라고 표기함).

이런 모순운동은 헤겔의 표현에 의하면 "스스로에게 관계하는 부정성"(Sich auf sich beziehende Negativität)이다. 이러한 "절대적 부정성"(absolute Netativität)이야말로 존재자에게서 일어나는 '존재하기'의 운동이며, 모든 존재자의 나타남의 근거인 존재자의 존재사건(Ereignis)으로서의 존재이다.

존재론적 차이를 기억한다는 것은 존재자에게서 이 '존재하기'를 주제로 삼아 드러내는 것이다. 그런데 존재는 언제나 존재자의 존재이기 때문에 존재해명은 존재자를 매개로 해서만 가능하다. 이제 인간이란 특수한 존재자를 매개로 하여 존재를 해명하고자 하는 하이데거의 철학적 방법론에 주목해 보자.

3. 하이데거의 철학적 방법론

3.1 현존재의 존재적 존재론적 우월성

존재해명은 직접적으로는 불가능하다. 왜냐하면 존재는 어디에도 드러나 있지 않고 단지 존재자의 존재이기 때문이다. 그것은 언제나 존재자 속에 은폐되어 있다. 따라서 존재해명은 존재자를 매개로 해서만 가능하다. 하이데거는 존재해명을 위한 가장 효과적인 방법으로 인간존재를 선택한다. 왜냐하면 인간은 존재를 이해하는 존재자이기 때문이다. 존재를 이해하는 존재자로서의 인간에게서 존재를 해명하는 것이 가장 확실한 방법이기 때문이다. 인간은 존재를 이해하는 존재자이기 때문에 존재물음에 있어서 존재적 우월성을 가진다. 왜 그런가? 이 물음에 답하기 위해 먼저 '이해'란 개념의 의미와 이 개념이 존재이해와 관련하여 가지는 이중적 구조에 주목할 필요가 있다.

'이해'란 어떤 대에 대한 서술적 인식이 아니라 어원적 의미에서 볼 때 '~ 안에 서다'는 뜻을 가진다. 독일어 'Verstehen'에서 'Ver-'라는 전철은 'in'을 의미하는데, 그 어원은 라틴어 'per'(~을 넘어서 ~에로)이다. 따라서 '존재이해'는 '존재자를 넘어서 존재 안에 서다'를 의미한다. 이와 동일한 의미에서 하이데거는 '존재이해'를 '현전성(Anwesenheit)의 빛 안에 서있음'이라고 말한다.'(SZ 443: 153쪽 a의 여백 주) 현존재가 존재의 빛에 서있다는 것은 현존재가 존재와 관계를 맺고 있음을 의미한다. 따라서 '존재이해'와 '존재관계'는 동일한 의미로 이해되어야 한다.

그런데 현존재의 존재관계로서의 존재이해는 이중적 구조를 가진다. '존재이해'는 한편에서는 현존재 자신의 본질규정, 즉 현존재 자신에 속하는 본질적 경향이다.(SZ 15) '존재이해'는 현존재의 자유에 속한다. 그것은 존재와 관계를 맺는 현존재의 자유로운 행위이다. 그러나 다른 한편 현존재는 이러한 자유, 즉 자유로운 존재이해의 행위를 임의로 어찌할 수 없다. 현존재가 임의적으로 어떤 때는 존재를 이해하고 어떤 때는 이해하지 않을 수 있는 것이 아니다. 현존재는 존재를 이해하도록 던져진 존재자이다. 그는 그가 존재를 이해한다는 사실(Daß)을 거부할 수 없다. 존재이해는 현존재의 운명이며 존재자체의 소명(Schickung)이다. 그것은 존재자체의 사건으로 현존재가 거부할 수 없는 사실(Faktum)이다.[24] 존재이해

---

[24] 존재이해는 현존재가 거부할 수 없는 사실(factum)이라는 하이데거의 관점에 근거하여 W. Schulz 는 하이데거가 후기 Schelling에게서 발단된 후기관념론의 전통에 서 있다고 주장한다. 참조, W. Schulz, *Die Vollendung des deutschen Idealismus in der Spätphilosophie Schellings*, Stuttgart/Köln 1955, S. 11. 독일 관념론에서 중요한 것은 스스로에게 관계하는 주관성의 자기구성이다. 그러나 *Schelling*에 의하면 그러한 자기구성의 가능성은 성공할 수 없다. 왜냐하면 스스로를 규정하는 사유에 앞서 이미 그 사유의 순수한 사실(*factum brutum*)이 언제나 전제될 수밖에 없기 때문이다. "만일 우리가 사유 밖에 있는 어떤 것을 원한다면 우리는 모든 사유에 선행되며 모든 사유에 절대적으로 의존하지 않는 존재로부터 출발해야 한다." (*F.Q. J. Schelling, Philosophie der Offenbarung, S.* 164) 사유는 생각할 수 없는 그의 사실성(*Daß*)에 직면하여 그의 생각의 무력함을 경험한다. 따라서 그는 스스로 생각하면서 그의 존재를 지배하고자 하는 시도를 포기해야 한다. W. Schulz에 의하면 하이데거는 바로 이런 사유의 무기력함에서 그의 철학을 시작한다. "후기관념론은

는 한편에서는 목적격적 소유격(genetivus objectivus)의 의미에서, 다른 한편에서는 주격적 소유격(genetivus subjectivus)의 의미에서 이해되어야 한다. 목적격적 소유격이란 의미에서의 존재이해는 현존재의 존재행위로 "존재와 사유는 사유에서 일치한다"는 헤겔의 명제에서 특징적으로 나타난다. 한편 존재이해는 "현존재의 존재규정"(SZ 12)이다. 이때 "존재규정"은 주격적 소유격의 의미로 이해되어야 하며 "존재와 사유는 존재에서 일치한다"는 하이데거의 명제에서 특징적으로 나타난다.[25]

현존재의 존재적 우월성은 그가 존재론적이라는데, 즉 그가 존재를 이해한다는 사실에 있다. 이 존재이해는 현존재의 존재행위이면서 동시에 존재자체의 사건이다. 존재이해는 존재자체가 현존재라는 존재자에게서 작용하는 사건이다. 그러므로 이 존재사건은 현존재를 통해서 해명되는 것이 가장 이상적이다.

3.2. 존재물음과 현존재분석의 이중적 동기

하이데거의 철학적 목표는 현존재의 실존론적 분석에 기초한 존재론적 분석을 통해 「존재자에게서 경험된 존재」를 해명하는 것이다. 그는 존재자체의 형식적 구조를 해명하기 위한 예비적 작

주체를 더 이상 '생각하는 주체'로서가 아니라 '존재하는 주체'로 파악하는 주관성의 철학이다. (…) 주체가 '존재하는 주체', 즉 거부할 수 없는 자기성취로서 규정되는 주관성 철학의 바로 이 단계에서 『존재와 시간』의 저자는 시작한다." (W. Schulz, „Über den philosophiegeschichtlichen Ort Martin Heideggers, in: Heidegger - Perspektiven zur Deutung seines Werkes, O. Pöggeler (Hg.), Weinheim 1984, S. 101)

25 참조, L. Eley, „Vorwort, zu: Hegels Theorie des subjektiven Geistes in der „Enzyklopädie der philosophischen Wissenschaft im Grundrisse, L. Eley (Hg.), Stuttgart-Bad Cannstatt 1990, S. 13-14. 한편 하이데거는 존재이해의 이러한 이중성을 후에 존재사유의 이중성이란 관점에서 보다 분명하게 제시한다. "단적으로 말해, 사유는 존재의 사유이다. 이때 소유격은 이중적인 의미를 가진다. 사유가 존재에 의해 일어나 존재에 속하는 한 그 사유는 존재의 것이다. 동시에 사유가 존재에 속하면서 존재의 소리를 듣는 한 그 사유는 존재를 사유하는 것이다" (M. Heidegger, "Brief über den Humanismus", in: Wegmarken, Frankfurt a.M. 1976, S. 314).

업으로 『존재와 시간』에서 현존재의 본질적 존재방식을 밝히고자 한다. 이때 그는 인간의 의식이 아니라 실제적인 일상적 삶에서 출발한다. 따라서 적어도 『존재와 시간』의 출판된 부분은 인간론이다. 이런 점에서 하이데거의 철학은 실존주의적이라 할 수 있다. 그러나 그의 궁극적인 철학적 의도에서 볼 때 그의 철학은 실존주의가 아니다. 왜냐하면 현존재의 실존론적 분석은 존재론을 향한 한 걸음에 불과하기 때문이다. 이때 중요한 것은 인간의 실존적 경험이 아니다. "인간에 대한 물음은 오히려 존재물음과 내적인 변증법적 관계를 가진다. 이러한 관계가 하이데거의 철학적 작업 전체를 구성하고 있다."[26] 이러한 사실을 분명히 하기 위해 현존재분석의 '예비적 성격'(Vorläufigkeit)에 관해 언급할 필요가 있다.

『존재와 시간』의 예비적인 목표는 인간 존재의 시간적 의미 즉 그의 시간성을 드러내는 것이다. 현존재 분석은 단지 예비적일 뿐이다. 하이데거는 현존재 분석을 단지 존재에 대한 물음으로 들어가는 하나의 길이라고 생각한다.(참조. SZ 436-437) "그러나 현존재분석은 불완전할 뿐만 아니라 예비적이기도 하다. 그것은 우선 인간의 존재를 드러낼 뿐 아직 그 의미를 해명하지는 않는다. 그것은 오히려 가장 근원적인 존재해명을 위한 지평의 열림을 준비해야 한다. 이 지평이 열릴 때 비로소 현존재에 대한 예비적 분석이 보다 높고 고유한 존재론적 토대에서 다시 검토될 수 있다."(SZ 17) 현존재 분석은 단지 하나의 길이다. 또 다른 길이 있다는 것이 배제되어 있지 않다. "존재론적인 근거물음을 해명하기 위해 하나의 길을 찾아 그 길을 가는 것이 중요하다. 그 길이 유일한 길인지 또는 도대체 옳은 길인지는 그 길을 간 후에 비로소 판단될 수 있다."

---

26 H. Köchler, *Der innere Bezug von Anthropologie und Ontologie - Das Problem der Anthropologie im Denken Martin Heideggers*, Meisenheim am Glan 1974, *S.* 5.

(SZ 437) 푀겔러(O. Pöggeler)에 의하면 "특히 『존재와 시간』에서 처음 시도된 모든 '내용들'과 '견해'들과 '길'들은 우연적이며 따라서 사라질 수 있다."[27] 현존재 분석은 "우리가 철학적 사유에서 사유되어져야 할 것에 다다르게 되는 기점(Stanspunkt)이다."(GA 68, 12) 사유되어져야 할 그것에 도달하기 위해 이 기점이 '존재 일반의 이념'을 향한 방향으로 지양되어져야 한다.(참조, SZ 436) 존재를 향한 기점으로서의 현존재분석이 존재자체로부터 재조명되어야 한다. 존재의 이념으로부터 그 이념에 도달하기 위한 기점인 현존재의 존재를 재조명할 때 비로소 현존재분석과 존재해명 사이의 순환적 과정은 완결된다. 따라서 우리는 여기서 현존재분석의 이중적 동기를 발견한다. 한편에서는 현존재의 존재를 드러내야 하며, 다른 한편에서는 존재자체로부터 현존재가 재조명되어야 한다. 가다머는 『존재와 시간』의 이러한 이중적인 '동기'에 대해 다음과 같이 주장한다. "『존재와 시간』의 전체적인 사유구조는 다음과 같은 이중적인 동기에 의해 지배된다. 한편에서는 현존재의 존재행위의 모든 존재적 현상과 현존재의 본래성과 비본래성의 내적 긴장의 모든 존재적 현상의 근거를 이루고 있는 현존재의 '개시성'(Erschlossenheit)이 가지는 존재론적 특성이 그것이다. 다른 한편에서는 현존재의 본래성을

27　O. Pöggeler, *Der Denkweg Martin Heideggers*, Tübingen 1990, S. 188. 하이데거는 현존재 분석의 이러한 예비적 성격을 『존재와 시간』의 여백 주에서 보다 분명히 밝히고 있다. 그는 여기서 현존재를 존재자체를 드러내기 위한 하나의 예로서 제시하고 있다: „*Exemplarisch ist das Dasein, weil es das Beispiel, das überhaupt in seinem Wesen als Da-sein (Wahrheit des Seins wahrend) das Sein als solches zu- und bei-spielt - ins Spiel des Anklangs bringt.*„(SZ 7 c, 439) 현존재의 예증적 기능을 염두에 두고 *Jan van der Meulen*은 헤겔에게 있어서 『정신현상학』이 『논리의 학』을 위한 길잡이 역할을 히듯이 하이데거의 『존재와 시간』노 보편적 손재론에 이르는 서론이라고 주장한다 (*Heidegger und Hegel oder widerstreit und widerspruch*, Meisenheim/Glan 1953). 미국에서는 특히 *Graeme Nicholson*이 *Sein und Zeit*의 예비적 성격에 주목하고 있다: "*Being and Time (SZ) did not have the limited aim of a philosophical anthropology - it was written as the introduction to a universal ontological inquiry, a study of 'the question of being', die Frage nach dem Sein. (…) examining being initially in our own case, grasping it from the inside, so to speak, we would gain an insight into being itself, an insight that would then permit a broadening of scope, a subsequent treatment of being quite universally. Ontology begins at home.*" (G. Nicholsen, "*The constitution of our being*", in: *American Philosophical Quarterly*, Vol. 36 (1999), S. 165.)

드러내는 것이 중요하다. 이때 본래성은 야스퍼스적인 실존적 요청이란 의미에서 이해되어서는 안 된다. 현존재의 본래성은 그에게서 진정한 시간성이 드러내지고 존재의 지평이 보편적으로 획득되어지는데 있다. 하이데거가 당시 존재물음을 선험적으로 해명하고자할 때 그의 근본적 의도에는 이 두 동기들이 종합적으로 작용하고있다."[28]

위에서 언급된 현존재분석의 예비적 성격과 이중적 구조에서 우리는 하이데거 철학의 방법론적 특징을 발견할 수 있다. 그 특징은 먼저 현존재분석을 통해 현존재의 존재구조를 밝혀내고 이 존재구조에서 드러나는 존재자체를 주제로 하여 드러내는 데에 있다. 바로 이러한 그의 방법론에서 칸트와의 차별성이 발견된다. 현존재의 존재구조의 핵심에는 존재자체의 도식론이 있으며, 이 도식론 자체를 주제화함으로써 거기에 은폐되어 있는 존재자체를 드러내는 것이 중요하다. 그리고 이러한 작업은 선험철학의 한계를 넘어선다. 왜냐하면 칸트이 선험철학에서는 도식화 자체가 주제로 다루지지는 않기 때문이다. 선험철학에서는 도식화에 의해 가능해지는 존재자의 존재적 진리가 중요하기 때문이다. 도식화를 반성적 시각에서 주제화하는 것은 도식화의 사태자체, 즉 그 의미를 드러내고자 하는 현상학에 의해서만 가능하다.

3.3. 현상학적 방법론

왜 철학이 현상학적으로만 가능한가를 분명히 하기 위해 먼저 하이데거에 있어서 '방법'이란 개념의 의미에 주목할 필요가 있다. 하이데거에 있어서 '방법'이란 어떤 일을 수행하기 위한 도구로

---

28 H.-G. Gadamer, „Der Weg in die Kehre„, in: Heideggers Wege, Tübingen 1983, S. 110.

그 일이 끝나면 버려도 좋은 어떤 도구와 같은 것이 아니다. 방법은 강을 건넌 후에는 버려두고 가도 좋은 배와 같은 어떤 것이 아니다. '방법'(Methode)은 μετά(함께, 안에, 위에, 뒤에)와 ὁδός(길)의 합성어로 '길 위에 있음', '길을 따라감'이란 뜻을 가진다. 우리의 논의와 관련시켜 볼 때 「방법」이란 사태 자체를 찾아가는 길, 존재자체를 찾아가는 길 위에 있음을 의미한다. 현존재분석은 바로 이 길 위에 있음이다. 우리가 현존재를 분석할 때 우리는 존재를 찾아가는 길 위에 있으며 따라서 우리는 현존재분석을 존재에 이르는 방법이라 이른다. 길을 가는 사람은 그 길을 경험하며 그 길이 어떠함을 드러내 보여줄 수 있다. 하이데거는 헤겔의 『정신현상학』에 관한 주석에서 다음과 같이 말한다. "우리가 이와 같이 실제로 일하는 의미에서 인내를 가지고 이 작품과 함께 갈 때에만 그 작품의 진정한 의미(Wirklichkeit)가 드러나며 그와 함께 그 작품의 내적 형태도 드러난다."[29] "함께 가는 자만이 그것이 하나의 길임을 안다."[30]

헤겔의 『정신현상학』 「서론」에 대한 주석에서 하이데거는 빈번하게 '길을 감'(Gang)에 관해 언급한다. "길은 걸어감(땅 위를 걸어감)과 통과해 감(땅 아래의 통로)이라는 이중적 의미에서의 통로이다. 보다 정확하게 말해서 걸어감으로서의 통로(Gang)에서 비로소 그 통로(Gang)가 통로(Durchgang)로서 경험된다.(* er-fahren: fahren의 의미가 강조됨) 다시 말해서 그 길이 열려서 드러날 것이 드러날 수 있게 된다. 이 걸어감을 걸어가는 사람과 통로를 통과함은 표상(Vor-stellen)으로서의 의식 (현존재)이다. 표상(Vor-sich-stellen)이 앞으로 나아가고 열어놓으며 드러낸다. 이때 그 표상은 나타남의 에테르가 된다."[31] 우리

---

29 M. Heidegger, *Hegels Phänomenologie des Geistes*, Frankfurt a.M. 1988, *S.* 61.

30 H.-G. Gadamer, "Martin Heidegger – 85 Jahre", in: *Heideggers Wege*, Tübingen, 1983, *S.* 100.

31 M. Heidegger, Hegel. 1. *Die Negativität* (1938/39,1941), 2. *Erläuterung der "Einleitung" zu Hegels "Phänomenologie des Geistes"*, Frankfurt a.M. 1993, *S.* 101 (이후로는 *GA* 68).

는 여기서 의식의 '경험'에 주목해야 한다. 헤겔에게 있어서 '경험'은 의식 내에서 이루어지는 작용이기는 하다. 그러나 이 경험에서 중요한 것은 감각을 통해 주어진 대상들에 대한 경험이 아니라 그 의식이 절대자의 움직임 또는 그의 길을 경험한다는 사실이다. 이러한 사실은 헤겔의 다음과 같은 주장에서 보다 분명해진다. "논리의 학에서 중요한 것은 사유작용 밖에 놓여있는 어떤 것에 대한 생각, 즉 진리의 단순한 징표들을 제시해 줄 형식들이 아니다. 사유작용의 필연적 형식들과 그의 고유한 규정들이 내용이며 최고의 진리자체(* 존재자체)이다."(WdL I, 44) 하이데거의 다음과 같은 주석도 같은 의미로 이해되어야 한다. "의식은 '경험'에서 존재의 본질을 경험하기 때문에 그 의식은 자기 자신을 자세히 조사하여 자기 자신으로부터 이 조사의 척도가 되는 것들을 드러내 보여준다."(GA 68, 105)

헤겔에 의하면 『논리의 학』은 나타나는 지식(das erscheinende Wissen)에 대해 해명하는 작업으로서 '온전한 회의주의'(Der sich vollbringende Skeptizismus)이다.(PhäG; 61 GW 9, 56) "나타나는 의식의 전 영역에 지향된 회의주의는 소위 자연적인 표상들과 사고들과 견해들을 의심함으로써 비로소 정신을 그 진리에서 자세히 조사한다."(ebd.) 『헤겔의 경험 개념』(Hegels Begriff der Erfahrung)(1942/43)에서 하이데거는 이러한 '온전한 회의주의'를 그 개념의 어원적 의미에 근거하여 사태 자체를 보는 작업으로서 제시하고 있다. "σκέψις는 존재자가 존재자로서 무엇이며 어떻게 나타나는가를 보는 것, 자세히 보는 것, 따라가 조사해 보는 것이다. 이런 의미의 회의주의는 존재자의 존재를 보면서 뒤따라가며, 이렇게 하여 사태 자체를 본다. (…) 절대자는 즉자적-대자적으로 우리 옆에 있어서 이미 우리와 접촉하는데 이 접촉수단이 바로 빛이다. 회의는 이 빛 안에서 이루어진다."(HW 148)

이상에서 보았듯이 하이데거의 주된 관심사는 현존재의 존재를 인간론적인 관점에서 분석하는 것이 아니라 현존재 분석의 길에서 나타나는 사태자체를 밝히는 것이다. 그런데 이것은 현상학으로만 가능하다. "현상학은 존재론의 주제가 되어야 하는 것에 이르는 접근양식이며, 그 주제를 분명하게 규정하는 방식이다. 존재론은 현상학으로서만 가능하다."(SZ 35)

후설에게 있어서 현상학의 과제는 의식이 자기 자신에게로 향하여 거기서 일어나고 있는 것을 자세히 관찰함으로써 '사실자체'를 파악하는 것이다. 이를 위해서는 먼저 대상에 대한 소박한 태도 즉 자연적 태도의 일반정립을 유보함으로써 그 대상이 의식에 내재적이 되게 하는 작업이 필요하다. 이러한 작업에 의해 사실적인 것이 그의 순수한 현상으로 환원될 수 있다. 이러한 환원을 통해 대상이 의식에 내재적이 되기 때문에 후설은 그것을 '선험적 환원' 또는 좁은 의미의 '현상학적 환원'이라 부른다. 그런데 이러한 환원을 통해 의식에 주어진 대상은 의심의 여지가 없이 분명하기는 하지만 아직 그 본질에 있어서 완전히 명증적이지는 못하다. 의식에 주어진 것을 모든 우연성과 개별성으로부터 해방시키고 '이데아적 직관'에 의해 그의 순수한 본질로 환원시키는 작업이 필요하다. 후설은 이러한 환원을 '본질적 환원'이라 부른다. 이러한 환원에 의해 지향하는 의식(intentio: νόησις)과 지향된 대상(intentum: νόημα)이 완전히 일치하게 되어 지향된 대상이 의식에 충전적이고 근원적으로 주어진다. 이렇게 원본적으로 주어진 것이 이제 '원본적으로 부여하는 직관' 또는 '본질직관'에 의해 그대로 받아들여진다. 대상의 본질이 직관된다는 것은 지향된 대상이 지향하는 의식에 의해 구성되는 것이다. 그런데 이 구성은 대상을 산출하는 것이 아니라 의미구성(Sinn-Konstitution), 즉 대상의 의미를 드러나 있는 그대로 수용하는 것이다.

하이데거는 후설의 현상학적 방법론에서 중요한 개념들을 수용하여 존재론적으로 확대 적용한다. 후설에게 있어서 현상학적 환원이 자연적 태도로부터 초월론적 의식과 그 의식의 노에시스적 – 노에마적 체험으로 – 이 체험에서 대상이 의식의 상관자로서 구성되는데 – 관점을 전환하는 작업이라면, 하이데거에게는 존재자로부터 존재에로 시선을 돌리는 작업, 즉 존재자의 존재를 주제로 다루는 작업이다. 한편 우리는 존재자를 파악하듯이 존재에 직접적으로 접근할 수는 없고 오직 존재자를 통해서만 가능하다. 하이데거는 존재자(현존재로서의 인간)의 존재와 그 존재의 구조를 밝히는 작업, 즉 현존재에 대한 실존론적인 분석을 "현상학적 구성"이라 부른다. 여기서 현존재의 노에마적–노에시스적 의미가 구성된다. 그러나 이것으로 현상학적 방법론이 완결되는 것은 아니다. 존재자체를 드러내기 위해서는 '현상학적 구성'에 의한 현존재의 존재구성을 '해체' 하는 작업이 필연적이다.[32] 여기서 하이데거는 '해체'라는 개념을 철학적 전통에 대한 비판적 접근이란 의미에서 사용하는데, 보다 근원적으로 보면 현상학적으로 구성된 현존재의 존재구성을 해체하는 것으로 보아야 할 것이다.[33]

선험적 환원, 현상학적 구성, 그리고 이 구성의 해체라는 현상학적인 방법들은 존재물음의 삼중적 구조와 일치하기도 한다. 선험적 환원에 의해 존재자로부터 존재에로의 방향전환이 이루어짐으로써 존재에 대해 물음이 제기되고(Gefragtes), 현상학적 구성에

---

32 후서얼과 하이데거의 현상학적 개념들에 관해서는 참조, M. Heidegger, *Grundprobleme der Phänomenologie*, Frankfurt a.M. 1989, S. 26–32.

33 우리는 여기서 '해체'라는 개념을 포스트모더니즘의 '해체구성'(Dekonstruktion)이란 의미로 이해해야 할 것이다. 해체구성이란 하나의 구조를 그 고유성에서 드러내기 위해 그 구조를 해체하는 작업이라 볼 수 있다. 데리다는 하이데거를 따라 이러한 작업을 '가위표로 지우기'에 비유하는데, 이것은 일상적인 사고방식의 지배로부터 자유로워지기 위한 작업이다. 가다머는 하이데거의 '해체'를 해체구성이란 의미로 이해하여 다음과 같이 말한다. "'해체'는 당시의 독일어 어감에서 볼 때 파괴를 의미하는 것이 절대로 아니다. 그것은 어떤 목표를 가지고 건물을 부수는 것, 즉 근원적인 사고경험에 도달할 때까지 그것을 덮고 있는 층들을 벗겨내는 작업을 의미한다." (H.–G. Gadamer, "Heidegger und Sprache", in: GW 10, S. 17).

의해 그 물음이 일어나는 장소로서 현존재의 존재가 물어지며(Be-fragtes), 해체작업에 의해 존재자체가 물음의 의미(Erfragtes)로서 드러나게 된다.

이상에서 보았듯이 존재해명은 현존재의 의미에 대한 현상학적 구성과 해체라는 현상학을 통해서만 가능하다. 그런데 우리는 여기서 현상학이 존재해명의 유일한 길임을 밝히기 위해 하이데거가 '현상학'이란 개념에서 '현상'(Phänomen)과 '학'(-logie)을 어떻게 이해하고 있는지 살펴볼 필요가 있다.

'현상'을 가리키는 그리스어 '파이노메논'(φαινόμενον)은 " … 을 밝은 곳으로 드러내다"는 뜻을 가지는 '파이노'(φαίνω)의 중간태 동사 '파이네스타이'(φαίνεσθαι)에서 유래한다. 따라서 여기서 우리는 그리스어에서 중간태 동사가 가지는 특수한 기능에 주목할 필요가 있다. 중간태는 동작의 목적과 원인이 주어 자체에게 있음을 나타내는 동사이다. φαίνω라는 타동사는 동작의 주체 밖에 있는 어떤 것을 나타나게 하는 것인데 반해, 'φαίνεσθαι'(나타나다)라는 동사는 그 나타남의 주체가 바로 나타나는 것 자체임을 알 수 있다. 'φαίνω'라는 타동사의 경우에는 나타남이 어떤 다른 원인에 의해 주어지는데 반해, 중간태 동사 'φαίνεσθαι'는 나타남이 어떤 다른 외적인 원인에 의해 주어지는 것이 아니라 바로 나타나는 것 자체가 그 나타남의 원인이다. 따라서 'φαινόμενον'은 '스스로가 원인이 되어 나타나는 것'을 의미한다. 하이데거는 'φαινόμενον'을 "Sich-an-ihm-selbst-zeigende"라고 번역하는데 이때 "an-ihm-selbst"는 바로 중간태 동사의 특수성을 염두에 둔 것이라 볼 수 있을 것이다.[34]

---

34 이때 하이데거는 'an sich selbst' 대신 "an ihm selbst"란 표현을 사용하는 이유를 헤겔과 관련하여 설명하고 있다. "왜 헤겔은 'an sich selbst' 대신 'an ihm selbst' 라고 말하는가?" 왜냐하면 의식이 자기를 위

하이데거는 '스스로가 원인이 되어 나타나는 것'을 이중적인 관점에서 이해한다. 현상학적 의미의 현상(Phänomen)과 소박한 의미의 현상(Erscheinung)이 그것이다. 소박한 의미의 현상은 현상학적 의미의 현상이 자기를 알리는 장소이다. 하이데거에 있어서 소박한 의미의 현상은 경험적 직관에 의해 주어지는 존재자이며, 현상학적 의미의 현상은 존재자의 '존재'이다. 여기서 '현상학적 의미의 현상'이란 '우리에 의해 현상학적으로 드러내져야 할 것'이다. 존재는 결코 스스로 나타나지 않기 때문에 소박한 의미의 현상을 매개로 해서 드러내는 것이 중요하다.

결코 스스로 나타나지 않는 존재를 주제로 하여 드러내는 것이 현상학의 과제이다. 'Phänomenologie'란 개념에서 '–logie'는 바로 이러한 '주제화'하는 작업이다. 이렇게 존재를 주제로 삼아 드러내는 작업을 달리 표현하면 이론화 작업(Theoretisierung)이라 할 수도 있다. 주제화하는 작업과 이론화하는 작업의 이러한 동일성에 대해 하이데거는 다음과 같이 말한다. "존재자의 내부를 관찰할 때 보이는 존재의 모습을 그리스어로 'θεά'라 한다. 파악하여 보는 것을 그리스어로 본다는 의미에서 'ὁράω'라 한다. 어떤 모습을 보는 것, 즉 그리스어로 'θεάν - ὁράν'을 'θεοράω', 'θεορείν', 'θεορία'라 한다."(Par. 219) 여기서 볼 수 있듯이 하이데거에게 있어서 현상학은 존재를 드러내는 작업이며, 그런 한에 있어서 해석학이다. "현존재의 현상학에서 'λόγος'는 'ἑρμηνεύειν'의 특징을 가진다. 현존재의 현상학은 단어의 근원적 의미에서 볼 때 드러내는 작업을 가리키는 해석학이다."(SZ 37)

해 하나의 척도를 제공하는데, 그 원인이 의식에 있기 때문이다. 그 척도는 의식 밖의 어떤 곳으로부터 도입되어 의식이 그것을 받아들이고 그것을 자기를 위해 가지는 것이 아니다." (HW 155f.) 따라서 "das sich an ihm selbst Zeigende"란 표현은 나타나는 것이 그의 나타남의 본질을 자기 자신 안에 가지고 있음을 강조한다. 나타나는 것은 어떤 외적인 요인을 필요로 하지 않는다.

현존재분석의 길에서 우리는 길 자체 (존재자체)를 함께 경험
한다. 『존재와 시간』은 이렇게 함께 경험된 길을 말함으로써 드러
내고 있다. 하이데거는 이렇게 말하여서 드러내는 것을 '신화'라
고 한다.[35] 그리고 이때 신화는 '존재의 집'으로서의 언어와 같은
기능을 한다. 신화는 존재가 그 속에 거하는 존재의 집이다. 그런
데 우리는 '집'이라는 개념이 가지는 또 다른 측면을 간과해서는 안
된다. 집은 존재를 그 안에 제한하기도 한다는 사실이 그것이다.
신화(말)는 존재를 드러내기는 하지만 존재를 제한하는 방식으로
그렇게 한다. 그러므로 존재를 완전하게 드러내기 위해서는 존재
를 집(제한 한정, 정의)으로부터 해방시키는 작업이 필요하다. 집을 허
무는 작업이 필요하다. 현상학의 과제는 존재를 제한하는 이 집을
해체하여 존재를 해방시키는 작업이다. 다시 말해 현상학은 이 신
화 속에 주제화되지 않고 은폐되어 있는 것을 주제화하여 드러내
는 작업이다. 우리는 이러한 작업을 불트만의 용어를 빌어 그 신화
의 "탈신화화"(Entmythologisierung)라고 부르자. 탈신화화는 그것이 현
존재에 은폐되어 있는 존재를 드러내는 작업인 한 "신화적인 언표,
즉 텍스트에서 그 진리내용(Wirklichkeitsgehalt)을 묻는 해석학적 작업"
이다.[36]

이러한 탈신화화하는 '전회'(Kehre)에 의해 비로소 하이데거의 존
재물음에 대해 대답이 주어질 수 있다. 전회란 무엇인가? 여기서
전회는 현존재에 대한 현상학적 구성, 즉 현존재의 존재론적 분석
으로부터 그 구성의 해체에로 전환함을 의미한다. 이러한 전환은
하이데거 철학의 해석학적 방법론에서 볼 때 스캔들이 아니라 필연

---

35 M. Heidegger, *Was heißt denken,* Stuttgart 1992, S. 11.

36 R. Bultmann, "Zum Problem der Entmythologisierung," (1963), in: *Glauben und Verstehen IV,* Tübingen 1975, S. 128.

적인 과정이다. 전회는 존재물음의 예비적인 단계로부터 본질적 사유로 넘어감이며, 현존재의 시간성(Zeitlichkeit)으로부터 존재의 시간성(Temporalität)으로의 넘어감인데, 이 넘어감의 방법론의 중심에 도식론이 있다. 하이데거의 철학을 시대적으로 구분하여 전기와 후기(또는 전기, 중기, 후기)로 나눌 수는 있다. 그리고 이런 구분에 근거하여 후기 하이데거를 전기로부터의 전회라 부를 수 있다. 후기 하이데거는 존재에 관해 전기와는 다른 입장을 취하고 있는 것처럼 보이는 것도 사실이다. 그런데 이렇게 본다면 그의 전환은 하나의 스캔들이다. 그러나 우리는 그의 철학의 전환을 시대적인 구분에서 보다는 오히려 내적 필연성에서 이해해야 할 것이다. 구성과 그 구성의 해체라는 해석학적 과제에서 전회의 필연성을 찾아야 할 것이다. 이렇게 볼 때 전회는 현존재의 존재에 대한 물음(기초적 존재론)과 존재자체에 대한 물음 사이의 '해석학적 순환'에 속한다고 볼 수 있다.

4. 맺는 말

이상의 논의에서 보았듯이 우리는 하이데거의 철학적 구상을 다음과 같이 정리해 볼 수 있을 것이다. 하이데거는 우선 예비적 작업으로 현존재를 그의 본질적인 존재구조에서 드러내 보여준다. 현존재로서의 인간이 다른 존재자들과 만나기 위해서는 먼저 현존재의 탈자적-지평적 시간성의 도식화작용에 의해 만남의 지평, 즉 세계지평이 열려져야 한다. 그리고 이렇게 열려진 지평을 해체함으로써 그 지평의 존재론적 의미인 존재의 시간성(Temporalität)이 드러난다. 이 지평의 존재론적인 의미로서 드러나는 존재의 시간성이 바로 4차원의 시간인 현재(Präsenz)이다. 그리고 이제 이 현재는 다시 우리가 거기서 존재 차체를 해명할 수 있는 존재해명의 지평이 된다. 즉 현재는 그 존재방식으로서 '있음'(Anwesen)과 '있지 않음'(Abwesen)의 두 계기들을 가진다. 현재라는 4차원적 시간의 이 계기들의 작용이 바로 존재사건(Ereignis)이다.

우리가 하이데거에 주목하는 이유는 그의 탁월한 실존분석 때문도 아니며 존재에 대한 물음 자체 때문만도 아니다. 그가 존재에 대해 묻고 그 물음에 대해 근원적으로 해명하는 그의 철학적 방법론의 특성 때문이다. 그렇다면 그의 이러한 철학적 방법론에 있어서 단초를 제공한 것은 무엇인가? 그로 하여금 존재물음의 단초를 제공한 것은 바로 칸트의『순수이성비판』특히 그중에서도 '도식론'이라고 볼 수 있다. 이러한 사실은『순수이성비판』을 읽고 새로운 깨달음을 가지게 되었다는 그의 고백에 의해 확인될 수 있다. 이러한 깨달음은 그가 인간존재의 인식론적 구조가 가지는 존재론적 의미에 주목했기 때문에 있을 수 있었다. 물론 우리가 인식론을 넘어서 존재론으로 넘어가야할 필연성이 어디에 있느냐 하는 물음이 제기될 수도 있다. 존재는 무이며 따라서 이 존재에 대해 묻는다는 것 자체가 무의미할 수도 있기 때문이다. 그러나 그런 물음은 이 논문의 한계를 넘는 것이다. 여기서 중요한 것은 하이데거로 하여금 존재에 대해 물음을 제기하도록 단초를 제공한 것이 무엇이냐 하는 것이다. 이때 우리가 그 단초로서 발견할 수 있는 것이 바로 칸트의 '도식론'이다. 그리고 하이데거는 이 도식론의 인식론적 의미를 존재론적으로 확장하고 있다. 그는 인식론에 머물지 않고 그것을 기초로 하여 존재를 해명하는 근원적인 존재해명의 길로 나갔다. 그는 칸트로부터 존재물음을 향한 단초를 발견하고, 그 단초를 현존재에 대한 실존론적 분석과 그 분석의 해체라는 현상학적 방법을 통해 구체화시켰다.

하이데거와 칸트: 하이데거에 있어서 도식론의 존재론적 의미 [01]

1. 서론

하이데거 존재론의 특징은 그가 인간이라는 특수한 존재자의 존재로부터 존재자 일반의 존재를 해명한다는 사실이다. 그는 인간의 전존재론적인 존재이해(vorontologishes Seinsverständnis)를 존재론적으로 해명함으로써 존재자체를 해명한다. 따라서 인간의 전존재론적인 존재이해가 하이데거 존재론의 출발점이다. 그런데 이 존재이해는 더 근원적으로 현존재의 시간성에 근거하기 때문에 하이데거의 존재론의 출발점은 '시간성에 대한 존재론적인 해명'이라 볼 수 있을 것이다. 그렇다면 하이데거는 어떻게 현존재의 시간성을 존재론적으로 해명하고자 하는 생각을 하게 되었는가? 그는 어떤 계기로 시간성의 존재론적인 의미에 주목하게 되었는가? 이것은 그가 현존재의 '시간성'(Zeitlichkeit)을 '존재의 시간적 규정'(Temporalität)이라고 보았기 때문에 가능했다. 그렇다면 그는 어떻게 현존재의 시간성이 존재의 시간적 규정이라고 생각하게 되었는가? 아마도 그는 칸트의 『순수이성비판』을 읽고 결정적인 힌트를 얻었을 것으로 보

01   이 논문은 『철학 89집』(2006년 가을호)에 발표한 논문임.

인다. 그는 칸트에게서 도식화가 '카테고리의 시간적 규정'으로서 모든 존재적 인식의 지평을 열어주듯이 인간의 전존재론적인 존재 이해와 이 존재이해의 근원인 현존재의 시간성은 존재자체가 시간 적으로 규정된 것,[02] 즉 "존재의 시간성"으로서 존재자들에 대한 모든 존재적 경험의 지평이 거기서 열림을 알았다. 그러므로 현존재의 시간성이 존재의 시간적 규정이기 때문에 현존재의 시간성으로부터 존재의 시간성을 추론하고, 존재의 시간성으로부터 존재자체를 해명하는 것이 중요하다. 하이데거가 어떻게 이 길을 가는지 추적해 보자. 이를 위해 먼저 시간성에 대한 하이데거의 견해에서 출발하자.

2. 현존재의 시간성

2.1. 현존재의 시간성의 탈자적 성격

하이데거에 있어서 시간성은 "근원적인 '탈자성' 자체"(das ursprüngliche 'Außer-sich' an und für sich selbst)를 의미하는데, 그는 시간성의 이런 탈자성을 단적으로 나타내기 위해 그리스어 "ἐκστατικόν"이란 단어를 사용한다.[03] 그리스어 ἐκστατικόν은 "자기 밖으로 나감"[04], "~을 향해 밖으로 나가 섬"[05], 또는 "옮겨 놓음"(SZ 339, 350;

---

02   칸트에게서 도식(Schema)이「카테고리의 시간적 규정」이라면 하이데거에 있어서는 현존재의 시간성이 존재자체가 시간적으로 규정된 것 즉 존재자체의 도식이다. 하이데거가 칸트에게서「도식」이란 개념을 차용할 때 그는 도식을「시간을 통해 규정되어 구체화됨」이란 포괄적 의미로 이해하고 있다.

03   M. Heidegger, *Sein und Zeit*, Frankfurt a. M. 1986, S. 329. 앞으로는 본문 가운데서「SZ」로 표기함.

04   M. Heidegger, *Die Grundprobleme der Phänomenologie*, Frankfurt a.M. 1975, S. 377. 이후로는 본문 가운데서「GP」라는 약자로 표기함.

05   M. Heidegger, *Kant und das Problem der Metaphysik*, Frankfurt a.M. 1991, S. 114. 이후로는 본문 가운

GP 337)을 의미하는 단어로 현존재의 탈자적 성격을 나타낸다. 하이데거는 시간성의 이러한 특징을 "시간의 탈자적 성격"(GP 377)이라 표현한다. 따라서 하이데거는 현존재의 존재를 표현하기 위해 라틴어에서 유래한 "탈존"(Ek-sistenz)이란 개념을 사용하며, 시간에 대해서는 그리스어 ἔκστασις란 개념을 사용하는데, 이 둘은 근원적으로 동일한 사태, 즉 현존재의 존재가 시간성에 있음을 나타낸다.

그런데 우리가 여기서 주목해야 할 것은 하이데거가 시간성을 "탈자성 자체"라고 표현했을 때 이 "탈자성"은 자기 내부에 머물러 있던 존재자가 자기 밖으로 나가 다른 존재자들을 만난다는 의미로 이해해서는 안 된다는 것이다. 탈자성의 사건은 보다 근원적인 사건으로 타자와의 만남 이전에 그것을 가능하게 하는 근거이다. 그 탈자성은 "순수한 탈자성 자체"이다. 그것은 현존재에게서 일어나는 순수한 분화의 사건이다. 현존재가 다른 존재자들과 관계를 맺기 이전에 이미 그 자신 속에서 순수한 '서로'의 사건이 일어나고 있다는 것이다. 따라서 탈자성은 현존재 내에서 일어나는 순수한 '차이'(dif-ferre)의 사건이다. 그리고 이 차이는 '사이'(zwischen)로서 열림의 사건이다. 그리고 이 열림의 사건에 의해 현존재는 '열려 있음'이다.[06] 현존재의 존재인 탈존에서 '탈-'(Ek-)과 시간성을 나타

데서「KPM」이란 약자로 표기함.

06 시간을 '순수한 차이'로 규정한 것은 하이데거만이 아니다. 이미 헤겔도 시간을 "자기 밖에 있음의 부정적 통일성"(die negative Einheit des Außersichseins), "있음으로써 없고, 없음으로써 있는 존재"(das Sein, das, indem es *ist, nicht ist, und indem es nicht ist, ist*)라고 규정하였다(*Enz* &258, S. 209). 물론 시간성의 세 계기들(과거, 현재, 미래) 중 어떤 계기를 시간의 고유한 시간화 방식으로 보느냐 하는 점에 있어서는 서로 다르긴 하지만 말이다. 따라서 라케브링크(B. Lakebrink)는 헤겔의 시간과 하이데거의 시간성을 동일한 것으로 이해한다. 그에 의하면 근원적인 탈자성은 "헤겔이 그의 '논리학'에서 전개한 시간개념과 동일한 시간개념이다"(*B. Lakebrink, Die europäische Idee der Freiheit, S.* 58f.; 참조, *Ders., Kommentar zur Hegels Logik, S.* 79). 브란트너(R. Brandner)도 헤겔과 하이데거의 시간개념을 동일한 것으로 파악하고 있다. "헤겔이 정신의 존재를 시간의 존재, 즉 부정의 부정으로서 파악한다면, 즉 정신과 시간을 동일한 개념으로 이해했듯이 하이데거도 인간의 존재를 실존(*Existenz*)으로 규정하고 시간의 존재를 탈자성(*Ekstasis*)으로 규정했다. 헤겔과 마찬가지로 하이데거도

내는 'ἔκστασις'에서 'ἔκ-'는 'Dasein'이란 개념에서 'Da-'의 근원적 규정이다. 'Da-'는 순수한 차이의 사건이며, 순수한 차이는 음과 양의 대립의 사건이며, 이 사건에 의한 불꽃이며, 이 불꽃의 밝음이다. 바로 이 차이의 사건에 의한 '열림'과 '밝음'이야말로 현존재가 다른 존재자들을 만나는 지평을 이룬다. 따라서 현존재의 탈자적 시간성은 지평성을 내포한다.[07]

2.2. 현존재의 시간성의 지평성

인간의 모든 경험은 대상과의 관계에서 이루어지며, 대상과의 관계는 대상에로 향하는 인간의 초월성을 전제한다. 그러나 초월은 경험의 필요조건이기는 하지만 충분조건은 아니다. 경험을 위해서는 "마주서 있는 것의 지평이 이미 열려 있어야 한다"(KPM 118). 초월이 경험의 조건이라면 지평은 경험의 대상의 조건이다. "경험 일반의 가능성의 조건들이 동시에 경험 대상들의 가능성의 조건들이기도 하다."[08] 이러한 사실은 현존재의 초월성에 관한 하이데거의 다음과 같은 규정에서 보다 분명해진다. "(완전한 초월의 구조)는 대상으로 향하여 그 대상을 대상이 되게 하는 것 자체가 대상성 일반의 지평을 형성한다는 사실에 있다. 따라서 유한한 인식에서 선행적으로 언제나 필연적인 '~에로 나가 섬'은 지속적인 '~에로 나가 섬'(탈자성)이다. 그러나 이러한 본질적인 '~에로 나가 섬'은 바로 그 '서있음'에서 하나의 지평을 확보한다. 초월은 본질적으로 탈자적-

---

시간과 실존을 동일시했다"(Ders., Heidegger. Sein und Wissen, S. 291).

07 브란트너는 시간성이란 개념을 분명히 하기 위해 하이데거가 사용한 그리스어 ἔκστασις에서 'ἔκ-'는 '순수한 차이'를 의미하며, '-στασις'는 대상과의 만남이 이루어지는 열려있는 지평을 가리킨다고 보았다. 참조, Ders., *Heidegger. Sein und Wissen. Eine Einführung in seine Denken,* Wien 1993, S. 283.

08 I. Kant, *Kritik der reinen Vernunft,* Hamburg 1971, *A* 158, *B* 197. 이후로는 본문 가운데서 *KrV*로 표기함.

지평적이다"(KPM 119). 초월의 지평적 구조와 함께 비로소 탈자적 구조의 현존재의 열려있음이 완성된다. 탈자성의 고유한 구조를 완성하는 지평성은 탈자성 자체에 속하는 것이다. 그렇다면 이 지평은 어떻게 형성되는가?

하이데거에 의하면 현존재는 본질적으로 초월적인데, "이 초월은 그러나 단지 하나의 주체가 하나의 대상과 관계를 맺는 것을 의미하는 것이 아니라 현존재가 세계로부터 자신을 이해하는 것이다."(GP 425) "세계로부터 자신을 이해한다"는 것은 세계를 향해 초월하는 것인데, 이때 세계는 시간성의 탈자성의 각 계기들에 속하는 지평들의 통일성에 의해 형성된다. 시간성에 속하는 하나의 탈자적 계기에 이미 다른 계기가 함께 작용함으로써 순수한 탈자성 자체로서의 시간성이 구성된다. 즉 하나의 탈자적 계기는 다른 탈자적 계기를 향하여 탈자적이다. 따라서 개개의 계기들은 서로서로에게 하나의 지평이 된다. 그리고 이렇게 개개의 계기들이 가지는 지평들이 기능적으로 서로 관계를 맺음으로써 하나의 지평 즉 세계지평이 형성된다.[09] 로잘레스(A. Rosales)는 이러한 지평의 열림을 다음과 같이 설명한다. "이와 같이 자기 밖으로 나가서는 존재자는 그의 피투성에 있어서 '이미 있음'(Schon-sein)의 지평에 서있다. 즉 그 존재자는 이 지평을 향해 있다. 다른 존재자들과 관계를 맺고 있음(Das Sein beim innerweltlichen Seienden)은 '~을 위하여'를 지평으로 가진다. 이 세 개의 개시성의 방식들은 각각 '밖으로 나가 섬'의 성격을 가지는데, 이 '나가 섬'과 함께 그때마다 무엇보다도 하나의 지평이 열린다. 삼중적으로 여는 '나가 섬'과 그의 지평들은 탈자성의 세 계기들이 그 속에서 서로 작용할 수 있는 삼중적으로 분화되

09　시간성의 탈자적 계기들(미래, 과거, 현재)은 "단순히 '~에로 옮겨감'이 아니다. (…) 그것들은 탈자적 계기들 자체에 속하는 하나의 지평을 가진다."(GP 428)

어 열려있는 영역이 있을 때 가능하다. 그 영역은 '나가 섬'에게 하나의 지평을 제공해 줄 수 있는 영역이다."[10] 시간성의 탈자적 계기들에 의해 하나의 지평이 형성되며, 이렇게 형성된 지평은 다시 순수한 '탈자성 자체'(Außer-sich an und für sich)로서의 시간성에 속하기 때문에 시간성은 근원적으로 '탈자적-지평적'이라 할 수 있다.

2.3. 도식론과 지평형성

위에서 우리는 탈자적-지평적 시간성에 의해 경험, 즉 대상과의 만남이 이루어지는 '세계지평'이 열려지며, 그 지평이 어떻게 형성되어지는가에 관해 살펴보았다. 그런데 하이데거는 그렇게 형성된 지평을 "지평적 도식"(SZ 365)이라 불러 지평의 열림을 도식화와 동일시하는데 그 이유는 무엇인가? 지평의 형성은 현존재의 시간성을 존재의 시간성을 향해 존재론적으로 해명하는데 결정적으로 중요한데, 이것은 시간성을 도식론과 관련하여 설명할 때 그 시간성의 존재론적 의미가 보다 분명해지기 때문일 것이다.[11] 하이데거는 칸트에 관한 해석에서 다음과 같이 말한다. "그러나 도식론은 유한한 인식의 본질에 속하고 유한성의 핵심이 초월이라면, 초월의 사건은 본질적으로 도식론이어야 한다."[12](KPM 97) 이때 "초월의 사건"은 시간성을 가리키며 따라서 현존재의 시간성은 도식론을 의

---

10 A. Rosales, *Transzendenz und Differenz, den Haag* 1970, S. 196.

10 A. Rosales, *Transzendenz und Differenz, den Haag* 1970, S. 196.

11 하이데거는 『존재와 시간』의 제 2부에서 "존재의 시간성을 실마리로 존재론의 역사를 현상학적으로 해체하는 작업의 특성들"을 제시하고자 했으며, 제2부 1장에서는 "존재의 시간성을 다루기 위한 예비적 작업으로서의 도식론과 시간에 관한 칸트의 이론"을 다루고자 했다. 그러나 그의 이런 계획은 책으로 출판되지는 못했고 단지 후에 여러 강의들에서 다루어졌다. 먼저 1925/26년 겨울학기의 논리학강의에서 다루어졌고, 다음에는 1929년의 칸트 해설서에서 다루어졌다.

12 초월의 사건으로서의 도식론에 관해서는 참조, D. Köhler, *Martin Heidegger. Die Schematismus des Seinssinnes als Thematik des dritten Abschnittes von 'Sein und Zeit'*, Bonn 1993, S. 73; G. Figal, *Martin Heidegger. Phänomenologie der Freiheit*, Frankfurt a. M. 1991, S. 329-333.

미한다. 그러면 도식으로서의 시간성은 무엇의 도식인가? 하이데 거에 의하면 도식은 존재자체 또는 존재의 시간성(Temporalität)의 도 식(시간적 규정)이다. 그리고 현존재의 시간성(Zeitlichkeit)은 존재자체 의 시간적 규정이기 때문에 이 도식론을 매개로 존재자체를 해명할 수 있는 길이 열린다. 이제 도식론을 매개로 현존재의 시간성으로 부터 존재의 시간성을 거쳐 존재자체에 이르는 길을 찾아보자. 먼 저 칸트의 도식론을 살펴보고, 이 도식론을 하이데거와 관련하여 살펴보자.

『순수이성비판』에 보면 경험적 인식과 관련하여 카테고리들의 객관적 타당성을 입증하고자 하는 "순수오성개념들의 초월론적 연 역"이란 단원 바로 뒤에 "순수오성개념들의 도식론에 관하여"란 단 원이 나온다. 칸트는 카테고리들의 객관적 타당성을 증명한 후 도 식론에 관한 단원에서 "순수오성개념들이 사용될 수 있는 감성적 조건"(B 175), 즉 순수오성개념들을 현상에 적용할 수 있는 가능조 건을 제시한다. 칸트에 의하면 인식은 감성에 의해 받아들여진 감 각자료들을 카테고리라는 오성의 형식에 따라 정돈하는 것이다. 그리고 이런 정돈은 감각자료들에 순수오성개념들인 카테고리들 을 적용하는 것이며, 순수오성개념들의 적용은 "현상들을 카테고 리 아래 포섭하는 것"(KrV B 176)이다. 카테고리들이 현상들에 어떻 게 적용될 수 있는가? 칸트는 다음과 같이 대답한다. "하나의 대상 을 하나의 개념 아래 포섭시킬 때는 언제나 대상의 표상들이 개념 과 동질적이어야 한다. (…) 그러나 순수오성개념들은 경험적인(감 각적인) 직관들과 전혀 다른 종류의 것이며, 따라서 결코 어떤 하나 의 직관에서 파악될 수 없다."(KrV B 176) 카테고리들을 현상에 직 접 적용할 수 있는 가능성은 없다. 따라서 순수오성개념들이 현상 에 적용되기 위해서는 "한편에서는 카테고리와 동질적이고, 다른 한편에서는 현상과 동질적이어서 카테고리들을 현상에 적용할 수 있게 해주는 제 3의 것이 있어야 한다."(KrV B 177) "이 둘을 매개해 주는 이 표상은 (경험적인 것이 전혀 없기 때문에) 순수하지만, 한편에서는 지성적이고 다른 한편에서는 감각적이어야 한다."(KrV B177) 칸트는 카테고리와 현상을 매개해 주는 바로 이 표상을 "초월론적 도식"(B177)이라 부른다. 그러나 이 도식은 매개수단으로서 형상이기는 하지만 경험적인 형상과는 다르다. 경험적인 형상은 "생산적 구상력의 경험적 능력에 의한 산물"(KrV B 181)인데 반해 도식은 "어떤 특정한 개념에 따라 많은 대상들을 하나의 상에서 표상하는 방법을 나타내는 수단이다."(KrV B 179/180; A 140) 예를 들면 5라고 하는 어떤 특정한 수는 다섯 개의 점들을 통해 경험적으로 형상화될 수 있는데 반해, 수 일반의 도식은 임의의 수가 어떻게 형상화될 수 있는가 하는 방법 즉 '연속적으로 수를 셈'이라는 규칙을 제공해 준다.

그렇다면 구상력에 의해 제공되는 이러한 방법표상은 구체적으로 어떻게 이루어지는가? 경험적 현상의 상이 생산적 구상력의 경험적 능력의 산물인데 반해, 순수오성개념의 도식은 구상력이 "내적 감각의 형식인 시간을 조건으로 하여 모든 표상들을 염두에 두고 그 내적 감각을 규정할 때 생기는 구상력의 초월론적 산물"(KrV A 142; B 181)이다. 도식은 순수오성개념들이 감성화된 것이라고 볼 수 있는데, 이런 감성화 작업은 초월론적 구상력이 내적 감각의 형식이자 감성 일반의 조건인 시간을 매개로 하여 카테고리들을 규정됨으로써 그 카테고리들이 경험적 대상에 적용될 수 있도록 하는데 있다. 이와 같이 도식은 내적 감각이 시간에 따라 구상력에 의해 규정될 때 형성되기 때문에 칸트는 도식을 "시간규정"이라 부른다. 예를 들면 「실체」라는 카테고리가 "시간 속에서 실제적 대상의 지속"이라고 시간적으로 규정될 때 그것은 시간에 의해 제약되는 현상에 적용될 수 있게 된다. 그리고 '현실성'이란 카테고리는 "시간 속에서 현재하고 있음"이라고 시간적으로 규정되어 현상에 적용될 수 있다. 경험적 표상과 도식은 모두 구상력의 산물인데 경험적 표상은 개별적인 대상들을 형상화하는 것이며 도식은 모든 대상들이 표상될 수 있는 원리를 제공한다. 카테고리가 구상력에 의해 시간적으로 규정됨으로써 형상화된 것이 도식이고, 이 도식을 매개로 하여 구체적으로 형상화된 것이 경험적 형상이다.

구상력이 카테고리를 시간적으로 규정한다는 것은 무엇을 의미하는가? 이 물음에 답하기 위해서 먼저 인간의 인식능력 전체에 있어서 구상력이 차지하는 위치를 확인할 필요가 있다. 그리고 이것은 하이데거와 관련하여 특히 중요하다. 칸트는 순수이성비판 초판에서는 구상력을 감성과 오성을 매개해 주는 중간능력이라고 주장한데 반해, 재판에서는 오성의 한 기능이라고 말한다. 그러나 어떤 경우이든 구상력은 감성을 규정하는 역할을 한다. 따라서 칸트에게 있어서 구상력의 도식화 작업은 구상력이 시간을 매개로 하여 순수오성개념들의 도식들을 산출하는 것이었다. 그러나 하이데거는 칸트와는 달리 구상력이 내적 감각을 시간적으로 규정함으로써 도식이 산출된다고 보지 않는다. 그는 시간을 칸트와는 "전혀 다르게, 그리고 훨씬 더 근원적인 방식으로"(GA 21, 384) 생각한다. 그가 시간을 훨씬 근원적으로 생각했다는 것은 구상력에 대한 그의 견해에서 분명해진다. 그는 구상력을 인식능력의 한 기능으로 보지 않는다. 그는 구상력이 감성과 오성의 중간능력이라는 순수이성비판 초판에서의 칸트의 견해와 구상력이 "영혼의 필수적인 기능"(KrV A 78)이라는 주장에 근거하여 구상력을 감성과 오성의 공동의 뿌리라고 생각한다.[13] 여기서 구상력이 공동의 뿌리라는 하이데

---

13 참조, KPM 127-142; M. Heidegger, *Phänomenologische Interpratation von Kants Kritik der reinen Vernunft*, Frankfurt a. M. 1987, S. 408-424. 이후로는 「GA 25」라고 표기함. 구상력을 주체성의 근원적인 존

거의 주장은 더 나아가 그것이 인간의 근원적인 존재방식이라는 의미에서 이해되어야 할 것이다. 구상력은 인간의 근원적인 존재방식으로서 근원적 시간성인 것이다. 하이데거는 다음과 같이 묻는다. "초월론적 시간규정의 규칙들인 이 도식들에서 우리는 시간을 어떻게 이해해야 할 것인가?"[14] 이 물음에 대해 그는 다음과 같이 대답한다. "초월론적 구상력은 근원적인 시간이다"(KPM 187). 하이데거가 시간을 훨씬 근원적으로 생각했다는 것은 그가 시간을 구상력과 동일시했다는 사실에 비추어 이해되어야 한다.

하이데거가 주장하듯이 구상력이 근원적 시간 자체이고 도식은 구상력에 의한 시간규정이라면 도식화 작업은 구상력이 시간을 매개로 해서 이루어지는 작업이 아니라, 구상력 자신의 자기규정이다. 따라서 스스로 도식을 형성하는 구상력은 경험을 위해 "필수적인 영혼의 기능"이다. 다시 말해, 근원적 시간성인 구상력의 이 필수적인 기능이 기능함으로써 도식이 형성된다는 것이다. 도식론은 스스로 자신을 부여해 주는 구상력의 기능화 작업이다.

칸트에게 있어서 구상력의 도식화 작업을 통해 대상에 대한 경험의 지평이 열리듯이, 하이데거에게 있어서도 현존재의 근원적 시간성(구상력)의 도식화(기능화) 작업을 통해 다른 존재자들과의 만남의 지평이 열린다.

재방식으로 본 것은 하이데거 이전에 이미 독일 관념론자들에게서 발견된다. 그들도 칸트의 다양한 인식능력들을 하나의 근원으로부터 해명하고자 하여 하이데거와 같은 관점에서 칸트를 비판했다. 초기의 피히테는 시간을 형성하는 구상력을 이론적 자아의 근본적인 작용으로 보았으며, 바로 이 생산적인 작용으로부터 비로수 감성이 지관과 오성이 시작된다고 주장했다. 헤겔에 의하면 초월론적 구상력은 본래 절대적 동일성으로서의 이성 자체로, 바로 이 구상력이 감성과 이성으로 분화되어 현상세계와 관계한다. 셸링은 *System des transzendentalen Idealismus*에서 주체의 여러 활동들을 통일하는 능력으로서 미학적이고 생산적인 천재의 직관을 제시했다. 참조, D. Henrich, *"Über die Einheit der Subjektivität"*, in: *philosophische Rundschau Bd 3*, Tübingen 1955, S. 55–60; E. Coreth, *"Heidegger und Kant"*, in: *Kant und die Scholastik heute* 1955).

14 M. Heidegger, *Logik. Die Frage der Wahrheit*, Frankfurt a. M. 1976, S. 379. 이후로는 본문 가운데서 「GA 21」로 표기함.

2.4. 탈자적 시간성의 도식화

칸트에 의하면 경험적 대상에 대한 인식은 개별적인 인식능력의 고유한 기능에 따라 세 종류의 종합을 통해 이루어진다. 감성의 직관에 의한 "각지의 종합"(Apprehension), 구상력에 의한 "재생의 종합"[15](Reproduktion), 오성에 의한 "인지의 종합"(Rekognition)이 그것이다. "각지의 종합"에서는 감각을 통해 주어진 다양한 자료들이 하나의 표상으로 종합된다. 그 종합은 경험적 표상들의 통일은 물론이고 시간과 공간이라는 순수한 선험적 표상도 가능하게 한다. 재생의 종합은 직관에서 주어진 표상들을 다시 불러내어 일련의 표상들을 종합하는 능력이다. 그리고 이 종합능력은 경험적 대상들을 표상하기에 앞서 공간과 시간이라는 근본적인 표상들을 종합하는데 칸트는 그 능력을 "구상력의 초월론적 능력"(KrV A 102)이라고 본다. 마지막으로 인식이 성립되기 위해서는 각지의 종합과 재생의 종합을 통해 확보된 표상들이 자기 동일적인 의식에 의해 통일되어야 한다.[16] 이러한 통일은 개념적 종합능력으로서의 순수한 오성능력에 의한 "인지의 종합"에서 일어난다.

도식론에 관한 하이데거의 고유한 입장을 이해하기 위해서는 먼저 위에서 제시된 세 종류의 종합과 관련하여 칸트와 하이데거의 차이점을 밝히는 것이 중요하다. 오성은 표상들을 통일될 때 일정한 규칙들을 따르는데, 이 규칙들은 감성의 조건들인 시간과 공

---

15 칸트는 "구상력의 경험적 능력"과 "초월론적 구상력"을 구분하는데 여기서 "재생의 종합"은 경험적 현상의 상을 산출하는 "경험적 능력으로서의 구상력"의 작용이다. 따라서 이 "재생의 종합"은 "초월론적 구상력에 의한 순수오성개념들의 시간적 규정과는 다른 것이다.

16 오성의 이런 통일은 그가 본질적으로 "내가 생각한다"(Ich denke)는 의식에 의해 주도되기 때문에 가능하다. 이 주도적인 능력을 칸트는 "초월론적 통각"(Transzendentale Apperzeption)이라 부른다.

간에 의존함이 없이 오성 자신에 의해 형성되어지기 때문에 "순수오성개념"이라 한다. 여기서 우리가 주목해야 할 것은 칸트에게 있어서 감성과 구상력 - 경험적 능력으로서의 구상력을 말함 - 은 시간과 관련되어 있지만, 오성과 그의 근원적 능력인 초월론적 통각(transzendentale Apperzeption)은 시간과 무관하다는 사실이다. 하이데거는 바로 여기서 칸트의 문제점을 발견한다. 즉, 칸트의 문제점은 "시간과 초월론적 통각의 분리"(GA 25, 358)라는 것이다.

2.4.1. 칸트의 도식론에 관한 하이데거의 해석

하이데거는 칸트와는 달리 오성에서의 인지의 종합도 근본적으로 시간적이라고 본다. 왜냐하면 그에게 있어서 모든 종합은 근원적인 시간으로서 주체성을 구성하는 구상력(초월론적 구상력)의 작용이며. 따라서 오성에 의한 인지의 종합도 구상력에 기초하기 때문이다. "오성도 근본적으로 시간과 관련된 행위이다. 따라서 오성은 칸트가 생각하듯이 시간과 무관한 자발성으로서 수용하는 능력인 시간의 순수직관과 별개의 능력이 아니다."(GA 25, 365) 더 나아가 하이데거는 순수시간의 본질을 "자기촉발"(Selbstaffektion)로 보고 모든 오성사용을 근거지우는 오성의 근원적 능력인 순수통각을 "스스로 촉발하는 주체의 자기관계"(sich selbst angehenden Selbstbezüglichkeit des Subjekts)의 구조에서 이해함으로써 통각의 시간적 관련성을 주장한다. 이것은 그가 구상력(초월론적 구상력)을 순수통각과 동일시하기 때문이다.[17]

---

[17] 하이데거에 의하면 대상들에 대한 모든 표상작용은 "~을 마주서게 함"(Gegenstehenlassen von …)이며, "마주서게 함"은 "필연적으로 시간을 통해 촉발된다."(KPM 189) 시간을 통해 촉발된다는 것은 '연속적으로'라는 형식으로 표상된다는 것이며, '연속적으로'는 순수직관으로서의 시간에 의해 형성되기 때문이다. 시간은 순수직관으로서 "스스로로부터(von sich aus) '연속적으로'(Nacheinander)라는 상을 형성하여

오성에 의한 인지의 종합과 초월론적 통각에 대한 이러한 해석과 함께 하이데거는 칸트를 극복하고자 한다. 그에게 있어서 구상력은 경험적 능력으로서 단지 감성과 오성과 함께 표상을 종합하는 하나의 능력일 뿐만 아니라 동시에 초월론적 구상력으로서 감성과 오성의 근거가 되는 능력이기도 하다. 왜냐하면 초월론적 구상력은 순수통각과 동일하기 때문이다. "각지의 종합", "재생의 종합", "인지의 종합"은 결국 순수시간으로서의 초월론적 구상력이 대상과 관련하여 작용하는 방식 이외의 것이 아니다. 그것들은 "순수한 구상력과 관련된 존재론적 종합"(GA 25, 337)이다. 그것들은 "시간과 관련된 순수한 구상력의 종합의 행위들이다."(GA 25, 338) "그러나 종합의 세 양태들이 모두 시간과 관련되어 있고, 시간의 이 계기들이 시간 자체의 통일성을 이루고 있다면, 이들 세 종합들은 시간의 통일성에서 그들의 통일적인 근거를 확보한다[18]."(GA 25, 364) 하이데거는 이들 세 종합들의 시간적 관련성을 다음과 같이 제시한다.

각지의 경험적 종합이 인상들을 두루 살펴 종합할 수 있기 위해

이 상을 스스로에게(auf sich zu) 보존한다."(ebd.) "스스로로부터 ... 스스로에게"라는 자기촉발(Selbstaffektion)은 순수직관으로서의 시간의 본질이며 따라서 구상력의 작용이다. 그리고 이러한 순수한 자기촉발로서의 시간은 동시에 주체성의 본질구조를 형성한다. 왜냐하면 스스로로서 촉발될 수 있는 것이야말로 주체의 본질에 속하기 때문이다. 스스로 촉발되는 자기촉발이 주체성의 본질이고 이러한 주체성의 본질은 '내가 생각한다'는 초월론적 통각과 다른 것이 아니라면 초월론적 통각은 결국 근원적 시간으로서의 구상력과 동일한 것이다. 칸트와 하이데거는 모두 자기촉발과 순수통각을 동일시하지만 하이데거는 시간을 칸트보다 더 근원적인 의미에서 주체의 자기촉발과 동일시하기 때문에 칸트에게서는 무시간적이었던 순수통각이 그에게는 근원적 시간성과 동일시되었다. 따라서 하이데거는 말한다. "시간과 '나는 생각한다'는 더 이상 양립할 수 없는 것이 아니며 전혀 다른 것으로 대립적인 것이 아니다. 그 둘은 동일한 것이다."(KPM 191)

18 이 세 종합들에 관한 하이데거와 칸트의 차이는 GA 25, 368쪽에 있는 도표에 잘 나타나 있다. 이 도표에 의하면 칸트는 각지의 종합과 재생의 종합은 감성과 구상력(초월론적 구상력이 아니라 경험적 능력으로서의 구상력)의 작용으로서 시간과 관련되지만 인지의 종합은 무시간적인 오성의 자발성에 근거한다. 이때 구상력은 감성과 오성을 매개해주는 역할을 한다. 그러나 하이데거에 의하면 이들 세 종합은 모두 순수 시간이면서 동시에 초월론적 통각인 구상력에 근거하는데, 이때 구상력은 순수한 시간과 관련된 상상력의 종합으로 주체의 근본구조인 시간성이다.

서는 먼저 각지의 순수종합에 의해 지금의 연속이라는 형식이 마련되어 있어야 한다. 각지의 순수종합에 의해 "현재 일반"이 열린다. "경험적 직관이 지금 현재하는 존재자에 직접 관계하는데 반해 순수한 각지의 종합은 지금 즉 현재 자체를 열어준다."(KPM 174) 마찬가지로 경험적 현상들이 재생의 종합에서 "다시 회복되기" 위해서는 "모든 경험에 앞서 이미 먼저 '더 이상 지금이 아님 자체'가 다시 마련되어 그때마다의 지금과 결합될 수 있어야 한다."(KPM 175) 이것은 과거를 형성하는 재생의 순수종합에서 일어난다. 하이데거는 의도적으로 칸트와 차별화하여 "인지의 종합"과 미래와의 관계를 강조한다. 각지의 종합과 재생의 종합을 통해 확보된 표상들이 인지의 종합에 의해 대상과 동일시되어질 때 인식이 이루어지는데, 이와 같이 대상을 대상으로서 동일시하는 인지의 종합은 "존재자의 통일적인 종합을 '미리 가짐'(Vorweghaben)으로써만 가능하다. 동일시하면서, 그리고 각지하고 재생하면서 우리는 이미 존재자의 통일성을 예상한다."[19](GA 25, 364) 존재자의 통일성을 예상함과 함께 어떤 것을 미리 확보할 수 있음의 지평 즉 "미래의 근원적 상"(KPM 180)이 열린다. 인지의 순수종합에서 미래가 형성되기 때문에 하이데거는 "인지의 종합"이란 표현 대신 "미리 인지함"(Prae-kognition)이란 개념을 사용하기도 한다.(GA 25, 364)

하이데거는 인간의 경험이 감성에 의한 "각지의 종합", 구상력의 경험적 능력에 의한 "재생의 종합", 오성에 의한 "인지의 종합"에 의해 이루어진다는 것을 받아들인다. 그러나 그는 더 나아가 이 경험적 종합들은 이미 순수종합에 의해 열려진 과거, 현재, 미래의 지평들에서 이루어지며 이 지평들은 다시 주체의 근원적인 존재방

---

19 인지의 종합의 이런 미래적 성격은 '미리 가짐'(Vorhaben)과 '미리 봄'(Vorsicht)과 '미리 잡음'(Vorgriff)이라는 이해의 '미리구조'(Vorstruktur)에서 잘 나타난다.

식인 시간성으로서의 초월론적 구상력의 작용방식들이라고 주장한다. 구상력의 이 작용방식들의 상호작용이 곧 도식화이며 이런 도식화에 의해 하나의 도식, 즉 대상을 대상으로 마주서게 하는 하나의 지평이 형성된다. 하이데거는 칸트가 도식을 "시간적 규정"이라고 정의한 곳에서 그 도식이 어떻게 도식화되는지, 즉 어떻게 시간적으로 규정되는지 밝힌다. 이런 도식화에 관한 하이데거의 해석을 살펴보자.

도식은 초월론적 구상력의 도식화 작용을 통해 형성된다. 이것은 도식, 즉 대상성의 지평이 초월론적 구상력의 작용방식인 각지(현재), 재생(과거), 인지(미래)의 시간적 계기들이 기능적으로 종합됨으로써, 즉 도식화됨으로써 열려진다는 것을 의미한다. 그 계기들의 기능적 종합에 관해 하이데거는 다음과 같이 말한다. "초월론적 종합의 세 양태들인 초월론적 각지, 즉 붙잡음(Aufgreifen), 초월론적 재생, 즉 다시잡음(Rückgreifen), 미리 인지함, 즉 미리잡음(Vorgreifen)은 서로 유기적인 종합관계에 있다."(GA 25, 388) 다시 말해 주체는 잡음(Greifen)의 이 세 양태들(붙잡음, 다시잡음, 미리잡음)에서 대상을 향해 나아가 대상을 잡으며(ausgreifen), 이렇게 대상과 관계함으로써 그는 하나의 지평을 포괄한다(감싸 잡는다)(Umgreifen). 따라서 하이데거에 있어서 도식화란 자기 밖으로 나가 대상을 잡으면서 포괄하는(감싸 잡는) 주체의 작용이다. 여기서 우리는 도식화가 주체의 시간성의 작용이외의 다른 것이 아님을 발견한다.[20]

---

20 칸트의 철학적 목적은 인간의 순수이성을 비판적으로 검토함으로써 형이상학(특수형이상학)을 재정립하고자 하는 것이다. 그리고 순수이성의 비판으로 인도하는 핵심적 물음은 "어떻게 선험적 종합판단이 가능한가?"이다. 선험적 종합판단으로서의 인식은 무시간적인 카테고리들이 시간적으로 규정됨으로써 즉 도식화됨으로써 그것들이 대상에 적용됨에 성립한다. 칸트와는 달리 하이데거에게 있어서는 단순히 인식하는 주체의 인식기능이 아니라 인간이란 현존재의 존재의 전체성이 중요하므로 도식화도 단순히 카테고리들의 시간적 규정이 아니라 존재자체의 시간적 규정이다. 즉 하이데거에게서는 도식화란 존재자체가 인간의 시간성에서 구체화되는 것을 의미한다. 구체적으로 말해, 현존재가 자기를 향하여 돌아와 자기 앞에 있음은 존재자체가 구체화되어 있음 즉 존재자체의 시간적 규정이다.

2.4.2. 도식론과 시간성

하이데거는 초월론적 구상력의 초월론적 종합의 세 양태들이 근원적 시간성의 탈자적 계기들에 해당된다고 본다. 즉 각지의 초월론적 종합(붙잡음)은 현재에 해당되고, 재생의 초월론적 종합(다시 잡음)은 과거에 해당되며, 인지의 초월론적 종합(미리잡음)은 미래에 해당된다는 것이다. "만일 자기 밖으로 나가 대상을 잡으면서 포괄하는 이와 같은 세 방식들이 '생각하는' 또는 '결합하는' 자아가 행하는 근원적 활동의 근원적으로 통일적인 구조라면, 주체는 근원적 활동자체의 이러한 통일로서 본질적으로 자기를 벗어나서 대상을 붙잡는 어떤 것이다. 그렇지만 이때 자기를 벗어난다는 것은 단지 자기를 떠나는 것이 아니라 바로 이렇게 자기 밖으로 나감으로써 어떤 것이 함께 속한다는 가능성을 보장해주는 그 영역을 구성한다는 것이다. 우리는 이렇게 대상을 붙잡으면서 자기 밖으로 나아가는 주체의 행위를 탈자성(Ekstasis)이라 부른다."(GA 25, 390) 하이데거는 이런 전제에서 출발하여 시간성의 세 탈자적 계기들의 도식화를 통한 지평의 열림을 다음과 같이 종합한다. "탈자적 계기들의 통일성 즉 자기 밖으로 나아감의 근본 방식들의 통일성에서 주체는 포괄하는(감싸 잡는) 주체이다. 이때 감싸 잡는다는 것은 바로 탈자성의 계기들에 의해 그렇게 열려진 지평 즉 하나의 시간과 그 시간의 순수 계기들의 결합에 의해 열려진 지평을 감싸 잡는다는 것이다."(GA 25, 390) 그렇다면 이렇게 자기 밖으로 나가서 감싸 잡는 탈자성의 세 계기들은 어떻게 서로 기능적으로 작용하는가? 즉 그들은 어떻게 도식화되는가? 먼저 도식화와 관련된 하이데거의 글을 직접 인용해 보자. "결단성에서 현존재는 그의 고유한 존재가능성으로부터 자신을 이해한다. 현존재가 자기 자신의 가능성을 파악하고 거기에 근거해서 자기 자신에게로 향하여 가는 한 이해의 근원적인 형식은 미래적이다. 자기를 향하여 올 때 현존재는 자기 자신을 이미 있었던 존재자로서 넘겨받았다. 결단성에서, 즉 고유한 존재가능성으로부터 자신을 이해할 때, 고유한 가능성으로부터 자기 자신을 향해 올 때 현존재는 바로 그 자신에게로 돌아와 자신을 그 자체로 넘겨받는 것이다. … 우리는 현존재가 어떻게 있었고 그 무엇으로 있었던 바로 그 시간적 양식을 되풀이(Wiederholung)라고 부른다. 되풀이는 현존재가 있었던 고유한 양식이다. 결단성은 고유한 가능성으로부터 반복하는 방식으로 자기에게로 돌아오는 것(das auf-sich-zurückkommen)으로서 완성된다. 현존재는 자기에게로 돌아오면서 가능성을 향하여 미리 나가있다. 되풀이하면서 앞으로 달려감의 탈자적 통일성에서, 즉 이러한 과거와 미래에는 하나의 특별한 현재(* 본래적 현재를 말함)가 놓여있다. 어떤 것을 현재화하는 것(* 비본래적 현재를 말함)이 주로 사물들을 현재화하여 현재화되는 사물들에 몰두하는 것인데 반해, 즉 현재화가 주로 자기 자신을 벗어나, 즉 자기 자신에게 빠져 과거는 망각이 되고 미래가 바로 올 것에 대한 예상이 되는데 반해, 결단성에 속하는 현재는 결단성의 특별한 미래(앞서 달려감)와 과거(되풀이)에 들어있다. 결단성에서 들어있고 그 결단성으로부터 유래한 현재를 우리는 순간(Augenblick)이라 부른다. … 순간으로서의 그 현재는 결단에 속하여 결단성이 결단한 그 상황을 열어주는 것을 현재화한다."(GP 407). 우리는 하이데거의 이 진술을 다음과 같이 이해할 수 있겠다. 그의 존재에 있어서 언제나 자신의 존재 또는 존재가능성이 중요한 존재자(현존재로서의 인간)의 존재방식을 실존이라 하고 그렇게 실존하는 현존재는 그의 존재가 중요하기 때문에 그의 존재를 계획하는 존재자라고 한다면 실존이란 존재방식은 존재를 계획하는 것(Entwurf)이며 이것은 다시 존재이해를 의미한다. 인간의 존재방식이 실존이라는 것은 그가 자신의 존재를 이해한다는 의미이다. 그리고 존재이해 즉 인간의 실존은 인간이 존재를 이해하는 방식과 이해된 존재의 내용에 따라 본래적 실존과 비본래적 실존으로 나눌 수 있다. 본래적 실존이란 인간의 궁극적인 존재가능성인 죽음으로부터 자신의 고유한 존재를 향하여(auf sich) 돌아와(zurückkommen) 그 존재를 붙잡아 가지는 것(현재화하는 것)이다. 비본래적 실존이란 다른 존재자들과의 관계를 통해 자기의 존재를 이해하는 방식이다. 이때 다른 존재자들과 관계를 맺는 것도 궁극적으로는 자기 자신의 존재에 대한 관심 때문이다. 따라서 비본래적인 실존방식에서도 현존재는 자기를 향하여 돌아옴으로써 존재자를 현재화 즉 대상화한다. 이 두 존재방식의 차이는 전자의 경우 돌아가는 곳이 인간의 고유한 존재가능성이며 대상화되는 것 즉 현재화되는 것도 고유한 존재가능성인데 반해 후자의 경우 현존재의 관심이 되는 존재는 세계내존재이며 대상화되는 것은 세계 내 존재자들이다. 그러나 이들 두 실존방식들은 모두 근원적인 시간성에 기초한다. 위에 제시된 실존의 방식들로부터 우리는 그 두 실존방식들에 공통되는 시간성의 형식적 구조를 도출할 수 있다. '향하여 돌아오면서 현재화함'이라는 구조가 그것이다. 이때 향함과 돌아옴과 현재화함은 모두 대상을 향해 나가 대상과 관계를 맺는 계기들이다. 그리고 이 세 계기들은 시간성의 세 계기들이기도 하다. 요약하면, 현존재의 근원적 존재방식을 시간성이라 보고 이 시간성을 순수한 탈자성 자체라고 볼 때 그 탈자성은 미래에서 과거로 넘어가는 방식으로 대상을 향해 나가서 대상을 현재화하는 탈자성이며, 과거에서 미래로 넘어가는 방식으로 대상을 향해 나가서 대상을 현재화하는 탈자성이다. 이것은 탈자성으로서의 시간성의 세 계기들이 기능적으로 상호작용하는 방식, 즉 현존재의 시간성으로서의 도식화를 의미한다.

　미래는 순간적으로(현재) 과거로 넘어가고, 과거는 다시 미래로 넘어가며, 이 미래로부터 인간은 바로 이 순간 태도를 취하기 시작한다. 바로 이런 "자유로운 비약"(Logik 28, 368)에서 탈자성의 세 계기들은 동근원적으로 하나의 지평을 연다. 근원적 시간성의 이런 도식화작용은 탈자적 계기들의 상호작용에 관한 피갈(G. Figal)의 다음과 같은 해석에 잘 요약되어 있다. "미래가 과거로 넘어가고(um-schlagen), 과거가 미래로 넘어가며, 미래가 어떤 특정한 태도를 취할 수 있는 가능성을 제공해 주는 한 그 미래는 다시 현재로 넘어간다면 우리는 여기서 현재가 직접적으로 다시 미래로 넘어간다고 말해야 한다. 왜냐하면 우리는 현재적으로 어떤 태도를 취하기 시작할 뿐이기 때문이다."[21]

3. 현존재의 근원적 시간성의 해체구성과[22] 그 시간성의 존재론적 의미. 현존재의 시간성(Zeitlichkeit)으로부터 존재의 시간성(Temporalität)으로

지금까지 우리는 탈자적-지평적 시간성을 해명하는 길에서 근원적 시간이 존재자가 존재자로서 만나게 될 수 있는 지평으로서 이미 열려져 있음을 보았다. 이때 시간은 그 시간이 현존재의 근원적 존재방식을 구성한다는 기능적 측면에서 다루어졌다. 이때 중요한 것은 시간성 자체를 그의 본질적 구조에서 해명하는 것, 즉 어떻게 탈자적-지평적 시간성을 통해 어떤 것의 만남의 지평이 열

---

21 G. Figal, *Martin Heidegger.Phänomenologie der Freiheit*, Frankfurt a. M. 1991, S. 293.

22 여기서 해체구성이란 초월론적 구성으로서의 현상학적 방법론을 말한다. 현상학이 본질적인 것을 드러내기 위해 우연적인 것을 에포케하는 해석학적 작업이라 볼 때, 에포케는 해체의 기능과 구성의 기능을 동시에 가진다고 볼 수 있다. 존재자로부터 존재로 향하는 초월론적 환원은 전통적인 형이상학의 해체이며, 존재를 대상화하여 밝히는 존재해명은 본질적 환원에 의한 현상학적 구성이라 할 수 있다. 여기서 해체구성이란 이런 존재해명의 작업을 의미한다.

리는가 하는 것이었다. 그 결과 『존재와 시간』의 제 2장("현존재와 시간성")에서 현존재의 존재인 "마음 씀"의 시간적 의미가 근원적 시간성으로서 제시되었다. 그러나 탈자적-지평적 시간성을 통해 열린 지평은 아직 존재자체에 대한 물음을 위한 '존재의 시간성'의 지평이 아니라 존재자들이 만나질 수 있는 세계지평이었다.

하이데거는 근원적 시간성을 규명하는 것으로 만족하지 않는다. 그의 궁극적인 관심은 존재론이며 존재론의 근본과제는 "존재자체를 대상화함"(GP 386; 참조, 458, 459)에 있기 때문이다. 존재를 대상화하는 존재론의 기능은 "우리 앞에 주어져 있는 것을 그것이 전반성적인 경험 또는 이해에서 이미 투사되어 있는 그것을 향하여 명시적으로 투사하는 것이다."(GP 399) 전존재론적 존재이해에서 이미 주어져 있는 것이 존재자체이며 이렇게 주어져 있는 존재를 대상화함 또는 주제로 삼음이 존재론의 과제라면 "존재이해가 이해로서 그것을 향하여 존재를 이미 투사한 바로 그것이 명시적인 투사에서 드러내져야 한다."(ebd.) 이러한 존재론의 과제는 도식을 현상학적으로 해체구성함으로써 즉 도식 속에 전존재론적으로 이미 주어져 있는 것의 이데아를 현상학적 환원 특히 이데아적 환원에 의해 밝혀냄으로써 달성될 수 있다. 이것은 하이데거의 다음과 같은 고백에서 분명하다. "내가 몇 년 전에 『순수이성비판』을 다시 한 번 연구할 때, 즉 그 책을 후설의 현상학의 관점에서 읽었을 때 내 눈에서 비늘 같은 것이 떨어졌다. 나는 칸트에 의해 내가 추구해 가던 그 길이 올바른 길임을 근본적으로 확신하게 되었다." (GA 25, 431) 하이데거는 구상력을 인간의 근본적인 존재방식인 시간성과 동일시함으로써 칸트의 도식론을 시간성의 도식화 작용이라고 해석했을 뿐만 아니라 그 도식을 현상학적으로 해체구성함으로써 근본적으로 칸트를 넘어서 존재론으로 나아가게 되었다. 말하자면 하이데거는 도식론, 즉 현존재의 시간성(Zeitlichkeit)을 해체구성함으로써 존재의 시간성(Temporalität)을 도식의 이데아로서 밝혀내고, 이 존재의 시간성으로부터 존재자체를 밝히고자 한다. 도식의 현상학적 해체구성은 하이데거가 칸트를 넘어 존재론으로 가는 결정적인 작업이다. 다음과 같은 하이데거의 칸트이해가 이를 뒷받침해준다.

> "존재의 시간성의 영역에서 어느 정도 탐구한 최초의 유일한 사람, 즉 현상자체에 대한 관심에 의해 존재의 시간성의 방향에서 탐구한 최초의 유일한 사람은 칸트이다. 만일 존재의 시간성의 문제성이 어디에 있는지 확인된다면 도식론의 비밀이 밝혀질 수 있다. 그럴 때 비로소 우리는 왜 칸트가 도식론의 고유한 영역들과 도식론의 존재론적 기능을 간과할 수밖에 없었는지 알 수 있게 된다."(SZ 23)

"존재의 시간성의 문제성에 초점을 맞추어 해체의 과제를 수행할 때 이 책은 도식론에 관한 장을 해석하고 그렇게 함으로써 시간에 관한 그의 이론을 해석하고자 한다. 동시에 왜 칸트는 존재의 시간성의 문제를 주목하지 못했는가 하는 점도 밝혀질 것이다. 그 이유는 다음과 같이 양면적이다. 하나는 존재물음 일반을 간과했기 때문이며, 다른 하나는 현존재를 주제로 하는 존재론의 결여, 즉 칸트 식으로 말하면 주체의 주체성에 대한 선행적인 존재론적 분석의 결여 때문이다. 대신 칸트는 데카르트의 입장을 독단적으로 수용하여 발전시켰다. 그러나 그의 시간분석은 이 시간현상을 주체와 관련시켰음에도 불구하고 전통적인 통속적 시간이해에 지향되어 있었으며, 따라서 '초월론적 시간규정'의 현상을 그의 고유한 구조와 기능에서 밝힐 수 없었다. 이런 양면적인 전통의 영

향 때문에 시간과 '나는 생각한다' 사이의 결정적인 결합관계
가 완전히 어둠에 묻히게 되어 그것이 한 번도 문제시되지 않
았다."(SZ 23-24)

도식론의 존재론적 기능을 밝힌다는 것은 도식론을 해체구성함
으로써 도식론의 의미인 존재를 밝혀내는 것이다. 현존재의 시간성
이란 도식을 해체구성함으로써 우리는 그 속에 은폐되어 있는 어
떤 근원적인 것을 찾아낼 수 있는가? 위에서 언급된 내용들을 요약
해 볼 때 우리는 시간성의 도식을 '자기를 향해 자기에게 돌아오면
서 대상에로 넘어가 대상 앞에 있음'이라고 규정할 수 있을 것이다.
우리는 이 도식을 해체구성함으로써 도식의 본질적인 의미가 '넘어
감'에 있음을 발견한다. 그리고 이 '넘어감'이 바로 시간성의 의미이
기도 하다. 그런데 보다 정확하게 말하면 이 '넘어감'은 단순히 넘
어가는 행위가 아니라 이미 '넘어가 대상 앞에 있음'이다. 결국 도
식으로서의 시간성의 의미는 '앞에 있음'인데 하이데거는 이 '앞에
있음'을 "현전성"(Praesenz)이라 하며, 이 현전성은 존재가 시간적으로
규정되어 있는 것이기 때문에 "존재의 시간성"(Temporalität)이라 부르
기도 한다. 여기서 우리는 도식의 존재론적 의미는 존재의 시간성
으로서의 현전성임을 추론할 수 있다. 이때 현전성이 도식의 존재
론적 의미라는 것은 존재해명의 과정에서 도식이란 설계도(Entwurf)
가 지향하고 있는 그곳이 바로 현전성이라는 것이다. 다시 말해 도
식을 "자기를 넘어서 밖으로"라는 탈자성의 세 계기들의 작용이라
볼 때, 현전성은 그 계기들이 향하고 있는 그곳이라는 말이다. 현
전성에서 비로소 도식이란 설계도가 하나의 건축물로 완성된다는
것이다. 하이데거는 말한다. "오히려 모든 탈자성 자체에는 그 탈
자성에 의해 규정되어 있고 그 탈자성의 고유한 구조를 비로소 완
성하는 지평이 속한다. 현재화는 － 그것이 순간이란 의미에서 본

래적 실존에 속하는 현재화이건 아니면 비본래적 실존에 속하는 현재화이건 – 현재화되는 그것, 즉 현재 만날 수 있는 그것을 현전성과 같은 어떤 것을 향하여 던진다. 현재라는 탈자성은 그 자체로 '자기를 넘어서 밖으로' 라는 초월의 가능조건이다. 현재는 현전성을 향한 투사이다. '자기를 넘어서 밖으로'의 가능조건으로서 현재는 자기 속에 이 '자기를 넘어서 밖으로'가 지향하고 있는 곳(wo hinaus)의 도식(schematische Vorzeichnung)을 가지고 있다. ... '자기를 넘어서 밖으로 어디로' 자체를 규정하는 것은 지평으로서의 현전성이다. 현재는 현전성을 향해 자기를 투사한다. 현전성은 현재와 동일하지 않다. 오히려 현전성은 현재라는 탈자성의 지평적 도식의 근본규정으로서 현재를 현재라는 완전한 시간구조가 되게 한다. 미래와 과거라는 다른 두 탈자성들의 경우도 마찬가지이다."(GP 435)

현전성이란 시간적으로 이해된 존재양식이다. 그리고 이렇게 시간적으로 규정된 존재양식을 하이데거는 현존재의 시간성(Zeitlichkeit)와 구별하여 "존재의 시간성"(Temporalität)이라는 라틴어식 표현을 사용한다.(참조, GP 433) 그것은 시간의 지평으로부터 획득된 존재의 규정이기 때문에 "존재의 시간적 규정성"이다.[23] 그런데 여기서 주의해야 할 것은 현전성이 결코 현재와 동일시되어서는 안 된다는 것이다. 오히려 현전성은 과거와 현재와 미래의 근거가 되는 현상이다. 그것은 과거로 있음, 현재로 있음, 미래로 있음을 가능케 하는 바로 그 '있음'이다. 그것은 'presens de futuro, praesens de praesenti, praesens de praeterito'에서 'praesens'에 해당한다.[24] 그것은

---

23 우리는 "존재와 그의 특성들과 양태들이 시간으로부터 근원적인 의미에서 규정된 것을 그 존재의 시간적 규정성(temporale Bestimmtheit)이라 부른다"(SZ 19); 참조, GA 21, S. 200, 234, 243.

24 참조, Max Müller, *Erfahrung und Geschichte. Grundzüge einer Philosophie der Freiheit als transzendentale Erfahrung*, S. 44f.

시간성의 세 계기들을 넘어서는 "4차원적" 시간이다.[25]

4. 존재사건으로서의 현전성

위에서 우리는 현존재의 근원적 시간성을 해체구성함으로써 '현전성'이라는 존재의 시간적 규정성에 도달했는데, 이 현전성이야말로 "존재자체의 해명을 위한 지평"(GP 388)이다. 현존재의 근원적 시간성(Zeitlichkeit)은 존재자가 드러나는 지평이며, 현전성은 우리가 존재를 주제화할 때 존재가 거기에 모습을 드러내는 지평이다. 그런데 현상학의 궁극적인 과제는 이 지평을 드러내는데 있는 것이 아니라, 더 나아가 그 지평으로부터 존재자체를 주제화하는 것, 즉 존재를 현상학적으로 구성하는 것이다. 존재를 주제화하여 그것을 현상학적으로 드러내는 작업은 "우리가 존재를 현전성, 즉 존재의 시간성을 향해 던질 때"(GP 459) 가능해진다. "존재의 시간성의 지평에서 존재를 해명할 때 존재가 대상화될 수 있으며 그 존재를 개념화하는 존재론"(GP 460)이 가능하다. 존재를 현전성을 향해 던지는 것 또는 현전성(존재의 시간성)의 지평에서 존재를 해명하는 것은 현전성을 다시 한 번 현상학적으로 해체구성하는 것을 의미한다. 그러므로 우리에게 중요한 것은 현전성을 해체하는 방식으로 구성할 때 무엇이 드러나는가 하는 것이다. 무엇이 드러나는가?

위에서 보았듯이 현전성은 존재의 시간적 규정이다. 존재가 시간적으로 규정되었다는 것은 존재가 구체화된 사건, 즉 존재사건(Ereignis)을 의미한다. 그런데 존재는 언제나 존재자의 존재이기 때문에 존재사건은 결국 '존재자가 존재하는 사건'이라고 보아야

---

25   M. Heidegger, *Zur Sache des Denkens*, Tübingen 1988, *S.* 16.

한다. 존재사건은 존재자가 '존재한다는 사실'이라고 볼 수 있다. 따라서 존재자가 우리 앞에 있음을 의미하는 현전성과 존재자가 존재하는 사건은 동일한 사태를 가리킨다고 볼 수 있겠다. 이것은 존재사건을 의미하는 'Ereignis'라는 단어가 어원적으로 "눈앞에서 벌어져 눈에 띄는" 사태를 가리키는 "Eräugniß, eräugen"에서 유래했음에서도 알 수 있다.[26]

그런데 존재자가 눈앞에 펼쳐지는 사건, 즉 존재사건은 현존(Anwesen)으로서 이미 부재(Abwesen)를 본질적 요소로 내포하고 있다. 그렇다면 존재사건은 존재자 내에서 일어나는 현존과 부재의 모순작용이라고 볼 수 있다. 이 사건은 헤겔의 경우처럼 존재자의 생성과 소멸의 근거가 되는 '존재에서 무로 넘어가 있음'과 '무에서 존재에로 넘어가 있음'이라고 볼 수 있을 것이다. 그렇다면 하이데거의 존재론은 단순히 헤겔의 논리학을 그의 존재론에 적용한 것에 지나지 않는가? 그렇지는 않다. 왜냐하면 하이데거에 있어서 존재자가 현전하는 방식인 현존과 부재는 '모순'으로서의 존재사건 이상의 의미를 가지기 때문이다.

5. 실존적 존재사건. 존재와 인간과 사물.

하이데거는 존재자로부터 존재사건에 도달했을 뿐만 아니라 더 나아가 다시 그 존재사건을 존재자 특히 인간이란 존재자와 관련시키고 있다. 왜냐하면 존재는 언제나 존재자의 존재이며, 인간에

---

26 참조, Dieter Sinn, Ereignis, *Historisches Wörterbuch der Philosophie*, Basel-Stuttgart 1972, *Sp*. 608–609; 이기상, 『하이데거의 존재사건학』, 서광사(2003), 165쪽에서 재인용. 동일한 의미에서 하이데거의 다음과 같이 말한다. *"Das Wort Ereignis ist der gewachsenen Sprache entnommen. Er-eignet heißt ursprünglich: er-äugen, d. h. erblicken, im Blicken zu sich rufen, an-eignen"* (M. Heidegger, *Identität und Differenz*, Pfullingen 1957, *S. 24f.*).

게 중요한 것은 무엇보다도 인간이란 존재자의 존재(가능성)이기 때문이다. 하이데거는 존재를 독단적으로 선언하는 것이 아니라 한 특수한 존재자의 존재를 통해 존재자의 존재로서 해명하는데, 이때 존재를 존재자의 존재로서 해명한다는 것은 존재를 실존적 존재사건으로 해명한다는 것을 말한다. 보다 구체적으로 말하면, 인간이란 존재자와 관련된 존재사건은 땅과 하늘, 죽을 자와 신적인 것의 사방(das Geviert)의 동근원적인 상호작용으로서 일어난다. 현존과 부재의 존재사건(Ereignis)이 현존재의 실존론적 또는 존재론적 의미라면, 사방으로서의 존재사건은 존재사건의 실존적 의미라고 볼 수 있을 것이다. '사방'과 함께 존재사건은 '실존적 존재사건'이 된다. 사방의 상호작용은 인간의 실존을 그의 전체성에서 규정한다고 볼 수 있겠다. 전기의 하이데거는 불안이라는 근본기분에 의해 인간의 실존이 본래성과 비본래성의 전체성에서 규정된다고 보았는데, 후기의 하이데거는 사방의 사건이 그 전체성을 규정한다고 본다. 전기의 하이데거에 있어서 인간은 그의 궁극적인 존재가능성으로서의 죽음에 대해 불안을 가지며, 이런 불안으로부터 세상 속으로 도피하여 '세상사람'(das man)으로서 비본래적인 실존이 되며, 세상에서 타인의 죽음에 대한 경험(존재론적 충격)에 의해 자신의 고유한 존재 가능성(죽음)으로 다시 돌아가 본래적인 실존이 된다. 후기의 하이데거의 사방의 사건에서는 땅과 하늘이 세상사람으로서의 삶인 비본래적 실존의 구성요소이며, 죽을 자와 신적인 것은 고유한 존재가능성과 관련된 본래적 실존을 구성하는 요소라 볼 수 있겠다. 하이데거는 인간으로부터 존재자체에 도달했을 뿐만 아니라 이 존재자체를 다시 인간의 실존과 관련시키고 있다. 바로 이 점이 그가 헤겔에 이르기까지의 전통적인 형이상학을 극복하고자 하는 노력이며 헤겔과의 차이라고 볼 수 있을 것이다.

하이데거는 존재사건을 어떻게 다시 인간의 실존과 관련시키는가? 그는 존재자의 존재사건을 보다 세분하여 인간이란 존재자의 존재방식인 "거주함"(Wohnen)과 사물을 사물이게 하는 "사물화"(Dingen)로 구분한다. "거주함"은 인간이란 존재자의 존재사건이며, "사물화"는 인간 이외의 존재자들의 존재사건이다. 『건축, 거주, 사유』(Bauen Wohnen Denken)는 인간의 존재사건에 관해 다루며, 『사물』(Das Ding)은 사물들의 존재사건을 다룬다. 어느 경우이든 존재사건은 "죽을 자, 신적인 것, 땅, 하늘"이란 네 요소들의 동근원적 상호작용이다.

인간은 네 가지 방식으로 거주함으로써 존재한다. 1. 인간은 그가 땅을 구원하는 한 거주한다. 2. 인간은 하늘을 하늘로서 수용하는 한 거주한다. 3. 인간은 신적인 것을 신적인 것으로서 기다리는 한 거주한다. 4. 인간은 그의 고유한 본질 즉 죽음을 죽을 수 있는 본질에 순응하여 잘 죽을 수 있는 한 거주한다. 사물들은 위의 네 요소들이 사물들 내에 모이는 방식으로 사물이 된다. 따라서 이제 사물은 단지 하나의 도구가 아니라 인간의 실존이 거기 모여 있는 장소이다. 이런 의미의 사물은 예술작품과 언어이다.[27]

6. 결론

칸트에 의하면 인간의 모든 경험은 주관과 대상의 만남에서 이루어지며 이 만남은 카테고리들을 대상에 적용함으로써 이루어진다. 그리고 카테고리들과 대상은 도식을 통해 매개되는데, 도식

---

[27] 거주함과 사물화에 관한 자세한 논의를 위해서는 참조, 이기상, 『하이데거의 존재사건학』, 서광사, 2003.

은 인간의 영혼의 필수적인 기능인 구상력의 산물이다. 그러므로 구상력을 통한 도식화 작용은 모든 경험의 필수적인 조건이다. 하이데거는 더 나아가 구상력의 도식화 작용을 존재론적으로 해석한다. 이런 존재론적 해석은 앞에서 이미 언급된 바 있다. 하이데거는 구상력을 존재론적으로 해석함으로써 형이상학을 근원적으로 재정립하고자 한다. 전통적인 형이상학을 해체구성함으로써 형이상학을 근원적으로 근거지우려는 하이데거의 노력은 성공했는가? 그 대답을 위해서는 두 가지 측면이 고려되어야 한다. 한편에서 하이데거는 존재자의 아르케를 실체로 보지 않고 존재사건으로 보았으며 이 존재사건을 독단적으로 선언하지 않고 한 특수한 존재자의 존재를 통해 해명하고자 했다. 그리고 이 해명에서 중요한 역할을 한 것이 바로 도식론의 존재론적 해석이다. 우리는 여기서 그의 철학사적 의미를 발견할 수 있다. 다른 한편 그는 존재사건을 존재자로부터 해명했을 뿐만 아니라 이 존재사건을 단순히 존재와 무의 모순운동으로 보지 않고 다시 한 특수한 존재자인 인간의 실존적 삶과 관련시킴으로써 존재를 단순한 존재사건으로 보는 존재사건학을 극복하고자 했다고 볼 수 있다.

헤겔과 하이데거에 있어서 철학의 과제와 방법론 [01]

– 헤겔에 대한 하이데거의 비판은 정당한가? –

1. 들어가는 말

헤겔 이후의 철학은 헤겔의 철학에 대한 부분적인 수용 또는 반발이라 할 수 있을 것이다. 하이데거의 철학도 헤겔의 철학을 비판적으로 수용한 결과로 볼 수 있을 것이다. 하이데거에 의하면 존재자의 존재론적 근거를 절대자에게서 찾는 서양철학은 헤겔에게서 완성되었다. 이런 철학의 역사는 존재망각의 역사이고 그 역사는 헤겔에게서 완성되었다는 것이다.

하이데거의 헤겔 비판은 크게 두 가지 방향에서 행해진다. 첫째, 그는 『존재와 시간』에서 헤겔의 시간 개념을 비판한다. 둘째, 『헤겔의 경험 개념』이란 강의와 『헤겔과 그리스인들』에서 헤겔의 철학이 실체를 추구하는 형이상학의 전통에서 벗어나지 못했다고 비판한다. 그는 자신의 철학이 실체를 주제로 다루는 전통적인 형이상학과는 달리 진정한 의미에서 존재(사건)를 다루는 존재론임을 부각시키고 있다.

하이데거는 의식의 경험에 관한 헤겔의 분석이 잘못되었다고

---

01   이 논문은 『철학연구 83집』(2008년)에 게재한 논문임.

말하지 않는다. 그는 의식의 경험이 사변적 변증법에 의해 주관성과 대상성이 일치하는 인식론적 이념에 이르는 과정의 탁월함을 인정한다. 하이데거가 비판하는 것은 헤겔이 존재를 존재자성(주관성과 대상성의 일치)으로 이해하여 존재론적 차이를 간과했다는 것이다.[02]

이 논문은 헤겔에 대한 하이데거의 비판이 과연 정당한가 하는 문제를 중점적으로 다루고자 한다. 헤겔에 대한 하이데거의 비판은 주로 철학적 과제와 방법론에 관련된다. 따라서 하이데거의 비판이 정당한가 하는 문제를 다루기 위해서 먼저 이·두 철학자들에게 있어서 철학의 과제와 방법론을 밝히는 작업이 중요하다.

2. 헤겔 철학의 과제와 방법론

2.1. 헤겔 철학의 과제

헤겔에게 있어서 철학의 과제는 "신을 자연과 유한한 정신의 창조 이전의 그의 영원한 본질에서 드러내는 것"[03]이다. 여기서 "신"은 종교적인 절대자를 의미하지는 않는다. 그렇다면 위에서 헤겔은 "신"이란 상징적 표현을 통해 무엇을 말하고자 했는가? 그 신은 스피노자의 능산적 자연이며, 셸링의 '자연'이며, 괴테가 말하는 만물에 내재하는 '근원적 현상'(Urphänomen)이다. 헤겔에게 있어서 그

---

02 하이데거는 헤겔의 존재개념을 "인식 대상의 대상성"으로 규정하는데, 존재자성이란 바로 이 인식 대상의 대상성을 의미한다. 참조, M. Heidegger, *Hegels Phänomenologie des Geistes,* Frankfurt a.M. 1980, 198쪽. 이후로는 *GA* 32라 표기함.

03 G. W. F. Hegel, *Wissenschaft der Logik I,* Frankfurt a.M –Suhrkamp 1990, 44쪽. 이후로 이 저작이 인용될 때는 *WdL I*란 약호로 본문 가운데서 괄호 안에 표시될 것이다.

신은 '절대자'이며, '절대적 이념'(absolute Idee: 이상적인 것)이며, '진리'
이다. 그렇다면 헤겔에게 있어서 이념 또는 절대자 또는 진리는 무
엇을 말하는가?

2.1.1. 이념들의 체계

헤겔에게 있어서 이념이란 우선 개념이다. 이것은 이념을 의미
하는 그리스어 'idea'가 'horao'(내가 보다)의 제2단순과거 부정사인
'idein'(to see)에서 유래한 '보여진 것'을 의미한다는 사실에서도 알 수
있다. 그런데 이념이란 보여진 것이긴 하지만, 감성에 의해 보여진
것이 아니라 이성에 의해 보여진 것을 의미한다. 따라서 이념은 이
성에 의해 보여진 것, 이성에 의해 붙잡혀진 것(das Begriffene), 즉 개
념(der Begriff)이다.

그러나 헤겔에 있어서 개념으로서의 이념은 플라톤에게서처
럼 현실과 유리된(chorosmos) 이데아가 아니며, 칸트에게서처럼 오성
의 작용을 규제하는 원리도 아니다. 그에게 있어서 이념은 "충전
적 개념"(adaequater Begriff: WdL II, 462)이다. 여기서 우리는 "충전적"이
란 개념의 의미에 주목할 필요가 있다. "충전적"을 의미하는 독일
어 'adaequat'는 라틴어 'adaeco'에서 유래한 것으로 "완전한 일치"를
의미한다. 그렇다면 무엇과 무엇의 일치인가? "개념과 현실성의 일
치"(Identitaet von Begriff und Realitaet)이다. 예를 들어, 책상이란 개념이
실제의 책상과 일치할 때 그 개념은 이념으로서의 책상인 것이다.
그런데 여기서 주목해야 할 것은 헤겔에게서 이념은 플라톤에서처
럼 완결된 존재자를 의미하지 않는다는 사실이다. 그에게 있어서
이념은 목적을 지향하는 과정으로서의 이념이다. 그리고 개념과 실
재성이 일치하는 이념에는 개별적 이념들과 절대적 이념으로 구분
된다. 개별적 이념들은 생명의 이념, 인식의 이념, 그리고 정신의

이념이며, 절대정신은 개별적 이념들의 이념이다.

생명의 이념은 유기체와 영혼의 결합으로서의 정신이며, 정신의 이념은 주관적 정신과 객관적 정신의 통일로서 "타자 속에서 자기 자신으로 있는"(im anderen bei sich sein) 절대적 자유의 정신이다. 주관적 정신은 자아의식이며, 객관적 정신은 공동체와의 외적 관계에서 형성된 인륜성이며, 절대정신은 인륜성을 넘어 사유와 존재가 일치하는 절대지의 단계이다.

절대적 이념은 개별적인 이념들의 체계인 논리적 구조인데, 헤겔에게 있어서 이 논리적 구조는 바로 변증법이다. 그리고 이 변증법은 모든 존재자들을 존재하게 하는 원리, 즉 생성과 소멸의 원리로서의 존재이다. 헤겔에 의하면 "절대적 이념만이 존재이다."(WdL II, 549) 그런데 헤겔의 이 명제는 "존재는 절대적 이념이다"라는 표준형식의 정언명제로 바꿀 수 있다. 한편 "(절대적)이념 자체는 변증법이다"(VIII 427). 위의 두 명제들로부터 우리는 '존재는 변증법이다'는 결론을 이끌어낼 수 있다. 이런 의미에서 코레트는 다음과 같이 말한다. "변증법의 형식은 존재자체의 내적 본질이다."[04] 헤겔에게 있어서 변증법은 존재자체의 구조이다. 그는 변증법을 통하여 존재자체의 구조를 설명하고자 했다.[05] 그런데 이때 존재란 하이데거가 말하듯이 존재자의 존재자성으로서의 본질을 의미하지 않는다.[06] 헤겔에게 있어서 존재는 한편에서는 주관과 대상의 절대적 일치에 의해 도달되는 인식의 이념으로서의 존재자성이며, 다른 한편에서는 개별적 이념들에 내재하는 논리적 구조인 절대적 이념으로서 존재자가 '존재하는(사건)'이기도 하다. 헤겔은 이런 존재사

---

04   Emerich Coreth S. J., *Das Dialektische Sein in Hegels Logik*, Wien 1952, 18쪽.

05   참조, Oscar Daniel Brauer, *Dialektik der Zeit - Untersuchung über Hegels Metaphysik der Weltgeschichte*, Stuttgart 1982, 106쪽.

06   참조, M. Heidegger, *Zur Sache des Denkens*, Tuebingen 1988, 68쪽 이하.

건이 무엇인지 그의 존재논리에서 논증하고 있다. 즉 존재자는 존재이며 동시에 무의 방식으로 존재하다. 존재자는 존재에서 무로 운동하며(소멸), 무에서 존재로 운동하는(생성) 방식으로 존재한다. 존재자는 그렇게 넘어가 있음(Übergegangensein)의 방식으로 존재한다. 헤겔에게 있어서 존재는 이렇게 넘어가 "있음"(존재)의 사건이다. 그리고 이런 사건은 바로 변증법 이외의 다른 것이 아니다. 헤겔에게 있어서 절대적 진리, 절대자, 절대적 이념, 변증법, 그리고 존재는 모두 동일한 사태를 가리키는 개념들이다.[07]

2.1.2. 『논리의 학』의 과제

절대적 이념은 개개의 이념들의 체계 즉 그 이념들에 공통되는 논리적 구조로 변증법이다. 이와 같이 헤겔은 절대적 이념을 밝히고자 하는 그의 이상주의적 구상을 개개의 이념들을 먼저 밝힘으로써 완수하고자 한다. 우리는 그의 이런 구상의 대표적인 예를 『논리의 학』에서 발견할 수 있다. 『논리의 학』의 과제를 살펴봄으로써 그의 이상주의적 구상을 보다 자세히 살펴보자.

『논리의 학』은 인식론이며 동시에 존재론이다. 헤겔은 우선 사유하는 주체의 사유규정들 인 카테고리들을 사유하는 주관성의 논리적 구조로부터 도출하고자 한다. 그리고 주관성의 논리적 구조는 변증법이다. 그는 사유하는 주관의 변증법적 논리구조로부터 카테고리들을 도출한다. 이런 점에서 보면 『논리의 학』은 인식론의 영역에 속한다. 그런데 사유하는 주관의 논리구조인 변증법은 단지 사유의 논리일 뿐만 아니라 존재자 일반의 존재론적 구조이기

---

07 헤겔에 의하면 "살아있는 실체는 주체로서 순수하고 단순한 부정성"의 운동이다. 그리고 이런 부정성의 운동, 즉 변증법이 바로 "진리"(das Wahre)이다. 참조, G. W. F. Hegel, *Phaenomenologie des Geistes*, Hamburg 1988, 14쪽.

도 하다. 변증법은 존재자 일반의 존재이다. 이런 점에서『논리의 학』은 존재론이기도 하다.[08] 헤겔에 의하면『논리의 학』의 과제는 "부정적인 것이 동시에 긍정적이라는 논리적 명제, 자기모순적인 것은 무, 즉 절대적 무로 화하는 것이 아니라 본질적으로 모순적인 것의 특별한 내용의 부정이 된다는 명제, 그러한 부정은 모든 것을 부정하는 절대적 부정이 아니라 해소되는 특정한 사실의 부정이며 따라서 특정한 부정이라는 명제"(WdL I, 49)를 인식하는 것이다. 우리는 이런 명제들의 내용이 변증법임을 알 수 있다.

　『논리의 학』은『정신현상학』에서 도달된 "학적 거점"(wissenschaftlicher Standpunkt)을 전제로 한다. 그 거점은 주관성과 객관성이 일치하는 "절대적 지식"이다. 여기서는 사유와 존재가 일치한다. 이런 거점으로부터『논리의 학』은 순수사유의 논리적 규정들(카테고리들)을 밝히고자 한다. 그런데 이 논리적 규정들은 단지 주관과 무관한 사실의 규정들이 아니며 칸트의 경우처럼 단순히 주체의 규정들도 아니다. 그 규정들은 사유규정들이면서 동시에 존재규정들이기도 하다. 칸트는 카테고리들을 사실적인 언어사용을 분석하여 경험적으로 10개의 카테고리들을 도출한 아리스토텔레스에 근거하여 12개의 카테고리들을 도출한다. 그러나 헤겔의『논리의 학』에서 중요한 것은 카테고리들을 순수사유의 논리적 구조로부터 근원적으로 도출하여 그 필연성을 제시하는 것이다. 카테고리들은 단지 사유하는 주체의 사유작용을 규정할 뿐만 아니라 동시에 존재의 규정들이기도 하다. 왜냐하면 순수사유에서는 사유와 존재가 일치하기 때문이다. 이와 같이 순수사유의 논리적 규정들(카테고리들)을 밝힌다는 점에서 볼 때『논리의 학』은 인식론의 영역에 속한다.

08　『논리의 학』의 존재론적인 해석에 관해서는 참조, H. Marcuse, *Hegels Ontologie und die Theorie der Geschichtlichkeit*, Frankfurt a. M. 1968. 마르쿠제에 의하면 헤겔은 존재의 의미를 다양한 존재방식에서 체계적으로 제시한다.

그러나 헤겔에게 있어서 사유는 인간의 사유만을 의미하는 것이 아니다. 그에게 있어서 사유는 모든 존재자들의 존재원리인 로고스를 의미하기도 한다. 그리고 이 로고스야말로『논리의 학』의 궁극적 과제인 절대적 이념 이외의 다른 것이 아니다. 헤겔은 아낙사고라스를 "누스(Nus), 즉 사유(Gedanke)가 세계의 원리"(WdL I, 44)라고 주장한 최초의 철학자라고 높이 평가한다. 그런데 이때 아낙사고라스에게 있어서 '누스'는 인간의 이성을 의미하는 것이 아님을 주목해야 한다. 여기서 '누스'는 존재자의 근원적인 존재원리로서의 로고스를 의미한다고 보아야 할 것이다. 우리는『논리의 학』의 과제인 사유를 위와 같이 두 가지 측면에서 이해해야 할 것이다. 그렇다면『논리의 학』의 과제는 사유하는 주체의 논리적 구조와 절대자의 이념을 동시에 드러내는 것이라 할 수 있다.『논리의 학』은 인식론인 동시에 형이상학이다.

헤겔의 궁극적인 철학적 과제는 절대자를 그의 절대성에서 드러내고자 하는 존재론이다. 그런 의미에서 그의 철학은 "형이상학으로의 복귀"[09]이다. 코레트는 헤겔의 철학이 존재론이라는 입장에서 객관적 논리의 첫 부분인 존재논리에서 헤겔이 전개하는 "순수한 존재의 변증법"을 "진정한 존재론적 문제"와 동일시한다.[10] 슈타인뷔헬에 의하면 "헤겔의 철학은 동시에 존재론이다."[11] 왜냐하면 그의 철학은 전통적인 형이상학적 의미에서 "모든 개별적인 존재자를 존재자체의 근원(Urgrund)으로부터 파악하기"[12] 때문이며, "존재자의 존재에 대한 물음이 헤겔 철학의 근본 문제로서 그의 전체

09 Richard Kroner, *Hegel zum 100. Todestage,* Tübingen 1932, 11쪽.

10 Emerich Coreth S. J. S. 10.

11 Theodor Steinbuechel, *Das Grundproblem der Hegelschen Philosophie I,* Bonn 1923, S. 355.

12 Steinbüchel, VI쪽.

를 관통하고 있기"[13] 때문이다.

카테고리가 사유규정이면서 동시에 존재규정이라면 그 근거가 되는 사유하는 주체의 논리적 구조, 즉 변증법도 사유주체의 작용원리이면서 동시에 존재자 일반이 생성 소멸하는(Werden) 원리로서의 '존재사건'이다.[14] 헤겔이 『논리의 학』의 「존재논리」에서 존재와 무의 변증법을 통해 제시하고자 하는 것은 바로 이 존재사건이다. 그리고 이 존재사건이 바로 절대적 이념이다.[15]

헤겔에게 있어서 절대자 또는 진리(또는 절대적 이념)는 인식론적이면서 동시에 존재론적이다. 철학자들은 존재론적 근거로서의 진리에 관해 아르케, 로고스, (능산적)자연, 근원적 현상, 존재 등의 개념들을 사용했다. 헤겔이 '절대적 이념', '절대자', '사실자체'라는 개념들을 사용할 때 그는 바로 이런 형이상학적인 전통에 서 있다. 그러나 헤겔은 형이상학의 전통을 단순히 수용하는데 그치지 않는다. 그는 절대자를 형이상학적인 전통과는 다르게 이해한다. 그는 셸링과 괴테의 '자연'과 '근원적 현상'이란 개념을 수용하지만 그들과는 전혀 다른 관점에서 이해한다. 헤겔은 절대자를 실체로서가 아니라 사건으로 이해한다. 그에게 있어서 절대자는 모든 존재자들의 존재론적인 원리가 되는 사건이다. 이런 점에서 그는 만물의 근원을 '로고스'로 이해한 헤라클레이토스의 전통에 서 있다

---

13 Steinbüchel, VII쪽.

14 헤겔에게 있어서 '존재'라는 개념은 다음과 같이 세 가지 의미로 사용된다. 1. 사물의 본질(Seiendheit) 2. 존재사건: 존재론적인 원리(존재와 무의 변증법적 사건) 3. 존재자의 존재론적 원리를 설명하기 위한 개념, 즉 존재와 무의 변증법을 구성하는 한 요소인 '존재'라는 개념. 이때 '존재'와 '무'는 '양'과 '음'으로 대치될 수도 있다. 참조, Peter Ruben, "Von der 'Wissenschaft der Logik' und dem Verhältnis der Diakektik zur Logik", in: *Dialektik in der Philosophie Hegels (hrg. Rolf-Peter Horstmann)*, Frankfurt a..M 1989, 96쪽.

15 E. 코레트는 "절대적 이념은 바로 존재이다"는 헤겔의 주장과 "절대적 이념은 그 자체가 변증법이다"는 주장에 근거하여 변증법이 존재자체의 내적 본질이라고 주장함으로써 헤겔의 철학을 존재론적으로 해석한다. 참조, E. Coreth, *Das dialektische Sein in Hegels Logik*, Wien 1952, 특히 19쪽. 하이데거는 헤겔의 존재개념을 "의식 대상의 대상성"(*GA 32, 198*)이라고 생각하는데 이는 헤겔의 『논리의 학』을 인식론적인 관점에서만 이해했기 때문이다.

고 할 수 있겠다. 만물의 존재방식은 생성과 소멸의 운동인데 이 운동은 만물 속에 내재하는 모순, 즉 '절대적 부정성'의 원리에 근거한다는 것이다. 절대적 부정성, 즉 스스로에게 관계하는 부정성은 "모든 활동성, 즉 유기체와 정신의 자기운동의 내적 근원이다." (WdL II, 496, 563)

헤겔의 철학적 과제는 절대자, 즉 절대적 이념을 그의 영원한 본질에서 드러내는 것이다. 이런 점에서 그의 철학은 관념론 또는 이상주의(Idealismus)이다.

2.2. 헤겔의 철학적 방법론

위에서 보았듯이 헤겔의 철학적 과제는 절대자를 그의 영원한 본질에서 드러내는 것이다. 그리고 그 절대자는 만물에 내재하는 존재론적 원리로서의 변증법이다. 절대자를 실체가 아니라 변증법의 사건으로 본다는 점에 있어서 헤겔은 동시대의 셸링과 괴테와 다르다는 것을 보았다. 그런데 셸링과 괴테와의 차이는 그것만이 아니다.

헤겔의 철학은 그 형식에 있어서 피히테의 영향을 받았고, 그 내용에 있어서는 셸링과 괴테의 영향을 받았다. 헤겔은 피히테가 주장하는 '사실행위'의 형식적 구조를 더욱 발전시켜 그의 철학의 형식인 변증법을 전개하고, 셸링의 '자연'과 괴테의 '근원적 현상'으로부터 그의 철학의 내용을 취한다.

헤겔은 셸링의 '절대자' 개념을 수용하지만 그 개념을 셸링과는 다르게 이해했다. 절대자는 마치 모든 암소가 검게 보이는 밤처럼 모든 것이 동일하여 구별이 없는 무차별적인 하나가 아니다. 헤겔에게 절대자는 철학의 출발점이 아니라 목적지이다.

한편 헤겔은 1825년 4월 24일 괴테에게 보낸 편지에서 그가 괴테에게서 받은 영향력에 관해 다음과 같이 쓰고 있다. "저의 정신적 발전과정을 돌이켜 보면 저의 사상 전반에 걸쳐 선생님의 영향을 발견하게 됩니다. 저는 감히 제가 선생님의 아들들 중 하나라고 부르고 싶습니다." 그러나 헤겔은 괴테의 '근원적 현상'을 소박한 것이라고 하여 거부한다. 그는 괴테가 너무 소박한 추상에 의해 그 근원적 현상을 주장한다고 말한다. "존경하는 선생님, 저는 자연현상들을 탐구하는데 있어서 선생님이 취하시는 방식을 소박하다고 말하고 싶습니다. 선생님께서 단순한 근원적 진리를 추상적으로 단언하시고 단지 그 조건들만 탐구하시어 그렇게 쉽게 그 조건들을 발견하시는데 놀랐습니다."[16](1827년 7월 20일)

헤겔이 셸링과 괴테를 비판한 것은 그들의 철학적 방법론 때문이었다. 헤겔에게 있어서 중요한 것은 구체적인 과정을 거쳐 절대자와 근원적 현상에 도달하는 것이다. "진리는 전체적인 것이다. 그러나 전체적인 것은 그 전체적인 것의 자기전개를 통해 완성되는 결과이다. 절대적인 것은 본질적으로 결과이며, 마지막에야 비로소 그의 참 모습이 드러나는 것이다. 바로 여기에 현실적이고 주체이며 자기 자신이 되는 그것의 본성이 있다."(PhäG 18-19) 헤겔이 셸링과 괴테를 비판하는 것은 그들이 절대자와 근원적 현상을 주장할 때 구체적이지 못하고 지나치게 추상적인 방법에 의존하고 있기 때문이다.

헤겔은 절대자를 드러내는데 있어서 절대자를 추상적으로 제시하는 셸링과 괴테와는 달리 구체적으로 입증하고자 한다. 헤겔의 철학이 가지는 고유성은 그가 변증법을 헤라클레이토스처럼 단순히 존재자를 존재하게 하는 원리로서 선언하는데 그치는 것이

---

16 헤겔과 괴테의 관계에 관해서는 참조, Arthur Hübscher, *Von Hegel zu Heidegger*, Reclam 1974, 10쪽 이하; K. Löwith, *Von Hegel zu Nietzsche*, Hamburg 1969, 17-43쪽.

아니라 인간의 의식의 경험을 분석하는데서 출발하여 존재자일반의 보편적 존재방식으로서의 변증법을 체계적으로 제시한다는 점이다. 헤겔은 우선『정신현상학』에서 인간의 의식을 분석하여 사유와 존재가 일치하는 '절대지'의 단계에 도달하고, 『논리의 학』에서는 '절대지'를 거점(Standpunkt)으로 하여 의식의 순수한 논리적 형식인 변증법(존재사건)을 이념으로서 추론한다. 사유와 존재가 그 논리적 구조에 있어서 동일함을 밝힌 후 비로소 그 사유의 구조를 존재일반의 영역에 확대할 수 있기 때문이다. 이것이 바로 하나의 대표적인 존재자의 존재구조로부터 보편적인 존재구조를 추론해 내는 헤겔의 철학적 방법론이 가지는 고유성이다. 그의 이런 방법론은 다음과 같은 헤겔 자신의 언급에서 분명해진다. "『정신현상학』에서 나는 의식이 대상과의 최초의 직접적인 대립으로부터 절대적 지식에 이르는 과정을 제시했다. 이 길은 의식이 대상과 관계하는 모든 형식들을 거친 후 그 결과 학문의 개념에 도달하는 길이다."(WdL I 42쪽) "철학적 탐구의 참된 방법을 밝히는 작업은 논리의 학 자체에서 다루어진다. 왜냐하면 그 방법은 내용의 내적인 자기운동 형식을 밝히는 것이기 때문이다. 나는『정신현상학』에서 구체적인 한 대상, 즉 의식을 이 방법을 위한 한 예로 들었다."(WdL I 49쪽)

하르트만(N. Hartmann)에 의하면 헤겔의 방법론은 경험적으로 주어진 것을 그의 지성적 구조에서 파악하고자 하는 것이다.[17] 그의 이런 방법론에 관해 크로너는 다음과 같이 말한다. "헤겔의 사유는 개별적 내용에서는 경험적이며 전체에 있어서는 사변적이다."[18] 이것은 경험적 내용을 예로 들고 그것의 절대적 이념으로서의 논리적 구조를 사변적 방법론에 의해 파악하는 헤겔의 방법론을 가리

---

17 Nicolai Hartmann, *Die Philosophie des deutschen Idealismus II,* Berlin–Leipzig 1929, 167쪽.

18 Richard Kroner, 20쪽.

킨다. 헤겔에 의하면 "철학은 일어나는 사건을 설명하는 것이 아니라 그 사건 속에 내재하는 본질적 내용을 인식하는 것이며, 더 나아가 그 본질적 내용으로부터 그 설명에 단순한 사건으로서 나타나는 것을 파악하는 것이다."(WdL II, 260) 여기서 "단순한 사건으로서 나타나는 것"은 절대적 이념으로서의 변증법이다.

헤겔의 『논리의 학』은 개별적 이념으로서의 절대적 인식과 절대적 이념으로서의 변증법을 드러내는 것을 그 과제로 한다. 이런 과제가 독단론에 머물지 않기 위해 먼저 경험적 내용을 분석하여 그 내용을 하나의 거점으로 삼는 것이 중요하다. 바로 이 거점을 확보하는 작업이 바로 『정신현상학』이다. 『논리의 학』은 이런 경험론적 거점으로서의 『정신현상학』을 전제로 하여 그 경험적 내용에 내재하는 논리적 구조를 밝혀낸다.[19] 이때 우리는 『논리의 학』이란 제목에서 소유격인 "논리의"를 목적격적 소유격(genetivus objectivus)의 의미로 이해해야 할 것이다.

절대적 이념을 드러내기 위해 헤겔이 취하는 방법론은 경험적 대상에 대한 분석과 그 대상에 대한 학적 인식이다. 우리는 『정신현상학』의 부제가 "의식의 경험의 학"이란 사실에서도 방법론적 특성을 발견할 수 있다. 『정신현상학』은 한편에서는 "의식의 경험의 학"이며, 다른 한편에서는 "의식의 경험의 학"이다. 이때 첫 번째 소유격(의식의)은 주격적 소유격(genetivus subjectivus)이며, 두 번째 소유격(경험의)은 목적격적 소유격으로 이해되어야 한다. 전자의 경우에는 경험하는 의식의 내용이 중요하며, 후자의 경우에는 그렇게 경험된 의식의 내용이 학의 대상이 된다. 후자의 경우 『정신현상학』의 과제는 의식의 경험에 대한 분석을 대상으로 하여 거기 내재하는

---

19 예를 들면, 정신현상학에서 감각적 확신은 매개되지 않은 직접성이며 이것은 『논리의 학』의 「존재 논리」에서 "순수 존재"에 해당된다.

절대적 진리를 학적으로 드러내는 것이다. 그리고 의식의 경험에 내재하는 절대적 진리는 의식 경험의 논리적 구조이기 때문에 의식의 경험을 대상으로 하는 학은 이미 '논리의 학'이다.

우리는 하나의 거점을 확보한 후 그 거점을 학문적으로 해체구성하여 절대자를 해명하는 헤겔의 이런 철학을 '사변적 이상주의(관념론)'이라 부를 수 있겠다. 그의 철학은 절대자를 해명하고자 한다는 점에서 보면 이상주의이고, 구체적 예(의식의 경험)에서 그 절대자를 본다는 점에서 보면 사변적이다. 어떤 점에서 이상주의이며 어떤 점에서 사변적인가?

헤겔이 이념(Idee)의 해명을 최우선의 과제로 생각한다는 점에서 그의 철학은 이상주의(Idealismus)이다. 그의 철학은 생각하는 자아가 진정한 실재라고 생각하는 (주관적) 관념론이 아니며, 정신이 절대적 실재라고 보는 심령주의(Spiritualismus)도 아니다. 물론 그가 인식의 이념과 정신의 이념을 말하기는 하지만, 이때 이념은 결코 어떤 실체를 의미하는 것이 아니라 모든 대립들이 지양된 '이상적 상태'를 가리킨다.

오성의 반성작용에 의해 형성된 경험적 결과를 초월론적 또는 지성적 직관에 의해 보는 것은 사변적 이성의 작용이다. 사변적 이성은 분석적 기능과 종합적 기능을 가진다. 분석적 기능은 직접적으로 주어진 것에서 출발하여 그것의 개념적 규정들을 분석한다. 종합적 기능은 분석적 기능에 의해 주어진 것을 순수하게, 즉 주관적인 어떤 첨가물도 없이 보는 것(speculor)이다. 사변적 이성은 반성과 지성적 직관(또는 초월론적 지성)의 결합이다.[20] 사변적 이성을 의미하는 독일어 'Spekulation'이 거울을 의미하는 라틴어 'speculum'에서

20　참조, K. Düsing, *Das Problem der Subjektivität in Hegels Logik*, Bonn 1976, 140쪽.

유래되었음을 보면 헤겔의 사변적 방법론을 이해하는데 도움이 될 것이다. 거울에 비친 대상을 보고 그 대상을 직관적으로 파악하듯이 사변적 이성은 오성의 반성작용에 의해 주어진 경험적 내용으로부터 절대적인 것을 파악한다. 『논리의 학』은 사변적 이성에 의해 절대자를 파악하는 작업이다. 즉, 거울에 비친 의식의 경험을 해체 구성함으로써 거기서 절대적 이념을 찾아가는 작업이다. 그런데 이런 작업을 위해서는 먼저 경험적 대상의 상이 거울 속에 비추어져야 한다. 『정신현상학』에서 확보된 사유와 존재가 일치되는 '절대적 지식'(절대지)은 거울 속에 비친 상의 역할을 한다.

3. 하이데거의 철학적 과제와 방법론

하이데거에 의하면 철학사는 존재망각의 역사이다. 그는 망각된 존재를 기억하여 그 존재를 근원적으로 해명하고자 한다. 그리고 이 근원적 해명은 여러 단계를 거친다. 먼저 하이데거는 인간이란 존재자의 '현사실성'을 물음으로써(befragen) 거기서 문제가 되는 것(Gefragtes), 즉 인간의 존재방식으로서 염려구조를 드러내고 더 나아가 그 염려구조의 근거가 되는 것(Erfragtes), 즉 "시간성"(Zeitlichkeit)을 밝힌다. 다음 단계로 하이데거는 인간이란 존재자의 시간성을 물음으로써(befragen) 거기서 문제가 되는 것(Gefragtes)이 "존재의 시간성"(Temporalität: Praesenz: 현전성)이며 존재의 시간성은 다시 더 근원적인 것(Erfragtes)으로서의 존재사건(An- und Abwesenheit: 현존과 부재)에 기초하고 있음을 밝힌다. 그 다음 단계로 하이데거는 존재사건을 물음으로써(befragen) 그 존재사건의 의미(Erfrgtes)인 사방세계(das Geviert), 즉 하늘과 땅과 신적인 것과 죽을 자의 동근원적인 상호작용을 존재의 궁극적인 의미로 제시한다. 이 의미는 인간의 실존적 삶과 관련되기 때문에 우리는 그것을 '실존적 존재사건'이라고 부를 수 있을 것이다. 그리고 각 단계들마다 전환이라 할 수 있는 것들이 일어난다. 이 전환은 사변적 이성의 해체구성 작업이라 할 수 있을 것이다. 여기서 우리는 하이데거 철학의 과제와 방법론을 읽을 수 있다. 그리고 그의 방법론은 하나의 학적 거점을 확보하고 그 거점을 해체구성하는 헤겔의 사변적 방법론과 다르지 않음을 발견한다. 그의 방법론을 살펴보자.

3.1. 현존재의 존재적 존재론적 우월성

존재해명은 직접적으로는 불가능하다. 왜냐하면 존재는 어디에도 드러나 있지 않고 단지 존재자의 존재이기 때문이다. 존재는 존재자의 존재로서 언제나 존재자 속에 은폐되어 있다. 따라서 존재해명은 존재자를 매개로 해서만 가능하다. 하이데거는 존재해명을 위한 가장 효과적인 방법으로 인간존재를 선택한다. 왜냐하면 인간은 존재를 이해하는 존재자이기 때문이다. 존재를 이해하는 존재자인 인간에게서 존재를 해명하는 것이 가장 확실한 방법이기 때문이다. 인간은 존재를 이해하는 존재자이기 때문에 존재물음에 있어서 존재적 우월성을 가진다. 왜 그런가? 이 물음에 답하기 위해 먼저 「이해」란 개념의 의미와 이 개념이 존재이해와 관련하여 가지는 이중적 구조에 주목할 필요가 있다.

그런데 현존재의 존재와 맺는 관계방식으로서의 존재이해는 이중적 구조를 가진다. 「존재이해」는 한편에서는 "현존재 자신의 본질규정", 즉 "현존재 자신에 속하는 본질적 경향"이다.[21] 「존재이

---

21 M. Heidegger, *Sein und Zeit*, Tübingen 1986, 15쪽. 앞으로 하이데거의 이 책이 인용될 때는 본문 가운데서 *SZ* 라는 약호로 표시됨.

해」는 현존재의 자유에 속한다. 그것은 존재와 관계를 맺는 현존재의 자유로운 행위이다. 그러나 다른 한편 현존재는 이러한 자유, 즉 자유로운 존재이해의 행위를 임의로 어찌할 수 없다. 현존재가 임의적으로 어떤 때는 존재를 이해하고 어떤 때는 이해하지 않을 수 있는 것이 아니다. 현존재는 존재를 이해하도록 던져진 존재자이다. 그는 그가 존재를 이해한다는 사실(Daß)을 거부할 수 없다. 존재이해는 현존재의 운명이며 존재자체의 소명(Schickung)이다. 그것은 존재자체의 사건으로 현존재가 거부할 수 없는 사실(Faktum)이다. 존재이해는 한편에서는 목적격적 소유격(genetivus objectivus)의 의미에서, 다른 한편에서는 주격적 소유격(genetivus subjectivus)의 의미에서 이해되어야 한다. 목적격적 소유격이란 의미에서의 존재이해는 현존재의 존재행위로 "존재와 사유는 사유에서 일치한다"는 헤겔의 명제에서 특징적으로 나타난다. 한편 존재이해는 "현존재의 존재규정"(SZ 12)이다. 이때 '존재규정'은 주격적 소유격의 의미로 이해되어야 하며, "존재와 사유는 존재에서 일치한다"는 하이데거의 명제에서 특징적으로 나타난다.[22]

현존재의 존재적 우월성은 그가 존재론적인 존재자라는 사실, 즉 그가 존재를 이해하는 존재자라는 사실에 있다. 이때 존재이해는 현존재의 존재행위이면서 동시에 존재자체의 사건이다. 존재이해는 존재자체가 현존재라는 존재자에게서 작용하는 사건이다. 그러므로 이 존재사건은 현존재를 통해서 해명되는 것이 가장 이상적이다.

---

22 참조, L. Eley, „Vorwort„ zu: *Hegels Theorie des subjektiven Geistes in der „Enzyklopädie der philosophischen Wissenschaft im Grundrisse„*, L. Eley (Hg.), Stuttgart-Bad Cannstatt 1990, 13–14쪽. 한편 하이데거는 존재이해의 이러한 이중성을 후에 존재사유의 이중성이란 관점에서 보다 분명하게 제시한다. "단적으로 말해, 사유는 존재의 사유이다. 이때 소유격은 이중적인 의미를 가진다. 사유가 존재에 의해 일어나 존재에 속하는 한 그 사유는 존재의 것이다. 동시에 사유가 존재에 속하면서 존재의 소리를 듣는 한 그 사유는 존재의 사유이다" (*M. Heidegger, "Brief über den Humanismus", in: Wegmarken*, Mrankfurt a. M. 1976, 314쪽).

3.2. 존재물음과 현존재분석의 이중적 동기

하이데거의 철학적 목표는 현존재의 실존론적 분석에 기초한 존재론적 분석을 통해 '존재자에게서 경험된 존재'를 해명하는 것이다. 그는 존재자체의 형식적 구조를 해명하기 위한 예비적 작업으로 『존재와 시간』에서 현존재의 본질적 존재방식을 밝히고자 한다. 이때 그는 인간의 의식이 아니라 실제적인 일상적 삶에서 출발한다. 따라서 적어도 『존재와 시간』의 출판된 부분은 인간론이다. 이런 점에서 하이데거의 철학은 실존주의적이라 할 수 있다. 그러나 그의 궁극적인 철학적 의도에서 볼 때 그의 철학은 실존주의가 아니다. 왜냐하면 현존재의 실존론적 분석은 존재론을 향한 한 걸음에 불과하기 때문이다. 이때 중요한 것은 인간의 실존적 경험이 아니다. "인간에 대한 물음은 오히려 존재물음과 내적인 변증법적 관계를 가진다. 이러한 관계가 하이데거의 철학적 작업 전체를 구성하고 있다."[23] 이러한 사실을 분명히 하기 위해 현존재분석의 '예비적 성격'(Vorläufigkeit)에 관해 언급할 필요가 있다.

『존재와 시간』의 예비적인 목표는 인간 존재의 시간적 의미 즉 그의 시간성을 드러내는 것이다. 현존재 분석은 단지 예비적일 뿐이다. 하이데거는 현존재 분석을 단지 존재에 대한 물음으로 들어가는 하나의 길이라고 생각한다.(참조. SZ 436-437) "그러나 현존재 분석은 불완전할 뿐만 아니라 예비적이기도 하다. 그것은 우선 인간의 존재를 드러낼 뿐 아직 그 의미를 해명하지는 않는다. 그것은 오히려 가장 근원적인 존재해명을 위한 지평의 열림을 준비해

---

23 H. Köchler, *Der innere Bezug von Anthropologie und Ontologie - Das Problem der Anthropologie im Denken Martin Heideggers*, Meisenheim am Glan 1974, 5쪽.

야 한다. 이 지평이 열릴 때 비로소 현존재에 대한 예비적 분석이
보다 높고 고유한 존재론적 토대에서 다시 검토될 수 있다."(SZ 17)
현존재 분석은 단지 하나의 길이다. 또 다른 길이 있다는 것이 배
제되어 있지 않다. "존재론적인 근거물음을 해명하기 위해 하나의
길을 찾아 그 길을 가는 것이 중요하다. 그 길이 유일한 길인지 또
는 도대체 옳은 길인지는 그 길을 간 후에 비로소 판단될 수 있다."
(SZ 437) 푀겔러(O. Pöggeler)에 의하면 "특히『존재와 시간』에서 처음
시도된 모든 '내용들'과 '견해'들과 '길'들은 우연적이며 따라서 사라
질 수 있다."[24] 현존재분석은 "우리가 철학적 사유에서 사유되어져
야 할 것에 다다르게 되는 거점(Stanspunkt)이다."(GA 68, 12) 사유되어
져야 할 그것에 도달하기 위해 이 기점이 '존재 일반의 이념'을 향
한 방향으로 지양되어져야 한다.(참조, SZ 436) 존재를 향한 기점으
로서의 현존재분석이 존재자체로부터 재조명되어야 한다. 존재의
이념으로부터 그 이념에 도달하기 위한 기점인 현존재의 존재를 재
조명할 때 비로소 현존재분석과 존재해명 사이의 순환적 과정은
완결된다. 따라서 우리는 여기서 현존재분석의 이중적 동기를 발견
한다. 한편에서는 현존재의 존재를 드러내야 하며, 다른 한편에서
는 존재자체로부터 현존재가 재조명되어야 한다. 가다머는『존재
와 시간』의 이러한 이중적인 '동기'에 대해 다음과 같이 주장한다.
"『존재와 시간』의 전체적인 사유구조는 다음과 같은 이중적인 동기
에 의해 지배된다. 한편에서는 현존재의 존재행위의 모든 존재적

---

24 O. Pöggeler, *Der Denkweg Martin Heideggers*, Tübingen 1990, S. 188. 하이데거는 현존재 분석의 이러
한 예비적 성격을『존재와 시간』의 여백 주에서 보다 분명히 밝히고 있다. 그는 여기서 현존재를 존재자
체를 드러내기 위한 하나의 예로서 제시하고 있다: *„Exemplarisch ist das Dasein, weil es das Beispiel, das über-
haupt in seinem Wesen als Da-sein (Wahrheit des Seins wahrend) das Sein als solches zu- und bei-spielt - ins Spiel des Anklangs
bringt."*(SZ 7쪽, c, 439) 현존재의 예증적 기능을 염두에 두고 모일렌(*Jan van der Meulen*)은 헤겔에게 있어서『정
신현상학』이『논리의 학』을 위한 길잡이 역할을 하듯이 하이데거의『존재와 시간』도 보편적 존재론에 이
르는 서론이라고 주장한다. (*Heidegger und Hegel oder widerstreit und widerspruch*, Meisenheim/Glan 1953)

현상과 현존재의 본래성과 비본래성의 내적 긴장의 모든 존재적 현상의 근거를 이루고 있는 현존재의 '개시성'(Erschlossenheit)이 가지는 존재론적 특성이 그것이다. 다른 한편에서는 현존재의 본래성을 드러내는 것이 중요하다. 이때 본래성은 야스퍼스적인 실존적 요청이란 의미에서 이해되어서는 안 된다. 현존재의 본래성은 그에게서 진정한 시간성이 드러내지고 존재의 지평이 보편적으로 획득되어지는데 있다. 하이데거가 당시 존재물음을 선험적으로 해명하고자 할 때 그의 근본적 의도에는 이 두 동기들이 종합적으로 작용하고 있다."[25]

위에서 언급된 현존재분석의 예비적 성격과 이중적 구조에서 우리는 하이데거 철학의 방법론적 특징을 발견할 수 있다. 그 특징은 먼저 현존재분석을 통해 현존재의 존재구조를 밝혀내고 이 존재구조에서 드러나는 존재자체를 주제로 하여 드러내는 데에 있다. 바로 이러한 그의 방법론에서 칸트와의 차별성이 발견된다. 현존재의 존재구조의 핵심에는 존재자체의 도식이 있으며, 이 도식 자체를 주제화함으로써 거기에 은폐되어 있는 존재자체를 드러내는 것이 중요하다. 그리고 이러한 작업은 선험철학의 한계를 넘어선다. 왜냐하면 선험철학에서는 도식화 자체를 주제로 다루지는 않기 때문이다. 거기서는 도식화에 의해 가능해지는 존재자의 존재적 진리가 중요하기 때문이다. 도식화를 반성적 시각에서 주제화하는 것은 도식화의 사태 자체 즉 그 의미를 드러내고자 하는 현상학에 의해서만 가능하다.

3.3. 현상학적 방법론

---

25 H.-G. Gadamer, „Der Weg in die Kehre„, in: *Heideggers Wege,* Tübingen 1983, 110쪽.

왜 철학이 현상학적으로만 가능한가를 분명히 하기 위해 먼저 하이데거에 있어서 '방법'이란 개념의 의미에 주목할 필요가 있다. 하이데거에 있어서 '방법'이란 어떤 일을 수행하기 위한 도구로 그 일이 끝나면 버려도 좋은 어떤 도구와 같은 것이 아니다. 방법은 강을 건넌 후에는 버려두고 가도 좋은 배와 같은 어떤 것이 아니다. '방법'(Methode)은 'μετα'(함께, 안에, 위에, 뒤에)와 'ὁδός'(길)의 합성어로 '길 위에 있음', '길을 따라감'이란 뜻을 가진다. 우리의 논의와 관련시켜 볼 때 '방법'이란 사태 자체를 찾아가는 길, 존재자체를 찾아가는 길 위에 있음을 의미한다. 현존재 분석은 바로 이 '길 위에 있음'이다. 우리가 현존재를 분석할 때 우리는 존재를 찾아가는 길 위에 있으며 따라서 우리는 현존재분석을 존재에 이르는 방법이라 이른다. 길을 가는 사람은 그 길을 경험하며 그 길이 어떠함을 드러내 보여줄 수 있다. 하이데거는 헤겔의 『정신현상학』에 관한 주석에서 다음과 같이 말한다. "우리가 이와 같이 실제로 일하는 의미에서 인내를 가지고 이 작품과 함께 갈 때에만 그 작품의 진정한 의미(Wirklichkeit)가 드러나며 그와 함께 그 작품의 내적 형태도 드러난다."[26]

헤겔의 『정신현상학』「서론」에 대한 주석에서 하이데거는 빈번하게 '길을 감'(Gang)에 관해 언급한다. "길은 걸어감(땅 위를 걸어감)과 통과해 감(땅 아래의 통로)이라는 이중적 의미에서의 통로이다. 보다 정확하게 말해서 걸어감으로서의 통로(Gang)에서 비로소 그 통로가 통로(Durchgang)로서 경험된다(er-fahren: fahren의 의미가 강조됨: 필자). 다시 말해 그 길이 열려서 드러날 것이 드러날 수 있게 된다. 이 걸어감을 걸어가는 사람과 통로를 통과함은 표상(Vor-stellen)으로서의 의식 (현존재)이다. 표상(Vor-sich-stellen)이 앞으로 나아가고 열어놓으며

---

26 M. Heidegger, *Hegels Phänomenologie des Geistes*, Frankfurt a. M. 1988, 61쪽.

드러낸다. 이때 그 표상은 나타남의 에테르가 된다."[27] 우리는 여기서 의식의 '경험'에 주목해야 한다. 헤겔에게 있어서 '경험'은 의식 내에서 이루어지는 작용이기는 하다. 그러나 이 경험에서 중요한 것은 감각을 통해 주어진 대상들에 대한 경험이 아니라 그 의식이 절대자의 움직임 또는 그의 길을 경험한다는 사실이다. 이러한 사실은 헤겔의 다음과 같은 주장에서 보다 분명해진다. "논리의 학에서 중요한 것은 사유작용 밖에 놓여있는 어떤 것에 대한 생각, 즉 진리의 단순한 징표들을 제시해 줄 형식들이 아니다. 사유작용의 필연적 형식들과 그의 고유한 규정들이 내용이며 최고의 진리자체이다."(WdL I, 44) 하이데거의 다음과 같은 주석도 같은 의미로 이해되어야 한다. "의식은 '경험'에서 존재의 본질을 경험하기 때문에 그 의식은 자기 자신을 자세히 조사하여 자기 자신으로부터 이 조사의 척도가 되는 것들을 드러내 보여준다."(GA 68, 105)

헤겔에 의하면 그의 『논리의 학』은 의식의 경험을 해체구성함으로써 절대적 이념을 찾아가는 '온전한 회의주의'(der sich vollbringende Skeptizismus)이다. (PhäG 61; GW 9, 56) "나타나는 의식의 전 영역에 지향된 회의주의는 소위 자연적인 표상들과 사고들과 견해들을 의심함으로써 비로소 정신을 그 진리에서 자세히 조사한다."(ebd.) 『헤겔의 경험 개념』(Hegels Begriff der Erfahrung, 1942/43)에서 하이데거는 이러한 '온전한 회의주의'를 그 개념의 어원적 의미에 근거하여 사태 자체를 보는 작업으로서 제시한다. "회의(σκέψις)란 존재자가 존재자로서 무엇이며 어떻게 나타나는가를 보는 것이며, 자세히 보는 것이며, 따라가 조사해 보는 것이다. 이런 의미의 회의주의는 존재자의 존재를 보면서 뒤따라가며, 그렇게 함으로써 사태 자체를 본다.

---

27 M. Heidegger, *Hegel. 1. Die Negativität* (1938/39,1941), *2. Erläuterung der "Einleitung" zu Hegels "Phänomenologie des Geistes"*, Frankfurt a. M. 1993, S. 101 (이후로는 *GA 68*).

(…) 절대자는 즉자적–대자적으로 우리 옆에 있어서 이미 우리와 접촉하는데 이 접촉수단이 바로 빛이다. 회의는 이 빛 안에서 이루어진다."(HW 148)

이상에서 보았듯이 하이데거에게 있어서 중요한 것은 현존재의 존재를 인간론적인 관점에서 제시하는 것이 아니라 현존재분석의 길에서 나타나는 사태자체를 밝히는 것이다. 그런데 이것은 현상학적으로만 가능하다. "현상학은 존재론의 주제가 되어야 하는 그것에 이르는 접근양식이며 그 주제를 분명하게 규정하는 방식이다. 존재론은 현상학으로서만 가능하다."(SZ 35)

존재해명은 현상학을 통해서만 가능하다. 그런데 우리는 여기서 현상학이 존재해명의 유일한 길임을 밝히기 위해 하이데거가 '현상학'이란 개념에서 '현상'(Phänomen)과 '학'(–logie)을 어떻게 이해하고 있는지 살펴볼 필요가 있다.

'현상'을 가리키는 그리스어 '파이노메논'(φαινόμενον)은 " … 을 밝은 곳으로 드러내다"는 뜻을 가진 '파이노'(φαίνω)의 중간태 동사 '파이네스타이'(φαίνεσθαι)에서 유래한다. 따라서 여기서 우리는 그리스어에서 중간태 동사가 가지는 특수한 기능에 주목할 필요가 있다. 중간태는 동작의 목적과 원인이 주어 자체에게 있음을 나타내는 동사이다. 'φαίνω'라는 타동사는 동작의 주체 밖에 있는 어떤 것을 나타나게 하는 것인데 반해, 'φαίνεσθαι'(나타나다)라는 동사는 그 나타남의 주체가 바로 나타나는 것 자체임을 알 수 있다. 'φαίνω'라는 타동사에서는 나타남이 어떤 다른 원인에 의해 주어지는데 반해, 'φαίνεσθαι'라는 중간태에서는 나타남이 어떤 다른 외적인 원인에 의해 주어지는 것이 아니라 바로 나타나는 것 자체가 그 나타남의 원인이다. 따라서 'φαινόμενον'은 '스스로가 원인이 되어 나타나는 것'을 의미한다. 하이데거는 그 그리스어를 'sich-an-ihm-selbst-zeigende'라고 번역하는데 이때 'an-ihm-selbst' 바로 중간태 동사의 특수성을 염두에 둔 것이라 볼 수 있을 것이다.[28]

하이데거는 '스스로가 원인이 되어 나타나는 것'을 이중적인 관점에서 이해한다. 현상학적 의미의 현상(Phänomen)과 소박한 의미의 현상(Erscheinung)이 그것이다. 소박한 의미의 현상은 현상학적 의미의 현상이 자기를 알리는 장소이다. 소박한 의미의 현상은 경험적 직관에 의해 주어지는 존재자이며, 현상학적 의미의 현상은 존재자의 '존재'이다. 보다 구체적으로 말해 '현상학적 의미의 현상'은 '우리에 의해 현상학적으로 드러내져야 할 대상인 존재'이다. 존재는 결코 스스로 나타나지 않기 때문에 우리는 그것을 존재자를 매개로 해서 드러내야 할 것이다.

결코 스스로 나타나지 않는 존재를 주제로 하여 드러내는 것이 현상학의 과제이다. 'Phänomenologie'란 개념에서 '-logie'는 바로 이렇게 '주제화'하는 작업이다. 이렇게 존재를 주제화하여 드러내는 작업을 달리 표현하면 '이론화'(Theoretisierung)라 할 수도 있다. 주제화하는 작업과 이론화하는 작업의 이러한 동일성에 대해 하이데거는 다음과 같이 말한다. "존재자의 내부를 관찰할 때 보이는 존재의 모습을 그리스어로 'θεά'라 하며, 파악하여 보는 것을 그리스어로 본다는 의미에서 'ὁράω'라 한다. 어떤 모습을 보는 것, 즉 그리스어로 'θεάν - ὁράν'을 'θεοράω, θεορεῖν, θεορία'라 한다."

---

28 이때 하이데거는 「an sich selbst」 대신 「an ihm selbst」란 표현을 사용하는데 하이데거는 그 이유를 헤겔과 관련하여 설명하고 있다. 그는 묻는다: "왜 헤겔은 「an sich selbst」 대신 「an ihm selbst」라고 말하는가?" 그는 다음과 같이 대답한다: "왜냐하면 의식이 자기를 위해 하나의 척도를 제공하는데 그 원인이 의식에 있기 때문이다. 그 척도는 의식 밖의 어떤 곳으로부터 도입되어 의식이 그것을 받아들이고 그 것을 자기를 위해 가지는 것이 아니다." (HW 155f.) 따라서 Das sich an ihm selbst Zeigende란 표현은 나타나는 것이 그의 나타남의 원인을 자기 자신 안에 가지고 있음을 강조한다. 나타나는 것은 어떤 외적인 요인을 필요로 하지 않는다. 그것은 an ihm selbst 나타난다.

(Par. 219) 여기서 볼 수 있듯이 하이데거에게 있어서 현상학은 존재를 드러내는 작업이며, 그런 한에 있어서 해석학이다. "현존재의 현상학에서 'λόγος'는 'έρμηνεύειν'의 특징을 가진다. 현존재의 현상학은 단어의 근원적 의미에서 볼 때 드러내는 작업을 가리키는 해석학이다."(SZ 37)

현존재분석의 길에서 우리는 길 자체 (존재자체)를 함께 경험한다. 『존재와 시간』은 이렇게 함께 경험된 길을 말함으로써 드러내고 있다. 하이데거는 이렇게 말하여서 드러내는 것을 「신화」라고 한다.[29] 그리고 이때 신화는 '존재의 집'으로서 언어와 같은 기능을 한다. 신화는 존재가 그 속에 거하는 존재의 집이다. 그런데 우리는 '집'이라는 개념이 가지는 또 다른 측면을 간과해서는 안 된다. 집은 존재를 그 안에 제한하기도 한다는 사실이 그것이다. 신화(말)는 존재를 제한하는 방식으로 존재를 드러낸다. 그러므로 존재를 완전하게 드러내기 위해서는 존재를 집(제한, 한정, 정의)으로부터 해방시키는 작업이 필요하다. 집을 허무는 작업이 필요하다. 현상학의 과제는 존재를 제한하는 이 집을 해체하여 존재를 해방시키는 작업이다. 다시 말해, 현상학은 이 신화 속에 주제화되지 않고 은폐되어 있는 것을 주제화하여 드러내는 '탈신화화'(Entmythologisierung)이다. 탈신화화가 현존재에 은폐되어 있는 존재를 드러내는 작업이라면 그 작업은 "신화적인 언표, 즉 텍스트에서 그 진리내용(Wirklichkeitsgehalt)을 묻는 해석학적 작업"이다.[30]

이러한 탈신화화하는 '전환'(Kehre)에 의해 비로소 하이데거의 존재물음에 대해 대답이 주어질 수 있다. 전환이란 무엇인가? 여기서

---

29 M. Heidegger, *Was heißt denken,* Stuttgart 1992, 11쪽.

30 R. Bultmann, "Zum Problem der Entmythologisierung," (1963), in: *Glauben und Verstehen IV,* Tübingen 1975, 128쪽.

전환은 현존재에 대한 현상학적 구성 즉 현존재의 존재론적 분석으로부터 그 구성의 해체에로의 전환을 의미한다. 전환은 존재물음의 예비적인 단계로부터 본질적인 사유로의 넘어감이며, 현존재의 시간성(Zeitlichkeit)으로부터 존재의 시간성(Temporalität)으로의 넘어감이다.

4. 나가는 말: 헤겔에 대한 하이데거의 비판은 정당한가?

이상에서 보았듯이 헤겔과 하이데거에 있어서 과제와 방법론은 그 내용에 있어서의 차이들에도 불구하고 형식적인 점에 있어서 공통점을 가지고 있다. 그들은 모두 절대자 또는 진리를 해명하고자 했다. 그들이 해명하고자 한 절대자는 전통적인 형이상학에서처럼 실체가 아니다. 그 실체가 존재자의 본질로서의 존재자성이건 아니면 초월적 존재자이건 간에 말이다. 헤겔에게 있어서 절대자 또는 절대적 이념은 절대적 부정성에 기초한 변증법의 사건이며, 하이데거에게 있어서 절대자는 존재자의 존재이다. 존재는 존재자성도 아니고 초월적 존재자도 아니다. 존재는 존재자가 아니기 때문에 무이다. 그리고 존재자는 이 무의 지평에서 드러난다. 따라서 이 무는 존재자를 존재자로서 드러나게 하는 지평이다. 드러나는 것은 빛에서 드러나기 때문에 이 무는 동시에 빛이기도 하다. 이와 같이 존재는 무이며 동시에 빛이다. 그렇다면 이때 존재로서의 무와 빛은 무엇을 말하는가? 그것은 존재자 밖에 있는 어떤 것이 아니라 바로 존재자의 존재이다. 존재는 존재자의 존재하기, 즉 존재자가 존재하는 사건이다. 그런데 존재자는 현존과 부재의 모순운동에 의해 존재한다. 존재는 이 현존과 부재의 모순운동에 의해 열려진 (존재자의) 드러남의 장이며 빛이다. 이 장 즉 빛에서 존재자가 드러난다. 물론 이때 열려진 장과 빛도 상징적인 의미에서 이해되어야 한다. 열려진 장과 빛과 무는 변증법적인 존재사건이다. 헤겔과 하이데거에 있어서 모두 절대적 이념 즉 그들이 해명하고자 한 "사실 자체"는 존재의 진리이다.[31]

그런데 하이데거는 헤겔의 철학적 과제가 인식 대상의 대상성을 밝히는데 있다고 비판한다. 존재를 존재자로 이해하는 존재망각의 역사가 헤겔에서 완성되었다는 것이다. 그러나 하이데거의 이런 비판은 헤겔의 철학에서 사실 자체 또는 진리라는 개념이 가지는 이중적 의미를 간과한데서 비롯된 것이다. 헤겔에게 있어서 진리 또는 사실 자체는 한편에서는 인식주관과 대상이 완전히 일치하는 인식론적인 진리이며, 다른 한편에서는 그 인식론적 진리에 내재하는 논리적 구조로서의 변증법이다. 이 변증법은 모든 존재자들이 존재하는(생성 소멸하는) 원리로서 하이데거의 존재사건(Ereignis)과 동일하다.

하이데거와 헤겔은 구체적인 경험적 대상을 분석하여 거기에 내재하는 진리(das Wahre)를 밝히고자 하는 방법론에 있어서 일치한다. 그러나 하이데거는 헤겔의 『정신현상학』의 이중적 의미를 간과했다. 『정신현상학』은 체계의 일부로서 주관적 정신인 동시에 논리학의 서론이기도 하다.

『정신현상학』에서 도달된 절대지와 『존재와 시간』에서 분석된 현존재의 시간성은 그들의 철학에서 학문적 거점이라는 동일한 위치를 가진다. 사변적 방법론과 현상학적 방법론은 이 거점을 해체 구성하는 작업이다. 하이데거의 현상학적 방법론은 후설의 현상학적 방법론과 헤겔의 사변적 방법론이 결합된 것이라고 볼 수 있겠다. 사변적 방법론과 현상학적 방법론은 동일한 방법론이다. 이

31　참조, E. Coreth, 13쪽.

때 본질직관과 초월론적 직관 또는 지성적 직관은 동일한 기능을 한다.

하이데거는 헤겔의 시간을 지금의 연속이라고 하는데 이는 헤겔의 시간개념을 오해했기 때문이다. 이것은 헤겔에게 있어서 존재 개념의 이중성을 간과한 자연스런 결과이다. 헤겔은 시간을 다음과 같이 정의한다. "시간은 탈자성의 부정적 통일성이다. 시간은 있음으로써 없고 없음으로써 있는 존재이다."[32] 헤겔에게 있어서 시간은 존재이다. 그런데 이때 존재는 하이데거가 생각하듯이 존재자성을 의미하는 것이 아니라 "있음으로써 없고 없음으로써 있는"(존재자의) 존재방식이다. 그리고 우리는 여기서 "있음으로써 없고 없음으로써 있음"은 현전성(Praesenz)의 두 시간적 계기인 현존(Anwesen)과 부재(Abwesen)와 같은 의미로 이해되어야 할 것이다. 헤겔에게 있어서 시간은 곧 현존과 부재의 모순작용이며 순수한 차이의 사건이다. 그리고 이 차이의 사건은 존재자가 존재하는 존재사건 이외의 다른 것이 아니다. 헤겔이 "시간은 존재이다"라고 말할 때 그 존재는 존재자에게서 일어나는 이런 존재사건을 의미한다고 보아야 할 것이다.

32　G. W. F. Hegel, *Enzyklopädie der Philosophischen Wissenschaft*, Frankfurt a. M. - Suhrkamp, 258절.

『아낙시만드로스의 금언』에 나타난 하이데거의 존재이해 [01]

1. 존재망각의 역사

하이데거에 의하면 철학의 역사는 존재망각의 역사이다. 플라톤 이후 철학은 존재자의 존재를 실체로서의 존재자라고 생각했다. 존재라는 개념은 실체가 아니라 동사적 의미로 이해되어야 한다는 사실에 주목하지 못했다는 것이다. 이것은 존재가 존재자와 다르다는 사실, 즉 '존재론적 차이'를 망각했기 때문이라는 것이다. 여기서 우리는 도대체 망각된 것이 무엇인지 알기 위해 존재란 개념을 먼저 정의할 필요가 있겠다. 이런 정의는 앞으로 하이데거의 존재 개념을 정확하게 이해하기 위해서도 필요하다.

존재란 존재자를 존재자로서 가능하게 하는 것으로, 그것을 어떤 관점에서 보느냐에 따라 다음과 같이 구분될 수 있을 것이다. ① 인식론적인 측면에서 볼 때 존재자를 가능하게 하는 존재는 그 존재자의 본질(존재자성, 이데아, 에이도스)이다. 사유주체와 사유대상 사이의 절대적 일치에 의해 도달되는 이념으로서의 개념이 그것이다. ② 존재론적인 측면에서 볼 때 존재는 '참으로 존재하는 것'

---

01   이 논문은 『존재론연구 26집』에 게재한 논문임.

(das Seiendste; ὄντως ὄν)[02]이다. 존재는 모든 존재자에게 그의 '존재자성', 즉 '이데아'(ἰδέα)를 부여해 주기 때문이다. 여기서 이데아는 현존하는 것을 지속적으로 존재하게 해주는 힘(δύναμις)이다. 우리는 이 힘을 '에테르'라고 생각할 수도 있고, '엘랑비딸'이라고 볼 수도 있으며, 기(氣)라고 생각할 수도 있겠다. 플라톤에게 있어서 이데아는 단순히 생각하는 주체에 의해 표상된 것이 아니라 존재자를 존재하게 하는 실제적인 힘이기도 하다는 것이다. 이데아는 하나의 존재자로 하여금 그의 존재자성을 실현하도록 하는 추진력이기도 하다. 마찬가지로 아리스토텔레스의 "엔텔레케이아"도 이런 힘이라 할 수 있겠다. 헤겔에게 있어서 절대적 이념으로서의 개념도 이런 추진력을 가진다. ③ 존재는 존재자를 존재하게 하는 힘의 논리적 구조이기도 하다. 이때 논리적 구조란 존재자체에서 일어나는 존재사건이라고 볼 수 있겠다. 이 사건은 존재자가 '존재하다'는 사건이다. 이런 존재는 실체가 아니라 동사이다. ④ 존재는 최고의 존재자이다. 예를 들면, 만물을 창조한 신적인 존재자와 같은 존재자이다. 하이데거에 의하면 여기서 제시된 네 종류의 존재 개념들 중 전통적인 형이상학에서는 세 종류 즉 ①, ②, ④의 존재 개념만 다루었다고 한다.[03] 하이데거가 그의 존재론에서 상기시키고자 하는 존재 개념은 바로 존재사건으로서의 존재를 가리키는 ③의 존재 개념이다. 그리고 『아낙시만드로스의 금언』에서도 우리는 하이데거가 ③의 존재 개념을 부각시킴으로써 자신의 존재론을 아낙시만드로스를 비롯한 밀레토스 철학자들의 존재론과 차별화함을 발견할 수 있다.

---

02 플라톤은 존재자를 '참으로 존재하는 것'(ὄντως ὄν)과 '현상의 존재자'(τὸ ὄν)로 구분하는데, 이런 구분은 '존재(자)'(εἶναι)와 '비존재'(οὐχί)를 구분하는 파르메니데스에게까지 소급된다.

03 참조, M. Heidegger, *Besinnung*, *Bd.* 66, S. 90−91. 이후로는 *Besinnung*이라 표기함.

플라톤 이후 철학의 역사에서 망각된 존재는 위의 ②와 ③에서 제시된 존재이다. 이런 존재 개념은 밀레토스 철학자들에 의해한 번 제기되었지만 그 후에는 잊혀졌다고 한다. 그렇다면 존재론의 과제는 밀레토스 철학자들이 제기했던 존재론을 다시 기억하는 것이 될 것이다. 그러므로 하이데거의 존재 개념을 이해하기 위해서는 먼저 밀레토스 철학자들의 존재론을 밝히는 것이 중요할 것이다.

밀레토스 철학자들은 만물의 '아르케'(ἀρχή)를 물(탈레스), 무한자(아낙시만드로스), 공기(아낙시메네스), 불(헤라클레이토스)이라고 보았다. 더 나아가 헤라클레이토스는 만물의 아르케가 불이라는 질료적 요소와 그 불의 작용방식인 로고스로 구성된다고 보았다. 그에 의하면 "이 세상은 어떤 신이나 어떤 인간에 의해 창조된 것이 아니다. 이 세상은 비율에 따라 불타오르고 비율에 따라 꺼지는 영원히 살아있는 불이었으며 불일 것이다."(단편 30)[04] 헤라클레이토스의 이 말에서 우리는 "불"과 "비율"이라는 중요한 두 개념을 발견한다. 불은 만물이 형성되기 이전의 근원적 질료(φύσις)를 가리키며, "비율"은 그 질료가 존재자로 형상화될 때 그 질료가 따르는 이치, 즉 결(理)을 가리킨다. 이 결을 그리스어로 'Λόγος'라 한다. 밀레토스의 철학자들에게 있어서 '아르케'는 바로 피시스와 로고스의 이런 불가분적인 두 요소를 가진다.[05] 그렇다면 그들이 만물의 아르케로 제시하는 물, 무한자, 공기, 불은 무엇을 가리키는가?

밀레토스 철학자들의 철학을 해석할 때 중요한 것은 그들의 사상을 자연과학의 관점에서 바라보아서는 안 된다는 것이다. 유치

---

04 참조, H. Hofmeister, *Philosophisch Denken,* Göttingen 1997, *S.* 26.

05 참조, Helga Kuschbert-Tölle, "Heideggers Ansatz beim griechischen Seinsverständnis als Grundstruktur seines Denkens", in: *Philosophisches Jahrbuch*(1962/1963), 138-139.

한 자연과학적 지식 때문에 그들이 세계를 무비판적이고 소박하게 이해할 수밖에 없었을 것이라고 생각하는 것은 잘못이다.

그들의 철학은 기본적으로 '무로부터는 아무것도 생성될 수 없다'(ex nihio nihil fit)는 우주진화론적인 입장에서 출발한다. 만물의 아르케는 만물의 근원이기 때문에 만물과 같은 종류의 존재자가 아니다. 그러나 만물과 같은 존재자가 아니라고 해서 없는 것은 아니다. 없는 것으로부터는 아무것도 생성될 수 없기 때문이다. 오히려 아르케는 만물과 다른 방식으로 존재하는 어떤 것, 즉 아직 존재자로 형상화되지 않은 근원적인 어떤 것이라고 보아야 할 것이다. 그들에게 있어서 피시스는 바로 이 '근원적인 어떤 질료'(피시스)인데, 존재자는 바로 근원적인 이 피시스가 로고스에 따라 형상화된 것이다. 물론 이때 '질료'는 소박한 의미의 '물질'이 아니라 '아르케'를 가리키는 '유비적 표현'(ἀναλογία)[06]이다. 이와 같이 아르케가 실체적 요소(피시스)와 그 실체의 발현작용인 로고스로 구성된다는 밀레토스 철학자들의 견해는 동양의 이기론(理氣論)적 우주관과 유사하다. 이기론은 앞으로 하이데거의 존재론을 해명하는 데에도 도움이 될 수 있기 때문에 여기서 간단히 살펴보기로 한다.

동양이든 서양이든 우주가 하나에서 기원되었다고 보는 점에서는 의견이 일치한다. 동양에서는 이 하나를 도(道), 태허(太虛), 태극(太極)이란 개념으로 표현했다. 그리고 이 하나가 질료적 요소와 작용적 요소를 가진다. 질료적 요소를 체(體)라 하며, 작용적 요소

---

06 '유비'(喩比)를 가리키는 헬라어 '아날로기아'(ἀναλογία)는 ἀνά-(~에 따라)와 λόγος(비율)의 합성어로 '비율에 따라' 또는 '같은 비율'을 의미하며, 따라서 '2:4'와 '4:8'의 관계와 같이 실제로는 같지 않지만 비율에 있어서는 같음을 가리키는 개념이다. '아르케'로서의 '질료'는 소박한 의미의 질료와 '단적으로 일치하는'(univocal) 개념도 아니고, 소리는 같지만 의미는 전혀 다른 '애매한'(equivocal) 개념도 아니다. 아르케로서의 질료와 소박한 의미의 질료는 단지 비율에 있어서 일치한다. 이것은 '존재자체'란 개념의 경우도 마찬가지이다. 우리는 '존재자체'와 존재자의 '존재'를 단적으로 일치하는 개념이 아니라 유비적으로 일치하는 개념으로 이해해야 할 것이다. 이와 관련하여서는 토마스 아퀴나스의 "존재의 유비"(analogia entis)란 개념을 참조하라.

를 용(用)이라 한다. 體는 기(氣)이며 용은 그 體가 작용할 때 따르는 결, 즉 이(理)라 할 수 있다. 이때 氣가 理보다 우선된다고 보아 太虛가 곧 氣라고 생각하는 사상은 '기일원론적 이기론'(기철학)이라 할 수 있겠고, 理가 우선된다고 보아 太虛와 이를 동일시하는 사상은 '리일원론적 이기론'(리철학)이라 할 수 있겠다. 기철학의 대표적인 인물은 장재(張載) - 장횡거(張橫渠)라고도 함 - 이고, 리철학의 대표적인 인물은 이정(二程), 즉 정이(程頤) 정호(程顥) 형제이다.

장재는 우주의 본체인 태허를 기와 동일시한다. 이 氣에는 음(陰)과 양(陽)의 氣가 있는데, 이 陰과 陽의 氣가 운행하는 형식이 바로 理라는 것이다. 太虛는 고요하여 활동성이 없는 것처럼 보이지만 실제로는 자신 안에 陰과 陽의 이기(二氣)를 품고 있어 매우 신묘한 기화작용(氣化作用)을 펼친다. 태허는 기의 본체이며, 신(神)은 태허의 작용이다. 만물은 '기가 모이고 흩어지는 운동'(聚散運動)에 의해 생성되고 소멸하는데, 기의 이런 취산운동을 기화(氣化), 신화(神化), 조화(造化)라 부른다.

이정은 理를 우주의 최고 본체인 태허와 동일시한다. 태허인 이의 조화에 의해 기가 생기고, 이 기가 모이고 흩어짐이 바로 만물의 생성과 소멸운동이라는 것이다. 후에 주자가 장재와 이정의 사상을 종합하여 "이와 기는 서로 분리할 수도 없고 서로 섞이지도 않는다"(理氣不相離 理氣不相雜)고 주장했다. 그는 이와 기를 동일시한다. 그는 『朱子大全』에서 다음과 같이 말한다. "천지 사이에는 동정(動靜)의 양단(兩端)이 끊임없이 순환할 뿐 그 밖의 다른 일은 없으니 이것을 역(易)이라 한다. 그런데 그 동정에는 반듯이 동정하는 까닭으로서의 理가 있으니 이것이 바로 太極이다."[07] 氣에는 陰陽이 있는데, 動靜은 바로 이 陰陽의 조화이다. 태허는 理이면서 동

---

07 이상익, 『주자학의 길』, 심산 2007.

시에 氣이다. 운동은 氣의 고유한 속성인데, 그 운동은 陰陽의 순환법칙인 理에 의해 일어난다.[08]

지금까지 밀레토스 철학자들의 우주기원설과 동양의 우주론에 관해 살펴보았는데, 밀레토스 철학자들의 견해는 장재의 기철학적 관점과 동일시될 수 있을 것이다. 특히 우주의 최초 상태가 불이었으며 그 불이 로고스에 따라 상승하고 하강함으로써 만물이 형성되었다는 헤라클레이토스의 사상이 그렇다. 하이데거는 이와 기를 동일시하는 주자의 견해와 마찬가지로 존재자체와 그의 발현작용인 존재사건을 동일시한다. 바로 이 점에서 그는 밀레토스 철학자들과 차별화된다. 그는 밀레토스 철학자들과 마찬가지로 모든 존재자들을 존재하게 한 근원적 존재자체에 관심을 가지고 있었지만, 다른 한편 밀레토스 철학자들과는 달리 존재자체가 그의 발현작용과 동일하다고 생각한다. 그는 『아낙시만드로스의 금언』에서 바로 이 점을 부각시키고자 했다.

2. 아낙시만드로스의 단편에 대한 해석

하이데거는 고대철학에서 한 번 제기되었던 존재물음을 상기할 때 특히 아낙시만드로스의 단편에 있는 한 구절을 주목한다. 그는 그 구절에서 아낙시만드로스가 간과했다고 생각되는 점, 즉 존재자체의 존재사건을 새롭게 부가시킴으로써 자신의 고유한 존재론을 전개한다. 그는 니체와 딜스의 번역을 참고하여 존재자의 존재

08　이기론에 관해서는 다음의 책들을 참조했다. 한국철학사상연구회 편, 『주자학의 형성과 전개』(심산 2005); 장입문, 『리의 철학』(안유경 역), 예문서원 2004; 장입문(김교빈 외), 『기의 철학』, 예문서원 2004; 이상익, 『주자학의 길』, 심산 2007.

에 관한 아낙시만드로스의 금언을 다음과 같이 번역한다.

> "만물은 필연성에 따라 그들이 생성된 그 근원으로 다시 소
> 멸된다. 왜냐하면 그들은 시간의 질서에 따라 그들의 부정의
> 에 대해 서로 형벌과 보상금을 지불해야 하기 때문이다."[09]

위의 금언은 두 개의 문장으로 구성되어 있다. 첫 번째 문장은
생성되었다 소멸하는 만물의 근원(ἀρχή)에 관한 언급이다. 아낙시
만드로스에 의하면 이 아르케는 "무한자"(τὸ ἄπειρον)이다. 만물은
필연적으로 아페이론이 규정됨으로써 생성되었다 다시 아페이론으
로 소멸되어 돌아간다는 것이다.

두 번째 문장은 만물이 왜 필연적으로 생성과 소멸의 운명을 가
지는가에 관한 설명이다. 두 번째 문장에서 중요한 개념은 "그들의
부정의"이다. 이 개념을 이해하기 위해서는 만물의 정의, 즉 만물
이 마땅히 그러해야 하는 당위성이 무엇인지 생각해 보아야 한다.
만물은 '잠시 머무는 존재자'(das Je-Weilige)이다. 그것이 바로 시간
의 질서이다. 그런데 시간의 질서에 따라 당연히 잠시 머물러야 하
는 존재자가 잠시라도 더 머물고자 한다면 그것은 부당한 것이다.
더 나아가 지금 여기 머물고 있다는 사실 자체가 부당함이다. 부당
함에 대해서는 보상금이 부과되어야 한다.[10] 그 보상금은 존재자가
생성된 그 근원으로 소멸해 돌아가는 것이다.

이상은 아낙시만드로스의 단편에 대한 일반적인 설명이다. 이
제 이 금언에 대한 하이데거의 해석이 가지는 독창성을 살펴봄으로

---

09 M. Heidegger, "Der Spruch des Anaximander", in: *Hozwege*, Frankfurt a. M. 1980, S. 325. 이후로는
*Der Spruch des Anaximander*로 표기함.

10 참조, *Der Spruch des Anaximander*, S. 349~352.

써 아낙시만드로스를 비롯한 밀레토스 철학자들과의 관계에서 하이데거 존재론의 고유한 특징이 무엇이지 살펴보자.

3. 아낙시만드로스의 단편에 대한 하이데거의 해석

하이데거의 해석에 따르면 아낙시만드로스의 단편을 구성하는 두 문장 중 첫 번째 문장은 존재자체와 필연성에 따른 그의 발현작용(시간화)[11]을 해명하고, 두 번째 문장은 – 현존하는 존재자가 생성과 소멸의 운명을 가진다는 점을 부가시키는 아낙시만드로스의 주장과는 달리 – 존재자의 존재, 즉 현존하는 존재자가 '넘어감'(Über-gang)의 존재방식으로 존재함을 해명한다. 하이데거에 의하면 현존하는 존재자의 "존재는 不正義의 극복, 즉 지속적으로 머물러있지 않음이다. 존재의 본질은 넘어감이기 때문이다."[12] 지속적으로 머물러있기를 고집함이 不正義이며, 不正義의 극복이란 바로 이렇게 머물러 있기를 고집하지 않고 넘어가는 것이다. 그리고 두 번째 문장이 가리키는 존재자의 존재, 즉 넘어감은 첫 번째 문장에 나타나는 존재자체의 '필연성'에 근거한다. 두 문장을 종합하면 다음과 같이 요약될 수 있을 것이다. 즉, 존재자체(das Sein selbst)가 그의 필연성에 따라 본질적으로 발현함으로써 현존하는 존재자가 존재하게 된다는 것이다. 여기서 우리는 아낙시만드로스의 단편에 대한 하이데거의 해석을 명확하게 이해하기 위해 존재와 관련된 몇 가지 개

---

11 존재자체의 발현작용(Wesung)이 곧 그의 시간화라는 사실에 관해서는 아래 "3.1.4. 탈근거(Ab-Grund)로서의 존재사건"을 참조하라. 근거로서의 존재자체가 탈근거하는 작용이 곧 시–공간인데, 이때 시–공간은 3차원의 시간과 공간의 근원이 되는 4차원의 시간이다.

12 참조. M. Heidegger, *Grundbegriffe, Bd. 51, Vittorio Klostermann*, Frankfurt a. M. 1991, S. 122–123. 이후로는 *Grundbegriffe*로 표기함.

넘들을 구분할 필요가 있겠다. 먼저 존재자체와 그의 발현작용을 구분할 필요가 있으며, 다음에는 발현작용과 존재자의 존재를 구분해야 한다.

3.1. 존재자체와 그의 본질발현(Ereignis: Wesung)

먼저 아낙시만드로스의 단편을 구성하는 첫 번째 문장의 주제인 존재자체와 그의 발현작용에 관해 살펴보자. 이를 위해 먼저 하이데거가 존재와 관련하여 사용하는 개념들을 다음과 같이 구분하는 것이 좋겠다. 존재자체는 '존재하게 하는 것'(das Anwesenlassende)이며, 존재자체가 발현하는 존재사건은 '존재하게 함'(Anwesenlassen)이고, 존재자의 존재는 '잠시 거기 있음'(Anwesen)이다.

존재자체(das Anwesenlassende): 존재자체는 모든 존재자가 거기로부터 기원되어 거기로 돌아가는 바로 그 "동일자"(das Selbe)이다. 이 동일자는 모든 존재자들을 존재하게 하는 근거이기 때문에 실체(ὑποκείμενον)라고 할 수 있을 것이다. 이 실체에 관해서는 두 가지 견해가 있을 수 있다. 유물론적 관점과 유심론적 관점이 그것이다. 만물의 근거가 되는 실체를 근원적 질료라고 생각한 밀레토스 철학자들은 유물론적 관점을 대표하며, 실체로서의 모나드를 물질이 아니라 영적인 힘이라고 생각한 라이프니츠는 유심론적 관점의 대표자라 할 수 있다. 그런데 자연과학이 발달하면서 과학자들은 밀레토스 철학자들이 실체라고 생각했던 근원적 물질을 더 이상 단순한 물질이 아니라 창조적 정신과 같은 어떤 것이라고 생각하게 되었다. 모든 것의 근거가 되는 실체는 물질이 아니라 "비물질적인 물질"(entmaterialrisierte Materie)이라는 것이다.[13] 하이데거는 "존재자체"란 개념을 사용하기는 하지만 그것이 구체적으로 무엇인지에 관해 언급하지는 않는다. 그는 단지 "존재는 초월 자체이다"[14]라고 말한다. 존재자체는 구체적인 무엇이 아니어서 어떤 방식으로도 규정될 수 없기 때문이다. 그렇지만 그가 "존재자체는 존재사건으로서 존재한다"[15]고 말하는 점에 비추어 볼 때 우리는 그가 존재자체와 존재사건을 동일시함을 엿볼 수 있다. 존재사건은 단순한 사건일 뿐만 아니라 동시에 존재자를 존재하게 하는 힘을 가진 존재자체이기도 하다는 것이다.

존재하게 함(Anwesenlassen): 하이데거는 『철학에의 기여』(Beiträge zur Philosophie(vom Ereignis)에서 "Das Seyn und der ursprüngliche Streit" (Seyn oder Nichtseyn im Wesen des Sein selbst)란 표현을 사용하는데, 앞의 "Das Seyn"은 존재자체를 가리키며, 뒤의 "Streit"는 존재자체의 발현작용(Ereignis), 즉 "존재하게 함"을 가리킨다. 그리고 이 "싸움"의 근원은 "존재 내에 무의 내재성"이다. "존재 내에 무의 내재성"은 존재자체에 내재하는 "절대적 부정성"으로서 헤겔의 변증법 이외의 다른 것이 아니다.[16] 하이데거는 1926년 여름학기에 마르부르크에서 행한 고대철학 강의에서 "존재자체와 그의 구조들"을 구분하면서 헤겔의 변증법이 바로 존재자체의 구조임을 분명히 했다.[17] 존재자체의 구조는 그 존재자체가 발현하는 생기사건(Ereignis)으로 만물이 생성과 소멸의 과정에서 따르는 저 필연성의 '이치'(理, 결),

---

13 실체와 관련하여서는 실체가 물질이라고 보는 유물론적 견해와 실체가 영적인 존재자라고 보는 유심론적 견해가 있다. 그런데 영적인 존재자를 "비물질적인 물질"이라고 본다면 이 두 견해는 서로 조화될 수 있을 것이다. 참조, J. Hessen, *Lehrbuch der Philosophie V,* München 1962, S. 169−181.

14 M. Heidegger, *Sein und Zeit,* Frankfurt a. M. 1986, S. 38.

15 *Besinnung,* S. 93

16 M. Heidegger, *Beiträge zur Philosophie(vom Ereignis), Bd.* 65, S. 264. 이후로는 *Beiträge*로 표기함.

17 참조, M. Heidegger, *Grundbegriffe der antiken Philosophie, Bd.* 22, S.107−108.

즉 존재자체의 소이연(所以然)을 가리킨다.

존재자의 존재(Anwesen): 존재자의 존재는 존재자가 존재자체의 필연적인 발현에 상응하여 "넘어감"의 방식으로 "잠시 머물음" (Verweilung)이다. 다시 말하면, 존재자의 존재란 존재자체가 현존하는 존재자에게 잠시 머물음이라 할 수 있다.

여기서 잠시 존재자체의 발현작용인 "존재하게 함"(Anwesenlassen)과 그런 발현작용의 결과 비로소 존재하게 되는 "존재자의 존재" (Anwesen)에 관해 보다 상세하게 살펴보자.

하이데거는 존재자체의 발현작용인 존재사건이 '존재하게 함' (Anwesenlassen)이란 사실에 관해 다음과 같이 말한다.

> "Sein, dadurch jegliches Seiende als ein solches gezeichnet ist, Sein besagt Anwesen. Im Hinblick auf das Anwesende gedacht, zeigt sich Anwesen als Anwesenlassen. Nun aber gilt es, dieses Anwesenlassen eigens zu denken, insofern Anwesen zugelassen wird. Anwesenlassen zeigt darin sein Eigenes, daß es ins Unverborgene bringt. Anwesen lassen heißt: Entbergen, ins Offene bringen. Im Entbergen spielt ein Geben, jenes nämlich, das im Anwesen—lassen das Anwesen, d.h. Sein gibt."[18]

모든 존재자를 존재자로서 가능하게 하는 존재, 존재는 현존 (Anwesen)을 가리킨다. 현존하는 것(das Anwesende)과 관련하여

---

18 M. Heidegger, *"Zeit und Sein"*, in: *Zur Sache des Denkens,* Tübingen 1988, *S.* 5. 이후로는 *Zeit und Sein* 으로 표기함.

보면 현존은 현존하게 함(Anwesenlassen)이다. 그러나 지금 중요한 것은 현존이 허락되는 한에 있어서 특히 이 현존하게 함을 생각하는 것이다. 현존하게 함의 고유한 특징은 어떤 것을 드러나게 해주는 것이다. 현존하게 함은 드러냄, 공개함을 말한다. 드러냄에서는 줌(Geben), 즉 '현존하게 함'에서 현존을 존재자의 존재로서 주는 줌이 중요한 역할을 한다.

위의 인용문에서 하이데거는 "현존"(Anwesen)이란 표현과 "현존하게 함"(Anwesenlassen)이란 표현을 모두 동일한 의미로 사용하는데, 이때 "현존" 또는 "현존하게 함"은 존재자의 존재가 아니라 존재자를 존재하게 하는 존재사건을 가리킨다. 존재자가 존재하는 방식, 즉 그의 존재사건은 존재자체의 관점에서 보면 "현존"이지만 존재자를 존재하게 한다는 점에서 보면 "현존"이라기보다는 "(존재자를) 현존하게 함"이기 때문이다.

한편, 하이데거는 현존하는 존재자의 존재에 관해 다음과 같이 말한다.

"Welche Sache denken wir, wenn wir Anwesen sagen? Wesen heißt Währen. aber zu rasch beruhigen wir uns dabei, währen als bloßes dauern und die Dauer am Leitfaden der gewohnten Zeitvorstellung als eine Zeitstrecke von einem Jetzt zu einem folgenden aufzufassen. Die Rede vom An-wesen verlangt jedoch, daß wir im Währen als dem Anwähren das Weilen als Verweilen vernehmen."[19](*Zeit und Sein*, S. 12).

---

19 *Zeit und Sein, S.* 12

현존이란 무엇을 의미하는가? 현존(Wesen)이란 지속(Währen)을 의미한다. 그러나 지속을 단순한 지속(dauern)이라 생각하고 지속(die Dauer)을 일상적인 시간표상에 따라 지금부터 어느 시점까지의 시간적 간격이라고 생각하는 것은 지나치게 성급한 판단이다. 현존에 관한 논의에서 중요한 것은 잠깐 지속함으로서의 지속이 잠시 머물음으로서의 머물음을 의미한다는 사실이다.

　이상의 두 인용문에서 우리는 하이데거가 존재자를 존재하게 하는 존재자체의 생기사건과 존재자의 존재를 구분하고 있음을 알 수 있다.[20] 이런 구분은 하이데거의 다음과 같은 주장에서도 잘 나타난다. "인간은 현존(Anwesen)을 그것(존재자체 또는 생기사건: 필자)이 주는 선물로서 받는다. 현존하게 함(Anwesenlassen)에서 나타나는 것을 취함으로써 말이다."[21] 이 인용구에서 "현존하게 함"은 존재자체의 생기사건이며, "현존하게 함에서 나타나는 것"은 존재자의 존재로서 잠시 머물러 있음(Anwesen: Verweilen)이다.[22]

　하이데거는 존재자체에 관해 'Sein ist'란 표현 대신 'Sein west'란 표현을 사용하는데, 이때 'Sein west'는 '존재가 잠시 머물다'는 의

20　현존하는 존재자를 '존재하게 함'(anwesenlassen)이 존재자체의 존재사건(Ereignis)이라는 사실에 관해서는 참조, "Protokoll zu einem Seminar über den Vortrag 'Zeit und Sein', in: M. Heidegger, *Zur Sache des Denkens*, Tübingen 1988, S. 40.

21　*Zeit und Sein*, S. 12.

22　존재자체와 존재자의 존재에 관한 구별과 관련하여 하이데거는 다음과 같이 말한다. "존재는 당연히 존재자가 없이도 존재한다(west). 그러나 존재자는 결코 존재가 없이는 존재하지 못한다."(M. Heidegger, "Nachwort zu: 'Was ist Metaphysik?'"(1943), in: *Wegmarken*, S. 304). Wir müssen uns auf die einzige Bereitschaft rüsten, "im Nichts die Weiträumigkeit dessen zu erfahren, was jedem Seienden die Gewähr gibt, zu sein. Das ist Sein selbst. Ohne das Sein, dessen abgründiges, aber noch unentfaltetes Wesen uns das Nichts in der wesenhaften Angst zuschickt, bliebe alles Seiende in der Seinslosigkeit"(ebd.)

미로 이해될 수 있다. 다시 말하면, '존재가 잠시 머물음으로써 존재자를 존재하게(잠시 머물게) 하다'는 의미이다. 존재가 잠시 머문다는 것은 '존재가 그의 본질을 잠시 보류하고 머물음'(에포케)이다. 존재자체의 본질이 '감춤'이라면 그가 잠시 머문다는 것은 그가 스스로를 드러냄 즉 발현함이라 할 수 있겠다. 그것은 근거로서의 존재가 탈근거하는 작용이기도 하다. 따라서 'Sein west'는 '존재가 발현하다'는 의미로 이해될 수 있겠다. '존재자가 있다. 그리고 존재는 발현한다.'

이런 전이해를 가지고 이제 다시 아낙시만드로스의 금언에 대한 하이데거의 해석으로 돌아가자. 하이데거 해석의 독창성은 첫 번째 문장과 두 번째 문장에 대한 그의 해석에서 모두 보인다. 하이데거 해석의 독창성은 첫 번째 문장에서 만물의 근원인 아르케 즉, 존재자체를 "필연성"과 동일시하는 데서 출발한다. 아낙시만드로스의 단편을 해석할 때 하이데거의 주된 관심사는 바로 이 필연성이란 개념에 있었다. 그는 이 필연성 개념에 대한 해석을 통해 자신의 존재론을 아낙시만드로스를 비롯한 밀레토스 철학자들의 존재론과 차별화한다. 아낙시만드로스는 존재자가 하나의 근원으로부터 생성되어 다시 그 근원으로 소멸되어 돌아가는 것을 존재자의 필연적 운명이라고 말한다. 그런데 바로 이 단편에서 하이데거는 "필연성"이란 개념이 가지는 특별한 존재론적 의미에 주목한다. 필연성은 존재자체이면서 동시에 그 존재자체가 발현할 때 따르는 고유한 이치(理, 결)이기도 하다는 것이다. 이제 아낙시만드로스의 금언을 중심으로 존재자체와 그의 본질발현인 존재사건에 관해 살펴보자.

3.1.1. 근원으로서의 존재자체

위에서 우리는 하이데거에게 있어서 존재자체와 그의 발현작용을 구분해야 한다고 주장했다. 그러나 이것은 존재자체와 그의 발현작용이 서로 별개의 것임을 의미하는 것이 아니다. 오히려 하나의 동일한 존재자체가 실체적인 요소와 작용적인 요소를 가진다는 의미로 이해되어야 할 것이다. 실체적인 요소를 '체'(體)라 할 수 있고, 작용적인 요소를 '용'(用)이라 할 수 있겠다. 그런데 여기서 한 가지 의문이 생긴다. 하이데거에 의하면 존재자체는 존재자가 아닌데, 만일 존재자체가 실체적인 요소를 가진다면 존재자체가 존재한단 말인가? 존재자체는 존재자의 관점에서 보면 '없는 것'이지만, 그렇다고 해서 존재자체가 없다는 것은 아니다. 오히려 존재자체는 현상의 존재자와는 전혀 다른 방식으로, 즉 모든 대립이 지양된 절대적 통일성으로서 존재한다고 보아야 할 것이다. 절대적 통일성으로서 존재자체는 – 쿠자누스의 표현을 따르면 – 사각형이면서 동시에 원이며, 원이면서 동시에 직선이다. 다각형과 그 다각형에 내접하는 원과 외접하는 원은 셋이면서 하나이다.

현상의 존재자가 '있는 것'이라 한다면 존재자체는 그런 방식으로 있지 않다. 그런 의미에서 존재자체는 무(無)이다. 그러나 이 무는 존재자(Seiendes)는 아니지만 존재자에게 존재를 주기 때문에 '참으로 존재하는 자'(ὄντως ὄν)이다. 다시 말하면, 그것은 모든 존재자들을 초월하기 때문에 "가장 존재하는 자"(das Seiendste)라 할 수도 있다. 파르메니데스에 의하면 이 존재(자)는 언제나 있기 때문에 없을 수 없는 존재(자)이다. 이에 반해 현상의 존재자는 언제나 있지 않고 잠시 있는 것이다. 그것은 잠시 머물면서(verweilend) 무와 무를 잇는 존재자이다. 존재자체를 '언제나 있는 존재자'(das Beständige)라 한다면 존재자는 '잠시 있는 존재자'(das Verweilende)라 할 수 있겠다. 존재자체와 존재자 사이의 이런 차이는 하이데거의 다음과 같은 대구(對句)에 잘 타나난다. "존재자체가 있으며, 존재자는 있지 않다.″[23](*Das Seyn ist, das Seiende ist nicht*)

존재자체는 무이다. 존재는 존재자 일반과의 단적인 다름이며 따라서 무이다. "모든 존재자와 단적으로 다름은 무존재자(das Nicht-Seidende), 즉 존재하지 않는 것이다. 그러나 이 무는 존재로서 발현한다(west). 만일 우리가 무를 단순한 무라고 생각하고 아무런 내용도 없는 것(Wesenlosen)이라고 소박하게 생각한다면 그것은 지나치게 성급한 판단이다. 그렇게 성급한 판단을 유보하고 무의 난해하고 다양한 의미를 포기하지 말고 우리는 무에서 모든 존재자를 존재하게 해주는 것의 공간성(Weiträumigkeit)을 경험할 자세가 되어 있어야 한다. 우리가 무에서 경험하는 그것은 바로 존재자체이다."[24]

존재자는 이러저러하게 규정된 것을 말한다. 그런데 존재는 존재자가 아니다. 그것은 무(Nichts)이다. 그런데 여기서 무는 '없는 것'(das Nichtige)을 의미하지 않는다. 무는 규정되지 않은 것으로서 존재한다.[25]

존재자에 관해서는 '~이다'(es ist)라고 말할 수 있다. 존재자는 이러저러하게 규정될 수 있기 때문이다. 그러나 존재에 관해서는 '~이다'라고 말할 수 없다. 존재는 무이며 따라서 규정될 수 없기 때문이다. 대신 존재에 관해서는 '그것이 존재자를 존재하게 한다'(존재를 준다, Es gibt)고 말할 수 있을 뿐이다. 이때 비인칭동사 'Es'는 어떤 방식으로든 규정될 수 없는 존재자체이다. 'Es regnet'라는 표현

23　M. Heidegger, *Besinnung, Bd.* 66, *S.* 91. 앞으로는 *Besinnung*으로 표기함.

24　Heidegger, "Nachwort zu: 'Was ist Metaphysik'?", in : *Wegmarken, S.* 304.

25　"*Nicht ein Seiendes und niemals ein Seiendes 'ist' auch das Sein; es ist daher das Un-bestimmte und Un-vermittelte.* "(M. Heidegger, *Hegel, Bd.* 68, *S.* 19.) 여기서 존재에 관해 "*ist*"란 표현을 사용한 것은 존재가 현존하는 존재자가 아님을 강조하기 위해서이다.

에서 'Es'도 존재자체라고 볼 수 있을 것이다. 그렇다면 그 의미는 '존재자체가 비를 오게 한다'가 될 것이다.

이기상에 의하면 존재자체는 존재자가 아니기 때문에 무이지만, 이 무는 존재하지 않음을 의미하는 것이 아니라 현존의 존재자와는 다른 방식으로 존재한다. 현존의 존재자가 "있이 있음"인데 반해, 존재자체는 "없이 있음"이라는 것이다. 현존의 존재자는 없이 있음과 없이 있음 사이에 잠시 있음, 즉 무(없이 있음)와 무(없이 있음)를 "잇음"(이음)으로 존재한다.[26]

3.1.2. 존재자체의 본질발현

존재는 존재자와 다르다. 위에서 보았듯이 현존하는 존재자가 시간에 따라 생성되고 소멸되는데 반해 존재자체는 언제나 존재한다. 그러나 존재자체가 존재자와 다른 점은 그것만이 아니다. 존재자체는 스스로 발현함으로써 현존하는 존재자를 존재하게 한다. 이렇게 발현하는 존재자체는 실체이면서 동시에 주체이다. 그것은 주체이기 때문에 발현한다. 왜냐하면 여기서 '주체'는 대상과 관계하는 좁은 의미의 인식주체가 아니라 자신을 타자로 세우고 그렇게 정립된 타자 속에서 자기 자신을 확인하는 존재자체의 (발현) 작용이기 때문이다. 주체로서의 존재자체에 관해서는 헤겔의 다음과 같은 말을 참조하면 도움이 될 것이다. "더 나아가 살아있는 실체는 본질적으로 주체인 존재이다. 또는 같은 말이기는 하지만 그것은 본질적으로 현실적인 존재이다. 오직 그 실체가 자기 스스로

---

26 이기상, 「존재사건과 존재지평. 한국어 존재(있음)에서 읽어내는 존재사건」(『하이데거 연구 15』), 55-56쪽. 이기상은 이 글에서 존재자체가 현존하는 존재자와는 다른 방식으로 존재함을 밝히고 있다. 그러나 무와 무를 잇는 "잇음"으로서의 존재는 현존재의 존재(verweilen)로서 존재자체와는 다르다고 보아야 할 것이다.

를 정립하는 운동인 한에서, 또는 스스로 타자가 됨으로써 자기 자
신이 되는 한에 있어서 말이다. 그 실체는 주체로서 순수한 부정성
이다."[27] "진리는 오직 체계로서만 진리일 수 있다는 사실, 또는 실
체는 본질적으로 주체라는 사실은 절대자가 곧 정신이라는 표상에
잘 나타난다. 이런 생각은 가장 고상한 생각이며, 새 시대와 그 시
대의 종교에 어울리는 생각이다. 정신적인 것만이 진리(das Wirkliche)
이다. 그것은 본질이며 절대적 존재자이다. 그것은 자신을 억제하
는 자이거나 규정된 자이다. 타자존재이면서 동시에 대자존재이다.
이렇게 규정된 상태에서 또는 자기 밖에서 자기 자신으로 머무는
자이다. 정신은 즉자이면서 대자이다."[28] 위의 인용문에서 "체계"
란 자기 밖으로 나갔다 다시 자신에게 돌아옴으로써 타자 속에서
자기 자신을 확인하는 작용, 즉자적이면서 대자적인 작용을 가리
킨다. 그리고 이 체계는 곧 정신이다. 헤겔에게 있어서 정신은 실체
이면서 동시에 주체이다.

　　존재자체가 존재자와 다른 점은 그것이 스스로 발현한다는 사
실이다. 이것은 "존재자가 있으며, 존재는 발현한다"[29](Das Seiende ist,
das Sein west)는 하이데거의 대구(對句)에 잘 나타난다. 이 대구에서 하
이데거의 존재이해와 관련하여 특히 중요한 것은 'west'란 단어에
대한 그의 해석이다. 하이데거가 경고하듯이 이 대구에서 'west'를
본질이란 의미로 생각한다면 기존의 형이상학적 사유를 되풀이하
는 것에 불과하다.[30] 이 대구에서 'west'는 옛 고지 독일어의 'wesan'

27　G. W. F. Hegel, *Phänomenologie des Geistes*, Hamburg 1988, S. 14.

28　Ebd. S. 18-19.

29　*Besinnung*, S. 92.

30　"Aber dieser Zwischenspruch redet sogleich der Metaphysik nach ihrem Sinn, sofern er dem Seienden das Sein zuspricht und das Wesen als Bestand der Wesenheit(ἀεί der ἰδέα)denkt, mag das in platonischer oder in christlich theologischer oder auch in transzendental-subjektiver Weise geschehen."(*Besinnung*, S. 92-93)

에서 유래했는데, 'wesan'은 'währen'과 동의어로 그 의미는 '머물다'
이다. 그런데 여기서 중요한 것은 'west'를 단순한 지속이란 의미로
이해해서는 안 된다는 것이다. 그 단어는 "부재함(ab-wesen)과 투쟁
하면서 현존함"(an-wesen)을 의미한다.[31] 따라서 그것은 단순한 지속
이 아니라 현존과 부재의 모순을 통해 일어나는 존재자체의 발현
작용을 의미한다. 존재자는 존재하고 존재자체는 발현함으로써 존
재자를 존재하게 한다.

하이데거에 의하면 존재에 대한 물음은 밀레토스 철학자들에
의해 처음 제기되었다. 그들은 존재자체가 만물의 근원이 되는 실
체라는 사실에 주목했다. 그러나 하이데거는 그들도 존재자체의
존재사건에는 주목하지 못했다고 지적한다. "서양철학의 시초에
존재(εἶναι, ἐόν)가 사유되기는 했지만 'Es gibt' 자체는 사유되지 못
했다. 대신 파르메니데스는 ἔστι γάρ εἶναι(Es ist nämlich Sein: 존재가
있기 때문이다)라고 말한다."[32] 그러면서 하이데거는 파르메니데스의
'ἔστι'를 'Es gibt'와 같은 의미로 이해해야 한다고 주장한다.

> "이런 주장은 실로 우리가 'Es ist nämlich Sein'(ἔστι γάρ εἶνα
> ι)이란 금언의 의미를 성급하게 단정하면 파르메니데스의 참
> 의도를 제대로 파악하지 못하게 된다는 사실을 주지시키고
> 자 함이다. 이때 우리가 어떤 것이 있다고 말하는 모든 것은
> 존재하는 어떤 것으로서 표상된다. 그러나 존재는 결코 존재
> 자가 아니다. 따라서 파르메니데스의 금언에서 강조된 ἔστ
> ι는 그것이 지칭하는 존재(εἶναι)를 어떤 존재자로서 표상할

---

31 'Wesen'이란 단어에 대한 하이데거의 해석에 관해서는 참조, M. Heidegger, *Was heißt Denken?*, Bd.
8, S. 143.
32 *Zeit und Sein*, S. 8.

수 없다. 물론 여기서 강조된 ἔστι는 문자적으로 번역하면 '그것은 ~이다'이다. 그렇지만 우리는 ἔστι에서 당시 그리스인들이 생각했던 것이 무엇인지 찾아내는 것이 중요하다. 우리는 당시 그리스인들에게 있어서 ἔστι의 의미를 '그것이 할 수 있다'(es vermag)로 바꾸어 표현할 수 있을 것이다. 그렇지만 당시와 마찬가지로 후에도 이런 '할 수 있음'(Vermögen)의 의미는 간과되었다. 존재를 할 수 있는 'Es'와 마찬가지로 말이다. '존재를 할 수 있음'(Sein Vermögen)은 '존재를 생기게 해줌'(Sein ergeben und geben)이다. ἔστι에는 '그것이 주다'(Es gibt)의 의미가 숨어있다."³³

위의 인용문에서 'Es'는 전체적인 문맥으로 볼 때 'Ereignis'의 의미로 이해되어야 한다. 그렇다면 파르메니데스에 대한 하이데거의 비판은 파르메니데스가 존재자체의 생기사건에 주목하지 못했음을 지적하는 것이다. 파르메니데스는 존재자체에 관해서는 언급했지만, 존재자체의 본질이 그의 발현에 있음을 간과했다는 것이다. 더 나아가 우리는 하이데거가 존재자체와 그의 발현작용을 동일시하고 있음을 발견한다. 이런 사실은 "Es gibt Sein"(그것이 존재를 준다)이란 표현에서 존재를 선물(Gabe)로 주는 "그것"이 무엇인지에 관한 하이데거의 이중적 해석에서 잘 나타난다. 『인본주의 서간』(Brief über den Humanismus)에서 하이데거는 주는 '그것'이 존재자체라고 주장한다.³⁴ 따라서 "Es gibt Sein"에서 Es는 존재자체를 가리키며, 'gibt'는 존재자체의 'Ereignis'(ins Eigene bringen)를 가리키며, 뒤의 'Sein'은 존재자의 존재, 즉 Anwesen(Verweilung)을 가리킨다. 다른 한편, Zeit

---

33 *Zeit und Sein*, S. 8.

34 M. Heidegger, *Brief über den 'Humanismus', in: Wegmarken*, 331. 이후로는 *Humanismusbrief*로 표기함.

und Sein에서는 존재자에게 존재를 선물로 주는 "그것"(Es)이 "Ere-ignis"와 동일시되고 있다.[35] "Es gibt Sein"에서 'Es'는 'Ereignis'이며, 'gibt'는 'ereignet'이고, 'Sein'은 'Sein(Anwesen) des Seienden'이라 할 수 있다. 그렇다면 우리는 'Es gibt Sein'과 동일한 의미로 "Das Ereignis eignet"란 표현을 사용할 수 있을 것이다.[36] 이와 같이 하이데거가 존재자에게 존재를 주는 것이 한편에서는 존재자체라고 말하면서 동시에 다른 한편에서는 존재사건이라고 말하는 점에 비추어 볼 때 우리는 그가 존재자체와 존재사건을 동일시하고 있음을 알 수 있다.

3.1.2.1. 존재사건으로서의 'ἄπειρον'[37]

하이데거가 존재자체와 그의 발현작용인 존재사건을 동일시한다는 사실은 그가 아낙시만드로스의 금언을 해석할 때 "필연성"(τὸ κρεών)이란 개념을 'ἄπειρον'과 관련시켜 설명하는 곳에서도 발견된다.

하이데거에 의하면 'ἄπειρον'은 실체로서 무한자(ἄπειρον)이면서 동시에 그 무한자가 '발현하는 필연적인 사건'(ἄ-πειρον)이기도 하다. 존재자체는 존재자를 존재하게 하는 힘이면서 동시에 그 힘의 논리적 구조이기도 하다는 말이다.

이제 존재자체로서의 'ἄπειρον'이 동시에 존재사건으로서의 'ἄ-πειρον'이라는 하이데거의 해석을 좀 더 자세히 살펴보자. 하이데거는 존재자체를 생기사건의 필연성(τὸ κρεών)과 동일시한다.

---

35 *Zeit und Sein, S.* 20.

36 Protokoll zu einem Seminar über den Vortrag 'Zeit und Sein', in: *Zur Sache des Denkens, S.* 45.

37 참조, Grundbegriffe, S. 109-117.

여기서 필연성은 존재자체의 필연성을 말한다. 필연성이 무엇인지 분명하게 하기 위해 그는 "ἀρχή τῶν ὄντων τὸ ἄπειρον"(존재자의 근원은 아페이론이다)라는 아낙시만드로스의 다른 금언을 참조한다. 이때 하이데거는 생기사건의 필연성과 'ἄπειρον'을 동일시한다. 어떤 점에서 그런가?

하이데거는 존재자체를 'ἀρχή'로 보며, 'ἀρχή'를 다시 'ἄπειρον'과 동일시한다. 존재자체는 존재자를 존재하게 하는 것(Verfügung)이며, 'ἄπειρον'은 그렇게 존재하게 하는 생기사건이다. 그런데 이때 주목해야 할 것은 하이데거는 'ἄπειρον'을 '무규정자'란 의미로 이해하는 것이 아니라 '무규정적인 상태에서 규정된 상태로 넘어가는 사건'으로 생각한다는 것이다. 그는 존재자체인 'ἄπειρον'을 "한계를 거부함"(Verwehrung der Grenze)이란 의미로 이해한다.[38] 무슨 뜻인가? 하이데거는 '한계'란 개념을 "무규정적 상태의 지속"[39]이란 의미로 이해한다. 따라서 'ἄπειρον'은 '그런 상태로 지속됨을 거부하고 넘어감'의 사건을 의미한다. 이런 사실은 하이데거의 다음과 같은 말에서 더욱 분명해진다. "모든 한계를 거부함의 방식으로 존재자를 존재하게 하는(규정하는) 이런 필연성은 모든 생성과 소멸의 근원인 저 동일자(jenes Selbe: 존재자체)이다. 넘어감, 즉 지속성에 사로잡히지 않는 고유한 본질발현(Anwesung)의 본질은 바로 동일자의 그런 필연성에 있다."[40] 무규정자의 본질은 무규정적인 상태에 갇혀 있지 않음, 즉 넘어감이다. 존재자체가 발현하는 사건(Anwesung)은

38 *Grundbegriffe*, S. 111. "τὸ ἄπειρον ist ἀρχή. τὸ ἄπειρον *ist Verwehrung der Grenzung.*"

39 Ebd. 114. 여기서 하이데거는 "한계"(Grenze)란 개념을 다음과 같이 정의한다. "Grenze hier besagt: Abschließung der Anwesung in endgültige Anwesenheit, in die Beständigkeit einer bloßen Anwesenheit." 이런 장황한 정의는 결국 '무규정적 상태의 지속'으로 요약될 수 있을 것이다.

40 *Grundbegriffe*, S. 117. "*Anwesung*"이란 단어를 왜 '본질발현'이라고 번역했는지에 관해서는 위의 각주 30번을 참조하라.

"존재사건의 비본질인 지속성을 거부하는 것"[41]이다. 존재사건의 본질은 넘어감인데, 무규정적인 상태에 영속적으로 갇혀있음은 존재의 비본질(Unwesen)에 속한다는 것이다. 존재자체는 넘어감의 사건이란 것이다.

3.1.2.2. 에포케로서의 존재사건

존재자체는 본질적으로 무이다. 그것은 드러나지 않음을 본질로 한다. 그런데 이런 존재자체가 자신을 포기하고, 즉 자신을 억제하고 잠시 드러남으로써 존재자를 생기게 한다. 이런 사태에 관해 하이데거는 다음과 같이 말한다.

> "오직 자기가 가지고 있는 것을 줌(Geben), 즉 그렇지만 그러기 위해서 자기 자신을 억제하고 포기하는 줌(Geben)을 우리는 보냄(Schicken)이라 부른다. 그렇게 보내진 것이 바로 존재자의 존재이다. … 존재의 역사란 존재의 운명(Geschick)을 말한다. 그런 보냄에서는 보냄과 보내는 그것(Es)이 모두 자신을 알림으로써 자신을 억제한다. 자신을 억제함(An-sich-halten)을 그리스어로 에포케(ἐποχή)라 한다. … 여기서 에포케는 어떤 사건이 일어나는 한 시점이 아니라 존재자체가 그의 선물이 받아들여질 수 있도록 하기 위해 자기 자신을 억제함이다. 그 선물은 바로 존재자의 존재이다."[42]

에포케는 존재자체의 'Ereignis'이다. 후설의 현상학에서 사용되

---

41 *Grundbegriffe*, S. 116.

42 *Zeit und Sein*, S. 8–9; 참조, *Der Spruch des Anaximander*, S. 333.

는 '에포케'란 개념도 바로 '판단이 스스로를 억제함'을 의미한다.

3.1.2.3. 탈근거(Ab-Grund)로서의 존재사건

하이데거에 의하면 존재자체는 모든 존재자의 근거(Grund)이다. 그런데 그 존재자체가 근거이기를 거부함으로써 존재자가 존재하게 된다는 것이다. 존재자체가 근거이기를 거부함이 존재자체를 그의 고유한 본질이 되게 한다(zur Eignis bringen: er-eignet). 존재사건 (Ereignis)과 탈근거의 관계에 관해 하이데거는 말한다. "탈-근거는 근거의 근원적 작용방식(Wesung)이다. (…) 그러나 탈근거는 근거, 즉 그가 (존재자를: 필자) 근거지우는 작용의 근원적 본질이기도 하며, 진리의 근원적 본질이기도 하다. (…) 탈-근거란 무엇인가? 그것은 어떤 방식으로 (존재자를: 필자) 근거지우는가? 탈-근거는 근거를 떠남(Weg-bleiben)이다. 그렇다면 근거는 무엇인가? 근거는 스스로를 감추는 자(das Sichverhüllende)이다."[43]

하이데거에 의하면 '근거'(Grund)의 본질은 '스스로를 감춤'(Sich-verbergen)이다. 그렇다면 스스로를 감춘다는 것은 무엇을 말하는가? '근거로서의 자신을 거부하는 방식(Versagung)으로 스스로를 감춤'을 말한다. 이렇게 근거가 근거이기를 거부함이 바로 "탈근거" (Ab-Grund)인데, 바로 이 탈근거야말로 "근거의 근원적 본질이며, 근거가 근거지우는 작용의 근원적 본질이다."(Das ursprüngliche Wesen des Grundes, seines Gründens) 이렇게 근거가 근거이기를 거부함으로써 모든 존재자들이 존재할 수 있는 장이 열린다. 근거가 "자신이 근거이기를 거부함"(Versagung des Grundes)은 "근원적 열음"(ursprüngliche

---

43 *Beiträge, S.* 379

Eröffnung)이다.[44]

존재자체는 존재자를 존재하게 하는 근거인데, 그가 이 근거임을 거부함으로써 탈근거(Abgrund)가 된다. 절대적 은폐성으로서의 존재자체가 스스로를 억제함으로써(에포케) 시-공간(Zeit-Raum)이 열리고, 이렇게 열린 시-공간에서 비로소 존재자가 시간적이고 공간적인 존재자로서 드러나게 된다. 존재자체가 절대적 무한자의 한계 내에 머물기를 거부함으로써 스스로를 한계지우는 작용이 일어나며, 이런 작용에 의해 비로소 존재자가 유한자로서 드러나게 된다. 하이데거에 의하면 존재자가 존재하게 되는 것은 그가 존재자체를 조금 나누어 가지기 때문이 아니다. "존재자는 결코 존재자체의 단순한 잔영(Abglanz)이 아니기"[45] 때문이다. 오히려 존재자체의 탈근거 작용에 의해 존재자체가 완성되고 그런 작용에서 비로소 존재자가 드러나는 것이다. "존재가 그의 본질발현(Wesung)[46]을 존재자에게 넘겨주는 것이 아니다. 존재는 그의 본질발현을 통해 비로소 존재자체로서 완성되며, 그렇게 함으로써 탈근거로서 드러난다. 바로 이 탈근거에서 우리가 존재자라고 부르는 그것이 생성되기도 하고 소멸되기도 하며 잠시 머물기도 한다."[47]

헴펠(H.-P. Hempel)은 존재사건의 이런 '근원적 열음'을 '존재론적 차이'와 동일시한다. 그에 의하면 '존재사건', '존재역운'에 관해 조금 더 깊이 생각해 보면 존재론적 차이는 생기사건(Ereignis), 즉 존재자체의 생기사건임을 알 수 있다는 것이다. 그렇다면 이런 차이

---

44 *Beiträge, S.* 379.

45 *Besinnung, S.* 92.

46 여기서 "Wesung"을 "본질발현"으로 번역한 것은 존재자체가 탈근거의 작용에 의해 비로소 그의 고유한 본성을 실현하기(er-eignet) 때문이다. 이렇게 고유한 본성을 완성하는 존재사건이 바로 존재자체의 Wesung으로서 Ereignis이다.

47 *Besinnung Bd.* 66, *S.* 92.

의 사건은 어떤 방식으로 일어나는가? 존재자체가 자기 내에서 일어나는 차이, 즉 절대적 부정성에 따라 존재자와 다른 자신의 정체성을 확보한다. 그런데 이때 존재자체는 이렇게 자신의 동일성을 확보하면서 동시에 자기를 부정하고 자기를 벗어난다. 존재가 자신을 확보하면서 자신을 억제하기 때문에 존재는 자기에게 확보된 것을 존재자에게 건네주며 따라서 존재자가 잠시 머물 수 있게 된다(verweilen). 존재하기 위해 근거를 필요로 하는 것은 존재자이며, 존재자를 존재하도록 규정하는 것은 존재자체이다. 그리고 이때 규정하는 작용은 존재론적 차이의 생기사건이다."[48]

존재자체가 자신의 근거를 떠남으로서 존재자가 존재할 수 있는 장이 열린다. 이렇게 열린 장이 바로 탈근거로서의 시—공간(Der Zeit—Raum als Ab—grund)이다. "시—공간은 진리에 속한다. 여기서 진리란 존재사건으로서 존재의 발현을 의미한다." "시—공간의 이런 근원은 존재사건으로서의 존재의 유일성에 상응한다." "진리의 발현(탈근거적인 근거의 발현)으로서 시—공간은 다른 시원이 열릴 때 비로소 알려진다."[49]

시—공간은 "그때 거기서 일어나는 멀어짐과 끌어당김의 긴장"(das Entrückungs—Berückungsgefüge des Da)이며, "순간"(Augenblicksstätte)이며, "방향전환 사이의 순간적 지속"이다.(Das Inzwischen der Kehre und zwar als geschichtlich eigens inständliches)[50] '순간'은 '지금'과 '여기'의 근원이다. 이런 의미에서 시—공간은 영원성으로서의 순간이다. 영원한 한 순간이라 할 수 있다. 영원한 것은 끝없이 지속되는 것이 아니라 지금

---

48 참조, H.—P. Hempel, *Heidegger und Zen, athenäum* 1987, S. 76.

49 "Der Zeit—Raum aber gehört zur Wahrheit im Sinne der Erwesung des Seins als Ereignis." "Dieser Ursprung des Zeit—Raumes entspricht der Einzigkeit des Seyns als Ereignis."(*Beiträge, S. 372.*) "Der Zeit—Raum als Wesung der Wahrheit(Wesung des abgründigen Grundes) kommt erst ins Wissen im Vollzug des anderen Anfangs." (ebd. S. 375)

50 *Beiträge, S.* 371.

자기를 벗어났다 어느 순간 다시 자기에게로 돌아올 수 있는 그것이다. 이렇게 순간의 지속으로서의 시-공간은 과거도 아니고, 현재도 아니며, 미래도 아닌 절대적 부정성 자체이다.

이렇게 열린 시-공간은 3차원의 시간이 아니라 "현전성"(Prae-senz)으로서의 4차원의 시간이다. "시-공간은 미래, 과거, 현재의 상호교류(Einander-sich-reichen)에서 열리는 장(das Offene)이다. 바로 이렇게 열려진 장에 의해 비로소 우리에게 익숙한 연장(Ausbreitung)으로서의 공간이 열린다. 미래, 과거, 현재의 상호교류는 공간 이전의 공간이다."[51] 하이데거는 이렇게 열린 장으로서의 시-공간을 3차원적 시간의 근원이 되는 4차원의 시간이라 부른다.[52] 미래, 과거, 현재의 상호교류란 과거에서 현재로, 현재에서 미래로, 미래에서 현재로 넘어가 '있음'으로서의 "현전성"(Praesenz)을 말한다. 이때 현전성은 과거도 아니고, 미래도 아니며, 현재도 아닌 절대적 부정성 자체이다.

시-공간은 상호교류 과정에서 생긴 "틈새"(Erküftung)이다. 이 틈새에 존재자가 잠시 머문다(Anwesen: Verweilen).

3.1.2.4. 변증법으로서의 존재사건

하이데거는 헤겔 철학의 핵심적 쟁점을 존재사건(Ereignis)의 관점에서 해석한다. 그는 헤겔 철학의 핵심적 개념인 '절대적 이념'이 존재사건(Ereignis)이라고 생각한다. 헤겔은『논리의 학』 2권 마지막 부분에서 다음과 같이 말한다. "절대적 이념만이 존재이며, 불멸의 생명이며, 스스로를 인식하는 진리이다. 절대적 이념만이 궁

---

51 *Zeit und Sein, S*. 14-15.

52 *Zeit und Sein, S*. 16.

극적 진리이다."(WdL II, 549; Lasson 484) 하이데거는 위의 인용문에서 헤겔이 절대적 이념이며 동시에 궁극적 진리라고 말하는 '존재'를 '변증법적 사건'과 동일시한다. 모든 역사와 모든 현실적 사건은 '이념의 자기외화 과정'이다. 그리고 이런 외화과정은 그 자체가 '변증법적 규정'이다. 헤겔에게 있어서 절대적 이념은 "본질적으로 역사적이다. 물론 이때 역사적이란 사건으로서의 역사로 이해되어야 한다. 그리고 이때 사건으로서의 역사적 과정은 존재의 변증법을 통해 규정된다."[53] "헤겔은 존재자의 존재를 사변적-역사적으로 생각한다. 그러나 헤겔의 사유가 역사의 한 순간에 속하는 한 − 이때 역사는 결코 과거의 역사를 의미하지 않는다 − 우리는 헤겔이 생각하는 존재도 마찬가지로 역사적으로 생각해야 한다."[54] 헤겔은 절대적 이념을 존재라고도 하고 변증법이라고도 한다. "이념 자체는 변증법이다."(Hegel, VIII 427) 헤겔에게 있어서 변증법은 존재자 내에서 일어나는 존재와 무 사이의 모순운동이다. 하이데거에 의하면 이런 모순운동은 "존재 내에 무의 내재성", 즉 존재자체의 "본질발현"(Wesung)에서 기원한다.[55]

절대적 이념은 개별적인 이념들의 체계인 논리적 구조인데, 헤겔에게 있어서 이 논리적 구조는 바로 변증법이다. 그리고 이 변증법은 모든 존재자들을 존재하게 하는 원리, 즉 생성과 소멸의 원리

---

53 M. Heidegger, "Die onto-theologische Verfassung der Metaphysik", in: *Identiät und Differenz, Bd.* 11, *Neske Pfullingen* 1978, S. 34. 헤겔에게서 존재란 개념은 다양한 의미로 사용된다. 먼저 절대적 이념으로서의 존재는 ①사유하는 주체와 사유 대상의 완전한 일치로서의 개념을 의미하며, ②사유를 포함한 모든 존재자가 생성되고 소멸되는 논리적 구조로서의 변증법을 가리키며, ③논리적 구조를 해명하는 과정에서 한 존재자의 매개되지 않은 직접성으로서 무와 동일시되는 존재이다. (참조, *M. Heidegger, Hegel, Bd.* 68, *S.* 51).

54 *Identität und Differenz, Bd.* 11, *S.* 35.

55 "Das Innigkeit des Nicht im Seyn: zu seiner Wesung zuerst gehörig"(*Beiträge, S.* 264).

로서의 존재이다. 헤겔에 의하면 "절대적 이념만이 존재이다."(WdL II, 549) 그런데 헤겔의 이 명제는 "존재는 절대적 이념이다"라는 표준형식의 정언명제로 바꿀 수 있다. 한편 "(절대적)이념 자체는 변증법이다"(VIII 427). 위의 두 명제들로부터 우리는 '존재는 변증법이다'는 결론을 이끌어낼 수 있다. 이런 의미에서 코레트는 다음과 같이 말한다. "변증법의 형식은 존재자체의 내적 본질이다."[56] 헤겔에게 있어서 변증법은 존재자체의 논리적 구조이다. 그는 변증법을 통하여 존재자체의 구조를 설명하고자 했다.[57] 그런데 이때 존재란 하이데거가 말하듯이 존재자의 존재자성으로서의 본질을 의미하지 않는다.[58] 헤겔에게 있어서 존재는 한편에서는 주관과 대상의 절대적 일치에 의해 도달되는 인식의 이념으로서의 '존재자성'이며, 다른 한편에서는 개별적 이념들에 내재하는 논리적 구조인 절대적 이념으로서 존재자가 존재하는 '(존재)사건'이기도 하다. 헤겔은 이런 존재사건이 무엇인지 그의 '존재논리'에서 다음과 같이 논증하고 있다. 존재자는 존재이며 동시에 무의 방식으로 존재하다. 존재자는 자체 내에 존재와 무의 모순되는 두 요소를 가진다. 따라서 존재자는 존재에서 무로 운동하며(소멸), 무에서 존재로 운동하는(생성) 방식으로 존재한다. 존재자는 그렇게 '넘어가 있음'(Überge-gangensein)의 방식으로 존재한다. 헤겔에게 있어서 존재는 이렇게 넘어가 '있음'(존재)의 사건이다. 그리고 이런 사건은 바로 변증법 이외의 다른 것이 아니다. 헤겔에게 있어서 절대적 진리, 절대자, 절대적 이념, 변증법, 그리고 존재는 모두 동일한 사태를 가리키는 개

---

56 Emerich Coreth S. J., *Das Dialektische Sein in Hegels Logik*, Wien 1952, S. 18.

57 참조, Oscar Daniel Brauer, *Dialektik der Zeit - Untersuchung über Hegels Metaphysik der Weltgeschichte*, Stuttgart 1982, S. 106.

58 참조, M. Heidegger, *Zur Sache des Denkens*, Tübingen 1988, 68쪽 이하.

넘들이다.[59]

3.2. 존재자의 존재

하이데거에 의하면 아낙시만드로스의 금언 중 첫 번째 문장은
존재자체인 무한자가 필연성에 따라 규정됨으로써 현존하는 존재
자가 존재하게 되었음을 해명하고 있으며, 두 번째 문장은 존재자
의 존재, 즉 존재자가 존재하는 방식을 다루고 있다. "두 번째 문
장은 잠시 머물음, 잠시 동안, 시간을 본질로 하는 존재를 생각
한다."[60] 이 명제에서 '존재'는 존재자체의 존재가 아니라 현존하는
존재자의 존재를 가리킨다. 왜냐하면, 하이데거는 이 명제 바로 다
음에 계속해서 다음과 같이 말하기 때문이다. "그러나 두 번째 문
장은 첫 번째 문장과는 달리 존재자에 관해서만 말하고 있다." 두
번째 문장은 존재자가 어떻게 존재하게 되었으며 그 존재는 무엇
인가 하는 점을 해명한다.

그렇다면 먼저 현존하는 존재자는 어떻게 존재하게 되었는가?
위에서 보았듯이 존재자체가 그의 필연성에 따라 '본질적으로 발현
함'(Wesung)은 존재자체의 필연성에 속한다. 그런데 하이데거에 의
하면 필연성(κρεών)이란 단어는 'κράω'(내가 건네주다)의 분사로 아낙
시만드로스의 금언과 관련하여 보면 "존재(Anwesen)를 손에 쥐어줌
인데, 이때 존재를 손에 쥐어준다는 것은 존재자에게 존재를 넘겨
주고 또 그렇게 함으로써 존재자를 존재자로서 손에 잡아 현존하

---

59 헤겔에 의하면 "살아있는 실체는 주체로서 순수하고 단순한 부정성"의 운동이다. 그리고 이런 부
정성의 운동, 즉 변증법이 바로 "진리"(das Wahre)이다. 참조, G. W. F. Hegel, *Phaenomenologie des Geistes*,
Hamburg 1988, S. 14.

60 "Der zweite Satz denkt das Sein in Entsprechung zu seinem Wesen als Anwesung, Weile, Zeit."(*Grundbe-griffe*, S. 118).

게 하는 것을 의미한다."[61] 필연성이 존재자체의 발현이면서 동시에 '건네줌'을 의미한다면 존재자가 어떻게 존재하게 되는지도 분명해진다. 존재자체의 본질발현이 존재자에게 존재를 건네줌으로써 존재자가 존재하게 된다는 것이다.

그렇다면 존재자에 의해 그렇게 건네진 존재는 어떤 존재인가? 그 존재는 "잠시 머물음, 잠시 동안, 시간을 본질로 하는 존재"이다. 그리고 그렇게 존재하는 존재자는 "현존과 부재의 방식으로 드러나 있는 존재자이다."[62] 그 존재는 지금 여기 있으면서 동시에 저기에는 없는 방식으로 드러나 있는 존재이다. 그런 존재자는 없을 수 있는 존재자이다. 그 존재자는 "그때마다의 방식(in der Weise des Je-Weiligen)으로 존재하기 때문에 탈은폐(Unverborgenheit)에 도달하여 거기 잠시 머물면서 나타날 수 있다."[63] 그렇게 그때마다의 방식으로 '탈은폐되어진 것'(das in die Unverborgenheit Hevor-Gebrachte)을 그리스어로 'ἔργον'(일, 행한 일)이라 한다. "존재자의 존재는 ἐνέργεια이다." 아리스토텔레스의 'ἐνέργεια', 플라톤의 'ἰδέα', 파르메니데스의 'Μοῖρα'[64], 헤라클레이토스의 'Λόγος'는 모두 존재자의 존재를 서로 다른 방식으로 표현한 개념들이다.[65]

존재자의 존재가 '잠시 머물음'이라면 그의 존재방식은 '넘어감'에 있다고 할 수 있다. 하이데거에 의하면 존재자의 "존재는 부정의의 극복이다." 이때 부정의를 부정이라 본다면 존재자의 존재는

---

61 *Der Spruch des Anaximander*, S. 361.

62 "Das Anwesende ist das gegenwartig und ungegenwartig in der Unverborgenheit Wesende."(*Der Spruch des Anaximander*, S. 365).

63 *Der Spruch des Anaximander*, S. 366.

64 Μοῖρα는 그리스 신화에서 운명의 실을 잣고 운명의 실을 나누어 주며 그 실을 다시 거두어들이는 운명의 여신이다. 파르메니데스에게 있어서 Μοῖρα는 영원한 존재(자) 자체로 생성되고 소멸하는 운명을 가진 모든 존재자들의 근원을 상징한다.

65 참조, *Der Spruch des Anaximander*, S. 365-366.

'부정의 부정'에 있다고 할 수 있을 것이다. 그리고 부정의 부정은 '넘어감' 이외의 다른 것이 아니다. 결국 두 번째 문장은 생성(γένε σις)과 소멸(φθορά)을 본질로 하는 존재자의 존재가 '넘어감'에 있음을 드러내고자 한다. 결국 현존재의 존재는 생성에서 소멸로 넘어가는 동안 '잠시 머물음'이며, 소멸에서 생성으로 넘어가는 동안 '잠시 머물음'이다.

하이데거는 아낙시만드로스, 헤라클레이토스와 파르메니데스의 단편들을 해석할 때 그들의 존재 개념을 자연(φύσις)과 동일시한다. 그들에게 있어서 피시스는 단순히 질료적으로 존재하는 소박한 의미의 자연이 아니라 "나타나면서 드러내는 작용"(aufge-hend–entbergendes Walten)이다. 그 작용은 스스로 발현함으로써(나타남으로써) 존재자를 존재하게 한다. 그리고 이런 발현작용은 존재자체에서 일어나는 내적인 모순사건이다. 하이데거에 의하면 이런 발현작용은 "존재사건의 근원적 투쟁"으로 헤라클레이토스에게 있어서 'πόλεμος'와 'λόγος'의 본질이다.[66] 존재자의 존재는 존재사건의 근원적 투쟁에 의해 일어나는 "넘어감의 운동"(γένεσις - φθορά)이다.[67]

4. 맺는 말

하이데거에 의하면 밀레토스 철학자들에 의해 제기되었던 존재물음이 그 후 잊혀졌다. 그렇다면 존재자의 근원, 즉 존재(아르케)에 관해 그들이 제기했던 물음을 다시 기억하는 것이 필요하다. 이를

---

66 참조, M. Heidegger, *Einführung in die Metaphysik, Bd.* 40, S. 66.

67 참조, *Holzwege,* S. 337–339.

위해 하이데거는 밀레토스 철학자들 특히 아낙시만드로스의 금언에 주목한다.

아낙시만드로스를 포함한 밀레토스 철학자들은 존재자체를 무규정적인 어떤 질료로 보았는데 반해(헤라클레이토스는 예외이지만), 하이데거는 그 존재자체를 그의 본질발현 사건(Ereignis)과 동일시한다. 존재자를 존재하게 하는 어떤 것(道, 太虛)으로서의 존재자체와 그의 생기사건(Ereignis, 理)은 다른 것이 아니라는 것이다. 생기사건은 단순한 논리적 형식일 뿐만 아니라 동시에 존재자를 존재하게 하는 힘(내용)이기도 하다는 것이다. 이것은 헤겔에게 있어서 절대적 이념으로서의 변증법이 생성 소멸하는 존재자의 논리적 형식이면서 동시에 그렇게 생성 소멸하게 하는 힘이기도 한 것과 마찬가지이다.

아낙시만드로스의 금언에 대한 하이데거의 해석에서 중요한 포인트는 그가 존재자체와 그의 발현작용, 즉 존재사건을 동일시하고 있다는 것이다. 존재자체는 단순히 자기 속에 즉자적으로 영원히 머무는 실체가 아니라 주체이다. 여기서 주체는 대상과 관계하는 좁은 의미의 인식주체가 아니라 자신을 타자로 세우고 그렇게 정립된 타자 속에서 자기 자신을 확인하는 작용을 가리킨다. 헤겔은 이런 작용을 정신이라 한다. 존재자체는 실체이면서 동시에 주체이며, 존재이며 동시에 정신이다.

우리는 하이데거가 고대 철학자들이 제기했던 존재자체의 문제를 다시 상기함으로써 그의 철학을 전개하고 있음을 보았다. 그런데 그는 고대 철학자들보다 한 걸음 더 나아가 존재자체가 그의 발현작용인 존재사건과 동일하다고 생각했다. 존재자를 존재하게 하는 존재자체는 동시에 그렇게 존재하게 하는 그의 본질발현 이외의 다른 것이 아니라는 것이다. "존재자체는 시간-놀이-공간의 존재사건(Er-eignis)로서 존재한다."⁶⁸ 물론 아낙시만드로스나 헤라클레이토스와 같은 철학자들도 질료로서의 아르케(존재자체)가 논리적 형식(로고스)에 따라 발현함에 주목했다고 할 수 있다. 그러나 그들도 존재자체가 곧 생기사건임을 주목하지는 못했다.

---

68 "Das Seyn *ist als das Er-eignis dieser Entscheidung und ihres Zeitspiel-Raum.*"(*Besinnung, S. 93*).

하이데거 존재론의 정신사적 발전 [01]

요약문

하이데거의 존재론은 대체로 초기, 중기 그리고 후기의 3기로 구분될 수 있을 것이다. 이 글은 그의 존재론을 구성하는 세 시기를 정신사의 관점에서, 즉 정신의 자연스러운 전개과정에 따라 하이데거가 쓴 세 권의 책을 중심으로 구성해 보고자 한다. 정신사란 정신의 역사이며, 정신의 역사란 의식이 그의 경험에서 거치는 과정들이다. 의식은 우선 즉자적 자신으로부터 외화하여 타자를 경험한다. 그런데 이렇게 경험된 타자는 더 이상 나의 타자이다. 이제 의식은 나의 타자를 반성함으로써 즉자적이면서 대자적인 자기의식을 가지게 된다. 의식은 직접적인 체험과 그 체험을 반성하는 이중적 기능을 하기 때문이다. 의식의 경험은 한편에서는 의식 자체의 경험이며, 다른 한편에서는 '의식의 경험'에 대한 철학자의 학적 반성, 즉 '의식의 경험의 학'이다. 하이데거의 존재론을 정신사적 관점에서 고찰한다는 것은 현존재의 존재이해와 그 이해에 대한 학적 반성, 즉 해석의 과정을 거쳐 존재론을 재구성하는 것이라

---

01   이 논문은 『현대유럽철학 연구 54집』(2019년)에 게재한 논문임.

할 수 있다. 이것은 '이해'(Verstehen)와 '해석'(Auslegung) 사이의 해석학적 순환을 통해 그의 철학을 재구성하는 것이다. 하이데거의 정신사적 사유여정을 요약하면 다음과 같다.

1) 『존재와 시간』: 사유하는 주체로서 현존재의 존재(Sorge)와 그 의미로서의 시간성(Zeitlichkeit; 현존재의 시간성)을 드러냄.
2) 『현상학의 근본문제들』: 존재자 일반의 시간성, 즉 '존재의 시간성'(Temporalität; Praesenz = an-und abwesen)과 그 의미로서의 존재(Anwesen)를 해명함.
3) 「시간과 존재」: 존재와 사유의 일치(Anwesenlassen, Ereignis=Ereignen); 존재의 의미: 사유와 존재가 현존(Anwesen)에서 일치함으로써, 즉 존재의 부름에 인간의 사유가 응답함으로써 존재와 사유가 일치하는 존재사건에서 존재의 고유한 의미가 드러난다.(gelichtet werden)

1. 들어가는 글

하이데거에 의하면 철학의 역사는 존재망각의 역사였는데, 이런 존재망각은 존재를 최고의 존재자와 동일시하여 존재론적 차이에 주목하지 못했기 때문이다. 그리고 존재론적 차이에 주목하지 못했다는 것은 존재의 의미를 추구하지 않았다는 것이다. 따라서 하이데거의 궁극적인 철학적 관심은 존재의 의미를 해명하는 것이었다. 그런데 존재는 언제나 존재자의 존재이기는 하지만 존재자가 아니기 때문에 직접 해명될 수 없고 존재자를 통해서만 해명될 수 있다. 따라서 하이데거는 존재의 의미를 이해하는 탁월한 존재자인 현존재로부터 존재의 의미를 해명하고자 한다. 이 논문은 존재의 의미를 해명하는 하이데거의 존재론이 현존재의 존재론적 분석에서 시작하여 전회 이후에 이르기까지의 과정을 정신사적 과정을 정신사적 관점에서 살펴보고자 한다.

정신사란 정신의 역사이며, 정신의 역사란 의식이 그의 경험에서 거치는 과정들이다. 의식은 우선 즉자적 자신으로부터 외화하여 타자를 경험한다. 그리고 이렇게 경험된 타자는 더 이상 절대타자가 아니라 나의 타자이다. 이제 의식은 나의 타자를 반성함으로써 즉자적이면서 대자적인 자기의식을 가지게 된다. 의식은 직접적인 체험과 그 체험을 반성하는 이중적 기능을 하기 때문이다. 의식의 경험은 한편에서는 의식 자체의 경험이며, 다른 한편에서는 '의식의 경험'에 대한 철학자의 학적 반성, 즉 '의식의 경험의 학'이다.

하이데거의 존재론을 정신사적 관점에서 고찰한다는 것은 현존재의 존재이해와 그 이해에 대한 학적 반성, 즉 해석의 과정을 거쳐 존재론을 재구성하는 것이라 할 수 있다. 이것은 '이해'(Verstehen)와 '해석'(Auslegung) 사이의 해석학적 순환을 통해 그의 철학을 재구성하는 것이다.[02] 이런 과정은 철학자로서 하이데거가 또는 우리가 현존재에 대한 직접 체험에서 출발하여 그 체험에 대한 실존론적 반성을 통해 존재론을 구성하는 것이다.[03] 우리는 현존재로서 먼저 존재이해에 도달하고, 이런 존재이해를 학적 반성에 의해 해석함으로써 존재일반의 존재를 이해하고, 존재일반의 존재를 다시 사유함으로써 존재의 의미를 해명한다. 정신사란 현존재의 실존론적 분석을 통해 현존재의 존재 의미인 시간성에 이르고, 다시 현존

---

02 이해와 해석 사이의 해석학적 순환에 관해서는 참조, M. Heidegger, *Sein und Zeit*, Frankfurt a. M. 1976, 148-153. (이후로는 본문 가운데서 SZ로 표기함).

03 존재의 의미를 해명하는 하이데거의 존재론이 이해와 해석 사이의 이런 순환과정을 통해 이루어진다는 사실에 관해 W. 블라트너는 다음과 같이 말한다. "하이데거가 궁극적으로 목표로 삼았던 것은 존재의 의미를 해명할 일반존재론을 개발하는 것이었으며, 하이데거는 이를 위해 존재이해를 현상학적으로 분석했다." (W. 블라트너, 「하이데거의 『존재와 시간』 입문」, 한상연 옮김, 서광사, 2012, 36쪽.)

재의 시간성의 의미인 존재의 시간성에 이르고, 마지막에는 사유와 존재가 일치하는 존재사건에 의해 세계를 바라보는 새로운 시야가 열리는 긴 과정이다. 여기서 중요한 것은 존재이해는 피스톨에서 총알이 발사되듯 단번에 도달되는 것이 아니라 긴 과정을 거쳐야 독단을 피할 수 있다는 점이다. 이제 이런 긴 여정을 『존재와 시간』, 『현상학의 근본문제들』 그리고 「시간과 존재」를 통해 추적해 보자. 『존재와 시간』에서 이해는 현존재의 실존적 경험이며, 해석은 현존재의 실존적 경험에 대한 철학자의 실존론적 반성의 결과인 현존재의 시간성이다. 『현상학의 근본문제들』에서 이해는 '현존재의 시간성'(Zeitlichkeit)이며, 해석은 현존재의 시간성에 대한 철학자의 반성의 결과인 '존재의 시간성'(Temporalität)이다.[04] 이런 상관관계는 『존재와 시간』 1부 전체의 제목인 "시간성을 목표로 하는 현존재 해석과 존재물음의 초월론적 지평으로서의 시간"(SZ 41)에서 잘 드러난다. 「시간과 존재」에서 이해는 존재의 시간성인 '순간'(Augenblick)이며, 해석은 이런 시간성에 대한 전회 이후의 반성의 결과인 존재사건(Ereignis)이다. 하이데거의 이런 방법은 『정신현상학』으로부터 『논리의 학』에 이르는 헤겔의 철학적 여정과 같다. 헤겔의 『정신현상학』은 의식의 경험의 학, 즉 의식이 경험한 것은 '주제로 하여 드러내는 학'(logos)이며, 『논리의 학』은 이런 경험에 대한 철학자의 반성의 결과이다. 『정신현상학』은 의식의 경험에 대한 서술인데, 이런 서술은 의식의 근저에 놓인 논리의 약도에 따라 이루어진다. 다시 말해 의식은 즉자적 상태에서 출발하여 절대지의 단계에 이르는 과

---

04 하이데거는 현존재의 시간성에 대해서 "Zeitlichkeit"란 개념을 사용하고, 존재의 시간성에 대해서는 "Temporalität"란 개념을 사용한다. 이것은 하이데거 자신이 말하듯이 현존재의 시간성이 미래, 과거, 현재라는 시간적 계기들의 탈자적-지평적 통일성인데 반해, 존재의 시간성은 '순간적으로(temporal) 넘어감'에 있음을 강조하기 위한 것이다. 참조, M. Heidegger, *Grundprobleme der Phänomenologie*, Frankfurt a. M. 1929, *S.* 433. (이후로는 본문 가운데서 GP라고 표기함).

정을 경험(이해)할 뿐만 아니라, 다시 이런 경험과정을 대상으로 하여 반성(해석)하는 이중적 기능을 한다.[05]

2. 현존재의 실존론적 분석

앞에서 언급되었듯이 하이데거 존재론의 목표는 현존재의 현사실적 분석에 기초한 존재론적 해석을 통해 '존재자에게서 경험된 존재'를 해명하고, 그렇게 해명된 존재를 사유와의 관계에서 밝히는 것이다. 먼저 그는 존재의 의미를 해명하기 위한 예비적 작업으로『존재와 시간』에서 현존재의 본질적 존재방식을 분석하여 현존재의 존재의 의미가 시간성에 있음을 밝힌다. 그런데 여기서 주의해야 할 것은『존재와 시간』에서 제시된 현존재의 실존론적 분석은 존재론을 향해 가는 하나의 길로서 '예비적 성격'(Vorläufigkeit)을 가진다는 사실이다.

하이데거에 의하면 "현존재의 실존론적 분석은 존재일반의 의미를 해석하기 위한 지평을 확보하는 것이다."(SZ 15). "현존재 분석은 불완전할 뿐만 아니라 예비적이다. 그것은 우선 인간의 존재를 드러낼 뿐 아직 그 의미를 해명하지는 않는다. 그것은 오히려 가장 근원적인 존재해명을 위한 지평의 열림을 준비해야 한다. 이 지평이 열릴 때 비로소 현존재에 대한 예비적 분석이 보다 높고 고유한 존재론적 토대에서 다시 검토될 수 있다."(SZ 17) 현존재 분석은 단지 하나의 길이다. 또 다른 길이 있을 수 있다. "존재론적인 근거물음을 해명하기 위해 하나의 길을 찾아 그 길을 가는 것이 중요

---

05 하이데거와 헤겔의 이런 철학적 방법론에 관한 보다 자세한 내용을 위해서는 참조, 오희천,「헤겔과 하이데거에 있어서 철학의 과제와 방법론」(『철학연구』83집, 1008), 91-115); 강순전,『정신현상학의 이념』, 세창출판사, 2016, 5쪽.

하다. 그 길이 유일한 길인지 또는 도대체 옳은 길인지는 그 길을 간 후에 비로소 판단될 수 있다."(SZ 437) 푀겔러(O. Pöggeler)에 의하면 "특히『존재와 시간』에서 처음 시도된 모든 '내용들'과 '견해'들과 '길'들은 우연적이며 따라서 사라질 수 있다."[06]

존재의 의미를 해명하기 위한 예비적 작업으로서『존재와 시간』의 목표는 인간 존재의 의미가 시간성(Zeitlichkeit)에 있음을 밝히는 것이다. 이를 위해 우선 하이데거는 인간의 현사실성으로부터 출발한다. 인간의 가장 직접적인 현사실성은 "세계내존재"이다.

인간은 이웃들과 관계를 맺으며, 인간 이외의 존재자들과도 도구적 관계를 맺고 산다. 그리고 이런 관계는 무한히 연장된다. 하이데거는 인간이 맺고 있는 이런 관계의 총체적 그물망을 '세계'라고 하며, 이런 총체적 관계의 그물망 속에서 사는 인간을 "세계내존재"라 한다. 인간은 우선 무엇보다 세계에 던져진(geworfen) 존재자이다. 그런데 일상적 상태에서 이런 관계는 '아무런 관계도 아닌 관계'라는 특징을 가진다. 우리는 아무 관계없는 세계에 살고 있다. 관계의 그물망으로서 세계는 무의식의 지평이며, 이런 지평에서 이루어지는 관계는 아무 관계도 없는 관계이다. 나는 저 남아메리카의 정글에 있는 어떤 존재자와 무의식의 지평인 세계 속에서 관계를 맺고 있지만 그 관계는 나에게 아무런 관계도 없다. 세계는 나에게 있어서 아무것도 아니다. 단지 존재자와 만남을 가능하게 하는 지평일 뿐이다. 이런 세계는 일상성과 평균성을 그 특징으로

---

06 O. Pöggeler, *Der Denkweg Martin Heideggers*, Tübingen 1990, S. 188. 하이데거는 현존재 분석의 이런 예비적 성격과 관련하여『존재와 시간』여백 주에서 현존재는 존재자 일반의 존재를 드러내기 위한 하나의 예라고 말한다. "*Exemplarisch ist das Dasein, weil es das Beispiel, das überhaupt in seinem Wesen als Da-sein (Wahrheit des Seins wahrend) das Sein als solches zu- und bei-spielt - ins Spiel des Anklangs bringt.*"(*SZ* 7 c, 439) 모일렌(Meulen)에 따르면 헤겔의『정신현상학』이『논리의 학』을 위한 길잡이 역할을 하듯이 하이데거의『존재와 시간』도 보편적 존재론에 이르기 위한 서론이다. 참조, *Jan van der Meulen, Heidegger und Hegel oder widerstreit und widerspruch*, Meisenheim/Glan 1953.

한다. 하이데거는 인간의 이런 존재방식을 "피투성"(Geworfenheit)이라 한다.

그러나 인간은 단순히 세계에 던져져 있을 뿐만 아니라 언제나 그의 존재가능성이 중요한 존재자이기도 하다. 그리고 인간의 궁극적 존재가능성은 그가 더 이상 존재하지 않을 가능성으로서의 죽음, 즉 무(無)이다. 인간은 "죽음에 이르는 존재"이다. 인간은 그의 궁극적 존재가능성인 무에 대해 불안(Angst vor Nichts)을 느낀다. 불안은 인간의 "근본적인 기분"(Grundbefindlichkeit)이다. 인간은 이런 불안을 견디지 못하고 무로부터 유(있는 것)로 도피한다. 무로부터 도피한 인간은 이제 다른 사람들과 잡담을 하고 오락과 스포츠를 즐기면서 살아간다. 이제 인간은 우선 일상적이고 평균적인 세계 속에서 "세상사람"으로 살아간다. 그는 잡담을 하고 오락과 스포츠를 즐기면서 자신의 고유한 존재를 잊고 살아간다. 하이데거는 이런 존재방식을 "비본래성"(Uneigentlichkeit)이라 한다. 물론 여기서 비본래성이란 개념은 도덕적 의미로 이해되어서는 안 된다. 하이데거에게 있어서 비본래성은 본래성과 마찬가지로 인간 존재의 본질적인 존재방식이기 때문이다.

그러나 인간이 언제나 비본래성에 빠져 살아가는 것만은 아니다. 그는 "세상사람"으로 살아가면서 지루함과 무의미성에서 또 다른 무를 느낀다. 이런 무에 대해 인간은 그의 존재가능성에 대해 또 다른 불안(Angst um Sein)을 느낀다. 이제 그는 이런 무상함과 무의미성으로부터 자신의 고유한 존재가능성으로서의 죽음을 미리 앞당겨 생각한다. 인간은 매 순간 자신의 존재가능성을 미리 앞당겨 생각하면서 결단한다. 하이데거는 이런 존재방식을 "선구적 결의성"(Vorlaufende Entschlossenheit)이라 한다. 이제 인간은 본래적 존재방식으로 돌아간다. 이런 존재방식을 "본래성"(Eigentlichkeit)이라 한다. 본래성과 비본래성은 인간 실존의 근본적인 존재방식이다.

이와 같이 인간은 세상에 던져진 존재자로서 언제나 그의 존재에 있어서 그의 존재가능성이 중요한 존재자이다. 하이데거는 자신의 존재가능성을 미리 앞당겨 생각하면서 순간순간 결단하는 인간의 이런 존재방식을 "염려" 또는 "마음씀"(Sorge)이라 한다. 그리고 이렇게 '이미' 세계에 던져진(geworfen) 존재자로서(피투성) 자신의 존재가능성을 '미리' 앞당겨 '지금' 기획하면서(entwerfen) 결단하는 "염려"로서의 존재방식은 '미리(미래), 이미(과거), 지금(현재)'이라는 현존재의 시간성에 근거한다.[07] 시간성은 현존재의 근원적인 존재방식이다.[08]

3. 존재의 시간성

하이데거는 『존재와 시간』 1부 3장("시간과 존재")과 2부 1장("존재의 시간성 문제의 전단계로서 칸트의 도식론과 시간론")에서 기획했지만 발표되지 않은 주제를 같은 해 마르부르크에서 행한 『현상학의 근본문제들』이란 강연과 『칸트와 형이상학의 문제』에서 다루었다. 『현상학의 근본문제들』에서 하이데거는 "존재를 그의 시간적(temporalen) 규정성에서 … 해명하고자"(324) 했다.[09] 여기서 "시간적"(temporal)이란 존재자의 존재가 영원하지 않고 시간적으로 한정되어 있음을 의미한다. 이 책에서 하이데거는 현존재의 시간성이 과거에서 현재

---

07 현존재의 시간성은 "과거를 보존하면서 미래를 지향하면서 현재화함"(retendierend protendierende Vergegenwärtigung)이라는 후설의 "시간의식"(Zeitbewußtsein)과 같다고 할 수 있을 것이다. 물론 하이데거는 시간적 계기들의 우선순위가 미래에 있다고 본다는 점에서 후설과 다르지만 말이다.

08 『존재와 시간』에서 현존재의 실존론적 분석에 관한 보다 자세한 내용을 위해서는 앞에 인용된 W. 블라트너의 책을 참조하라.

09 여기서 "시간적"에 대해 'zeitlich'가 아니라 'temporal'이란 표현을 사용한 것은 존재자의 존재가 영원하지 않고 시간적으로 한정되어 있음을 강조하는 것이라 할 수 있다.

로 '넘어가 있음', 현재에서 미래로 '넘어가 있음', 미래에서 과거로 '넘어가 있음'으로서의 "순간"(Augenblick)이라는 "존재의 시간성"(Temporalität)에 근거함을 해명한다. 이때 '넘어감'은 존재의 시간성이며, '있음'은 존재이다. 즉 존재자는 넘어가는 방식으로 잠시(temporal) 존재한다. 존재자가 '존재한다(ist)'는 것은 존재자가 '넘어가 있다'는 의미이다. 이렇게 넘어감의 방식으로 있음(존재)은 '있으면서 없고', '없으면서 있는' '순간'으로서 '잠시 머물음'이다.[10] 현존재의 존재의 의미는 "시간성"(Zeitlichkeit)이며, 현존재의 시간성의 의미는 "존재의 시간성"(Temporalität), 즉 '잠시 잠간'이다. 이와 같이 『존재와 시간』과 『현상학의 근본문제들』은 존재의 의미가 이중적인 시간성에 있음을, 즉 인간 존재의 의미는 시간성이며, 시간성의 의미는 존재의 시간성임을 해명한다. 현존재의 시간성은 현존재의 존재의 알고리즘이며, 존재의 시간성은 존재일반의 알고리즘이다. 존재일반의 알고리즘은 존재와 무 사이의 생성소멸의 운동이다. 0과 1의 알고리즘이 모든 연산의 기본법칙이듯이 존재와 무의 알고리즘은 존재자의 존재방식이다.

이제 하이데거가 어떻게 현존재의 시간성으로부터 존재의 시간성을 해명하는지 살펴보자. 현존재의 염려구조인 "미리, 이미 ~안에, ~ 옆에"(Sich vorweg, Schon sein in, als Sein bei)는 현존재가 "자기를 향해 자기에게 돌아오면서 현재화함"(Auf sich zukommend zurückkommende Gegenwärtigen)이라는 세 가지 시간적 계기들에 기초한다. 시간적 계기들이 이렇게 시간화하는 사건에서 현존재가 다른 존재자들과 만

---

10 그러나 '잠시 머물음'은 잠시도 머물지 않음의 방식으로 머물음이다. 잠시라도 머물음은 부정의이기 때문이다. 존재는 더 이상 있지 않으면서 아직 아닌 것을 향하여 나감의 방식으로 잠시 머물음이다. 따라서 존재는 '절대적 자기부정'이다. 있음에 머무는 것은 부정의이고, 없음에 머무는 것도 부정의이다. 있음은 없음을 향해 감으로써 없음에게 보상을 지불해야 하고, 없음은 있음을 향해 감으로써 있음에게 보상을 지불해야 한다.

나는 지평으로서의 장(Da)이 열린다. 현존재는 이런 세 가지 시간적 계기들에서 탈자적(außer sich)이며, 시간적 계기들이 시간화하는 세 가지 방식들은 현존재의 세 가지 탈자태들(Ekstase)이다. 그런데 이 탈자태들은 단순히 '자기 밖으로 나감'일 뿐만 아니라 동시에 '어디로'(woraufhin)이라는 지평을 포함한다. 현존재의 존재는 미래에서 과거로, 과거에서 현재로, 현재에서 미래로 '넘어가 있음'이다. 시간성의 각 계기들은 탈자적이면서 동시에 서로에게 지평이 된다. 따라서 시간성은 탈자적-지평적(ekstatisch-horizontal)이다. 탈자태들이 '자기 밖으로 나가'(über sich hinaus) 서로 기능적으로 관계를 맺는 현상이 현존재의 근본구조라는 사실에 관해 하이데거는 다음과 같이 설명한다. "(선구적) 결의성에서 현존재는 자기의 가장 고유한 존재 가능성으로부터 자신을 이해한다. 이해는 자기 자신의 가능성으로부터 자기 자신에게로 향해 오는 한 무엇보다 미래적이다. 동시에 현존재는 자기를 향해 올 때 이미 자기 자신을 그때마다 이미 있었던 존재자로 넘겨받는다. 선구적 결의성에서, 즉 가장 고유한 존재 가능성으로부터 자신을 이해할 때, 이렇게 가장 고유한 가능성으로부터 자기 자신을 향해 올 때, 현존재는 그에게 돌아오며 자신을 현존하는 존재자로 넘겨받는다."(GP 407) 현존재의 이런 구조는 시간성에 기초한다. 이에 관해 하이데거는 다음과 같이 요약한다. "미래, 과거, 현재는 '자기에게로 향하여, 자기에게로 돌아가, 대상을 만나게 함'을 가리킨다. '~에게, ~로, ~ 옆에'의 현상들은 시간성이 초월 자체임(ekstatikon schlechthin)을 드러낸다. 시간성은 근원적인 '탈자성'(Außer-sich) 자체이다."(SZ 328) 현존재는 미래, 과거, 현재의 탈자적 계기들의 동근원적 상호관계를 통해 존재한다. 이런 시간성 구조에 근거하는 현존재는 본질적으로 실존(Existenz)이다. 초월 자체이며 근원적 탈자성인 시간성은 그의 탈자적-지평적 구조를 통해 타자에게로의 초월(Transzendenz)을 가능하게 한다. 그리고 이런 초월에 의해 존재자들과 만날 수 있는 지평이 열린다. 현존재가 세계내 존재로서 실존적인(ek-statisch) 것은 바로 그의 이런 시간성 구조에 근거한다.

이제 탈자적-지평적 시간성의 형식적 구조인 존재의 시간성을 밝혀보자. 시간성의 세 계기들인 미래, 과거 그리고 현재는 시간성의 탈자태들로서 기능적으로 상호 연관관계에 있다. 미래는 과거로 넘어가고, 보다 정확히 말해 넘어가 있고, 과거는 미래로 또한 그렇게 넘어가 있다. 그렇게 넘어가면서 또는 넘어가 있으면서 현존재는 자신을 현존하는 존재자로 현재화한다. 그렇다면 자기를 넘어가는 탈자태들의 이런 기능적 상호관계의 기초가 되는 형식적 구조로 드러나는 무엇인가? 넘어감 또는 넘어가 있음이다. 여기서 '있음'은 '머물러 있음'(Anwesenheit)이다. 미래는 자기를 넘어 과거에 '머물러 있음'(anwesen)이며, 과거는 미래로 넘어가 '머물러 있음'이다. 하이데거는 그런 순간적인(temporal) 존재(Anwesen)를 "현전성"(Praesenz: 지금 앞에 있음)이라 부른다. "탈자태 자체의 탈자성에 근거하여 그리고 탈자성에 의해 규정되어 탈자성 자체 너머에 놓여있는 것은, 보다 정확하게 말해 '자기를 넘어'의 '어디로' 자체는 지평으로서의 현전성이다."(GP 435) 하이데거에 의하면 탈자적-지평적 시간성이 지향된 이런 현전성의 지평이 바로 "존재의 시간성"(Temporalität)이다. 현전성으로서의 "존재의 시간성"은 존재가 시간적으로(temporal, 일시적으로) 규정되어 있음을 의미한다.[11] 결국 현전성은 존

---

11   하이데거는 탈자적-지평적 시간성으로부터 어떻게 존재의 시간성을 도출하는가? 그는 칸트의 도식론(Schematismus)에서 결정적인 힌트를 얻은 것처럼 보인다. 칸트에 의하면 무시간적인 순수오성개념(카테고리)이 감성의 자료들에 적용되기 위해서는 카테고리가 초월론적 구상력에 의해 시간적으로 규정되어 감성화되어야(Versinnlichung) 한다. 칸트는 이렇게 시간적으로 규정되어 감성화된 것을 도식이라 한다. 하이데거에 의하면 '현존재의 시간성'(Zeitlichkeit)은 '존재의 시간성'(Temporalität)의 도식화(Schematisierung)이다. 하이데거는 이렇게 도식화된 것을 현상학적으로 해체구성함으로써, 즉 도식 속에 전존재론적으로 이미 주어져 있는 것을 현상학적 환원, 특히 이데아적 환원에 의해 밝혀내고자 했다. 이와 관련하여 하이데거는 다음과 같은 고백한다. "내가 몇 년 전에『순수이성비판』을 다시 한 번 연구할 때, 즉 그 책

재의 시간성으로서 존재 이외의 다른 것이 아니다. 따라서 하이데 거는 시간을 존재의 이름(Vorname)이라 했다.[12] 존재를 시간이라 이른다(부른다). 이때 시간적이란 영원성과 대비되는 유한성이다. 존재는 현전성의 방식으로 잠시 머물음(Verweilung)이다.[13]

존재는 잠시도 머물지 않으면서 잠시 머물음이며(abwesend anwesende Verweilung), 이런 방식의 머물음이 바로 지속(duree)으로서의 시간이다. 존재(Anwesen)에서 'An-'은 지속을 의미하는 접두사이기 때문에, 존재라는 개념은 지속성(Beständigkeit)을 본질로 한다. 그러나 이때 지속으로서의 존재는 '영원한 지속'(ἀεί)이 아니다. 그것은 한계를 가지고 그 한계를 넘어서는 지속이다. 한계 내에 머물기만 한다면 그것은 지속이 아니다. 지속으로서의 존재는 '한계를 부정하는 지속'(τὸ ἄπειρον)이다. 존재는 지속과 지속의 부정이라는 이중적 본질을 가진다. 이런 점에서 존재는 '자기부정'이다. 존재는 자기 내에서 이미 존재와 무가 상호작용하는 방식으로 지속한기 때문이다. 하이데거에 의하면 "존재 내에 무의 내재성", 즉 부정성이 존재의 본질이라는 헤라클레이토스와 헤겔의 주장은 서양철학에서 가장 위대한 통찰이었다. 그러나 하이데거는 그들이 사유와 존재의 일치에서 열리는 존재의 진리에 대해 물음을 제기하지 못했다고

을 후설의 현상학적 관점에서 읽었을 때 내 눈에서 비늘 같은 것이 떨어졌다. 나는 칸트에 의해 내가 추구해 가던 그 길이 올바른 길임을 근본적으로 확신하게 되었다."(M. Heidegger, *Phänomenologische Interprätation von Kants Kritik der reinen Vernunft*, GA 25, 431. 이후로는 본문에서 GA 25로 표시함). 칸트와 하이데거의 도식론에 관해서는 참조, *M. Heidegger, Kant und der Problem der Metaphysik*, Frankfurt a. M. 1991(이후로는 *KPM*); 오희천, 「하이데거와 칸트: 하이데거에 있어서 도식론의 존재론적 의미」(『철학』 89집. 2006), 81–108.

12 "『존재와 시간』에서 존재는 시간 이외의 다른 어떤 것이 아니다. 시간이 존재의 진리를 부르는 이름인 한에서 말이다."("Einleitung zu 'was ist Metaphysik?", in: *Wegmarken*, 371. 이후로는 *WM*) 시간은 존재의 성(*Nachname*)이 아니라 이름(*Vorname*)이다. 이름은 그렇게 일러진 존재자의 고유한 속성을 가리킨다. 시간은 흐름이다. 존재에서 무로 넘어감이다. 따라서 존재자가 존재한다는 것은 시간의 방식으로 존재한다는 의미이다.

13 'Anwesen'(존재)이란 단어에서 '–wesen'은 어원적으로 'wesan'에서 유래했으며, 'wesan'은 고대 인도어의 'vasati'(체류하다, 거주하다)에서 유래했다. 참조, M. Heidegger, *Was heißt Denken?* (*GA* 8), Tübingen 1971, *S.* 143.

비판한다.[14]

존재자는 무와 무 사이에 있으며, 존재자와 존재자 사이에 있다. 이 사이는 무(과거)와 무(미래)를 잇는 "이음새"(Fuge)이고, 존재자와 존재자를 잇는 이음새이다. 존재는 바로 이런 이음새로서의 '사이'이다. 그리고 사이로서의 존재는 이음새를 거부함을 본질로 한다. 존재는 이음새이면서 이음새를 부정함(아페이론)이다.[15] 따라서 존재자는 이음새 안에 있으면서 동시에 이음새를 부정하면서 존재한다. 하이데거는 존재의 이런 이중적 존재방식을 아낙시만드로스의 금언에 나오는 'άδικία'(부정의)란 단어에 대한 해석을 통해 다음과 같이 제시한다. "아낙시만드로스의 금언은 존재자가 'άδικία', 즉 이음새 밖에 있다고 말한다. 그렇지만 이 말은 존재자가 더 이상 존재하지 않는다는 의미가 아니다. 그러나 그 말은 또한 존재자가 경우에 따라서 또는 존재자의 어떤 속성들의 관점에서 정당하지 않다는 의미도 아니다. 아낙시만드로스에 의하면 존재자는 존재자로서 이음새 밖에 있다. 존재(Anwesen) 자체에는 이음새와 더불어 이음새 밖에 있을 수 있는 가능성도 함께 속한다. 존재자는 그때마다 잠시 머무는 것(je Weilige)이다. '~동안(Weile)'은 본래 '지나가는 길에 잠시 들렀다 바로 떠남(übergängliche Ankunft in den Weggang)'이다. '~동안'은 본래 출현과 떠남 사이이다. 잠시 머무는 모든 존재자의 존재는 이런 이중적 부재(Ab-wesen) 사이이다. 그때마다 잠시 머무는 존재자는 이 사이에 접합되어 있다. 이 사이는 이음새인데, 잠시 머무는 존재자는 출현에서 떠나기까지 이 이음새에 잠

---

14 M. Heidegger, *Beiträge zur Philosophie* (GA 65. 이후로는 본문에서 *BP*로 표기함), S. 264-265.

15 "아페이론"(άπειρον)은 탈격 접두사 'ά-'와 'περας'(경계)의 합성어로 원래 아낙시만드로스에 의하면 무한자(무규정자)이다. 그런데 하이데거는 이 개념을 "경계를 거부함"(Verwehren der Grenze), 즉 존재자가 자신의 경계(이음새)를 거부하고 넘어감이란 의미로 해석하였다. 참조, M. Heidegger, *Grundbegriffe* (GA 51), Frankfurt a.M. 1981, S. 113-117.

시 접합되어 있다. 잠시 머무는 존재자의 존재는 출현의 방향(Her)을 향해 나아가고 떠남의 방향(Hin)을 향해 나아간다. 존재는 양 방향의 부재에 접해 있다. 존재의 본질은 그런 이음새이다. 존재자는 잠시 머무는 한 출현하면서 동시에 떠난다. '동안'의 본질은 이음새에 있다. ἀδιχία는 ἐόντα의 본질적 특성이다. … 그렇지만 존재자는 잠시 동안 있는 존재자로서 동시에 그에게 정해진 기간 동안 머문다(verweilen). 도착한 것은 결코 영원히 지속하기 위해 자신의 기간(Weile)을 고집할 수 없다.… 존재자는 접합점에 머물면서 그 접합점을 넘어간다. 이렇게 접합점(한계)을 넘어가는 것이 존재자의 본질이다."[16] "현존하는(지금 있는) 것은 그것이 부재하는(지금 없는) 것에 속하는 한 현존한다."(HW 357)

잠시 머물음으로서의 존재는 '특정 장소와 시간에(an) 처해있음(Befindlichkeit; An-wesen)'이다. 그런데 '처해있음'은 '넘어감'(Vergänglichkeit)의 방식으로 처해 있음이다. 존재는 '덧없이 처해있음'이다. '덧'이란 찰나의 순간(瞬間; 눈 깜빡할 사이)이다. 존재란 찰나의 순간도 머물지 않고 넘어가 '있음', 즉 있음을 부정하고 없음으로 넘어가 '있음'이며, 없음을 다시 부정하고 있음으로 넘어가 '있음'이다. 존재는 부정의 '부정의 방식으로 있음'이다. 그리고 이렇게 부정의 부정이 바로 존재의 시간성(Temporalität)이다.[17] 'Tempus'는 어떤 것(존재자)이 움직이는(존재하는) 속도(시간), 즉 찰나의 순간이다.

하이데거는 존재자가 왜 넘어감의 방식으로 있는지에 관해 "만물의 근원은 무규정자"(ἡ ἀρχή τῶν ὄντων τὸ ἄπειρον)라는 아낙시만드

---

16 M. Heidegger, "Der Spruch des Anaximander", in: *Holzwege* (GA 5, 이후로는 본문에서 HW로 표기함), S. 354-355.

17 베르그송에 의하면 "시간이 존재한다. 그리고 그것은 공간에 속하는 것이 아니다." 시간은 지속(duree)이며, 공간은 터 잡고 어디엔가(한계 속에) '처해 있음'이다. 지속은 끊임없이 넘어가는 한에서 지속이다. 생명이 있는 모든 존재자는 시간성의 방식으로 존재하는데, 이때의 시간성은 공간성(제한성)을 넘어섬이다. 이런 시간성을 가지는 모든 생명은 "엘랑비탈"(elan vital; 생명의 약동)로서 창조적으로 진화한다.

로스의 주장에 대한 상당히 자의적인 해석을 통해 설명한다. 하이데거에 의하면 헬라어 'ἀρχή'는 존재자의 존재이며 삼중적 존재방식을 가진다. 그것은 생성과 소멸의 시작이며, 소멸로 넘어가는 과정을 지배하는 원리이며, 이런 원리를 통해 열린 영역이다. 그리고 이런 삼중적 존재방식을 규정하는 원리는 'ἄπειρον'(무한자)이다. '무한자'는 존재자의 시초(ἀρχή)이면서, 그 시초의 원리이다. 모든 유한자의 시초인 무한자는 "한계를 거부함"(Verwehrung der Grenze)을 원리로 가지는 '한계가 없는 상태의 존재자'이다. 따라서 무한자의 한계는 '한계가 없음'이다. 그런데 무한자의 존재원리는 "그의 한계, 즉 한계 없음을 거부함"(ἄ-πειρον)이다. 따라서 무한자는 그의 시초에서 한계를 가지기 시작함으로써 유한자가 된다. 한편 '한계를 거부함'은 무한자의 원리일 뿐만 아니라 그에게서 시작된 유한자의 존재원리이기도 하다. 따라서 '한계를 거부함'은 생성과 소멸 사이의 유한자를 규정하는 원리이기도 하다.[18]

'잠시 동안 지속함'으로서의 존재는 시간의 방식으로 지속하며, 지속으로서의 시간은 존재자의 운동성(작용)이다. 그리고 이런 지속으로서의 운동성은 차이의 사건(변증법)이다. "공간은 자연의 자기 외화의 무매개적인 무차별성이다. … 공간은 점들의 무차별적 상호관계(Außereinander)이다, 그러나 공간은 점이 아니라 헤겔의 표현을 빌면 '점성'(Punktualität)이다. 이런 이유 때문에 헤겔은 공간을 시간이라고 생각한다. … 만일 부정성들이 단순히 그들의 무차별성에 머물지 않고 지양될 때, 즉 그 부정성들이 부정될 때 비로소 공간은 그의 존재에서 파악된다. 부정의 부정에서(즉, 점성에서) 점은 대자적으로 정립되며, 그럼으로써 지속의 무차별성에서 벗어난다. 공간은 대자적으로 정립된 것으로서 이러저러한 것과 구별된다. 공간

---

18 'ἄπειρον'에 관한 이런 해석에 관해서는 참조, *Grundbegriffe* (GA. 51), S. 103-115.

은 더 이상 이것이 아니고 저것도 아니다. … 무차별성으로서의 점성을 지양하는 것은 공간의 '무감각한 정적'에 더 이상 머물지 않음을 의미한다. 공간은 '다른 모든 점들에 대해 펼쳐진다(spreizt sich auf gegenüber allen anderen Punkten).' 헤겔에 의하면 점성으로서의 이런 부정의 부정이 시간이다. … 모든 점들의 '대자적 자기정립'(Sich für sich setzen)은 '지금 여기'이다. 모든 점은 대자적으로 정립된 '지금-점'(Jetzt-Punkt)이다. '그러므로 점은 시간에서 현실성(진리)을 가진다. 점이 점으로서 대자적으로 정립될 수 있는 것은 각각의 지금을 통해서이다."(SZ 430) "시간은 자기외화(Außer-sich-sein)의 부정적 통일성으로서 순수하게 추상적인 것, 즉 이념적인 것이다. 시간은 있으면서 없고 없으면서 있는 존재, 즉 직관된 '되어짐'(Werden)이다."[19] '직관된 되어짐'은 존재에서 무로, 무에서 존재에로 넘어감이다. 시간은 '직관된' 되어짐(넘어감)으로서 부정의 부정, 즉 절대적 부정성이다. 그리고 절대적 부정성으로서의 시간이 정신의 본질이다. 물론 하이데거는 현존재의 시간성이 정신보다 더 근원적이라고 생각한다. 정신은 시간성의 근원적 외화로서 실존한다는 것이다.(참조, SZ 432-436)

헤겔은 시간을 정신의 자기외화 작용이라고 생각한다. 정신은 부정의 부정으로서 시간에서 자신을 외화한다. 헤겔에 의하면 정신의 본질은 부정의 부정이다. 모든 존재자가 부정의 부정, 즉 시간의 방식으로 생성 소멸하는 것은 정신의 본질이 부정의 부정, 즉 시간성이기 때문이다. 헤겔은 정신으로부터 시간을 해명하지만, 하이데거는 보다 구체적인 현존재의 시간성이 더 근원적 시간성이라 본다. 이와 관련하여 하이데거는 『존재와 시간』 마지막 장에서 다

---

19 G. W. F. Hegel, *Enzyklopädie der philosophischen Wissenschaftennzyklopädie im Grundrisse II*, Frankfurt a. M. 1986, 258절.

음과 같이 말한다. "헤겔은 정신과 시간이 부정의 부정이라는 형식적 구조에 있어서 동일하다는 사실에 근거하여 정신이 '시간 안에서' 역사적으로 실현할 수 있는 가능성을 제시한다. 정신과 시간이 포기되는 가장 공허한 추상, 즉 형식적−존재론적이고 형식적 선언적인 추상이 둘의 동질성을 가능하게 한다. 그렇지만 그의 시간은 전적으로 평균적인 세계시간의 의미에서 이해되고 따라서 그의 기원이 전혀 해명되지 않기 때문에, 시간은 객관적 사물처럼 단순히 정신에 마주 서있다. 따라서 정신은 무엇보다 먼저 '시간 안에' 떨어져야 한다. 시간을 제어하고 시간 밖에서 '존재하는' 정신의 이런 '떨어짐'과 '실현'이 존재론적으로 무엇을 의미하는지는 해명되지 않는다. 헤겔은 평균화된 시간의 근원을 해명하지 못하며, 따라서 그는 부정의 부정으로서 정신의 본질이 도대체 근원적 시간성에 근거하지 않고 다른 방식으로 해명될 수 있는지에 관한 물음을 전혀 검토하지 않았다."(SZ 435) "현존재의 실존론적 분석은 현실적으로 던져진 실존 자체의 구체성에서 시작하여 시간성을 실존의 근원적 가능성으로서 해명한다. '정신'이 먼저 시간 안에 떨어지는 것이 아니다. 정신은 시간성의 근원적인 시간화작용(Zeitigung)으로서 실존한다."(SZ 335-6) 그러나 하이데거의 이런 비판에서 우리가 주목해야 할 사실은 그가 헤겔의 시간개념 자체를 부정하지 않는다는 사실이다. 하이데거는 헤겔의 시간개념이 자신의 '존재의 시간성'과 다르지 않음을 긍정하고 있다. 단지 그는 헤겔에게서 시간과 정신의 형식적인 구조적 동일성이 공허하고 추상적으로 선언되고 있음을 비판한다.

4. 전회

하이데거는 『현상학의 근본 문제들』에서 존재자의 존재가 시간적으로(temporal) 규정되어 있음을 밝혔다. 존재가 시간적으로 규정되어 있다는 것은 존재자가 덧없이 흘러가고 '있다'는 뜻이다. 존재는 '잠시 동안 어디엔가 머물음'(Anwesen, Verweilung)인데, 이때 머물음은 '잠시도 머물지 않으면서 머물음'(abwesend—anwesende Verweilung)이다.

1936년 이후 하이데거는 사유와 존재가 서로에게 속하여(zusam-mengehörend) 있음 (Da—sein)으로써 사유와 존재가 그의 본질에서 드러나(entborgen) 고유하게 되는(ge—eignet) 사건(Ereignis)에 집중한다. 이 사건은 존재가 인간에게 자신을 선사하고 인간은 존재에게 응답하는 방식으로 서로에게 속함으로써 사유와 존재가 일치하는 사건이라 할 수 있겠다.[20] 이런 전회(die Kehre)를 계기로 하이데거의 사유는 존재와 시간에로 다시 돌아간다(zurückkehren). 전회(Kehre)는 '다시 돌아감'(Zurückkehren)이라 할 수 있다. 물론 이때 존재와 시간은 사유된 존재와 시간이다. 그리고 사유된 존재와 시간이란 사유를 통해 시간적으로 규정되어 인간에게 현존하는(anwesend) 존재(Anwesen)이다. 이것은 사유와 존재가 현존(An—wesen)에서 일치한다는 뜻이기도 하다. "현존(존재)은 현존으로서 언제나 인간존재에게 현존함이다."[21] 하이데거는 1962년 프라이부르크 대학에서 행한 「시간과 존재」란 강의에서 머물음과 지속으로서의 존재가 인간과의 관계를 통해 의미를 가지게 된다는 사실을 해명한다. 하이데거에 의하면 존재는 "부단히 인간을 자극하는, 인간에게 도달하는, 인간에게 도

---

20 파르메니데스에 의하면 "τὸ γὰρ αὐτο νοεῖν ἐστίν τε και εἶναι." 하이데거는 이 명제를 다음과 같이 번역한다. "동일한 것이 사유이며 존재이기도 하다."(Das Selbe nämlich ist Vernehmen sowohl als auch Sein) 이 "동일한 것"이 헤겔에게서는 사유와 존재가 사유에서 일치한 개념이며, 하이데거에서는 사유와 존재가 존재에서 일치하는 존재사건이다.

21 M. Heidegger, "Zur Seinsfrage", in: *Wegmarken, S.* 402.

달된 머물음이다."[22] 존재가 인간에게 머문다는 것은 부단히 자기를 알려주는 존재의 명령을 듣고 그 명령에 응답함으로써 존재의 의미를 깨닫는다는 의미이다. 그렇다면 존재는 어떻게 인간에게 머무는가? 존재는 어떻게 자기를 인간에게 알려 주며, 인간은 어떻게 그 존재의 소리를 들어 아는가?

존재는 인간에게 시간의 방식으로 머문다. 물론 이때 시간은 과거, 현재, 미래의 시간적 계기들을 통해 흘러가는 3차원의 시간이 아니라 존재자체의 사건(Ereignis)으로서[23] 근원적 시간이다. 3차원의 시간과 달리 근원적 시간은 과거, 현재, 미래의 시간적 계기들이 "서로에게 자기를 건네줌"(Zuspiel jeder für jede)의 사건이며, "서로 도달함"(einander sich Reichen)의 사건이다. 하이데거에 의하면 이런 근원적 시간은 3차원이 아니라 4차원이다. 그리고 4차원의 시간으로서 이런 사건의 본질은 "탈자적 자기부정"(sich-entziehen, Entzug)이다 (SD 23). 4차원의 근원적 시간은 현존과 부재가 '부정의 부정'의 방식으로 현존하는 존재자체의 사건이다.[24] 하나의 사물을 경험할 때 우리는 지금 경험하는 그 사물이 과거에 있었을 것이고 앞으로도 있을 것이라고 생각한다. 이때 우리는 그 사물이 지금 없는 과거에서 지금으로 넘어와 있다고 기억하며, 지금에서 지금 없는 미래로 넘어가 있을 것이라고 추측한다. 따라서 사물은 부정의 부정의 방식으로 끊임없이 흘러가는 존재자로 경험된다. 그런데 이때 넘어간다면 한계를 넘어가는 것이기 때문에 모든 존재자는 일시적으로 존재하다 소멸한다는 사실을 알게 된다. 이런 경험에서 일시적

---

22 M. Heidegger, *Zur Sache des Denkens*, Tübingen 1988, S. 13. 이후로는 본문에서 *SD*로 표기함.

23 여기서 '존재자체의 사건'이란 표현에서 소유격은 주격적 소유격이다. 따라서 '존재자체의 사건'은 '사건으로서의 존재자체'라는 뜻이며, 존재자가 사건으로서 '존재하다'라는 의미이다.

24 4차원의 시간성과 존재사건에 관해서는 참조. M. Heidegger, *Zur Sache des Denkens*, Tübingen 1988, S. 1-25, 특히 14-17.

(temporal)은 시간성이며, 넘어가는 과정에서 잠시 머물음이 바로 존재자의 존재이다. 이와 같이 존재와 시간은 인간이 존재자를 사유할 때 경험되는 존재의식과 시간의식으로서 의미를 가지게 된다. 4차원의 존재사건은 "존재 내에 무의 내재성으로 인해 일어나는 다툼"(BP 264)의 사건이다. 그 사건은 헤겔의 "부정성"이며,[25] 헤라클레이토스의 "싸움"이다.[26] 헤겔은 근원적 시간으로서의 존재사건에 관해 다음과 같이 말한다. "시간은 자기외화(Außer-sich-sein)의 부정적 통일성으로서 순수하게 추상적인 것, 즉 이념적인 것이다. 시간은 있으면서 없고 없으면서 있는 존재, 즉 직관된 '되어짐'(Werden)이다."(Enzykl. 258) 하이데거에 의하면 "헤겔이 '존재와 무는 동일하며 서로에게 속한다'고 말할 때 그는 근본적인 진리를 발견하였다." (GP 443) 그리고 이때 존재와 무의 공속성이 바로 시간성이다.

이상의 내용을 요약하면 다음과 같다. 존재자체는 사건이며, 이 사건은 존재자가 존재하는 방식으로서의 4차원의 근원적 시간이다.

한편 존재사건은 존재자체의 사건일 뿐만 아니라 존재와 사유가 일치하는 사건이기도 하다. 인간이 사유를 통해 존재의 부르는 소리를 듣고 알 때 존재와 시간의 의미를 깨닫게 된다는 것이다. "우리가 이미 언급된 것을 잘 생각해 보면 존재사건의 또 다른 본질을 발견하게 된다. 존재가 우리 인간을 자극하고 우리는 사유를 통해 이런 자극에 응답함으로써(vernehmen) 인간의 고유한 본질에 도달했다. 그러나 이렇게 사유를 통해 존재를 떠맡기 위해서는 4차원의 근원적 시간이 우리에게 도달한 그 사건 안에 우리가 서 있어

---

25 하이데거에 의하면 헤겔의 "부정성"은 본질적인 통찰이었지만 단지 절대적 지식에 이르는 과정에 불과하였다. (참조, BP 264)

26 헤라클레이토스의 "싸움"은 서양철학에서 가장 위대한 통찰들 중 하나였지만, 그는 이런 통찰을 존재에 대한 물음으로 발전시키지 못했다. (참조, BP 265)

야 한다."(SD 23-24)[27] "존재와 시간이 오직 존재사건에서 의미를 가지게 되는 한, 존재사건에 의해 인간은 근원적 시간 안에서 사유를 통해 존재를 떠맡음으로써 고유한 본질에 이른다. 이렇게 하여 인간은 그의 고유한 존재가 되어 존재사건에 속한다."(SD 24) 이미 『존재와 시간』에서 하이데거는 "오직 현존재가 있는 한에서만 존재는 있다"고 주장하며, 이런 주장을 『인본주의 서간』에서는 다음과 같이 해석한다. "오직 (사유에 의해 밝혀진: 필자) 존재의 빛이 일어나는 한, 존재는 인간에게 양도된다."[28] 존재가 인간과의 관계를 통해서만 의미를 가진다는 사실에 관해 하이데거는 『동일성과 차이』(Identität und Differenz)에서 다음과 같이 말한다. "존재는 그의 요구를 통해 인간과 관계가 있음으로써만 머물면서 지속한다. 왜냐하면 존재를 향해 열려있는 인간이 비로소 존재를 잠시 머물음으로서 도착하게 하기 때문이다. 그런 존재(머물음)는 밝게 열린 공간을 필요로 하며, 이런 공간을 위해 인간에게 넘겨져 있다."[29] 물론 존재자 일반은 인간과 무관하게 존재한다. 그러나 그 존재가 인간의 사유에 의해 드러나지 않는다면 무의미하다. 하이데거는 사유와 존재가 일치하는 사건을 독일어가 가지는 독특한 표현을 사용하여 다음과 같이 설명한다.

하이데거에 의하면 존재와 시간은 존재자가 아니기 때문에 'Sein ist' 또는 'Zeit ist'란 표현을 사용할 수 없다. 존재자에 대해서만 '이다'(ist)라 할 수 있기 때문이다. 따라서 하이데거는 존재와 시

---

27 하이데거에게서 존재사건은 이중적 의미를 가진다. 존재사건은 한편에서 근원적 시간으로서 존재자체의 사건이며, 다른 한편에서는 인간이 사유를 통해 존재의 부름에 응답하는(vernehmen) 사건, 즉 사유와 존재가 일치하는 사건이다.

28 M. Heidegger, "Brief über den Humanismus", in: *Wegmarken*, Frankfurt a.M. 1976, *S.* 167.

29 "Sein west und währt nur, indem es durch seinen Anspruch den Menschen an-geht. Denn erst der Mensch, offen für das Sein, läßt dieses als Anwesen ankommen. Solches braucht das Offene einer Lichtung und bleibt so für dieses Brauchen dem Menschen übereignet." (M. Heidegger, *Identität und Differenz*, GA 11, S. 19).

간에 대해 'Es gibt Sein' 또는 'Es gibt Zeit'라고 표현해야 한다. 그렇다면 존재와 시간을 주는 '이것'(Es)은 무엇인가? 그것은 이 강의의 목적에 대한 하이데거 자신의 표현에서 알 수 있듯이 "사건으로서의 존재자체"이다. 하이데거에 의하면 "이 강의의 유일한 목표는 사건(Ereignis)으로서의 존재자체를 해명하는 것이다."(SD 22) 존재를 주는 것은 존재자체이며, 존재자체는 (존재)사건을 통해 자기를 인간에게 알려준다. 그리고 인간은 이렇게 자기를 주는 존재에 응답함으로써 존재의 의미와 시간의 의미를 깨닫는다. 'Es gibt Sein'에서 'Es'는 사건으로서의 존재자체와 간의 사유의 만남의 사건이며, 'Sein'은 이런 사건에서 열린 장에서 인간에 의해 깨달아진 의미로서의 존재이다. 존재와 시간에 의미를 부여하는 것은 존재와 사유가 서로에게 속하는 사건으로서의 "그것"(Es)이다. 이런 사건(Ereignis)을 통해 인간은 의미로서의 존재(Sein)와 의미로서의 시간(Zeit)을 깨닫게 된다.

존재가 자기를 부여해 주는 사건에서 인간이 그 의미를 깨닫는 것은 오직 사유를 통해서 가능하다. 하이데거는 말한다. "그러나 우리는 존재를 사실(Sache)이라고 주장해도 좋은가? 우리는 시간을 사실이라고 주장해도 좋은가? 그들은 사실이 아니다. 만일 사실이 존재하는 어떤 것을 의미한다면 말이다. 지금 우리에게 있어서 '사실', '하나의 사실'과 같은 단어는 하나의 결정적인 의미에서 문제가 되는 어떤 것을 의미할 것이다. 그 안에 간과할 수 없는 어떤 것이 숨겨져 있는 한에서 말이다. 하나의 사실로서 존재는 아마도 사유의 사실일 것이다. … 존재와 시간, 시간과 존재는 두 사실들의 관계, 즉 두 사실들을 서로 보존하고 그들의 관계를 끝까지 보존하는 사태를 말한다. 이런 사태를 깊이 생각하는 것이 사유의 과제이다. 사유가 깨어서 그의 사실을 끝까지 인내하여 견딘다는 전제에서 말이다."(SD 4) 이상의 인용문에서 알 수 있듯이 『현상학의 근본문제들』과 여러 강의들을 통해 해명된 존재의 시간성(Temporalität)은 인간이 '잠시 머물음'(Verweilung)으로서의 존재를 사유하는 사건에서 비로소 의미를 가지게 된다. 그런데 여기서 중요한 것은 '사유의 사실'이 심리학주의적으로 이해되어서는 안 된다는 점이다. '사유의 (사실)'은 '(사유의) 사실'이기도 하기 때문이다. 사유된 사실과 객관적 사실이 다르다면 무의미할 것이다. 사유가 사실과 일치될 때 사유된 것은 개념으로서 의미를 가지게 된다. 예를 들어 시간은 칸트에게서처럼 단순히 직관의 형식이 아니다. 하이데거의 4차원의 시간(과거, 현재, 미래가 서로에게 넘어감)과 헤겔의 시간은 부정의 부정으로서 단순히 사유의 형식일 뿐 아니라 존재자의 존재형식이기도 하다. 이것은 존재와 사유의 관계도 마찬가지이다. 존재는 '잠시 머물음'으로서 단순히 심리학적으로 사유된 존재가 아니라 객관적 사실이기도 하다. 아낙시만드로스의 무규정자 내에 작용하는 더움과 차가움의 원리, 헤라클레이토스의 로고스, 엠페도클레스의 4원소들 사이에 작용하는 사랑과 미움의 원리, 헤겔이 주장하는 존재와 무 사이의 절대적 부정성의 원리 등은 모두 자연과학에서 관찰된 사실과 일치하며, 궁극적 실체인 모나드를 힘이라고 생각하는 라이프니츠의 견해는 존재는 존재자 내에 작용하는 사랑의 힘이라는 하이데거의 견해(WM 314)와 일치한다. 이와 같이 사유된 존재와 관찰된 사실적 존재가 일치하는 것은 존재의 사실에 상응하게 사유의 사실이 행해지기 때문이다.

이제 존재와 사유가 만나는 사건을 사유와 관련하여 보다 구체적으로 살펴보자. 존재를 사유한다는 것은 엄밀한 의미에서 인간이 사유하는 것이 아니라 존재가 인간을 사유하도록 부르고 인간이 그 부름에 응답하는 것이기 때문이다. 존재자체가 인간을 사유하도록 명령하고(heißen) 인간은 이 부름에 사유(Denken)를 통해 응답함으로써, 즉 사유와 존재(Sein)가 존재(Anwesen)에서 일치하는 '존재사건'(Ereignis)이 일어난다. 그렇다면 사유란 무엇인가?

사유는 주체가 대상을 구성하는 인식작용이 아니라 말을 걸어 오는 대상을 그대로 마중 나가 수용하는 것이다(vernehmen). 그리고 이렇게 대상을 수용하는 것은 그 대상을 사랑하는 것이다.[30] 사유는 존재가 말을 걸어오기를 기다리는 것이다. 그렇지만 단순히 기다리기만 하는 것이 아니다. 기다림은 "고대하며 바라보는 것 (Ausschau halten)이며, 그것도 이미 사유된 것에 아직 사유되지 않고 은폐되어 있는 것을 고대하며 바라보는 것이다. 그런 기다림을 통해 우리는 이미 사유하면서 사유되어야 할 것을 향해 가는 도상에 있다."[31] 이것은 마치 병아리가 알을 깨고 나올 때 병아리가 안에서 부르고 어미닭이 밖에서 부리로 쪼는 것이 동시에 일어나는 '줄탁동시'(啐啄同時)의 사건과 같다. 이런 사건을 통해 병아리는 알을 깨고 비로소 새로운 세계에 나온다.[32] 사유(思惟)란 개념에서 '思'는 '囟'(신: 정수리)과 '心'(마음)의 합성어로 사랑한다는 뜻을 가진다. 그리고 이때 사랑은 에로스로서의 사랑, 즉 무엇인가를 추구함을 의미한다. 따라서 존재를 사유한다는 것은 존재를 '궁극적인 것'(惟)으로서 '추구함'(思)이다. 사유가 이렇게 존재를 고대하면서 추구함으로써 존재와 만나는 장이 열리고 이 장에서 존재와 사유가 일치하는 사건이 발생한다. 이런 사건은 감추기를 좋아하는 존재(피시스)가 사유에게 자신을 조금 드러내 보이는 "공–의미부여"의 사건이다.[33] 이 사건은 존재와 존재가 만나는 사건이기 때문에 존재사

---

30 "하나의 사실 또는 사람을 그의 본질에서 받아들이는 것은 그것을 사랑하고 좋아한다는 뜻이다. … 그렇게 좋아함(Mögen)은 어떤 것을 할 수 있는 능력(Vermögen)의 본질이다. … 어떤 것을 할 수 있다는 것은 그것을 그의 본질에서 보존하는 것이다."("Brief Über den Humanismus", in: *Wegmarken* 314)

31 M. Heidegger, "Was heißt denken?", in: *Vorträge und Aufsätze* (*GA* 7), S. 133.

32 "새는 알을 깨고 나온다. 알은 새의 세계이다. 태어나려는 자는 한 세계를 파괴해야 한다. 새는 신에게로 날아간다. 그 신의 이름은 아브락사스(Abraxas)다."(헤르만 헤세, 『데미안』)

33 참조, 윤병렬, 『선사시대 고인돌의 성좌에 새겨진 한국의 고대철학』(예문서원 2018), 477–517.

건이고, 이 사건을 통해 사유의 눈이 열리기 때문에 '개안(開眼)사건'이며, 실존에 대한 새로운 눈이 열리기 때문에 실존조명(Existenzerhellung)이라 할 수 있다.

사유에는 두 유형이 있다. 존재자를 궁극적인 것으로서 추구하는 유형이 있고, 존재자가 아닌 것, 즉 존재를 궁극적인 것으로 추구하는 유형이 있다. 에리히 프롬은 전자를 소유양식이라 하고 후자를 존재양식이라 한다. 그렇다면 존재를 추구한다는 것은 무엇을 말하는가? 그것은 존재를 직접 추구한다는 것이 아니다. 존재는 존재자가 아니어서 존재자처럼 드러나 있지 않기 때문이다. 존재는 무이기 때문이다. 따라서 존재를 추구한다는 것은 '존재자로부터 멀어짐'(Entfernung)을 의미한다고 할 수 있다. 존재자로부터 거리를 취할 때(Entfernung), 존재와 '거리가 없어져'(Ent-fernung) 존재가 드러난다.[34] 하이데거가 "걱정스러운 우리 시대에 가장 걱정스러운 것은 우리가 아직 사유하지 않는다는 사실이다"고 말했을 때 이것은 우리가 존재를 사유하지 않는다는 의미, 보다 구체적으로 우리가 아직도 존재자로부터 거리를 취하지 않고 있다는 의미일 것이다. 존재자가 궁극적인 것이 아님(無)을 생각할 때 존재가 '존재자가 아님'(無)으로서 드러난다. 존재는 무이다.[35]

사유와 존재가 일치한다는 것은 사유하는 인간에게 말을 걸어오는(zusprechen) 존재에게 존재를 추구하는 인간이 사유행위를 통해 대답한다는 것이다. 그렇다면 존재는 어떻게 말을 걸어오는가? 존재는 언제나 존재자의 존재이다. 따라서 존재는 존재자를 통해 말

---

34 "거리가 없어짐"(Ent-fernung)에 의해 거리가 완전히 없어지지는 않는다. 거리가 없어진다면 서로 침투되어 만날 수 없기 때문이다. '거리가 없어짐'은 가장 적절한 거리가 된다는 의미로 이해되어야 할 것이다. 이렇게 거리가 없어져 가장 적절한 거리가 된 '점'이 탄젠트이다.

35 하이데거는 존재자에 대해 취하는 자연적 태도의 일반정립으로부터 거리를 취하고(에포케) 존재와의 거리를 없애는 이런 태도를 후설의 용어를 따라 "현상학적 환원"이라 했다(GA 24, 29).

을 걸어온다. 존재자는 존재의 암호이기 때문이다. 모든 존재자는 사람을 끄는 힘이 있다. 이 힘은 모든 존재자들이 가지는 '존재의 힘'이다. 이 힘은 존재자의 존재가 자연(φύσις), 즉 운동의 근원(ἀρχὴ κινήσεως)으로서 가지는 반발력(Repulsion)과 견인력(Attraktion)이다. 이 힘은 자기를 내어주고 사유를 끌어들이는 반발력과 견인력이라 할 수 있다. 이 힘은 사유의 사실이다. 이 힘은 "자기를 펼치면서 동시에 자기 자신에게로 돌아가는"(WM 252) 자연(φύσις)의 작용방식이다.[36] 그 힘은 자기를 펼치기 때문에 자신에게 돌아갈 수 있는 힘이다. 바로 이런 반발력과 견인력의 조화가 존재자를 존재하게 하는 힘이다. 이런 조화는 오행(五行)에 작용하는 음양(陰陽)의 원리라 할 수도 있다. 음과 양은 각각 자체 내에 반발력과 견인력을 동시에 가진다. 그런데 음이 음과 만날 때는 반발하는 힘이 생기고, 음이 양을 만날 때는 견인하는 힘이 생긴다. 예를 들어 목(木), 화(火), 토(土), 금(金), 수(水)의 오행에서 목(木)과 화(火)의 사이에는 서로 상생하는 견인력이 생기며, 목과 토 사이에는 상극의 반발력이 생기며, 화와 토 사이에는 견인력이 생기고, 화와 금 사이에는 상극의 반발력이 생기며, 토와 금 사이에는 상생의 견인력이 생기고, 토와 수 사이에는 상극의 반발력이 생기며, 금과 수 사이에는 상생의 견인력이 생기고, 금과 목 사이에는 상극의 반발력이 생긴다. 존재자에게 견인력만 있다면 무한히 응축되어 소실될 것이고, 반발력만 있다면 무한히 발산되어 없어질 것이다.[37] 존재자는 응축과 발산의

---

36 "자기 밖으로 나가 자기에게로 향해 돌아오는"(außer sich auf sich zukommend zurückkommend) 현존재의 존재도 이런 존재의 힘이라 할 수 있겠다.

37 견인과 반발력이란 존재의 힘은 결국 '존재자를 존재하게 하는'(seinlassen) '사랑의 힘'이라 할 수 있다. 헤겔에 의하면 사랑은 "타자 안에서의 자립적인 삶"(Das Leben in sich in einem Anderen)이다. "사랑은 자기 자신으로부터 벗어나 자기를 포기하고 각자의 고유성의 확고한 면을 희생하는 것이며", "인격성을 포기하면서도 자립적이라는 변증법적 모순감정"이다. 참조, G. W. F. Hegel, *Vorlesung über die Ästhetik*, Hg. Helmuth Schnaeider), Peterlang 1995, 146; 15, 43.

비율적 차이에 의해 비가역적 에너지인 엔트로피가 증가하면서 시간에 따라 규정되어 사라진다. 하이데거에 의하면 이런 존재는 "좋아하면서 할 수 있는 조용한 힘"(die Stille Kraft des mögenden Vermögens)이다.(WM 314) 존재는 존재자에게 존재를 주는 힘(Vermögen)이면서 동시에 인간을 좋아하여(mögend) 사유로 부르는 힘이기도 하다. 그리고 존재의 소리에 응답하는 인간 존재도 바로 이런 힘이라 할 수 있다. 단적으로 말해 존재는 힘이며, 이 힘은 사랑의 힘이다. 사랑하기 때문에 할 수 있는 힘을 가지게 된다. 존재는 사랑하기 때문에 할 수 있는 조용한 힘이며, 사랑은 존재하게 하는 작용이다.[38] 하이데거는 "ἔστι γὰρ εἶναι"란 파르메니데스의 명제에서 'ἔστι'(이다, 있다)를 '할 수 있다'(vermögen)는 의미로 해석하여 "Es vermag Sein"으로 번역하는데, 이때 'Es'는 존재자체이며 'Sein'은 존재자의 존재이다. 따라서 그는 파르메니데스의 이 명제를 존재자에게 존재를 줄 수 있는 능력이 존재자체에 있다는 의미로 해석한다. 'Es gibt Sein'에서 'Es'는 존재자체의 이런 힘이며, 'Sein'은 존재자의 존재이다. 물론 이때 존재자체가 존재를 부여해 준다고 해서 존재자체를 어떤 초월적 존재자라고 생각해서는 안 된다. 존재는 언제나 존재자의 존재이기 때문이다. 여기서 존재자체와 존재라는 표현이 지시하는 내용은 모두 동일하게 존재자의 존재이다. '인간'과 '인간 자체'가 동일한 인간을 가리키고, '나'와 '나 자신'이 동일한 나를 가리키듯이 말이다. 따라서 'Es gibt Sein'이라는 명제는 '존재가 존재를

---

38 '존재의 힘'이란 개념은 '존재는 힘이다'라는 주격적 소유격의 의미로 이해되어야 할 것이다. 그런데 존재는 존재자가 아니다. 따라서 '존재의 힘'은 존재가 힘을 가진다는 의미는 아니라 존재자에게 '힘이 있다'는 의미로 이해되어야 할 것이다. 존재는 곧 존재자의 힘이다. 결국 존재자가 있다는 것은 존재자에게 힘이 있다는 뜻이다. 존재자는 유한자이기 때문에 그의 한계를 가지고 그의 한계를 '넘어서는 자'이다. 존재란 존재자가 그의 한계를 넘을 수 있는 이런 힘이다. 이 힘은 쇼펜하우어의 "생의 의지"이며, 니체의 "힘에의 의지"이다. 모든 존재자는 힘이 있고 이 힘은 기운(氣運), 즉 기(氣)의 흐름(運)이며 에너지이다.

준다'는 의미로 이해되어야 한다. 존재는 어떤 다른 존재자에 의해 부여되는 것이 아니기 때문에 '피시스'(自然)이다. 결국 이 명제가 주장하고자 하는 내용은 존재자에게 존재할 수 있는 힘이 있다는 것이다. 그 힘이 어디서 기원되었느냐 하는 것은 철학의 문제가 아니라 종교의 문제이다.

윤병렬은 "말하는 돌"이란 개념을 통해 인간에게 말을 걸어오는 존재의 힘을 말하고 있다.[39] 산은 사람을 끄는 힘이 있다. 이 힘에 이끌려 사람들은 산으로 간다. 사람이 먼저 산을 생각하는 것이 아니라 산의 이끄는 힘이 사유하게 한다.[40] 모든 존재자는 그의 존재의 힘을 통해 사람을 사유하도록 이끈다. 사유는 존재의 이런 힘에 이끌려 응답하는 인간의 행위이다. 그리고 이렇게 사유된 존재의 힘은 언어를 통해 드러나면서 동시에 은폐된다. 존재를 드러내면서 감추는 언어의 이런 작용이 상징이다. 리쾨르가『해석의 갈등』에서 제시하는 상징과 사유의 관계도 사유와 존재의 일치에 근거한다 할 수 있다.[41] 사유는 존재자를 통해 말을 걸어오는 존재의 암호를 눈으로 발견하여 해독하는 작용이며, 이런 작용을 통해 사유와 존재가 일치하는 존재사건이 발생한다. "존재사건이란 단어는 어원적으로 볼 때 눈으로 보아 식별함(er-äugen), 즉 봄에서 자기에게 불러들여 자기의 소유로 만드는 것이다."(ID 24f.)

존재사건은 사유와 존재가 일치하는 사건이다. 이런 일치사건

---

39   존재자가 끄는 힘을 가지는 것은 그의 존재가 힘이기 때문이다. 물리량의 최소단위인 작용양자는 그러나 더 이상 물질이 아니라 비물질적인 물질로서 단순히 작용하는 힘이다. 라이프니츠의 모나드는 이런 힘이며, 화이트헤드의 "사건"(event)으로서의 "현실적 실재"(actual reality)는 이런 힘이라 할 수 있다. 화이트헤드에게 있어서 "현실적 실재"는 작용양자와 같이 순수한 "사건"이며, 시공간은 현실적 실재의 "외연적 분할 가능성"(potentiality for extensive division)이다. 화이트헤드의 현실적 실재와 사건의 관계에 관해서는 참조, A. N. Whitehead, *Process and Reality*, 27.

40   참조, 윤병렬 a.a.O. 81-100.

41   참조, 양명수, 『폴 리쾨르의「해석의 갈등」읽기』, 세창미디어 2017.

은 사유와 존재의 공감작용이라 할 수 있다. 그리고 이런 공감작용은 '거리 없앰'(Ent-fernung)에 근거한다. 존재자로부터 거리를 취할 때(Entfernung), 존재와 '거리가 없어져'(Ent-fernung) 존재가 드러나는 공간이 형성되며, 이 공간에서 존재와 사유의 공감이 일어난다. 그런데 이때 '거리 없앰'을 통해 아무리 거리를 없애도 거리는 없어지지 않는다. 이렇게 없어지지 않고 남는 거리는 탄젠트로서의 점인데, 이 점이 사유와 존재 사이의 열린 장(das Offene)을 형성하고 이장에서 사유와 존재가 만나는 공감이 이루어진다. 그리고 이때 공감은 감정이입과 같은 주관적 작용이 아니라 공간을 확보하는 작용이라 보아야 할 것이다.[42] 그런데 여기서 주목해야 할 것은 이런 공감작용으로서의 존재사건은 이중적 의미로 이해될 수 있다는 점이다. 사유와 존재는 한편에서 사유에서 일치하며(헤겔), 다른 한편 존재에서 일치한다. 어떤 경우이든 사유와 존재가 일치할 때 빛이 비추어지고, 이 빛에서 존재자가 새로운 시각에서 보이게 된다. 사유와 존재가 사유에서 일치할 때 그 빛은 사유의 빛이며, 사유와 존재가 존재에서 일치할 때 그 빛은 존재의 빛이다. 어떤 경우이든 사유하는 자에게는 새로운 시야가 열린다. 새로운 시야에서 볼 때 사방이 보이게 된다. 이런 사유의 눈이 열린 사람의 눈에는 하늘만 보이는 것이 아니고, 땅만 보이지도 않으며, 사람만 보이지도 않고 신만 보이지도 않는다. 그에게는 천, 지, 인이 종합적으로 보이게 된다. 사유와 존재의 관계를 존재이해란 개념과 관련하여 살펴보자.

사유와 존재의 일치를 통해 존재가 새로운 시각에서 보인다는 것은 존재가 새로운 시각에서 이해된다는 것이다. 그러므로 사유와 존재의 일치는 '존재이해'(Seinsverständnis)이다. 존재이해는 한편에

42　공감의 존재론적 의미에 관해서는 참조, 한상연, 『공감의 존재론』(세창출판사 2018).

서는 목적격적 소유격으로서 '존재이해'이며, 다른 한편에서는 주격적 소유격으로서 '존재이해'이다. 사유와 존재가 사유에서 일치할 때 존재는 개념으로서의 '존재이해'이며, 존재에서 일치할 때 존재는 사유로 하여금 존재를 이해하도록 명령하는(heißen) '존재이해'이다.[43] 존재사건은 한편에서는 '존재이해'이며, 다른 한편에서는 '존재이해'이다. '존재이해'는 이해하는 주체로서의 인간에게서 일어나는 사건이다.[44] 그렇다면 '존재사건'은 어떻게 일어나는가? 존재는 빛이며, 이 빛이 인간에게 비추어질 때 인간에게 이해의 장이 열려진다. 여기서 우리는 빛에 관한 하이데거의 사상을 피히테의 사상과 비교해 보면 도움이 될 것이다. 피히테에 의하면 인간의 자기의식은 자아가 비아를 대상으로 반정립하고 비아를 통해 자기의식을 획득하게 된다. 그러나 자아는 자기 자신을 생산할 수 없으며, 자아에 선행하는 근거로부터 자신을 자아로서 이해할 수 있다. 자아의 근거는 빛이며, 이 빛의 개입에 의해 비로소 자아가 자신을 보는 눈이 열린다는 것이다.[45] 마찬가지로 하이데거도 인간이 존재의 빛(Licht)에 의해 조명될 때(gelichtet) 비로소 존재를 이해하는 장(Lichtung: 숲 속의 빈터)이 열린다고 생각한다.[46] 그러나 피히테와 달리

---

43 'Heißen'이란 단어는 '~라고 부르다, 의미하다, 명령하다'는 의미를 가진다. 하이데거는 'was heißt denken?'에서 'heißen'을 '명령하다'는 의미로 사용한다. 이 경우 '사유란 무엇인가?'라는 물음은 '무엇이 사유를 명령하는가?'란 의미가 된다. 참조. M. Heidegger, *Was heißt Denken?*, Tübingen 1971(*GA* 8), S. 79.

44 "단적으로 말해, 사유는 존재의 사유이다. 이때 소유격은 이중적 의미를 가진다. 사유가 존재에 의해 일어나 존재에 속하는 한, 그 사유는 존재의(주격적 소유격: 오희천) 사유이다. 동시에 사유가 존재에 속하면서 존재의 소리를 듣는 한, 그 사유는 존재의(목적격적 소유격) 사유이다."(WM 314)

45 후기 피히테는 자아의 자기정립이 자아의식의 토대라는 생각을 더 이상 주장하지 않았다. 자아가 자기 자신의 근원일 수는 없다. 자아는 자기보다 더 근원적으로 작용하는 근거로부터 자신을 이해해야 하는데, 이 근거가 또 다른 "자아"일 수는 없다. 1801/2년의 지식학은 자아의 자기직관을 "자유로운 빛의 개입"이라고 기술하였다. 빛의 개입에 관한 피히테의 견해에 관해서는 참조. W. Pannenberg, *Theologie und Philosophie*, München 1996.

46 존재의 빛에 의해 조명된 존재이해는 야코비의 실재성의식(Realitätsbewußtsein)이나 슐라이어마허의 직관(Anschauung)과 감정(Gefühl)과 유사하지만 동일하지는 않다. 하이데거에게서 존재는 존재자가 아니기 때문이다. 슐라이어마허에게 있어서 종교적 직관의 대상은 무한한 신적 존재자이다. 이런 점에 있어서

하이데거에게 이 빛은 엄밀한 의미에서 신적인 존재자의 빛이 아니다. 그 빛은 존재자로부터 비춰지는 존재의 빛이다. 이 빛을 인간이 눈으로 식별하는 것이다. 물론 이 빛은 인간이 신적인 존재자의 존재를 추구할 때도 비추어지기는 한다.

사유와 존재가 사유에서 일치할 때 하나의 사건이 눈앞에서 벌어지며(전개되며), 이렇게 벌어지는(열리는) 사건에 의해 하나의 장이 열린다. 그리고 이렇게 장이 열리는 사건이 바로 사유와 존재가 존재에서 일치하는 존재사건이다. 다시 말해, 이런 사건을 통해 탈은폐된(gelichtet) 하나의 장(場; topos)이 열리는데, 이렇게 '열린 장'(das Offene)이 바로 '존재의 진리'(Wahrheit des Seyns; 탈은폐)이다.[47] 이제 존재는 단순히 '존재자의 존재(Sein)'가 아니라 '진리로서의 존재(Seyn)'이다. 이제 존재는 플라톤의 태양의 비유에서 태양과 같다. 플라톤에게서 태양이 존재자의 드러남과 성장과 토대이듯이 존재사건은 모든 것을 밝히는 빛(Lichtung)으로서 존재자의 인식과 존재의 토대이다. 존재사건은 존재와 인간이 모두 자신의 본질에 적합하게 되는(ereignen) 사건이다.[48] 이런 존재사건(Es)의 지평에서 비로소 존재자는 고유한 의미를 가지는 시간적 존재자로서 드러나게(존재하게) 된다. 하이데거가 존재와 시간에 대해 "존재가 있다"와 "시간이 있다"는 표현 대신 "그것이 존재를 준다"(Es gibt Sein) 또는 "그것이 시간을 준다"(Es gibt Zeit)는 표현을 사용했을 때, 존재를 부여해 주

그의 직관 개념은 셸링의 무한자 또는 절대자를 지향하는 "지성적 직관"과 유사하다.

47 하이데거는 "존재사건"(Ereignis)으로서의 "존재"를 "존재자의 존재"(Sein)와 구분하기 위해 "존재의 진리"(Wahrheit des Seins)란 개념을 사용하며, 'Sein' 대신 'Seyn'이란 단어를 사용한다. 인간이 존재자의 존재를 사유할 때, 또는 사유를 통해 존재의 부름에 응답할 때 "존재(사건)"(Seyn)이 발생한다는 것이다.

48 참조, M. Heidegger, *Beiträge zur Philosophie Bd.* 65, 254쪽 이하. "*das Seyn braucht das Da-sein, west gar nicht ohne diese Ereignung*"(254). 여기서 "*Ereignung*"의 동사형인 '*ereignen*'은 어원적으로 '*eräugnen*'에서 유래한 개념으로 '*vor Augen bringen*'(눈앞에 가져오다)을 의미한다. 따라서 '*Ereignung*'은 존재가 인간을 필요로 하여 인간을 눈앞에 가져 가져옴을 의미한다. 존재는 이렇게 인간과의 관계를 통해 그의 고유한 본질이 된다(*sich eignen*).

는 "Es"는 바로 이런 존재사건이다. 이런 존재사건에 의해 비로소 존재와 시간의 의미가 드러난다. 그렇다면 'Es gibt Sein'과 'Es gibt Zeit'에서 'Es'가 부여해 주는 '존재'와 '시간'은 무엇인가? 그것은 객관적 사실이 아니라 "사유의 사실"(Sache des Denkens)이다. 'Es'에 의해 부여된 존재와 시간은 의미로서의 존재와 의미로서의 시간이다. 예를 들어 "이 강의실에 사람들이 몇 명이나 있나?", "오늘 시간이 있습니까?", "뭐 좀 먹을 것이 있나?" 등의 물음에서 존재와 시간은 사유하는 주체와의 관계성에서만 의미를 가진다.[49]

이런 존재사건의 빛에서 비로소 인간은 존재가 시간적으로 규정되어 있다는 사실, 즉 존재가 "잠시 머물음"임을 깨닫게 된다. 그리고 이때 인간은 세상을 보는 새로운 눈이 열리게 된다. 이제 그는 세상을 일방적으로 보지 않게 된다. 이 빛에서 이제 전에는 보이지 않던 것들이 드러나 보이게 된다. 이 빛에 의해 새로운 눈이 떠졌기 때문이다.[50] 이렇게 열린 눈에 의해 새로운 세계관이 형성된다. 이제 세계는 더 이상 도구적 사물들의 지시체계가 아니다. 세계는 "하늘", "땅", "신적인 것", 그리고 "죽을 자"의 네 요소들이 동근원적으로 작용하는 거울놀이 사건이다. 각자가 각자의 방식으로 나머지 요소들의 본질을 비추는 사건이다. 이런 세계에서 사

---

49 여기서 우리는 '존재사건'의 의미를 정확하게 이해하기 위해 'Es gibt Sein'이란 표현에서 'Es'와 'Sein'이란 단어가 「인본주의 서간」과 「시간과 존재」에서 서로 다른 의미로 사용되고 있음에 주목할 필요가 있다. 하이데거는 「인본주의서간」에서는 'Es'를 "존재자체"라고 하며(WM 331), 「시간과 존재」에서는 사유와 존재가 일치하는 '현존'(Anwesen)으로서의 존재사건이라 한다. 「인본주의 서간」에서 'Es'는 존재자에게 존재를 주는 존재자체의 힘을 말하며, 「시간과 존재」에서 'Es'는 사유와 존재의 일치에 의해 부여되는 존재의 의미를 말한다. 사유와 존재의 일치사건(Ereignis)을 통해 이제 존재는 사유된 존재로서 의미를 가지게 된다는 것이다.

50 존재사건을 통해 '열린 장'과 '빛'이 공간적 의미와 사실적 의미로 이해되어서는 안 된다. 그 장(場)은 '장 없는 장'(atopos topos)이다. 그 장은 오히려 열린 눈, 그 사건을 통해 비늘이 떨어져 밝아진 눈(開眼)으로 이해되어야 할 것이다. 이런 의미에서 하이데거가 'Ereignis'의 어원으로 제시하는 'eräugen'은 사유와 존재가 일치하는 사건이 '눈앞에서 펼쳐짐'이라는 의미와 함께 '눈으로 보고 알아차림'이란 이중적 의미로 이해되어야 할 것이다.

물들은 "사물화"(Dingen)의 방식으로, 인간은 "거주함"(Wohnen)의 방식으로 존재한다. 이제 세계는 더 이상 단순히 사물들 사이의 지시체계가 아니라 사방세계이다.[51] 인간은 이런 네 요소들이 상호작용하는 사방으로서의 세계에 '잠시 거주함'으로서 존재한다. 『건축, 거주, 사유』(Bauen Wohnen Denken)은 인간의 존재사건에 관해 다루며, 『사물』(Das Ding)은 사물들의 존재사건을 다룬다. "죽을 자, 신적인 것, 땅, 하늘"이란 네 요소들이 상호작용하는 존재사건의 지평에서 사물은 사방이 모이는 장소로서 드러나고, 인간은 거주하는 방식으로 존재한다. 인간은 네 가지 방식으로 거주함으로써 존재한다. 1) 인간은 그가 땅을 구원하는 한 거주한다. 2) 인간은 하늘을 하늘로서 수용하는 한 거주한다. 3) 인간은 신적인 것을 신적인 것으로서 기다리는 한 거주한다. 4) 인간은 그의 고유한 본질, 즉 죽음을 죽을 수 있는 본질에 순응하여 잘 죽을 수 있는 한 거주한다. 이제 비로소 하늘이 보이고, 땅이 보이고, 신적인 존재자가 보이고 죽을 자로서의 인간의 실존이 보이게 된다. 이 빛에서 이제 사물은 더 이상 인간을 위한 도구가 아니고, 땅은 인간에 의한 지배의 대상이 아니라 돌보고 구원되어야 할 것으로 드러난다. 이제 그에게 세계는 '사방'이다. 이런 존재사건은 존재자를 그의 고유한 존재로 존재하게 한다. 따라서 이 사건은 존재자에게 존재를 부여하는(schicken) 운명(Geschick; Μοίρα)이다. 그것은 존재자가 피할 수 없는 운명이다. 그리고 그것은 사유와 존재가 하나로 모이는 사건이기 때문에 'Λόγος'이다.

---

51 존재사건과 '사방세계'(das Geviert)에 관해서는 참조, 이기상, 『하이데거의 존재사건학』, 서광사, 2003, 162-194. 동양의 '천지인'(天地人) 사상도 이런 관점에서 이해될 수 있겠다. 천, 지, 인은 하나의 동근원적 사건이다.